学前教育专业系列教材

比较学前教育
（第 2 版）

李生兰　著

华东师范大学出版社
·上海·

图书在版编目(CIP)数据

比较学前教育/李生兰著. —上海:华东师范大学出版社,
2000
ISBN 978 - 7 - 5617 - 2217 - 6

Ⅰ. 比... Ⅱ. 李... Ⅲ. 比较教育:学前教育 Ⅳ. G61

中国版本图书馆 CIP 数据核字(2000)第 09698 号

比较学前教育(第 2 版)

著　　者　李生兰
责任编辑　朱建宝
责任校对　赖芳斌
封面设计　黄惠敏

出版发行　华东师范大学出版社
社　　址　上海市中山北路 3663 号　邮编 200062
网　　址　www. ecnupress. com. cn
电　　话　021 - 60821666　行政传真 021 - 62572105
客服电话　021 - 62865537　门市(邮购)电话 021 - 62869887
地　　址　上海市中山北路 3663 号华东师范大学校内先锋路口
网　　店　http://hdsdcbs. tmall. com

印 刷 者　常熟高专印刷有限公司
开　　本　787×1092　16 开
印　　张　21
字　　数　449 千字
版　　次　2013 年 4 月第二版
印　　次　2022 年 1 月第九次
书　　号　ISBN 978 - 7 - 5617 - 2217 - 6/G·1025
定　　价　45.00 元

出 版 人　王 焰

(如发现本版图书有印订质量问题,请寄回本社客服中心调换或电话 021 - 62865537 联系)

李生兰简介

  李生兰,教育学博士,华东师范大学学前教育系教授、博士生导师。

  主要从事比较学前教育、学前儿童家庭和社区教育、学前教育法规政策、学前儿童英语教育、幼儿园课程等方面的教学和科研工作。

  先后主持了教育部人文社会科学研究"十五"规划基金课题"幼儿园利用家庭和社区资源对儿童进行德育的研究"、上海市教育科学研究基金课题"中外学前儿童社会教育的比较研究"和"推进新郊区新农村幼儿园家长开放日活动改革与发展的研究"等二十几项省部级科研项目;曾赴澳大利亚昆士兰技术大学从事"中澳学前教育课程的比较研究",赴美国匹兹堡大学开展"中美幼儿园与家庭、社区合作共育的比较研究",赴美国伊利诺伊大学进行"中美家长参与学前教育的比较研究"。

  独立出版了《儿童的乐园:走进21世纪的美国学前教育》、《比较学前教育》、《幼儿园家长开放日活动的研究》、《幼儿园与家庭、社区合作共育的研究》、《学前儿童家庭教育》、《幼儿家庭教育》、《学前教育学》、《学前教育法规政策的理解与运用》8部著作,主编了《幼儿园英语教育》6本系列教材,在国内外教育核心刊物上公开发表百余篇科研报告和学术论文。

  多次赴美国、英国、澳大利亚、日本、新加坡等国家访学、讲学,进行学前教育领域的学术交流和考察研究活动。

  曾获"上海高校优秀青年教师"称号、上海市第八届教育科学研究成果奖、上海市成人高等师范"教育教学优秀奖"、华东师范大学"继续教育工作教学奖"以及中国学前教育研究会"优秀科研工作者"称号、"优秀论文奖"、"幼儿教育优秀作品奖"等多项奖励。

第 2 版说明

《比较学前教育》第 2 版与第 1 版相比,具有以下几个特点:

1. 生动形象。结合各章的内容,插入了作者在国外所拍的学前教育的许多照片,以增加教材的趣味性和可读性。

2. 新颖丰富。在各章都不同程度地增加了一些新的内容,如对"第三章　欧洲的学前教育"里的俄罗斯、英国、芬兰、挪威等国家的学前教育内容进行了补充;对"第四章　亚洲的学前教育"中的日本、新加坡等国家的学前教育内容进行了更新;对"第七章　国际学前教育的比较"里的中美学前教育的比较进行了增补。另外,还新增了"第十章　我国幼教工作者对国外儿童图画故事书的评价研究"。

3. 自学成长。在每章尾部都增加了阅读的参考书目和网上浏览的网址,以激发学生自学的热情,提高学生自学的能力。

4. 教学考评。为了使教师能够更有效地安排和组织教学与测评工作、学生能够更好地进行学习效果的自我评定,在教材的最后部分新增了附录 1—3,详细说明了教学(考试)大纲、各章"复习思考题"的参考答案、模拟考试试卷及参考答案。

衷心感谢国内外许多学者所做的各项研究,他们的研究成果激发了我不断学习的热情,使《比较学前教育》第 2 版的内涵变得更加深厚。

衷心感谢接受我拍照的国内外各个学前教育机构,他们的友好相助给了我不断进取的动力,使《比较学前教育》第 2 版的形式变得更加丰富。

衷心感谢华东师范大学出版社高等教育分社朱建宝主任的邀请、理解、支持和帮助,使我能顺利地完成了《比较学前教育》第 2 版的修订工作。

真诚欢迎广大读者朋友对《比较学前教育》第 2 版提出宝贵的批评意见和修改建议。

李生兰

2012 年 9 月于华东师范大学李生兰教授工作室

目录

第一章　导　论

美国一所幼儿园中班环境布置

内容提要

　　比较学前教育是学前教育科学体系中的一门重要学科。本章首先从不同侧面阐述了对比较学前教育的认识和比较学前教育的研究对象，说明比较学前教育具有可比性、环球性、跨时间性、跨学科性的基本特点。这有助于了解世界学前教育的发展变化，认识"全球化"趋势对学前教育的普及与发展、学前教育水平与质量的提高以及促进学前教育国际化的影响和冲击。然后论述了比较学前教育的研究，大体上可以从区域研究和问题研究两个不同的视野来进行。最后，提出可用参观法、文献法、比较法、移植法等多种方法以及各种不同媒体为手段来研究比较学前教育，以提高其科学化的程度和水平。

　　自R·欧文创建世界上第一所幼儿园以来，社会性的学前教育机构已有近200年的历史。正规的学前教育由最初少数工业发达国家富裕阶层儿童的专利，逐步成为当今世界绝大多数国家不同家庭背景孩子的启蒙教育；原先具有浓郁的慈善性兼福利性色彩的学前教育机构，正日益转变为国民教育体系的基础部分；学前教育的发展与机构的管理，也从各种非政府组织包括社会慈善机构、私人基金会、教会等的分散进行与运作，渐趋转由国家运用法制进行规范以及政府通过公共政策与权力的使用予以支持、资助和协调。

在学前教育发展的历史进程中,许多儿童教育家、心理学家如 F·W·福禄培尔、M·蒙台梭利、J·皮亚杰等,从各自所持的价值观或实验所得的体验出发,创建了诸多儿童教育理论并付诸实践,形成了名噪当时乃至流传和作用于后世的学前教育学派,并对世界范围内的学前教育发展,产生了久远的历史影响,以至在进入 21 世纪的各国托幼园所的保育、教育活动中,仍然能寻觅到他们理论的影子。

由于各国自然地理环境的不同,历史传统的差别,社会制度及政治经济体制的迥异,特别是经济发展水平的差距以及不同民族、国家的文化影响,使主要起源于欧洲的现代学前教育理论与实践在世界各国的传播与发展过程中,呈现出发展水平上的差异和各具自身特点的多样化状态。这种发展的多层次性和多样性,为各国学前教育的相互学习与借鉴提供了参照及可能。在经济文化全球化浪潮的冲击面前,学习与借鉴别国的现代教育思想和有益经验,无疑是发展中国家学前教育赶超和接近世界先进水平的捷径。"他山之石,可以攻玉",中国学前教育要面向现代化、面向世界、面向未来,同样需要向他人学习与借鉴,从而为改革、发展、创新奠定基础,这就是我们学习与研究比较学前教育的主旨与任务。

第一节　比较学前教育的研究对象与基本特征

学习比较学前教育,首先应对比较学前教育的研究对象有一个全面正确的认识。这不仅有助于了解比较学前教育研究所涉及的范围,也是理解比较学前教育主要特征的前提条件,从而为较好地把握比较学前教育这门学科奠定基础。

一、比较学前教育的研究对象

比较学前教育作为学前教育科学体系中的一门独立学科,它的研究对象是什么?在我国学前教育界,对这一问题的认识是多种多样的,研究者关注的重点也有所不同,并主要通过以下几种阐释表现出来。

(一) 注重介绍和阐明世界主要发达国家学前教育发展的历史

即注重介绍在各国学前教育发展的过程中,采取过哪些重大举措,其目的是什么,结果怎样等。例如,日本为了发展学前教育事业,1964—1970 年实施了第一次振兴计划,旨在使 5 岁儿童能够入园;1972—1981 年实施了第二次振兴计划,旨在使 4 岁、5 岁儿童能够入园;1991—2000 年实施了第三次振兴计划,旨在使 3 岁儿童也能入园。

(二) 突出介绍和分析国外学前教育改革与发展的现状

即突出介绍 20 世纪 80、90 年代以来,世界各国学前教育的进程如何,制定了哪些方针政策、法规制度,政府投入了多少经费,学前教育机构有哪些类型,儿童入托入园率怎样等。比如,澳大利亚学前教育的机构主要有学前教育中心、幼儿园、日托中心、家庭日托、游戏小组等多种形式,促进了学前教育事业的发展,使适龄儿童都能有机会接受学前教育。

(三) 分析研究当代外国学前教育的理论和实践

即重视用比较、分析的方法,探寻学前教育发展的规律和趋势,以作为改革本国学前教育的借鉴。学前教育的每一个领域,都有自己的规律和特点,在不同的国家、不同的学前教育机构中都会有不同的表现。例如,美国学前教育的课程,就有"成熟社会化"、"行为主义"、"相互作用"等多种不同的理论流派,运用在实践中,就出现了学前教育课程的不同模式,有的学前教育机构是以"教师为中心"的,而有的学前教育机构则是以"儿童为中心"的,或是强调这两者并重。这对他国学前教育课程的改革不无借鉴之处,可启示人们利用本国、本地、本园的有效资源,为儿童创设良好的环境,促进儿童个性的发展。

(四)关注和研究当前世界学前教育理论变化,预测学前教育发展的趋势

比较学前教育需要了解世界范围内学前教育发展的共性和个性,分析其政治、经济、文化、哲学背景和基础。比如,苏联国家教育委员会 1989 年曾通过了《学前教育构想草案》,但由于国家的解体、社会的动荡不安、经济体制的变革,学前教育受到了很大的冲击,原先描绘的宏伟蓝图不可能实现。1992 年俄罗斯联邦政府颁布了《教育法》,1994—1995年,国家教育部学前教育司以此为依据,制定了学前教育标准,试图对处于市场经济条件下的学前教育事业进行调控和指导,以保证儿童的健康成长。

总之,可从以上四个方面介绍和研究国外学前教育发展的历史与现状,分析学前教育理论与实践的演变,探究学前教育发展的未来。这种注重从不同的侧面来认识比较学前教育这一复杂的问题,既是比较学前教育研究的重要组成部分,也是进行比较学前教育研究的基础性工作,因而是十分重要和完全必要的。但是,欲对世界范围内的学前教育形成全面系统完整的认识,则还需要对世界各国学前教育进行跨文化比较研究,探讨学前教育的发展规律和独特形式,借鉴别国的理论和有益经验,以达到推动本国、本地区学前教育发展的目的。因此,单线条地阐释异国学前教育的发展及原因,不免存有欠缺。比较学前教育是对同一或不同时空范围内两种或两种以上的学前教育领域的理论和实践进行研究,比较其异同点,分析其产生的原因,探索其演变规律和发展趋势,从而更好地促进学前教育的改革和发展。

这一阐释比较准确地反映了比较学前教育研究对象的全貌。实际上,比较学前教育既应当对一个国家在各个不同的历史时期学前教育发展的状况进行比较研究,也可以对不同洲、不同地区、不同国家(同一洲不同国家、不同洲不同国家、同一地区不同国家、不同地区不同国家)、同一洲、同一地区国家在同一个历史时期学前教育发展的状况进行比较研究,寻找同一性、相似性、异质性,并剖析原因。例如,在学前教育的法制建设上,美国长期以来一直十分重视这一问题,早于 1965 年就通过了《经济机会法》、1975 年通过了《残疾儿童教育法》、1988 年通过了《1988 年中小学改善修正法》和《1988 年家庭援助法案》,1994 年又通过了《2000 年目标:美国教育法》,国家通过加强立法来促进学前教育的发展。再如,在学前儿童的生存教育上,加拿大比我国更加重视对儿童进行消防教育,消防教育的内容比我们广,方法也比我们具体:加拿大要求儿童知道在有烟雾的地方,贴着地面爬行;当衣服着火时,就地翻滚,把火焰扑灭;学会报警,扑灭初起的火灾等;我国往往要求儿童远离火源,不玩火,不接触危险品等。可见,加拿大采取的是积极应对的策略,使儿童懂

得如何去应对恶劣环境,在危难中能够自救,而我们采取的则是尽量回避的方针,使儿童处于被动状态,一旦处在意想不到的危险情境中,儿童就无法自救,会造成无谓的伤亡。

经济发达国家,如欧美发达国家的学前教育固然是重要的研究对象,但是,发展中国家,如亚洲的马来西亚、非洲的肯尼亚等国家的学前教育也应在研究中占有其相应的份额,而不能成为被遗忘的角落;工业发达国家与发展中国家学前教育的差异及原因何在,后者在发展过程中有何特色,也应在研究的视野之中;各国学前教育机构的物质环境包括教育的设施设备,如园舍、场地、游戏材料等固然是需要研究的对象,但是,各国学前教育机构的社会环境包括价值观念、文化传统及教育政策,如教师的儿童观、教育观、师幼关系、师幼比例等更应成为研究的重要对象。

二、比较学前教育的基本特征

通过对比较学前教育研究对象的确立,我们可以把比较学前教育的特征归纳如下:

(一) 可比性

比较学前教育是对两个或两个以上国家的同一个学前教育问题进行比较,比较的数量一定要在两个或两个以上,如果只有一个国家,就不可能有什么比较;比较的问题一定要属于同一类别,如果不属于同一种类,就无法进行比较。例如,我们可以对"加拿大学前教育机构的家长工作"、"中国学前教育机构的家长工作"这一论题进行比较分析,但是,我们却不可能把"法国学前教育机构的类型"和"日本学前教育的师资培训"这两个不同的命题放在一起进行比较。

(二) 环球性

比较学前教育固然需要对某国国内学前教育发展的各个不同的历史时期进行纵向比较研究,但它的着力点不是研究某个国家的学前教育,它是跨国的,具有国际性,它要研究世界各国的学前教育的异同点,侧重对不同国家和地区的学前教育进行横向比较研究。例如,通过中澳幼儿园一日活动的比较,我们能从中发现澳大利亚幼儿在园的时间要比我国幼儿短(如澳大利亚一般是三四个小时,我国幼儿往往是七八个小时)、在园的自由度比我国幼儿大(如澳大利亚幼儿在午睡时间里,可以选择睡觉或不睡觉,我国幼儿则无权作出不睡的选择)等特点。

(三) 跨时间性

相对于学前教育史研究范围而言,比较学前教育注重当代世界学前教育的理论与实践。但不应也不可能完全局限在"正在进行"或"现实演变"这一特定的时限里,它的范围也覆盖了一定的历史时段,因为对学前教育发展与演变进程进行比较研究,正是推进现实的学前教育改革所需要的。例如,巴西的宪法,在 1976 年时,还没有涉及学前教育,但到了 1988 年,则有一条款专门对学前教育问题加以论述,提出"免费为 6 岁以下的儿童提供托儿所和幼儿园",这标志着一些发展中国家越来越重视学前教育的发展,并注意通过立法手段予以保证,使学前教育开始走上法制化的轨道。

（四）跨学科性

比较学前教育需要运用学前教育学、比较教育学、政治学、经济学、文化学、历史学、地理学、人口学、哲学等多门学科的知识，来进行研究，剖析学前教育的背景和基础，探索学前教育的发展前景和改革趋势。例如，处于和平时代的今日越南，仍然十分重视对学前儿童进行军事启蒙教育和热爱领袖的教育（如教师定期带领幼儿参观军事博物馆、巴亭广场和胡志明陵，并要求家长利用假期带领年幼的孩子前往）。事实上，这与越南昔日战争频繁、屡遭外国侵略的历史以及越南人民英勇善战、誓死保卫祖国的民族气节是分不开的。

第二节　比较学前教育的研究内容与研究价值

比较学前教育作为学前教育科学体系中的一门重要学科，具有独立存在的价值，是因其含有十分丰富的研究内容和研究价值所决定的。对比较学前教育研究内容的把握，是体现其研究价值的基础。

一、比较学前教育的研究内容

学前教育在全球范围内的多样化状态，既表现在学前教育发展的宏观层面上，包括体现一国政府与国民对教育重视程度的学前教育法制建设、政策制定与投入水平，各种适应不同年龄学前儿童以及父母工作特点的教育教养机构，反映一国经济文化发展水平的学前教育的发展目标及其相应的配套措施；也表现在不同国家幼儿园及其他学前教育机构所具有的特点上，从保育、教育的内容与组织形式到具体手段、方法等这些微观领域，从而构成了比较学前教育广泛而丰富的内容。一般来说，比较学前教育的研究内容包括区域研究和问题研究两大板块，两者相辅相成，相得益彰，区域研究是问题研究的必要前提，问题研究则是区域研究的深化发展。比较学前教育的研究内容具体表现在以下几个方面：

* 五大洲主要国家学前教育的目的及目标；
* 五大洲主要国家学前教育的法规及政策；
* 五大洲主要国家学前教育的任务及内容；
* 五大洲主要国家学前教育的机构及形式；
* 五大洲主要国家学前教育的途径与方法；
* 五大洲主要国家学前教育的师资与培训；
* 五大洲主要国家学前儿童的家庭教育和社区教育；
* 影响世界各国学前教育发展的主要因素；
* 各国学前教育发展与改革的成功经验和失败教训；
* 各国学前教育发展的基本规律和共同趋势；
* 学前教育改革的国际化与本土化；
* 国际组织对世界学前教育事业发展的作用和贡献。

二、比较学前教育的研究价值

对学前教育进行比较研究,有利于进一步认识国内外学前教育发展的特点和规律,推动学前教育的全球化,提高学前教育的质量,培养出适合时代需要的"国际人"。

(一)增强对外国学前教育的认识

这是由比较学前教育的任务所决定的。比较学前教育就是对各国的学前教育进行比较研究。比较是一种分析、衡量、借鉴的研究活动,通过比较,我们能够更加全面、深刻地认识外国的学前教育,诸如发展的现状、呈现的特点、存在的问题和发展的趋势。比如,男性学前教育工作者在各国学前师资队伍中所占的比例是多少,为什么日本、丹麦、瑞典、澳大利亚、马来西亚等国家男性学前教育工作者所占的比例较大,这个比例是在继续上升还是在下降,其原因是什么,它对本国学前教育的发展产生了什么样的影响,是利大于弊还是弊大于利,如果是利大于弊,那么这个利体现在哪里,等等。

(二)加深对本国学前教育的理解

这是由比较学前教育的特点所决定的。比较学前教育的关键在于比较,有比较才有鉴别。通过比较研究,我们能从认识别国的学前教育,转化到反思自己国家的学前教育,这是比较学前教育的独特价值所在。例如,通过对欧美国家学前儿童多元文化教育的了解,我们就会发现这是我国学前教育中的一个薄弱环节,就能引起我们的高度重视,注意开发和利用各种资源,构建学前儿童多元文化教育的新体系,赶超世界先进水平。

(三)促进学前教育的国际化

这是由比较学前教育的目标所决定的。比较学前教育不仅要总结学前教育发展的成功经验和失败教训,而且还要探索学前教育发展的普遍规律,并预测学前教育发展的共同趋向。例如,重视学前教师的职前教育和在职培训,注意稳定学前教育师资队伍是美国、英国、日本、澳大利亚等学前教育发达国家发展学前教育的一条成功经验,这条经验正在被越来越多的国家所采纳,如非洲一些国家,现在也开始采取相应的措施,来提升学前教师的素质和水平。

(四)提高学前教育的质量

这是由比较学前教育的核心所决定的。比较学前教育研究的重心就是要为发展学前教育事业,提高学前教育的质量,促进学前儿童的全面发展服务。通过比较研究,能够寻求出适合于本国学前教育发展和学前儿童成长的最佳途径、手段、形式、策略和方法。例如,众多国家在实施学前教育的过程中,都广泛采用了各种措施,如创设良好的环境,开展丰富多彩的游戏活动,安排适宜的教学活动,组织力所能及的劳动等,通过比较分析和实践检验,这些国家幼教工作者可能体会到寓教于游戏之中,是促进儿童健康活泼成长的最重要的举措,因而会在未来的岁月中更加注意发挥游戏在儿童发展中的作用。

第三节　比较学前教育的研究方法与研究媒体

比较学前教育的环球性、跨时间性、跨学科性等学科的基本特征,使比较学前教育的研究,同学前教育的其他学科相比,方法类别上更趋多样化,方法运用上亦多显综合化;从研究媒体或手段的选择上来看,在继续使用传统形式的同时,更注重现代化信息技术手段的运用,以达到追溯世界学前教育变化历程,考察各国学前教育新近改革动态,洞悉全球学前教育的未来发展的研究目的。

一、比较学前教育的研究方法

(一)参观法

即通过实地参观(如到幼儿园参观),观察研究对象(如活动中的幼儿),获得第一手感性材料,来了解外国学前教育状况。改革开放以来,我国有不少学前教育理论工作者、实践工作者、研究人员、管理人员,利用学术交流、讲学、探亲、旅游等各种各样的机会,走出国门,观看、考察他国学前教育的状况,掌握了大量有价值的资料,丰富了比较学前教育的研究成果。

(二)现场法

即通过身临其境,参与各种活动,进行较长时期的观察研究,来获得真实可靠的感性材料。这种方法与参观法的区别就在于,研究者亲自实践,有切身体会和感性知识。近些年来,我国一些学前教育实践工作者获得了各种良好的机会,到国外学前教育机构任教,带班组织教育活动,进行实地研究,加强了比较学前教育研究的实践性。

(三)访问法

即通过访问国外学前教育工作者、社会人士、学前儿童家长、在外工作人员和留学人员,来了解国外学前教育简况。随着我国改革开放力度的加大,有越来越多的外国友人来华执教、工作、旅游、考察,抓住时机访问他们,随时随地和他们交谈,也可以获得自己所需的一些信息。例如,在有外籍儿童入园的情况下,可以请其家长介绍该国幼儿教育机构及其保育、教育方面的状况和方式;也可以请在当地工作、生活且热心社会公益及儿童保护的外籍人士,来园参与幼儿的各种教育与娱乐活动;在一些开放程度高的大都市,还可以去那些专为驻华使领馆官员、外方机构及外资企业的外方人员子女开办的幼儿园参观、考察等。

(四)文献法

即通过查阅重要的学前教育文献文件资料,了解国外学前教育发展详细情况。与上述几种方法相比,这种方法显得比较经济、切实、可行,也较为全面。例如,要了解某国的学前教育法规、教育计划,可以到校、区、市(省)图书馆、资料室、音像馆进行查阅、观看,也可以利用计算机,上网搜寻所需材料。

(五)统计法

即通过采用数理统计的方法,对研究对象的各要素进行量化处理,分类统计,根据研究主题进行分析比较,推导出相应的研究结果。既可采用描述统计分析研究的形式,也可采用推断统计分析研究的形式。例如,在进行"泰国和新加坡幼儿园活动空间对幼儿行为发展影响的比较研究"时,首先要运用测算空间密度的数学公式[空间密度=(空间面积－不可用的空间面积)÷幼儿人数],分别对泰国和新加坡幼儿园活动空间的密度加以计算,然后再分析不同的空间密度对幼儿一系列行为所产生的影响及其程度。

（六）比较法

这是研究比较学前教育的一种最常用的方法。它按照一定标准,对照所比较的对象,寻找异同点,以揭示学前教育的本质属性。不论是进行定性比较还是定量比较,也不论是进行动态比较还是静态比较,或是进行现象比较还是本质比较,都要有明确的标准,重视其内在的联系,并注意可比性。例如,在进行"中国和越南学前教育变革与发展的比较研究"时,可以以学前教育的"目标"、"内容"、"机构"、"途径"、"方法"等为指标,进行比较,并从社会政治、经济制度、地理环境、文化传统等维度,剖析两国在学前教育发展上出现异同点的深层原因。

（七）分析法

即对各国学前教育的发展历程及原因进行比较,对学前教育不同领域的重大改革举措进行探析,以揭示不同地区学前教育发展的内在动因、价值因素及趋势走向。例如,韩国幼儿的入园率,在 1978 年只有 5.3％,1980 年为 7.3％,而 1996 年却上升到了 27％。入园率的迅速提高,是政府采取逐年增加教育投资、广泛设立教育机构、大力发展乡村幼儿园和公立幼儿园等一系列措施的结果。

（八）移植法

即将一个国家某个学前教育领域中发现的新原理或新技术,应用或移植到其他国家学前教育的相关领域。例如,西方许多国家的儿童在幼儿园的午睡时间里,可以自由选择是睡觉还是不睡觉,而我国的幼儿园则不然,不想睡觉的幼儿也必须睡,且规定的午睡时间较长,有 2—3 个小时,致使一些幼儿常常违反午睡纪律、讲话、做别的事情,未到起床的时间就要起床等;甚至有的幼儿在谈到自己长大以后的理想时说"要当一名幼儿园老师",因为"自己可以不睡觉,专要小朋友去睡觉,这不要太幸福哟"。据此,我们可以借鉴国外的做法,选取某个幼儿园、某一班级、某些幼儿作为被试,进行小面积的实验研究,最后再来决定是否也应该在午睡时,给儿童这种自由选择的权利。

英国一所幼儿园小班午睡准备

在运用上述方法研究比较学前教育的时候,还应根据所要研究的具体内容和对象,进行适当的筛选,恰如其分地加以使用。不论选用何种方法进行比较研究,都要注意辅之以其他方法,尽可能使所搜集到的材料具有客观性、充足性和代表性,并进行深入细致的分析,去粗取精,去伪存真,透过现象,看到本质。

二、比较学前教育的研究媒体

(一) 印刷媒体

学前教育年鉴、词典、书籍、期刊、报纸等都是关于比较学前教育方面信息的主要媒介。如果拥有良好的外文基础,掌握了多种外国文字,还可直接阅读不同国家学前教育工作者撰写的学术著作和论文;如果没有相应的外文功底,则可阅读一些译著、译文。例如,中国学前教育研究会主办的《学前教育研究》杂志、浙江省教育委员会主办的《幼儿教育》杂志、山东省教育委员会主办的《山东教育》(幼教版)杂志、中国人民大学书报资料中心汇编的《幼儿教育》杂志等,都辟有"比较教育研究"、"在国外"、"外国幼教"等专栏;华东师范大学主办的《全球教育展望》杂志、北京师范大学主办的《比较教育研究》杂志、东北师范大学主办的《外国教育研究》杂志等,也常刊登一些比较学前教育方面的学术论文,经常阅读,能开阔视野,增长见识,提高分析能力。

(二) 人际媒体

学前教育研究协会、研究组织、研究机构、个人国际性交际网络都是获取比较学前教育方面知识的一种媒介。例如,定期参加"中国比较教育研究会"、"中国学前教育研究会"的会员活动,能够了解国内外比较学前教育的基本情况;通过参加一些国际、国外学前教育组织召开的学术会议,能够交流思想,捕捉国外学前教育比较研究的最新动态;通过与国外同行进行通讯联系,能够互通有无,交换信息,开展跨国合作研究。

(三) 科技媒体

广播、卫星电视、音像制品、计算机通信网络,也是获取比较学前教育方面知识的重要媒介。观看电视台拍摄的专题节目,能够帮助我们"耳闻目睹"异国学前教育的风采。例如,中央电视台播放的"世界各地"、上海东方电视台录制的"飞越太平洋"节目,时有介绍外国教育情况的内容,可以使我们了解到一些国外学前教育的状况。据报道,美国家用计算机的销售量已远远大于电视机,我国1999年6月底网民为400万,而到了2009年6月底网民已高达3.38亿[①]。截至2012年6月底,中国网民数量达到5.38亿[②]。许多教育科研机构都设有自己的网站,随着计算机的普及、中国电信数据通信"三部曲"(政府上网、企业上网、家庭上网)的实施,也能够以较快的速度,查阅到比较学前教育的大量信息,在互联网上与国外同行沟通。

---

① http://www.cnbeta.com,2009年8月10日。
② http://www.chinairn.com

阅读参考书目

1. 王承绪、朱勃、顾明远主编,《比较教育》,人民教育出版社 1985 年版。

2. 顾明远主编,《比较教育》(教育大辞典第 12 卷),上海教育出版社 1992 年版。

3. 赵中建等选编,《比较教育的理论与方法——国外比较教育文选》,人民教育出版社 1994 年版。

4. 冯增俊著,《比较教育学》(当代教育新理论丛书),江苏教育出版社 1996 年版。

5. 顾明远、薛理银著,《比较教育导论——教育与国家发展》(比较教育丛书),人民教育出版社 1996 年版。

6. 袁方主编,《社会研究方法教程》,北京大学出版社 1997 年版。

7. 陈向明著,《质的研究方法与社会科学研究》,教育科学出版社 2000 年版。

8. [美]威廉·维尔斯曼著,袁振国主译,窦卫霖校,《教育研究方法导论》,教育科学出版社 1997 年版。

9. [俄]伍尔夫松著,肖甦、姜晓燕译,《比较教育学:历史与现代问题》,教育科学出版社 2007 年版。

10. [加]许美德等主编,徐辉、王正青主译,《比较与国际教育导论:教师面临的问题》,教育科学出版社 2009 年版。

11. [英]贝磊、[英]鲍勃、[南非]梅森主编,李梅主译,蒋凯、梁洁、姚晓蒙校,《比较教育研究:路径与方法》,北京大学出版社 2010 年版。

网上浏览

利用计算机,打开下列网址,查找、浏览有关比较学前教育的图书、报刊、论文,或参加学术争鸣。

1. http://www.online.sh.cn

2. http://www.online.edu.cn

3. http://www.bookmall.com.cn

4. http://www.compe.edu.cn

5. http://www.merrilleducation.com

6. http://www.pjky.com

7. http://www.spse.cn

8. http://www.chinayejy.com

9. http://www.age06.com

复习思考题

1. 你认为比较学前教育的研究对象应是什么?

2. 比较学前教育有哪几个基本特征？

3. 比较学前教育的研究内容有哪些？

4. 你认为运用哪些方法来研究比较学前教育较为科学合理？

5. 比较学前教育的研究媒体有哪几种？你是如何看待科技媒体的？

练 习 题

将下列短文译成汉语，并写出读后感。

UN Declaration of the Rights of the Child

The right to affection, love and understanding.

The right to adequate nutrition and medical care.

The right to full opportunity for play and recreation.

The right to a name and nationality.

The right to special care if handicapped.

The right to be among the first to receive relief in times of disaster.

The right to learn to be a useful member of society and to develop individual abilities.

The right to be brought up in a spirit of peace and brotherhood.

The right to enjoy these rights, regardless of race, color, sex, religion, national or social origin.

All children, without any exception whatsoever, shall be entitled to these rights, without distinction or discrimination.

第二章　美洲的学前教育

美国一所幼儿园大班积木区环境布置

内容提要

　　美洲的学前教育，从整体上来说，发展不平衡，北美国家的学前教育改革力度较大，发展水平较高，而拉丁美洲各国的学前教育发展水平较低，改革也相对迟缓。本章重点是对美国学前教育改革与发展的情况进行论述，然后对加拿大学前教育改革的经验进行阐述，最后对拉丁美洲一些国家学前教育发展的情况作一简要介绍。

第一节　美国的学前教育

　　美国是世界上学前教育最发达的国家之一，学前教育机构形式多样。在教育理念上强调以儿童为中心，通过幼儿园一日活动，对儿童进行全面和谐发展的教育；重视学前教育师资的培养和提高，注意开发、利用家庭和社区的教育资源，不断优化学前教育的管理和评价，构建发展了适当的学前教育体系。

一、学前教育的机构与形式

　　第二次世界大战结束以后，美国经济进入了一个黄金发展时期。经济快速增长对劳动力的需求与日俱增,女权主义运动蓬勃开展,妇女参加工作的人数不断增加、就业率日益提高(1975 年,6 岁以下儿童的母亲只有 40％外出工作,1988 年约 60％,1995 年上升到64％左右),儿童生理、心理研究有了新的进展(学前期是儿童大脑迅速发展的时期,不仅会影响儿童小学的学习,而且还会对其一生产生影响),这些都促使国家、政府和社会各界对学前教育的重视程度大为加强,经费投入日渐增多,从而保证了学前教育的发展。1989年白宫与国会先后通过了重要的日托法案,促使愈来愈多的州政府认识到学前教育的重要性,提供和增加了教育经费。1979 年只有 7 个州政府投资支持公立学前教育机构,到1989 年已增加到 32 个州政府。布什总统在 1990 年的国情咨文中,把每个孩子都受到学前教育做好入学准备作为 2000 年国家要实现的六大目标之一,在其执政的几年里,把政府资助学前教育的经费增加了 83％。美国著名私人基金会——卡内基基金会认为"人的早期对其未来的发展具有重大的影响",把早期教育作为先行资助的项目之一,以保证儿童的入学准备工作的顺利开展,为国家建设尽一份义务。美国经济发展委员会(由 225 个大公司领导人与大学校长组成)也指出:"如果美国的孩子不能受到良好的早期教育,美国就无法在未来全球市场中竞争","很难想象出有比学前教育有更高效益的投资项目",呼吁企业界要关心、资助学前教育事业的发展。20 世纪 90 年代初约有 5000 家企业采用不同的方式赞助、支持学前教育事业的发展,使私立学前教育机构中的儿童占受教儿童总数的 37％以上。克林顿总统上任以后,进一步增加了学前教育的经费,1994 年出台的《2000年目标:美国教育法》,推动了学前教育事业的进一步发展。

美国的学前教育机构类型多种多样,每种类型又有不同的表现形式,大体可分为以下几种:

(一) 儿童保育中心

主要招收从出生至 6 岁的儿童,以全日制为主,使父母能有机会走出家门去工作,按照父母的经济实力进行收费。儿童保育表现为以下几种形式:(1)少年儿童保育。招收出生 6 个星期至 5 岁的儿童,为未婚少年父母照看孩子,使他们能够顺利地完成高中学习,接受做父母的技能训练。(2)临时儿童保育。在短时间内照看 6 岁以下儿童,使父母能够按时去购物、健身、赴约。(3)课后儿童保育。为从幼儿园到小学 6 年级的儿童提供课后照顾。(4)雇员儿童保育。招收出生 6 个星期至入小学前的儿童,满足职工保育儿童的需要。(5)营利儿童保育。招收出生 6 个星期至入小学 1 年级的儿童,从赢利的目的出发,来对儿童进行保育和教育。

(二) 学前教育中心

有公立和私立之分。主要招收 2.5—5 岁儿童,为儿童进入幼儿园和小学 1 年级作好准备。有的学前教育中心带有家长合作的性质,由家长创办和管理,雇佣家长来做孩子的保教人员,实行民主治园,家长有责任把中心办好。有的学前教育中心是为低收入家庭儿童服务的,在儿童还没有进入幼儿园之前,就对他们实施教育。还有的学前教育中心是由教会资助开办的,由于它强调儿童基本技能的训练等原因,迎合了一部分居民的需要,在学前教育机构中也占有一席之地。

（三）幼儿园

是公立学校的一部分，招收 4—6 岁儿童，主要是为 5 岁儿童服务，为儿童进入小学 1 年级作好准备。从幼儿的入园年龄来看，不仅有前幼儿园、初级幼儿园、高级幼儿园，而且还有发展幼儿园，面向那些至少接受过 1 年以上特殊教育训练的 5—6 岁儿童，以及蒙台梭利幼儿园，运用蒙台梭利的理论对儿童进行教育。

（四）幼儿学校

有公立和私立之别，主要招收 2—4 岁儿童。幼儿学校以半日制为主，旨在为母亲不外出工作的儿童服务，作好入园准备。许多幼儿学校注意让儿童在游戏情景中主动学习，但也有的幼儿学校让儿童学习幼儿园的课程，对儿童进行教育训练。由学院和大学创办的幼儿学校，则具有实验性质，注重研究学前教育活动和方法，成为幼教师资培训的基地。

（五）家庭日托

在家庭中为一些儿童提供服务，每个家庭通常只接受 4—5 个儿童，在自然状态下对儿童进行监护、关心，未来的趋向是为儿童提供全方位的服务。全美家庭儿童保育协会的成立促使家庭日托成为学前教育机构的一个重要组成部分。

此外，还有入学预备班、早期补偿教育中心、儿童玩具图书馆等学前教育机构。入学预备班是为儿童进入小学一年级作准备的，进班的主要是那些在幼儿园里没有取得什么进步的 5—6 岁儿童。早期补偿教育中心是为低收入家庭儿童服务的，帮助他们战胜贫困，作好入学准备。玩具图书馆大多设在教堂、图书馆、购物中心、学前教育中心、交通工具里，为学前儿童、父母及学前教育工作者提供游戏、玩具和其他能用于学习的材料，费用由父母、社区志愿者、使用者等承担。

为了保证学前教育机构的质量，国家学前教育协会对学前教育机构的规模和师生比率提出了具体的要求，如表 2-1。儿童年龄越小，班级规模也要越小，师幼比率也就越高，唯有这样，保教人员才能给予每个儿童充分的关心，满足他们的各种需要。

表 2-1　教师和儿童的比率及班级的规模

儿童年龄＼班级规模	6	8	10	12	14	16	18	20	22	24
0—12 个月	1:3	1:4								
12—24 个月	1:3	1:4	1:5	1:6						
24—30 个月		1:4	1:5	1:6						
30—36 个月			1:5	1:6	1:7					
3 岁					1:7	1:8	1:9	1:10		
4 岁						1:8	1:9	1:10		
5 岁						1:8	1:9	1:10		
6—8 岁								1:10	1:11	1:12

资料来源：Criteria for High Quality Childhood Programs with Interpretations（Washington, D. C.：National Association for the Education of Young Children, 1994），p. 41.

比较学前教育

多种多样的学前教育机构,使 6 岁以下的儿童都能在一定程度上享受学前教育,提高了儿童的入托入园率:1980 年 3 岁儿童入园率为 27.3％、4 岁儿童为 46.3％、5 岁儿童为 84.7％;1987 年有 46 个州的 5 岁儿童已全部入园。90 年代以来,儿童受教育率有了更大幅度的提高,从幼儿园和学前教育中心里的儿童数量就可以看出这一点:在幼儿园里的儿童,已由 1985 年的 300 多万人,上升到 1990 年的 350 多万人、1992 年近 400 万人,至 1994 年已超过了 400 万人;1995 年,在学前教育中心的 3 岁儿童约有 150 万人,4 岁儿童有 250 万人,5 岁儿童有 350 万人。

二、学前教育的目的与目标

学前教育应该有自己的目的和目标,没有目的和目标就会迷失前进的方向。美国的学前教育极其开放,不同的学前教育机构在目的和目标上是不同的,有的倾向于儿童智力能力的发展,有的侧重于儿童情感社会性的发展,也有的强调为儿童进入小学作好准备。美国学前教育专家指出,不同的学前教育机构的目标可以有所不同,但都应该包括一些最基本的目标,美国北德克萨斯大学 G·S·莫里逊教授认为这些基本的目标涉及儿童的社会交往、自我服务、自尊、学习、思考、学习准备、语言和营养等方面的发展。[①]

(一) 社会交往的目标

1. 帮助儿童学会如何与同伴、成人相处,如何发展与教师的友好关系;

2. 指导儿童学会如何帮助别人,培养关心别人的态度。

(二) 自我服务的目标

1. 指导儿童学会如何满足自己的需要,帮助儿童掌握穿戴的技能,例如,自己能选择合适的衣服,知道怎样穿戴等;

2. 帮助儿童掌握进餐的技能,例如,能自己使用餐具、餐巾,会摆放餐桌等;

3. 帮助儿童掌握卫生的技能,例如,会自己洗脸、洗澡、刷牙等;

4. 帮助儿童掌握修饰的技能,例如,会自己梳头、剪指甲等。

(三) 自尊的目标

1. 帮助儿童发展良好的自我意象和高度的自尊水平;

2. 帮助儿童学会认识自己、自己的家庭及其文化背景;

3. 通过让儿童体验成功、提高儿童的能力,来发展儿童的自我价值观;

4. 帮助儿童了解身体的各个组成部分及其作用。

(四) 学习的目标

1. 使儿童知道自己的姓名、家庭地址和电话号码;

2. 帮助儿童学会分辨颜色、大小、形状和上下、左右、里外等方位;

① George S. Morrison, Early Childhood Education Today, 7th edition, Prentice-Hall, Inc. Simon E Schuster/A Viacom Company, 1998, p. 207.

3. 促进儿童对数的学习,帮助儿童掌握前书写技能,能认识字母,会正确发音,具有节奏感;

4. 促使儿童小肌肉的发展。

（五）思考的目标

1. 向儿童提供各种环境和活动,帮助儿童建立认知结构,促进儿童分类、序列、计算、时空等方面的技能的发展,为儿童逻辑数学思维能力的提高奠定基础;

2. 给儿童提供发现问题、提出问题、思考问题、回答问题、解决问题、评价问题的机会。

（六）学习准备的目标

发展有助于儿童在今后的学校生活中获得成功的那些技能,例如,能听从指导,独立工作,注意听讲,拓宽注意广度,坚持完成任务,能坐在自己的座位上,控制自己的冲动等。

（七）语言和文学的目标

1. 为儿童提供与成人、同伴相互交往的机会,以发展儿童的口头语言技能;

2. 帮助儿童增加词汇量;

3. 帮助儿童学会与同伴、成人谈话;

4. 提高儿童语言的熟练程度和精确性;

5. 发展儿童萌芽了的文学技能。

（八）营养的目标

1. 为儿童提供机会,使儿童能了解各种食物,知道其营养成分与作用;

2. 为儿童提供机会,使儿童能获得准备与制作食物的经验;

3. 向儿童介绍各种新食物、平衡的食谱和主要的营养。

（九）独立性的目标

除了上述 8 个技能型目标以外,学前教育还有 2 个经验型目标:发展儿童的独立性,培养儿童积极的学习态度。事实上,从学前教育到其后各个阶段的教育目标都是要把儿童培养成为一个独立的人,使儿童能够自己的事情自己做。比如,整理周围的环境:参加掸尘、清洁、洗涤、擦拭、倒垃圾、装饰、拖地等,从小事做起,逐渐成为一个自主的人;成人不应包办代替,以免助长儿童的依赖心。

此外,学前教育还要培养儿童热爱学习、乐于学习的态度,发展儿童的主动性。

（十）全面发展的目标

学前教育一直强调儿童的整体发展,要为儿童提供能够促进他们体力、情感、社会性、认知等方面发展的活动和体验。儿童这些方面的发展是相互联系不可分割的,应该促进儿童的全面发展。

近些年来,随着对儿童学习潜力研究的深入,儿童能够学习、儿童必须学习的呼声在美国越来越高,学前教育的目标也正朝着重视儿童的学习,促进儿童身心的全面发展,为儿童进入小学作准备的方向发展,并已形成社会各界的共识。在迈入 21 世纪的今天,儿童的生活正发生着翻天覆地的变化。为使儿童将来能适应社会的需要，全美学前教育协会指出，在确立学前教育的目的时，应格外关注儿童能力的发展和人格的形成：(1)很好的交往能力，尊重别人，和有不同观点的人一起工作，充分发挥作为集体中的一员的作用；(2)正确地分析事情的能力，能作出合理的判断，解决出现的新问题；(3)通过各种方式，如口语和书面语、智力工具和科技工具等，获得信息的能力；(4)能根据需要和变化，继续学习新技能、掌握新方法、获取新知识的能力；(5)接受数学、文学、科学、历史、地理、音乐、美术、体育和健康等方面教育的能力；(6)塑造儿童积极的人格特征，能自制，能宽容别人；(7)培养儿童对学习的热情和信心。

三、学前教育的任务与内容

美国学前教育的任务与内容从大的方面来讲包括身体、认知、情感、社会性、审美等方面。随着时代的发展，这些任务与内容也产生了一些变化，有所拓宽和加深，表现出一定的特色。

(一) 在儿童身体的成长上

学前教育在儿童身体成长上的任务是：锻炼儿童肌肉的力量，培养儿童活动的技巧；使儿童能运动与转位，保持身体平衡；使儿童会投掷与接应，能往上、往下跳；形成儿童的节奏感与时间概念；加强儿童对身体及空间的意识；使儿童学会休息、放松，消除疲劳。

近些年来，增加了安全教育和性教育的内容。在安全教育中消防教育占据着重要地位。例如，幼儿园每个学期都要举行一次"防火周"，届时，警察或消防志愿人员来园给4岁以上的儿童上防火课，讲解火的危险性、火灾发生迹象、火灾发生后应该怎么办等知识；警察还会给每个幼儿一本防火画册，让幼儿在上面涂色，以加深对火灾的认识；幼儿再把画册带回家，同父母一起观看，解答画册后面的习题。此外，教师还要带领幼儿参观附近的消防站，请消防员为他们介绍救火工作，为幼儿作救火演练。这样，儿童在进入小学之前，就已基本掌握了自救的技能：知道怎样爬出危险区、找到安全出口，懂得如何滚灭身上的火苗等。

在对儿童进行性教育时，强调要让儿童初步认识生殖器官的差异(如男孩子为什么站着小便，女孩子为什么蹲下来小便)，帮助儿童正确使用词语(如子宫、精子、卵子)；让儿童简单了解生育和分娩的过程，向儿童准确传递生育过程的信息(如真实、具体地告诉儿童"小孩子是从哪里来的"、"小孩子是怎样出来的"、"小孩子是怎样进去的"等方面的知识)；使儿童能正确对待手淫，正确处理性游戏等。[①]

(二) 在儿童认知的发展上

学前教育在儿童认知发展上的任务是：指导儿童通过感官来探索周围世界；发展儿童

---

① Sally Koblinsky, Jean Atkinson, and Shari Davis, Sex Education With Young Children, Janet Brown Mccraoken, Reducing Stress in Young Children's Lives, National Association for the Education of Young Children, 1991, p. 13.

的好奇心和求知欲;鼓励儿童提出问题,对事物进行比较,找出相互之间的联系;帮助儿童获得关于形状、颜色、大小、分类、顺序、数字等概念,掌握秩序、序列、因果等关系。

近十几年来,学前教育格外重视儿童认知方面的语言教育和创造教育。在培养儿童的语言能力时,提出要增强儿童使用语言的自信心;使儿童发音清晰、词汇丰富;指导儿童掌握多种句型句式,使儿童喜爱与别人交流;发展儿童对语言的理解能力,使儿童能运用语言正确地表达自己的思想和感受;训练儿童语言游戏的技能和倾听的技巧,使儿童的语言能力得到全面提高。例如,为了帮助儿童学会更多的句型句式,教师先让儿童学习"过去……现在……"的句式(如"过去我用奶瓶喝水,现在我用杯子喝水"),然后再让儿童学习"过去……现在……将来……"的句式(如"过去我呆在家里,现在我上幼儿园了,将来我还要上小学"),这样,儿童就能联系自己的生活,把过去和现在进行比较,对未来进行预测,在由浅入深、循序渐进地掌握句式的过程中,语言表达能力、逻辑思考能力、比较能力、认识能力等都得到了提高。

在发展儿童的创造力时,提出要培养儿童善于质疑的精神;激发儿童的创新意识和新异行为;鼓励儿童从不同的角度思考问题,寻找答案;指导儿童通过自由探索、实验、操作、发明、游戏等机会,提高思维的广泛性、变通性、批判性和独特性。

(三) 在儿童情感的培养上

学前教育在儿童情感培养上的任务是:使儿童能习惯与家人分离;帮助儿童与教师建立基本的信赖、尊重关系;指导儿童学会了解自己的情绪,并能加以控制;引导儿童恰当处理情绪问题;帮助儿童学会面对现实;使儿童学会了解别人,对别人有同情心;维护儿童的心理健康。

现在学前教育界较为强调通过理解儿童的感情,来促进儿童情绪的健康发展。例如,刚进入学前教育机构的一些儿童,好哭好闹,不愿意呆在那里。教育专家们认为,儿童首次与父母分离并不容易,帮助儿童渡过这一难关,有许多工作需要教师去做:要用"你难过是对的,我们很理解"的话语来替代过去对儿童提出的"要勇敢一些"的要求或批评,以示承认、接受儿童的感情;允许儿童做自己最高兴的事,玩自己最心爱的玩具;默许家长来园陪伴儿童,陪伴的时间由长变短,直至儿童完全适应为止;把同伴的活动照片装订成册,送给儿童,以萌发儿童对幼儿园的感情。

此外,还重视培养儿童抑制冲动的能力,注意削减儿童的攻击行为。这是美国学前教育界从新近的一项研究(儿童早年因素对成年后陷入焦虑感的关联性研究)中得到的启示。学者们对 100 位研究对象(白人占 2/3,黑人占 1/4)进行了追踪研究(从学前期至 23 岁),结果发现:在学前期经常抢夺同伴玩具、时常出现冲动动作、难以和同伴相处的儿童,长大成年后往往患有焦虑症。有专家指出,在学前期,可让儿童玩"医院"等游戏,来提高儿童表现情绪、控制情绪的能力。

(四) 在儿童社会性的发展上

学前教育在儿童社会性发展上的任务是:帮助儿童学会控制非社会性行为;能通过社

会认可的行为来满足自己的需要;能与周围的人和睦相处;能从帮助他人中得到满足;能从工作中获得快乐;能了解自己及家庭、文化,并引以为豪。

礼貌是叩开社会大门的敲门砖。针对社会上不断出现的暴力事件,美国教育界人士深感痛心,大力倡导要对儿童进行礼貌教育,路易斯安那州甚至还颁布法令,强制实施尊师重教的规范,规定儿童对师长采用尊称,须用"女士"或"先生"、"夫人"、"小姐"等礼貌用语来称呼学校老师及雇员或其他长辈,否则,就会受到纪律处分等。这项法令首先从幼儿园至小学5年级的儿童开始实施,以后每年分阶段在高年级的学生中执行。

美国作为世界上不同肤色、种族和民族的"大熔炉",针对受教育对象来自不同的国家、民族、文化这一特点,学前教育还重视对儿童进行多元文化教育,使儿童不仅能了解自己的传统文化,而且还能接受其他文化。如在国际学前儿童学校中,教师经常给儿童念中国童谣,教儿童唱意大利歌曲、日本歌曲、法国歌曲、英国歌曲,教儿童跳墨西哥舞蹈、朝鲜舞蹈、西班牙舞蹈,使儿童逐渐学会尊重、欣赏他人的文化传统。

(五) 在儿童美感的形成上

学前教育在儿童美感形成上的任务是:帮助儿童认识到周围环境的美;学会用悦耳的声音唱歌,能独立操作、演奏乐器,欣赏到音乐的美;使儿童感受跳舞的乐趣,鼓励儿童即兴创编;给儿童提供多种绘画材料,让他们自由选择,自由作画,培养儿童创造美的能力;激发儿童对童谣及手指游戏的兴趣,通过律动活动、节庆活动、揉捏黏土、剪剪贴贴等发展儿童表现美的能力。

长期以来,美国学前教育界在艺术教育中,对儿童创造能力的培养十分重视,向儿童传授知识、训练技能则被认为是无关紧要的。G·亨德里克告诫教师:(1)意识到不墨守成规和"无吸引力"的个性特征的价值;(2)尽量少干涉儿童的艺术创造活动;(3)理解并尊重儿童的艺术创造才能的发展水平(见表2-2);(4)给有疑虑的儿童暂时不参加艺术创造活动的权利;(5)给儿童提供足够的时间和机会,让儿童从中得到真正的满足;(6)不给儿童提供从事艺术创造活动的模仿范例;(7)认识到艺术创造活动对儿童来说,重要的是过程,而不是结果;(8)正确地评价儿童的艺术创作过程;(9)竭尽全力维护一个心理健康的气氛。[①]

一些幼儿教育机构现在开始重视对儿童进行古典音乐的启蒙教育。美国科学家经过多年测试发现,在学前期,经常听古典音乐的儿童,在智力反应速度上、与人交往上,都明显优于不常听古典音乐的儿童。科学家和学前教育研究工作者建议:在室内时,应经常让儿童听一些类似背景音乐的优秀古典音乐曲目,外出游玩时,可让儿童听一听《蓝色的多瑙河》、《田园》交响曲,儿童虽然还不能理解音乐的深刻含义,但经过长久刺激,音乐信息会进入儿童的大脑皮层,形成音乐信息记忆,将来儿童长大以后就会热爱古典音乐,成为一个健全的人。

---

① Jonne Hendrick, The Whole Child-Developmental Education for The Early Years, Merrill Publishing Company, 1988, pp. 288 - 294.

表2-2　儿童绘画水平的发展

年龄（年）	绘画行为
0.1—1	偶然地、模仿地涂鸦
1—1.6	涂鸦有了改进，能画垂直线、平行线和多种线条，凭视觉涂鸦
2—3	能画多种环形、螺旋形、粗糙的圆形。在2岁末开始能画简单的图
3	能画出看过的物体的外形、圆形和十字形
4	较艰难地画方形，也想画三角形，但几乎不能成功
4.6—5	能画由两种及两种以上图形组成的画面，也能画图画（房子、人体和太阳），还能画正方形、粗糙的长方形和较好的圆形，但画菱形和三角形仍比较困难
6—7	画几何图形的能力成熟了。7岁时已能画出较完整的圆形、正方形、长方形、三角形和菱形

四、学前教育的途径与实施

学前教育的途径及方法是实现学前教育任务和内容的重要手段。即使拥有科学合理的学前教育任务和内容，而没有合适有效的途径和方法，学前教育的目标也不能实现。美国学前教育注重在日常生活、区域活动、游戏活动中对儿童进行综合教育，讲究因材施教、因地制宜。

（一）寓教育于半日、一日活动之中

半日、一日活动是学前教育机构对儿童进行教育的基本途径。不同的学前教育机构在安排半日或一日活动时，活动的内容、时间是不同的，但基本框架结构却较为相似。

1. 学前教育中心的半日活动往往作出如下安排：

9:00—9:15　　　大组活动：教师介绍当天的活动安排

9:15—10:00　　自由活动：儿童在教师所安排的活动中进行选择

10:00—10:10　　整理；吃点心前洗手

10:10—10:30　　早点

10:30—10:45　　小组活动：儿童对特别的活动展开讨论

10:45—11:30　　户外活动：如跳、爬、投掷、荡（秋千）

11:30—11:50　　大组活动：儿童回忆当天所学的知识和所参加的活动；教师评估儿童掌握知识的情况；大家一起进行音乐活动、做律动或讲故事。

11:50—12:00　　收拾整理；准备回家

2. 儿童保育中心的一日活动常常进行如下安排：

7:00—8:30　　　自由活动：儿童可玩游戏泥、七巧板，也可玩积木或进行操作活动

　　　　　　　　早餐：想吃的儿童可进餐

8:30—8:45　　　大组活动：教师介绍全天的活动安排

8:45—9:45　　　自由活动：儿童在教师所安排的活动中进行选择

9:45—9:55　　　整理

9:55—10:10	早点
10:10—11:10	户外活动:如跳、爬、投掷、荡(秋千)
11:10—11:25	小组活动:对特别的活动进行讨论,复习当天所学的知识
11:25—11:45	大组活动:音乐、律动等
11:45—12:30	餐前准备;午餐;整理;盥洗
12:30—14:00	午睡:想睡的儿童就午睡;
	安静活动:不想睡觉的儿童就从事安静活动
14:00—15:00	户外活动:如跳、爬、投掷、荡(秋千)
15:00—15:15	午点
15:15—16:15	重复活动:继续上午的活动
16:15—16:25	整理
16:25—16:45	大组活动:复习;评价
16:45—18:00	自由活动:儿童可以玩游戏泥、七巧板,也可以玩积木、进行操作活动①

美国一所幼儿园大班幼儿和教师体验故事活动

美国一所幼儿园小班幼儿午餐活动

美国一所幼儿
园中班幼儿午
睡前活动

---

① Eva L. Essa & Ponelope Royce Rogers, An Early Childhood Curriculum: From Developmental Model to Application, Delmar Publishers Inc., 1992, p. 100.

可见，不论是半日活动还是全日活动，在总体安排上都能注意教师主导作用与儿童主体地位相融合，动静交替，户外活动与户内活动相结合，集体活动与小组活动、个人自由活动相结合；午睡时间较短，自由度较大；强调音乐教育，重视巩固当天所学的知识。

（二）开辟各种活动区

活动区是儿童进行特定学习活动的地方，活动区的构造、布局能给儿童传达一种信息，暗示儿童可以做什么，教师对他们有什么要求和期望。学前教育机构为儿童创设的活动区一般有：

1. 家庭活动区

此区备有家具、餐具、电话、洋娃娃、服饰、长镜子等设备，以帮助儿童学会分类，掌握语言技能。

美国一所幼儿园托班幼儿的"娃娃家"环境

2. 玩沙/玩水活动区

此区靠近水源，备有一个不锈钢水槽、多件沉或浮的物品、肥皂、吸管、染料等；或备有一个沙池、铲子、小桶等；以帮助儿童了解物体的结构、体积、性能，掌握测量的技术，知晓沙、水的特点。

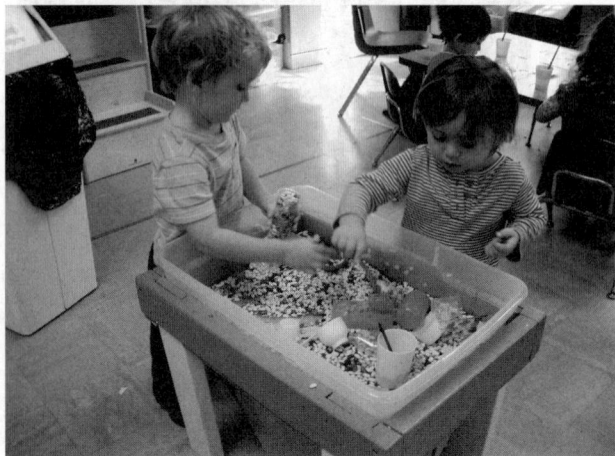

美国一所幼儿园小班幼儿在玩沙

3. 积木活动区

有大小不同的积木且整齐地放在架子上，有各种模型及图案、照片、废旧纸盒；教师要求儿童玩积木时，堆搭物体的高度不能超过自己的身高；积木区的活动有利于儿童认识物体的形状、大小、长度、系列，掌握空间关系，发展手眼协调能力和想象力。例如，儿童在积木活动区看到"农场"的照片以后，就会想起参观"农场"的情景，萌发要搭个"现代化农场"的意念，创造想象力从中得到培养。

美国一所幼儿园大班幼儿积木区环境

4. 图书/语言活动区

设在安静、明亮之处，通过图书架等物体与其他区域分隔开来。有适合儿童的图书、反映不同文化的图书、小地毯、沙发、枕头、充气垫；图书封面朝着儿童摆放，高度与儿童的视线相当；教师通过给儿童读书、讲故事、教儿童学会使用图书，来培养儿童对书籍的热爱，发展语言能力。

美国一所幼儿园小班幼儿图书区环境

5．木工活动区

有刨子、锯子、锤子、铁钉、树干、木块、瓶盖等材料，儿童在教师的监督下，安全地进行活动，发泄过剩精力，享受敲打的乐趣，理解部分与整体的关系，发展动手能力、设计能力。

美国一所幼儿园大班幼儿在木工区活动

6．艺术活动区

绘画区安放在靠近水龙头的地方，有画架、纸张、颜料、画笔、刷子、小桶等；音乐区置有收录机、儿歌磁带、制造声音的材料、律动器材等，儿童自由选择材料，进行艺术创作活动，培养美感。

美国一所幼儿园中班幼儿在画架上画画

7．科学/数学活动区

拥有动植物标本、鱼缸及金鱼、贝壳及石子、放大镜、磁铁、钳子、天平、组合与计数材料；儿童通过探究、比较、测量、实验，能发现事物之间的关系，萌发对科学的兴趣。

美国一所幼儿园大班的科学区

8. 操作活动区

有扣子、拉链、鞋带、铅笔、剪刀、线绳、卡片、拼图板块等，儿童通过操作这些材料，学会认识形状、大小、颜色，发展小肌肉的力量，增强手指的灵活性。

9. 体力活动区

大多置于室外，远离静态活动区，有攀登架、滑梯、梯子、箱子、平衡木、秋千、三轮车、皮球等，这些运动器具往往组合在一起使用，培养儿童大肌肉能力。

美国一所幼儿园户外活动环境

在对"设立哪些活动区"、"设于何处"、"如何布置"这些问题作出选择时，教师要根据本园目标、儿童兴趣、班级空间和儿童人数来全面考虑，使每个活动区约能容纳 4 名儿童，动态活动区和静态活动区相分离，长久活动区与临时活动区相配合，定期更换活动区的材料及设备，鼓励儿童参加设计与布置活动区。

（三）指导儿童的游戏

游戏是儿童最喜爱的活动，儿童在游戏中学习和发展。教师要卓有成效地对儿童的游戏进行指导，就必须为儿童提供高质量的游戏环境，仔细观察儿童的游戏，适时适当地介入其中。

1. 为儿童的游戏创设条件

游戏的时间、空间、材料和经验是儿童进行游戏的基础。儿童需要充足的时间去游戏，儿童对游戏时间长短的需求是与其年龄特征、游戏技能、游戏种类相联系的。例如，学前教育中心、幼儿园的儿童，大约需要30—50分钟的时间去进行角色游戏，在这段时间里，儿童可以选择玩伴，分配角色，寻找材料，设计游戏情节，协商合作，共同游戏。如果游戏的时间太短，儿童就无法作好准备，长此以往，就会失去对这种游戏的兴趣。

宽阔的空间是高质量的游戏所必需的，它对儿童的游戏行为有很大的影响。政府规定学前教育机构要为每个儿童提供35—55平方英尺的游戏空间，史密斯（Smith）等人在1980年前后的研究也表明，当空间密度从75平方英尺下降到25平方英尺时，儿童的大肌肉游戏活动减少；当空间密度从25平方英尺下降到15平方英尺时，儿童的侵略行为和否定反应大大增加。所以，当一个学前教育机构为儿童提供的游戏空间不足35平方英尺时，就要尝试通过削减儿童人数、重新安排游戏环境、减少运动器械等手段，来改变这种不良状况。

丰富的材料也是高质量的游戏所需要的。儿童的游戏在很大程度上要受游戏材料的制约，不同类型的游戏材料会引发儿童开展不同的游戏活动，鲁宾（Rubin）等人在1979年、1983年的研究证明了这一点（见表2-3）。

各种经验是儿童游戏的重要支柱，儿童游戏时需要以过去的知识经验为基础。儿童如果没有某方面的经验，就难以进行、持续某方面的游戏。例如，要儿童去扮演一个餐馆的洗碗工，儿童就会感到不知所措，因为他们并不了解这一社会角色。因此，教师要多给儿童看图片、讲故事，带领儿童外出参观、郊游，扩大儿童生活的空间，丰富儿童的知识经验。

2. 观察儿童的游戏

观察是教师了解儿童游戏行为的窗口。通过观察，教师不仅能知晓儿童当前的游戏兴趣，如儿童喜欢进行何种游戏，喜欢使用哪些游戏材料，喜欢什么样的游戏场地，喜欢哪种主题的角色游戏，而且还能发现儿童的游戏水平、性别特征、优势、劣势。拉弗伦尼尔（LaFreniere）等人通过对193位（98位女孩，95位男孩，1—6岁）学前儿童的观察研究发现：在学前早期，女孩子比男孩子更喜欢与相同性别的伙伴进行游戏，但在学前晚期，男孩挑选相同性别伙伴进行游戏的比例在上升，而女孩却在下降；在整个学前期，男孩子与相同性别儿童进行游戏的比例随着年龄的增长而不断提高，而女孩子则不然（见图2-1）。

表 2-3　游戏材料对游戏类型的影响

	社会水平		认知水平		
	非社会性(独立游戏、平行游戏)	小组	功能	结构	想象
1. 家庭玩具		+			+
2. 娃娃		+			+
3. 扮演服装		+			+
4. 交通工具		+			+
5. 积木	+	+		+	+
6. 七巧板	+			+	
7. 珠子	+		+		
8. 艺术建构(剪刀、颜料)				+	
9. 泥土、游戏泥	+		+		
10. 沙和水	+		+		

资料来源：James E. Johnson & James F. Christie & Thomas D. Yawkey，Play and Early Childhood Development，Scott，Foresman and Company，1987，p. 178.

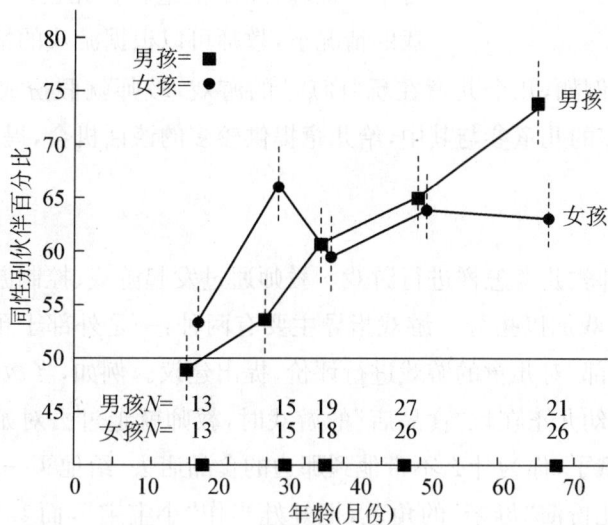

图 2-1　儿童选择相同性别玩伴

资料来源：James E. Johnson & James F. Christie & Thomas D. Yawkey，Play and Early Childhood Development，Scott，Foresman and Company，1987，p. 112.

　　此外，观察还使教师能伸展儿童游戏的进程，丰富儿童游戏的情节。曼宁等学者指出，观察在教师准备游戏与介入游戏之间起着桥梁作用（见图 2-2）。正是通过仔细观察，教师才能更好地为儿童提供时间、空间、材料和经验，并使自己对游戏的干预建立在尊重儿童的兴趣和需要的基础之上。教师如果对儿童的游戏不仔细观察就匆忙介入，必然会导致儿童游戏的终结。

游戏时间　游戏空间　游戏材料　游戏经验

准备

观察

参与

平行游戏　合作游戏　游戏指导　真实发言人

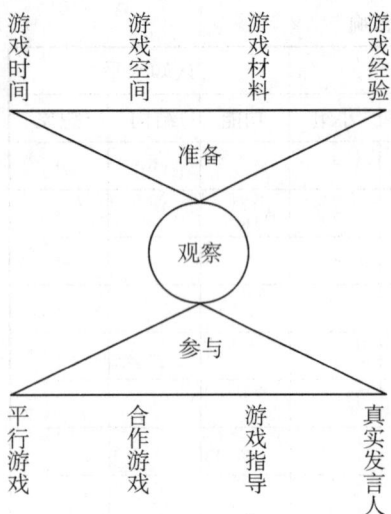

图 2-2　教师准备、观察、参与游戏

资料来源：James E. Johnson & James F. Christie & Thomas D. Yawkey, Play and Early Childhood Development, Scott, Foresman and Company，1987，p. 27.

3. 参与儿童的游戏

教师参与儿童游戏的形式有多种，不同的参与形式对儿童有不同的影响，应适时加以选用。

（1）平行游戏

平行游戏即教师在儿童身旁和儿童玩相同的玩具，但没有直接与儿童相互作用。例如，当一个儿童坐在地毯上玩美国板图模型时，教师来到他的身边坐下也玩美国板图模型。教师的出现，会使儿童感到这种游戏是有价值的，玩得时间更长；会给儿童提供模仿的范例，或使其掌握新的玩法。

（2）合作游戏

合作游戏即教师加入儿童正在进行的游戏之中，但仍让儿童主宰游戏的进程。为了促进游戏的发展，教师会偶尔提出一些问题和建议，但不是直接教给儿童任何新的游戏行为，儿童可作出反应、予以接受，也可不予理睬、加以拒绝。在儿童没有邀请教师参加游戏的情况下，教师可以根据游戏的情节，利用角色的身份，主动参与进去。例如，几个儿童在玩"商店"的游戏，教师就假扮成"顾客"去买东西。合作游戏能吸引更多的儿童参与其中，给儿童提供较多的谈话机会，提高儿童游戏的水平和社会交往的能力。

（3）游戏指导

游戏指导即教师教儿童怎样进行游戏。教师通过发起游戏、控制游戏，教给儿童一些新的游戏行为，对游戏加以指导。游戏指导主要有两种：一是外部干预，教师作为游戏的局外人，从游戏的外部，对儿童的游戏进行评价、提出建议。例如，当教师发现一个幼儿独自摆弄娃娃，而其他幼儿正在玩"食品店"的游戏时，教师就走过去对她说："夫人，你的小宝宝看上去已经很饿了，你为什么不带他到那边的食品店去，给他买一点吃的东西呢？"教师的提示能促使幼儿扮演"母亲"的角色，把娃娃当作"小宝宝"，而参与到同伴的游戏中去。二是内部干预，即参加游戏，教师通过扮演角色，以游戏的口吻，对儿童的游戏进行指导。例如，当教师发现几个幼儿呆在家庭区，但没有进行集体游戏时，教师就走过去，对他们说她是一个"儿科大夫"，是来给那个"生病的孩子"看病的。教师的言行促使幼儿把自己扮演成"病孩"的家长。游戏指导有助于儿童获得新的游戏技能，学会与同伴交往，发展语言表达能力。

（4）真实发言人

真实发言人即教师从游戏的外部，引导儿童把游戏和现实世界联系起来。教师在游戏中虽然不扮演任何角色，但能通过提出问题和建议对游戏施加影响。例如，几个幼儿正在玩"医院"的游戏，一名"外科医生"正在用透明胶为"断肢病人"接肢，教师见状给予提示："你只用透明胶接肢恐怕是不行的，我想你还要用两块木板夹住捆绑才会牢固。"教师竭力使儿童的游戏行为与真实世界相吻合的做法，很容易打断儿童的游戏，阻碍游戏的发展，因此应少用或不用。

五、学前儿童自我概念课程

（一）自我概念课程的目标

自我概念是儿童对自己的认识和感受。E·V·埃斯尔等人认为，儿童形成健康的积极的自我概念，对儿童身体、感官、认知、语言、社会性、情感和创造力等各方面的发展都具有十分重要的作用。例如，"剪"东西等各种技能掌握以后，既能增强儿童的能力，又能提高儿童的自尊水平。

（二）自我概念课程的内容

自我概念课程从内到外由儿童自身、家庭及其成员、幼儿园及其朋友、社区及其帮手四个部分组成（见图2-3），环环相扣，层层递进；每个部分都包含身份、角色及其关系、周围环境、运动、安全、健康、食物、交往八个方面（见图2-4），每个方面在不同年龄阶段有不同要求（如表2-4—表2-7，由浅入深，循序渐进。

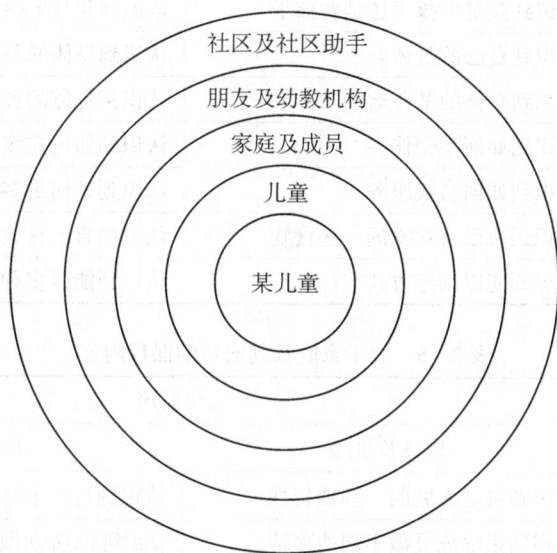

图2-3

资料来源：Eva L. Essa and Penelope Royce Rogers, An Early Childhood Curriculum: From Developmental Model to Application, Delmar Publishers Inc., 1992, p. 5.

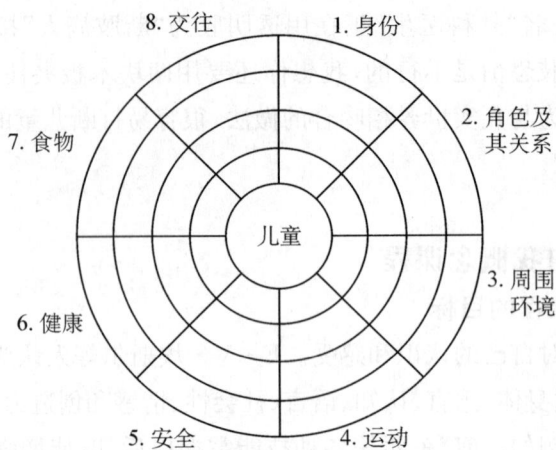

图 2-4

资料来源：Eva L. Essa and Penelope Royce Rogers，An Early Childhood Curriculum：From Developmental Model to Application，Delmar Publishers Inc.，1992，p. 5.

表 2-4　关于儿童自身的课程内容

内容	年龄班	
	2—3 岁儿童	4—5 岁儿童
身份	认识到只有一个"我"	认识到"我"是独特的
角色及其关系	认识到我是男孩子还是女孩子	认识到我与男孩子或女孩子有所不同
周围环境	认识到自己的身体	认识到身体的各个组成部分及其作用
运动	认识到身体的某些运动	认识到身体的各种运动
安全	认识到如何不受伤害	认识到如何在多种情景下不受伤害
健康	认识到如何自我服务	认识到如何更多地自我服务
食物	认识到自己喜欢吃的一些食物	认识到自己喜欢吃的多种食物
交往	认识到能以某些方式交往	认识到能以多种方式交往

表 2-5　关于家庭及其成员的课程内容

内容	年龄班	
	2—3 岁儿童	4—5 岁儿童
身份	认识到自己家庭的一些独特性	认识到自己家庭的多种独特性
角色及其关系	认识到家庭成员做不同的事情	认识到家庭成员做不同的事情，有不同的职责
周围环境	认识到自己家庭的住房	认识到不同的家庭有不同的住房
运动	认识到自家有汽车	认识到自家有交通工具
安全	认识到自己的家是一个安全的地方	认识到自己的家在多方面都是安全的
健康	认识到自己家是一个健康的地方	认识到自己的家在多方面都是健康的
食物	认识到自家烹调自家吃的一些食物	认识到自家烹调自家吃的多种食物
交往	认识到有多种方式与人交往	认识到有多种方式与人交往，获取信息

表 2-6 关于幼儿园及其朋友的课程内容

内容	年龄班	
	2—3 岁儿童	4—5 岁儿童
身份	认识到自己在某些方面和朋友很像,在别的方面则不像	认识到自己和朋友有相同点和不同点
角色及其关系	认识到自己在幼儿园和老师要做一些事情	认识到自己在幼儿园和老师一样要做许多事情
周围环境	认识到幼儿园是个特别的地方	认识到幼儿园在许多方面是个特别的地方
运动	认识到可乘园车上幼儿园	认识到幼儿园有园车
安全	认识到自己的幼儿园是个安全的地方	认识到幼儿园是个安全的地方
健康	认识到自己的幼儿园是个健康的地方	认识到幼儿园是个健康的地方
食物	认识到自己在幼儿园进餐	认识到自己在幼儿园吃各种有营养的食物
交往	能彼此进行交流	能用多种方式进行交流

表 2-7 关于社区及其帮手的课程内容

内容	年龄班	
	2—3 岁儿童	4—5 岁儿童
身份	认识到社区是个独特的地方	认识到社区的多种独特之处
角色及其关系	认识到社区内不同的人用不同的方式帮助自己及家庭	认识到通过社区帮手,人们分享社区服务
周围环境	认识到自己的社区范围很广	认识到自己社区的环境是独特的
运动	认识到社区中有多种不同的旅行方式	认识到社区中有服务设施帮助我们旅行
安全	认识到警察、灭火员维护社区安全	认识到社区帮手维护社区安全
健康	认识到医生护士保护我们的健康	认识到社区帮手保护我们的健康
食物	认识到我们在社区能得到食物	认识到在社区里生产、买卖食物
交往	认识到社区有邮局、图书馆	认识到社区有帮助我们交往、获取信息的服务

（三）自我概念课程的实施途径

自我概念课程的实施主要是通过幼儿园、家庭和社区三方面的协作来进行的,强调利用各种人力、物力、财力为儿童服务,进行综合教育。

首先,重视寓教于半、一日活动之中。在儿童的半、一日活动中,要求教师从儿童的年龄特征和个别差异出发,选择教育内容,提供充满刺激的教育环境,使儿童有机会参与大组活动和小组活动、个人活动,发展自尊心和自信心,提高主动性和创造性。

其次，重视主题教育活动的开展。比如，在帮助2—3岁儿童理解"我的家是个特别的地方"的时候，教师安排了"我家的厨房"、"我家的卫生间"、"我家的客厅"等系列主题教育活动。

再次，重视争取家长的积极配合。要求教师定期向家长宣讲教育目标、内容和方法，帮助家长了解近期教育的重点，使家长知道自己能为幼儿园做些什么事情，以更好地支持教师的工作。

最后，重视强化家长的援教行为。无论家长为幼儿园、教师、儿童做了什么有益的事情，教师都给予肯定，以强化家长的参与意识和行为。

此外，重视利用社区的教育资源。例如，在给儿童讲"绵羊"的故事或教儿童绘"绵羊"的图画以前，教师组织儿童到农场参观，让儿童充分获取关于"绵羊"的感性知识和经验。再如，为了帮助4—5岁儿童理解"我的社区环境是独特的"，教师带领儿童参观附近的街道、有名的建筑和各种公园，使儿童认识到自己的家庭和幼儿园都是社区的一部分，而自己所在的社区又是整个城市的一部分。

六、学前教育的师资与培训

学前教育师资队伍的水平直接关系到学前教育的质量。美国学前教育师资的力量非常雄厚，起点高，主要由高等院校如研究生院、研究院、大学、学前教育学院、人类发展学院、社区学院以及学前教育协会、职业培训中心等机构培养。培训的课程主要有：自然、科学、生物、人文、社会、艺术等基础课，以及学前儿童发展、学前儿童健康与安全和营养、学前儿童教育、学前儿童课程、学前儿童的观察记录和评价、学前儿童家庭教育、特殊学前儿童教育等专业课。此外，还很重视教育实习和教育研究。培训的形式主要是：教师的课堂讲授与学生的课外学习、实习、研究活动相结合。通过培训，获得博士、硕士、学士学位等资格，取得州政府、儿童发展协会等机构颁发的证书。

由于在不同的师资培训机构学习，教师的学历和层次水平也就不同，1994年国家学前教育协会把教师分为六种：[1]

第一种水平：参加过训练，通过个人能力评估，或获得一个学位，受雇于学前教育机构，在别人的指导、帮助下进行工作。

第二种水平：成功地完成了一年学前教育证书教育；完成了儿童发展协会的职业准备教育；或完成了系统的、全面的培训课程，直接通过评估，获得儿童发展协会的证书。

第三种水平：成功地完成了一个由国家幼儿教育协会指导的培训课程，获得一个准学士学位；或在一个相关领域，成功地完成了一个准学士学位的课程学习，加上30个单元关于儿童发展儿童教育方面的学习，包括在一个学前教育机构300个小时的教育实

---

[1] National Association for the Education of Young Children，NAEYC Position Statement：A Conceptual Framework for Early Childhood Professional Development，1994.

习;或成功地证明了拥有国家幼儿教育协会规定的准学士教育后所应具有的知识、能力和素养。

第四种水平:成功地完成了由国家幼儿教育协会规定的学士教育;或满足国家幼儿教育协会、教师教育协会要求的州证书;或成功地完成了其他领域的学士学位,并有 30 个单元以上关于儿童发展儿童教育的专业学习,包括 300 个小时的教育实习,婴儿、幼儿每个年龄组各占 150 个小时;或成功地证明了拥有国家幼儿教育协会规定的经过学士学位教育后所应具有的知识、能力和素养。

第五种水平:成功地完成了国家幼儿教育协会规定的硕士学位的教育;或成功地证明了拥有符合国家幼儿教育协会规定的硕士学位教育后所应具有的知识、能力和素养。

第六种水平:成功地完成了哲学博士学位或教育博士学位的教育;或成功地证明了拥有国家幼儿教育协会规定的作为一个博士学位教育后所应具有的知识、能力和素养。

不同的学前教育机构对教师的资格有不同的要求,学前教育师资的不同层次,满足了各种学前教育机构对师资的需求。

美国学前教育专家 G·S·莫里逊(Morrison)认为,教师除了具备上述的"硬件"以外,还必须具有如下一些"软件":

(1) 理解学前教育事业,并能为之奋斗,作出自己的贡献;

(2) 理解儿童的发展,并能在实践中对理论知识加以运用;

(3) 观察、评估儿童的行为,并以此为基础进行教育实践和课程建设,注意个体化;

(4) 建立、维持能保证儿童安全和健康发展的环境;

(5) 设计、运用发展的适当的计划,促进儿童在社会、情感、智力和身体等方面的学习和发展;

(6) 和儿童建立友好关系,正确运用发展的适当的教育指导技能和班级管理策略;

(7) 和儿童家庭建立积极的、富有成效的关系;

(8) 尊重每个儿童的独特性,承认只有把儿童置于特定的社会、文化和家庭背景中,才能更好地去理解他们。[①]

教育专家 O·N·赛瑞切(Saracho)认为,教师在工作中扮演着不同的角色,担负着各种职责:

(1) 教师是儿童发展的诊断者。在教育过程中,教师要评估儿童的优势和需要,以便设计出适当的学习活动,帮助儿童取得成功。

(2) 教师是教育课程的设计者。教师要以学前教育理论和实践、儿童的能力和社区的价值观为基础,为儿童设计课程。

（3）教师是教育活动的组织者。教师要根据短期、长期教育计划,组织班级活动,以达到教育的最终目的。教师要寻找适当的教育资源,并充分发挥这些教育资源的作用。

（4）教师是儿童学习的管理者。教师要通过创造学习环境、提供儿童感兴趣的学习经验,促进儿童的学习。

（5）教师是儿童的咨询者和建议者。教师连续不断地同儿童相互作用,关心儿童、支持儿童、引导儿童、教育儿童。教师也帮助儿童学习社会技能。

（6）教师是决定的作出者。教师要经常作出关于儿童、材料、活动和目的的各种决定,其中的一些决定是瞬间及时作出的,而另外一些决定则是精心设计、慎重选择后作出的。[①]

教师要卓有成效地工作,还必须主动接受在职教育,因为职业培训是个持续发展的过程,永无止境,教师需要不断学习,朝着更加专业化的方向发展。教师进行在职培训的形式多种多样,既可以到高等院校接受系统的教育,也可以通过加入某个学前教育研究团体,参加学术交流活动,来拓宽加深自己的专业知识,提高教育能力和职业素养。一些学前教育研究协会还对会员作出了规定。比如,儿童发展协会要求入会教师做到：

（1）为儿童建立、维持一个安全的、健康的学习环境：降低事故的发生,注意营养,预防疾病;运用材料和空间、按照规则建构生动有趣的,鼓励儿童游戏、探索和学习的环境。

（2）促进儿童身体和智力的发展：提供各种运动器械、活动和机会,促进儿童的身体发展;提供适合于儿童发展水平和学习方式的活动和机会,强化儿童的好奇心,鼓励儿童探索、解决问题;主动与儿童交往,尊重儿童,并为儿童提供运用言语的和非言语的工具,来交流思想和情感的机会;提供机会鼓励儿童以个体的独特方式去玩沙、做律动、运用语言、使用材料、探索空间、发表想法等,以发展他们的创造能力。

（3）支持、引导儿童社会性和情感的发展：帮助每个儿童在身体和情感上获得安全感,帮助每个儿童了解、接受自己,并以己为自豪,发展独立性;与儿童建立相互尊重的关系,帮助每个儿童感受到自己在集体中是被人接受的,学会与人交往,发展同情心;为儿童提供一个支持性环境,使儿童能够学习、实践对个体对集体来讲是适当的、可接受的行为。

（4）同儿童家庭建立积极有效的关系：同每个儿童的家庭保持开放的、友好的、合作的关系,鼓励家长参与学前教育机构的活动,强化儿童与家庭之间的亲情关系。

（5）保证各项工作的正常进行：运用所有的可能的资源,履行组织者、设计者、记录者、交往者、合作者的职责,确保工作的有效动作。

（6）遵守职业诺言：以儿童发展理论和教育实践为基础作出决定,提高保教质量,促

① Bernard Spodek and Olivia N. Saracho, Early Childhood Teacher Preparation, Teachers College Press, 1990, pp. 30 - 31.

进儿童的发展,使教师个人、教育事业、儿童及家庭各方面都受益。

教师的在职培训注重循序渐进,国家学前教育学院针对保教人员的具体资格,提出了适当的训练目标,使每个保教人员都能在原有的水平上有所提高,如图2-5。

保教人员 角色	相关的 硕士	相关的 学士	相关的 准学士	儿童发展 协会证书	有过一些 培训	没有受过 培训
园长	←	有此学位和3年教育经验				
老教师	←	有此学位和3年教育经验				
教师	←					
助理教师			←			
教育助手				←		

图2-5 教师资格及提高

资料来源:National Academy of Early Childhood Programs,Accreditation Criteria and Procedures of the National Academy of Early Childhood Programs,(Washington,D. C.:National Association for the Education of Young Children,1991),p. 31.

七、学前儿童的家庭教育与社会教育

(一) 学前儿童的家庭教育及指导

1. 高危家庭环境中的儿童及教育问题

美国近千万儿童正面临各种家庭问题。美国1999年5月18日公布的《1999儿童问题》调查报告认为,美国约有920万名儿童正面临着各种家庭环境不利因素的影响,致使他们成年后很难适应社会生活。调查报告进一步指出,每7名美国儿童中即有1名在走向成功之路时,至少受到来自家庭方面6个危险因素中的4个因素的影响,其中最主要的一个因素是生活在极端贫困中,只有靠社会救济才能度日,医疗保健根本得不到保障,另一个主要的因素是生长在单亲家庭中,父母又未受过中学教育或没有正式工作。美国基金会主席奈尔逊指出,许多来自城镇或农村贫苦家庭的孩子已被剥夺了接受高质量教育的权利,他们的家庭正处在从坐吃救济到主动谋生的转变过程之中,这些"高危"环境中的儿童的成功率比正常家庭中儿童的成功率要小得多,前途堪忧。

今日美国单亲家庭占1/4,虽然单身母亲据"统治地位",但单身父亲的数量增加得更快,在1996—1998年的3年里,单身父亲增加了25%以上,达到200万人(而在此期间单身母亲却未增加),越来越多的父亲在离异后愿意并希望得到孩子的监护权,扭转了过去夫妻离异后孩子由母亲或祖辈家长、其他家庭成员抚养的局面。单身父亲尽管承受的压力、遇到的困难比单身母亲要多,但他们得到的援助却较少。为了使单身父母分担抚养的新模式更有利于孩子身心的健康发展,在给孩子提供母爱的同时,也能得到父爱,抹去父母离异在孩子心中留下的阴影,一些社会团体、学前教育机构向单身父亲伸出了援助之手。例如,妇女团体和一些社会工作者合作建立单身父亲之家,举办科学育儿培训班,提供有关的报刊书籍,对特困单身父亲给予经济资助;开展邻居援助活动,号召邻居对隔壁的单身父亲予以更多的关心和帮助。

2. 学前儿童家长的素质及提高

美国的许多行业都实行了执照制,教师、律师、驾驶员等均无一例外,那么,做父母的应当考执照吗? 1994 年美国儿童精神病专家维斯曼出版了一本名为《实行父母执照制——我们能不能防止儿童被虐待》的书,通过大量事实,说明目前美国国内有数以百万的父母失职,虐待、忽视儿童,致使儿童早期大脑发育受损、智力低下、营养失调、心理有缺陷,阻碍了儿童的健康成长;更为严重的是,由失职父母养大的孩子,又早早地做了下一代的失职父母,如此代代相传,形成恶性循环,影响了国民素质的提高。呼吁要通过立法,建立父母执照制度,确立称职父母的行为标准,通过严格的教育和考试,只给那些能成为称职父母的公民发执照,允许他们教养子女。

无论父母是否需要拥有执照,但他们都必须具备教养孩子的基本素质,美国学者戴维·刘易斯对父母在家庭教育中提出如下要求,以提高父母自身的教育水平和教育能力:

(1) 耐心、诚实地回答孩子提出的所有问题。

(2) 尊重孩子对问题的看法。

(3) 为孩子置放一个陈列架,使其能充分展示自己的作品。

(4) 如果孩子在进行创作活动时,把房间、桌面搞得凌乱不堪,也不要责骂他。

(5) 提供孩子一间房子或者房间的某一区域,让孩子自由玩耍。

(6) 向孩子说明他很可爱。

(7) 让孩子做点力所能及的事情。

(8) 帮助孩子制定个人计划,并予以实现。

(9) 把孩子带到他感兴趣的地方去玩。

(10) 帮助孩子修改作品。

(11) 帮助孩子与来自不同社会文化阶层的孩子正常交往。

(12) 为孩子树立良好的榜样,要求孩子养成合理的行为习惯。

(13) 从不对孩子说他比别的孩子差。

(14) 允许孩子参加设计家务和旅行的计划。

(15) 为孩子提供材料,让孩子做自己喜爱的事情。

(16) 教孩子如何与各种年龄的人自由交往。

(17) 为孩子提供书籍,定期为孩子阅读。

（18）从小培养孩子阅读的习惯。

（19）鼓励孩子自编故事、展开想象。

（20）认真对待孩子的个人要求。

（21）每天都抽出时间和孩子单独相处。

（22）不用辱骂来惩罚孩子。

（23）不能因孩子犯错误而戏弄他。

（24）表扬孩子会背诗、讲故事、唱歌。

（25）让孩子独立思考问题。

（26）制定详细的实验计划，帮助孩子了解更多的事情。

（27）允许孩子玩各种废旧物品。

（28）鼓励孩子发现问题、解决问题。

（29）在孩子所做的事情中，寻找值得赞许的地方。

（30）不要空洞地、不真诚地表扬孩子。

（31）真实地评价自己对孩子的感情。

（32）家长不能与孩子讨论的问题是不存在的。

（33）让孩子真正有作出决定的机会。

（34）帮助孩子成为有个性的人。

（35）帮助孩子挑选值得观看的电视节目。

（36）发展孩子认识自己才干的能力。

（37）不瞧不起孩子的失败。

（38）鼓励孩子尽量不依赖成人。

（39）相信孩子。

（40）让孩子独立完成他所从事的工作，不论结果如何。

学前教育机构积极开展各种活动，给家长予具体的指导，帮助家长增强教育孩子的意识，提高教育孩子的成效：

（1）与家长一起制定计划。

在开学时，根据每个孩子的具体情况，与家长一起制定教育目标，安排教育活动，学期结束时进行评价。

（2）开展双亲（特别是父亲）日活动。

每周星期六上午活动 1 次，每次 2 小时。第 1 小时是游戏时间，双亲（父亲）和孩子一起参加；第 2 小时是讨论时间，孩子继续玩游戏，教师和双亲（父亲）共同讨论儿童教育各方面的问题，向双亲（父亲）提出合理的建议。

（3）召开家长会议。

根据家长的具体情况，及时把专家们研究的成果、提出的建议介绍给家长，帮助家长掌握科学育儿的艺术。例如，当家长感到"如何使孩子睡个好觉"是个十分棘手的问题时，教师可把有关的研究介绍给家长，以供参考。学者朱迪斯·欧文斯和罗兰达·马克西姆通过对495名幼儿园至小学4年级儿童进行的调查，发现：儿童如果长时间地看电视，特别是在入睡前看电视或把电视摆在卧室里，往往迟迟不肯上床睡觉，即使睡着也睡不踏实，且第二天早上起不来，看电视对儿童来讲不是催眠药，而是兴奋剂；要告诫家长，电视催眠，儿童不宜，要求家长在静静的夜晚给孩子讲优美的故事，或让孩子给父母讲个故事，使孩子在安静、平和的环境中入睡。儿童心理学家巴美洛莎的研究表明：儿童由玩具熊陪睡，晚间惊醒的次数较少，做噩梦的可能性减少；拥有爱心，长大成人后，心理健康；并呼吁家长：让玩具熊、长毛猫"陪睡"，以放松儿童的情绪，增强儿童的安全感，提高儿童的睡眠质量。

（4）举办家庭教育讲座。

定期请专家讲课，帮助父亲树立正确的儿童观和教育观，意识到培养一个充满自信、独立自主和富有责任感的孩子乃是当父亲的最大成就，而对孩子的过分保护只会阻碍其成长。例如，从小教孩子学习游泳，让其在水中挣扎，能培养拼搏精神，让其终身受益。

（5）组织家长讨论会。

结合"全国无电视周"，组织家长就"如何使孩子在没有电视的情况下生存"这一问题进行讨论，使家长认识到搭积木、玩拼板、打球、阅读等都是适合孩子的活动，能充实孩子的生活，减少孩子看电视的时间。

（6）向家长发放报告单。

教师以月份为单位，分期汇报孩子在园的学习与表现，介绍幼儿园的教育活动安排。例如，教师在报告单上这样写道："我们想让你知道这个月孩子们将学习哪些激动人心的事情，我们已经设计了各种学习活动：

第一周的教育重点是农场动物。教师将给孩子们讲故事，教儿童唱歌，做手指游戏，模仿动物的动作和叫声；周末将去附近的农场参观，欢迎家长一同前往。

第二周的教育重点是世界文化。诚请家长提供反映各国文化的娃娃、服装、挂历、餐具，让孩子带到幼儿园来与大家分享。

第三周的教育重点是社区帮手。教师将带领孩子们到加油站、停车场、商店去参观；邀请消防队员、医务人员来园给孩子们介绍自己的工作，帮助孩子们了解这些人在我们生活中的作用，学会尊重他们。

第四周的教育重点是恐龙化石。欢迎家长抽空与我们一起到博物馆去参观"。[①]

（7）向家长开放园所活动。

邀请家长来园和教师一起陈列儿童的作品，布置班级的环境，参与儿童的活动，使家

---

① Eva L. Essa and Penelope Royce Rogers, An Early Childhood Curriculum: From Developmental Model To Application, Delmar Publishers Inc., 1992, p. 3.

长能全面地了解园所的工作,密切与园所的关系。

（8）设立家园联系栏。

在班级门口辟有教师与家长进行联系的专栏,张贴着"每周食谱"、"圣诞节活动计划"、"户外郊游活动安排",邀请家长参加园内义务劳动、进行教育评估的通知等。

学前教育专家 A·S·赫林格（Honig）指出,教师在对家长指导以后,还要考察家长的参与水平是属于"听众"、"观众",还是属于"孩子的教师"、"班级的志愿者",或是"教师的助手"、"活动的共同决定者",并以此为基础,进行有针对性的指导,以提高家园合作共育的质量。[①]

（二）学前儿童的社会教育及开发

自然和社会是学前儿童博大精深的父母。让孩子亲近大自然,能使儿童的生活变得更加充实,感官变得更加灵敏,想象变得更加丰富,创造变得更加自由。教师要认识到自然与健康情感、创造力之间的联系,经常带领儿童到草丛、树林中去,观虫捉虫,识别树叶,制作标本,主动探索,亲身体验,充分感受大自然的神奇。例如,儿童过生日时,带他们在郊外原废车堆积场里挖掘远古时代埋藏在地下的动物化石,用这种独特有趣的形式来庆祝生日。

教师还注意利用社区资源,对儿童进行教育:

1. 博物馆

教师有计划地带领儿童到自制玩具博物馆中去活动。博物馆的展厅内一般都置放着几十张工作台,上边摆满了各种材料（如木块、硬纸板、玻璃片、胶水、磁铁、电池、线圈、无害化学试剂、颜料）和工具（如剪子、小刀、钳子）,孩子制作、实验时,教师只坐在旁边观看,使儿童获得更多的自己动手的机会,手巧心灵,发展智力,提高社会性。例如,儿童通过学习制作日本的鲤鱼风筝,能够了解到日本的礼仪风俗习惯。

2. 动物园

儿童可以和动物在一起,触摸、学习训练动物,认识"皇帝"蝎子、缅甸蟒蛇、美国牛蛙,掌握动物的基本特点,如爬行动物的身体是干的或是有鳞的,两栖动物的身体是湿的或是滑溜溜的。

3. 电脑房

儿童可在电脑上设计轿车、卡车、房子的模型,谱曲和画画,也可以一边活动,一边品尝饼干、冰激凌等小吃。

4. 展览馆

参加展览馆,抚摸动植物,如鼓励年幼的女童抚摸非洲昆虫,了解农业与自然的关系,通过动手实践,加深对自然的认识。

此外,天文馆、图书馆、公园等场所也正在成为儿童接受教育的广阔天地。

[①] Alice S. Honig, Parent Involvement in Early Childhood Education, National Association for the Education of Young Children,1990, p. v.

美国一所幼儿园教师带领幼儿到
社区公园荡秋千

美国一所幼儿园教师带领幼儿到
社区图书馆听讲故事

八、学前教育的管理与评价

评价既是学前教育的终端,也应贯穿于学前教育的始终,评价应形成一个体系,能对各个不同的层面、对象加以衡量。

(一) 对园长的评价

园长是幼儿园的灵魂,对园长进行评价,或让园长进行自评,有助于优化园长的能力结构,提高其管理水平。美国学前教育专家 P·B·舒耶尔(Schiller)和 P·M·迪克(Dyke)等人提出应从以下几个方面对园长进行评价:

1. 履行职责的能力

这是每个园长所必须具备的能力。评估时,要看园长能否贯彻执行地方、州和联邦政府颁布的一系列教育法规和政策;能否系统记录学前教育计划的执行情况并定期检查完成情况;能否有效地管理教育经费和房屋设备;能否定期检查教师酬金分配方案;能否指导、支持教职员工的工作;能否对教师进行在职培训;能否分配布置教师的工作;能否保证幼儿园的物质环境符合规定的安全卫生标准;能否制订、执行不断促进儿童发展的方案;能否定期召开教职员工会议等。

2. 评价自己的能力

这是园长能力结构中的支柱。评估时,要看园长是否具有自信他信能力,如对自己、对别人充满信心,怀有美好的期望;是否具有分配协调能力,如根据教师的优点和兴趣来分配各项工作;是否有激励调动能力,如利用幽默感,鼓励、协调教师满怀激情地去工作;是否具有了解儿童的能力,如认识到儿童成长发展的年龄特征和个别差异;是否具有了解自己的能力,如认识到自己的价值观、工作目标与态度、优点和缺点;是否具有交往相处能力,如关心教师、儿童及家长,尊重他们,与他们友好相处等。

3. 运用时间的能力

这种能力尤其重要,但却常常成为被遗忘的角落。评估时,要看园长繁忙的程度是否与其工作成绩成正比,这可通过以下指标来衡量:是否写工作日程安排;是否按轻重主次来安排工作;是否按工作日程办事;是否检查既定的目标;是否使工作场所富有吸引力;是否建立档案系统;是否能在档案中迅速找到所需的资料;是否每天有不受别人干扰的时间;是否能有效地缩短打、接电话的时间;是否能预防问题的发生;是否能充分利用时间;是否能按时完成工作;是否能严格遵守时间;是否能通过别人去完成一些工作;是否能同教师友好合作;是否能有效地处理问题;是否能使自己所做的工作都是长远目标的一部分;是否知道自己每天最有收获的是什么时间;是否使教师知道什么时候能见到你;是否使别人能暂时接替自己的工作;是否能按时实施计划。

4. 评估教师的能力

这是园长的一项基本功。评估时,首先要看园长能否从班级环境的布置中考评教师:环境中是否有儿童科学活动区、利用感官进行学习的活动区;环境是否激发了儿童的学习兴趣;环境的设计是否以本班儿童的特点为基础。其次要看园长能否从班级的清洁卫生状况来考查教师:书架、玩具架是否干净;材料、设备是否整齐有序;玩具、用具是否具有吸引力;儿童是否在每次活动以后参加整理工作;积木是否按照大小、形状来堆放;儿童是否在班级中感到舒适;儿童作品的陈列是否以儿童的视线为基准。再次要看园长能否从班级气氛上来考核教师:班级是否温暖友好;班级是否活而不乱。最后还要看园长能否从活动安排上来评估教师:每项活动是否都是远期目标的一部分;儿童是否每天都有音乐活动;儿童是否能经常使用乐器;是否能安排特别的活动来训练儿童的特殊技能;是否记班级日记;是否使儿童在数学、音乐、诗歌、体育等各方面的活动保持均衡;是否让儿童通过视觉、听觉、触觉等来进行各种活动。此外,还要看园长能否从班级管理上来评价教师:班级是否有秩序;儿童是否了解常规;儿童是否了解教师的期待;儿童是否有良好的行为方式;每个儿童的进步是否都受到教师的关注;教师是否根据儿童的年龄特征和个别差异来管理班级。

5. 解决问题的能力

这在园长的能力结构中起着核心的作用。评估时,要看园长是否能发现问题;是否要求每个教师都来关心发现的问题;是否能和有此问题的教师商量讨论,达成协议;是否能广泛征求教师的意见;是否能在众多方法中选择或综合出最佳方案;是否能安排好教师的工作;是否能准备好所需的材料;是否能保证所需的时间;是否能提出何时评估、如何评估的方案;是否能积极强化教师等。

(二) 对教师的评价

对教师进行评价,应从多个方面来进行,评价的指标主要有:

1. 保证班级环境的安全

能否建立安全规则,保证活动区的安全,使儿童的危险行为减少到最低程度。

2. 保持班级环境的卫生

能否为儿童提供健康的物品,帮助儿童养成卫生习惯,及时发现儿童的疾病征兆。

3. 创造班级的学习环境

能否根据教育目标、班级实际情况来安排活动区,适当布置,使儿童能自由选择材料。

4. 增强儿童的体力

是否能为每个儿童制定增强体质的计划,提供各种体育活动器材,创设多种体育活动。

5. 提高儿童的认知水平

能否指导儿童充分运用感官,正确获取知识,自己解决问题。

6. 发展儿童的语言表达能力

是否注意丰富儿童的语言活动,培养儿童的听说兴趣,发展儿童的口语表达能力。

7. 开发儿童的创造潜能

能否让儿童自由探索,接纳儿童的创作,并使儿童有艺术享受的机会。

8. 建立儿童良好的自我意识

是否使儿童意识到自己是个有价值的人,能相互接纳,体验到成功的喜悦。

9. 加强儿童的社会交往能力

是否能帮助儿童尊重同伴,提供合作的机会,对胆怯的儿童加强指导。

10. 指导儿童的行为规范

能否采用各种正面教育的方法,帮助儿童掌握行为界限,发泄消极情绪。

11. 倡导家长参与园所的教育

是否尊重家长,经常与家长保持联系,鼓励家长参与园所活动。

12. 设计、实施幼儿园课程计划

是否能设计多种课程方案,注意因人施教,完成预定的目标。

13. 教育特殊儿童

能否发展儿童的多种语言,帮助儿童了解自己的文化,使残疾儿童获得进步。

14. 提高自身业务水平

能否正确评估其他教师和自己,适时提高自身的业务水平。

(三) 对儿童的评价

表 2 - 8　儿童烹调活动评价表

(在相应的地方打"√")

儿童姓名＿＿＿＿　所在班级＿＿＿＿　儿童年龄＿＿＿＿　儿童性别＿＿＿＿

活动场地＿＿＿＿　活动时间＿＿＿＿　观察记录者＿＿＿＿

检查项目	评价等级			
	总是	经常	有时	从不
1. 能用小刀削果皮	( )	( )	( )	( )
2. 能用小刀切蔬菜	( )	( )	( )	( )
3. 能使用炊具	( )	( )	( )	( )
4. 能使用餐具	( )	( )	( )	( )
5. 能说出食物的名称	( )	( )	( )	( )
6. 能知道食谱的意思	( )	( )	( )	( )

检查项目	评价等级			
	总是	经常	有时	从不
7. 能描述制作食物的过程	（　）	（　）	（　）	（　）
8. 能品尝食物	（　）	（　）	（　）	（　）

教师评估儿童时,可通过观察、运用检查表、等级量表、儿童的作品,对儿童的各方面发展水平作出评价。例如,在烹调活动中,教师可利用设计好的检查项目表观察儿童,记录儿童的活动,评价儿童小肌肉动作的发展水平、对营养知识与制作技能的掌握程度。

再如,为了评价儿童大肌肉动作的发展水平、灵敏度、准确性,教师可通过表2-9来进行。

表 2-9　儿童体育活动评价表
（在相应的地方打"√"）

儿童姓名_____　　所在班级_____　　儿童年龄_____　　儿童性别_____
活动场地_____　　活动时间_____　　观察记录者_____

检查项目	评价等级			
	总是	经常	有时	从不
1. 能在平衡木上行走	（　）	（　）	（　）	（　）
2. 能双脚同时跳过低矮的物体	（　）	（　）	（　）	（　）
3. 能在攀登架上攀爬	（　）	（　）	（　）	（　）
4. 能抛出球	（　）	（　）	（　）	（　）
5. 能接住球	（　）	（　）	（　）	（　）
6. 能骑三轮车	（　）	（　）	（　）	（　）
7. 能单脚站立	（　）	（　）	（　）	（　）
8. 能荡秋千	（　）	（　）	（　）	（　）
9. 能从高处往下跳	（　）	（　）	（　）	（　）
10. 能钻圈、钻桶	（　）	（　）	（　）	（　）

九、学前教育的改革及举措

美国学前教育的研究者十分关注学前教育中的错误倾向,并持续不断地进行教育改革。20世纪80年代末期,学前教育存在着两种弊病:一是当儿童还很小的时候,就对他们进行某一学科或某一方面如阅读、计算、游泳、体操、芭蕾、健美、武术的教育;并且在进行这些专门的、固定的教育过程中,无视儿童兴趣爱好的培养,片面强调技能技巧的训练。二是以为处于现代科学技术状况下的儿童比过去的儿童更聪明;忽略给儿童提供学习和活动的时间、机会;在错误的时间,把不适合儿童认识特点的事物教给幼儿;忽视幼儿学习的兴趣,把成人的意愿强加给他们。针对这些弊端,D·埃肯特教授提出了矫正措施:要给儿童提供一个既有丰富刺激的、温暖的、充满慈爱的，又能鼓励其自己学习的环境，只有在这种积极的、无压力的环境下，儿童才能获得一种牢固的安全感、积极的自尊心和对学习的长久热情，才会终身获利；要鼓励、支持幼儿的自发学习，使幼儿教育摆脱困境，走上健康的道路。

随着学前教育机构数量的扩大、类型的增多，加强质量监控就摆到了重要的议事日程上来了。1992 年，国家学前教育研究协会研制的《高质量的学前教育机构评价指标》、《发展的适当的学前教育方案》，指明了学前教育改革的方向，对提高学前教育的质量起了积极的促进作用，但进展仍不能令人满意。据报道，在 1995 年前后，处在危险的学前教育机构中的儿童占 35％—40％，处在不利于儿童全面发展的学前教育机构中的儿童占 10％—20％；只有 15％的学前教育机构符合高质量的标准。

1996 年，国家学前教育研究协会根据学前教育的发展变化，对 1992 年颁布的教改方案重新进行修订，公布了新的《发展的适当的学前教育方案》[①]，旨在更新学前教育工作的儿童观、发展观、学习观和教育观，使每个儿童在 2000 年前都能进入高质量的发展的适当的学前教育机构，获得积极的发展，避免受到消极的影响。

该方案提出的教改内容如下：

（一）正确认识发展的适当的学前教育

儿童的学习和发展是个非常复杂的问题，在考查适宜性发展的学前教育的时候，至少要从以下几个方面来加以衡量：

1. 理解儿童的发展与学习

什么样的活动、材料、相互作用、经验对于学前儿童来讲是安全的、健康的、有趣的、能够达到的，并富有挑战性的。

2. 了解每个儿童的优点、兴趣和需要

教育活动适应于集体中的不同个体，并随着个体的变化而作出不同的反应。

3. 认识到儿童所处的社会文化背景

学习活动对儿童及其家庭来说，是有意义的、与生活相关联的、尊重他们的。

这三个方面是独立的变化的，又是彼此相互联系的。每个儿童都在人生的类似时期、以相似的方法习得语言，但他们获得语言的速率和方式却存在着巨大的差异，儿童获得的语言是他们所处的社会文化中的语言，因此，要发展儿童的语言，教师至少要从这三个因素出发，决定儿童语言发展教育的适当策略。

（二）全面理解儿童的发展和学习

发展的适当的学前教育实践是以儿童怎样学习和发展的理论为基础的，因此，理解儿

---

① "NAEYC Position Statement：Developmentally Appropriate Practice in Early Childhood Programs Serving Children from Birth through Age 8 – Adopted July 1996," Developmentally Appropriate Practice in Early Childhood Programs, S. Bredekamp & C. Copple（Washington, D. C.：National Association for the Education of Young Children, 1997）, pp. 3 – 30.

童的变化过程与阶段、发展特点与差异、学习内容与手段,就显得尤其重要。

1. 儿童身体的、社会的、情感的和认知的发展

这几个方面的发展是紧密联系的,儿童在某一方面的发展状况,会影响到儿童在其他方面的发展水平,同时也受到其他方面发展状况的制约。例如,当儿童开始独立行走的时候,他们探索世界的能力就得到了增强,认知能力也得到了发展;儿童的语言技能影响儿童与教师、同伴社会关系的建立,而儿童社会交往能力的提高又会促进儿童语言技能的增强。由于儿童各个方面的发展是相互制约的,所以保教工作者要以各种不同的方式组织儿童的学习活动,使儿童获得全面的发展。

2. 儿童的发展是有一定顺序的

后面的知识、技能、能力的发展是建立在以前已获取的经验的基础上的。保教工作者要为儿童准备环境,帮助儿童获得适当的经验,促使儿童从一个阶段发展到另一个阶段。

3. 不同儿童发展速度不同

儿童自身不同方面的发展水平也不同。每个儿童都是一个独特的个体,拥有自己的发展模式、成长时间表、个性、性格、学习方式、经验和家庭背景,以及优点、需要、兴趣等。

4. 早期经验对个体儿童的发展既有累积的作用也有延误的影响

儿童早期的经验不论是积极的还是消极的,都具有累积的作用。如果这种积极的或消极的作用经常发生,那就会产生强大的持久的影响,甚至像"雪球"一般越滚越大。例如,一个儿童在学前教育中心里获得的与同伴相处的社会经验,能帮助其在早年生活中萌生自信心,乐于同别人交往,社会交往能力就能得到提高。

5. 儿童发展的过程是可预见的

通过向儿童提供直接经验,帮助儿童利用绘画、建构、游戏等各种媒体,来表现、扩大、加深、强化儿童的知识。儿童学习的媒体因年龄不同而有所不同。

6. 儿童的发展和学习受到复杂的社会文化的影响

正确理解儿童的发展,就要考虑到儿童家庭的社会文化背景、学前教育机构、社区、社会等因素。这些因素相互作用,共同制约儿童的发展。

7. 儿童是主动的学习者

他们根据自己的亲身体验、社会经验、文化知识,来理解他们周围的世界。儿童通过观察、参与其他儿童和成人的活动,而主动地学习。

8. 儿童的发展和学习是生物成熟和环境——物质环境和精神环境相互作用的结果

9. 游戏是儿童社会性、情感、认知发展的一个重要工具,并反映儿童的发展程度

游戏给儿童提供了理解世界、与别人相互作用、表现和控制情感、发展认知能力的各种机会。儿童的游戏也给成人提供了观察儿童发展水平、运用新策略支持儿童发展的机会。研究证明,角色游戏是3—6岁儿童学习的重要工具。在游戏中,儿童表现自己的思想和情感,学会控制情感、同别人交往、解决冲突。通过游戏,儿童还能发展想象力和创造力。儿童发起的又受到教师支持的游戏是发展的适当的学前教育实践的一个重要部分。

10. 当儿童有机会去实践刚获得的新技能的时候,意味着儿童体验一个高于他们发展水平的挑战,促使儿童的发展又向前进了一步

要使儿童对学习有热情和坚持性,就要让他们完成能取得成功的学习任务。面对多次重复的失败,大多数儿童都会停止尝试。在大多数情况下,教师给儿童提供的任务应是经过儿童的努力能够完成的,呈现给儿童的内容应是儿童现在能够理解的。发展和学习是个动态的过程,教师要理解这种持续性,观察儿童,建立适当的课程,促进儿童从一个阶段向另一个阶段发展,要经常向儿童发出适当的挑战,但不是让他们遭受失败。

11. 儿童具有不同的认知和学习方式,通过不同的方法来表现他们的所知所识

12. 在一个安全的、有意义的、能满足身体需要的、有心理安全感的社区中,儿童才能最好地学习和发展

儿童学习和发展的这些方面有着密切的联系,它们相互作用、相互影响。

(三) 贯彻实施发展的适当的学前教育

教师在了解儿童的基础上,确定怎样去教、教什么、什么时候教,评价儿童已经学会了什么,使学前教育适合儿童个体的优势、需要、兴趣、家庭及社会文化背景。实施发展的适当的学前教育,必须遵循以下几条基本原则:

1. 创建关心儿童的环境

在成人和儿童之间、儿童与儿童之间、教师与教师之间、教师和家长之间建立积极友好的关系,有助于儿童的学习和发展。

(1)学前教育机构是儿童学习的场所,教师要促进儿童的全面发展和学习。

(2)儿童与周围成人及同伴之间长期的积极的关系不仅是其健康成长的重要基础,而且还为儿童提供了了解自己和周围世界的机会,并能帮助儿童学会怎样发展与别人的友好的有益的关系。在班级,教师要重视每一个儿童,帮助他们认识到同伴间的差异,学会正确地评价别人的优点。

(3)社会关系是儿童学习的重要内容。每个儿童的优点和兴趣都有助于集体的成长。当儿童有机会一起游戏、在小组中协同工作、与同伴和成人交谈时,儿童的学习和发展就得到了增强。教师要为儿童提供与同伴和成人相互作用的机会。

(4)学习环境应能保护儿童的健康与安全,满足儿童对活动、感官作用、新鲜空气、休息和食物的需要,使儿童有安全感,感到轻松愉快,而没有担忧、压力。儿童一日活动的组织应动静交替、平衡协调,各种年龄的儿童都有机会进行室外活动。

(5)应使儿童生活在一个既是有组织有秩序的,又是动态的变化的,且还能为儿童所预测和理解的环境中。这种环境能为儿童提供各种材料和机会,帮助儿童获得直接经验和有意义的体验。

2. 促进儿童的发展和学习

教师有责任保证儿童的健康发展和学习,在儿童自发的学习活动和教师指导、支持的

学习活动之间建立平衡。教师要运用已有的关于儿童发展和学习的理论知识，为全班儿童、个别儿童提供适当的活动、材料和学习经验。

（1）教师每时每刻都要尊重、重视、接受、善待儿童。

（2）教师应全面地了解每个儿童：a. 教师要同儿童建立积极的关系，满足儿童的需要，促进儿童的发展；b. 教师要经常观察儿童的自发游戏、儿童与物质环境的相互作用、儿童与同伴的相互交往，了解儿童的兴趣、能力、发展水平，通过活动促进儿童的学习和发展；c. 教师要考虑到儿童的发展和学习是与其家庭和社区相联系的，要同家庭建立正常的关系，以加深对儿童的认识；d. 教师要帮助儿童消除压力，轻松发展；e. 教师要对全班儿童负责，通过活动增强儿童的自控能力。

（3）教师应创设一个智力化的应答环境，促进儿童的学习和发展：a. 教师要利用他们关于儿童发展的一般知识和特殊知识，布置环境，设计课程和教学策略；b. 教师要为儿童提供丰富有趣的材料和活动，激发儿童发现问题、探索答案；c. 教师要为儿童提供进行有意义的选择的时间和机会，让儿童在小组活动和个人活动之间自由选择；d. 教师要合理分配时间，安排好每天、每周的活动，使儿童有时间进行游戏、工作和学习。

（4）教师应制定课程计划，使儿童能通过语言艺术、数学、社会学习、科学、美术、音乐、体育及健康等各科的学习，实现课程的总目标：a. 教师要综合各种材料、器械、活动、教学策略，建构满足不同个体需要的课程；b. 教师要把每个儿童家庭的文化和语言综合到课程中来，大家一起分享，使每个儿童独特的文化都能得到承认和尊重；c. 教师要满足儿童的特殊需要。

（5）教师要促进儿童与同伴在有趣的重要的活动中的相互合作：a. 教师要指导儿童富有成效的相互合作；b. 教师要使儿童在任何时候都有机会去独自工作、在小组中工作或与全班一起工作。

（6）教师要发展、改革、使用多种教育策略，以加强儿童的学习与发展：a. 教师要鼓励儿童选择、设计他们自己的学习活动，发展儿童的主动性；b. 教师要向儿童提出能引起他们思考、扩展他们学习的问题和建议；c. 教师要向儿童呈现有趣的活动，提出创新的想法、有益的假设，来扩展儿童的兴趣；d. 教师要精心选择教育策略，如榜样示范、演示提示、语言鼓励、强化、更换设备、改变作息时间表等，使儿童能热衷于所参与的活动；e. 教师要指导儿童获得必需的特别技能；f. 教师要设计复杂的具有挑战性的活动，以适合于儿童的知识、技能水平；g. 教师要在儿童凭借自己的力量不能完成任务的时候，给予儿童必要的指导和帮助；h. 教师要为儿童提供能使他们获得成功的活动，以增强儿童的学习能力、信心、冒险精神；i. 教师要运用各种策略鼓励儿童积累学习经验，强化儿童对概念的理解。

（7）教师要促进儿童责任感和自我控制能力的发展：a. 教师要对儿童的行为提出清晰的、一致的、公正的界限，帮助儿童掌握行为规则；b. 教师要不厌其烦地指导儿童掌握行为规则，耐心地提醒儿童遵守规则；c. 教师要倾听、理解儿童的感受和失望，引导儿童解决问题。

3. 建构适当的课程

课程的建立要受到学科特点、社会文化、父母观念、儿童的年龄和经验等多种因素的影响。教师在构建发展的适当的课程时，需要注意以下几点：

（1）使课程能促进儿童在身体、情感、社会性、语言、审美、认知等各方面的发展。

（2）使课程的内容包括多种学科知识，并与儿童的社会经验相联系，能激起儿童的智力活动，有助于儿童个体的发展。

（3）使课程建构在儿童已有知识经验的基础上，并能帮助儿童巩固原有知识，促进新知识和技能的获得。

（4）使课程方案能经常把传统的各学科的知识综合起来，帮助儿童把所学的知识融合起来，发展儿童的思维能力。

（5）使课程能促进儿童知识技能、兴趣爱好、个性能力的发展。

（6）使课程内容能促进儿童智力的全面发展，用儿童能理解和接受的方式体现学科的基本概念和学习方式。

（7）使课程在让儿童分享共同文化的同时，还要能支持儿童的家庭文化和语言。

（8）使课程目标对于班级绝大多数儿童来讲，是真实的，能够达到的。

（9）要自然、合理地把现代科技综合到班级课程和教学中来。

4. 评估儿童的学习与发展

评价每个儿童的学习与发展是非常重要的，不准确、不适当的评估会使儿童受到伤害。由于儿童的学习和发展是迅速的、不平衡的、持续的、与特别的文化和语言相联系的，所以，要正确地评估儿童会遇到许多困难，在评估时要注意：

（1）对儿童的进步和成就的评估应是持续的、有策略、有目的的。评价的结果要能使儿童从中获益，要与家庭进行沟通，要成为教育改革的依据。

（2）评估的内容要反映儿童在重要的学习和发展目标上所取得的进步。学前教育机构应有收集信息、运用评估信息的计划，并把该计划综合到课程计划中来。

（3）评估的方法要适合于儿童的年龄和经验。对儿童的评估很大程度上依赖于对儿童发展情况的观察结果、描述性材料、收集的有代表性的儿童作品，以及儿童在现实活动中的表现。来自家庭的信息和儿童对自己工作的评价也是评估的一部分。

（4）评估的独特目的是提供儿童学习和发展的可靠的、有效的信息。

（5）不以一个单独的发展评估或审查结果为依据，作出对儿童具有重大影响的决定，比如是否准许入学、分到什么班级等，而应以多种相关信息，特别是教师和家长观察的信息为基础作出决定。

（6）运用发展性的评估和观察，辨认有特殊学习或发展需要的儿童，设计适当的课程和教学活动。

（7）评估要认识到儿童之间的个体差异性，考虑到儿童的不同学习方式和学习快慢。

评估应考虑到诸如儿童英语的熟练程度、语言获得的阶段、是否有时机发展家庭语言和英语等因素。

（8）评估结果不仅应当合理地说明儿童能独立地做什么，而且还应当指出儿童在同伴或成人的帮助下，能够做什么。通过开展小组活动和合作活动，教师既把儿童作为个体来研究，也把儿童视为群体来研究。

5. 同儿童家庭建立合作互惠的关系

儿童越年幼，教师越需要通过家庭来了解儿童。学前教育机构和家庭建立合作互惠的关系特别重要。

（1）教师和家长之间合作互惠关系的建立需要双方相互尊重，彼此协作，一起承担责任，解决矛盾，以实现共同的目标。

（2）教师要以合作伙伴的身份和家长工作，与家长建立、维持定期的、经常的双向交流关系。

（3）教师要热诚欢迎家长来到学前教育机构，参与作出关于儿童保育教育的决定，充分发挥家长在学前教育机构中观察者、参与者、决策者的作用。

（4）教师要理解家长为孩子作出的选择和制定的目标，及时地作出反应，尊重家长的喜好与偏爱，同时又不放弃自己对儿童的教育职责。

（5）教师要安排家长会，与家长讨论、交流儿童的学习与发展情况，最大限度地支持家长发展教育决策能力。

（6）学前教育机构要和家长一起评估每个儿童，并制定相应的教育计划，以获得更准确、更全面的信息。

（7）学前教育机构要从已有的资源出发，分清轻重缓急，为家庭提供各种服务，与家庭保持密切的联系。

（8）教师要经常和家长、社会服务和健康机构、儿童教育咨询员交流儿童发展的信息特别是当儿童升入高班或转到新的教育机构时。

美国的学前教育拥有发展的生机与活力，但也存在着巨大与深刻的忧患。1998年底，美国关心青少年联合会在费城召开题为"为了美国的未来"的全国会议，探讨如何帮助千百万被虐待、被疏忽的少年儿童，避免给社会造成重大的损失。据估计，美国一个行为失常的儿童，从出生至60岁将消耗美国社会福利300万美元资金，包括教育、医疗、社会救济、法庭起诉以及警察、少教所、监狱等开支；1998年用于解决这一社会问题的开支为2500亿美元，如不及时根治，到2021年这一开支将会增加到10000亿美元。有识之士提出，国家科技发达和经济繁荣是建立在教育和人才的基础上的，为了儿童的前途，为了国家的命运，应坚持不懈地把学前教育的改革深入下去。当年的乔治·W·布什州长在竞选的治国纲领中，也提出要加强学前教育的管理，将44亿美元的学前教育"抢先计划"，从卫生与公共服务部划归教育部，对学前教育进行更全面深刻的改革。

第二节　加拿大的学前教育

20 世纪 80 年代以来,加拿大的学前教育得到了迅速的发展,学前教育的规模持续扩大,机构日益多样化;并注意通过各种活动来促进儿童的发展,重视培养未来教师了解儿童和组织活动的能力,强调运用多种形式对儿童的家庭教育进行指导。

一、学前教育的机构与形式

20 世纪 80 年代,是加拿大学前教育迅速发展的历史时期。与日俱增的学前教育机构不断满足儿童接受教育的需要。1981 年,加拿大 5 岁儿童受教育率仅为 30%,1989 年已上升到 95%。在 1989 年,接受保教儿童的年龄分布情况是:1.5 岁以下儿童有 545000 人,1.5—2.9 岁有 543000 人,3.0—3.9 岁有 362000 人,4.0—4.9 岁有 362000 人,5.0—5.9 岁有 362000 人;而 3 岁以下儿童只有 5%、3—4 岁儿童只有 19%、5 岁儿童只有 11%在符合国家政府规定的标准、经过注册的学前教育机构中接受教育。[①] 进入 90 年代以后,学前教育不仅在数量上有了更快的发展,而且在质量上也有了很大的提高,学前教育机构主要表现为以下几种形式:

(一) 日托中心

日托中心以全日制居多。其活动内容的绝大部分为保育和游戏。招收对象为出生 3 个月—5 岁的儿童。其中,全日制的开放时间为上午 7:30—下午 5:30;半日制则有从上午 9:00—12:00 或从下午 2:00—5:00 两类。

(二) 幼儿园

幼儿园大多是半日制、公立的,附设在小学里;与日托中心相比,教育因素更多,招收附近的 5—6 岁儿童。幼儿园的教师可到小学任教,小学的教师也可到幼儿园任教,这有助于儿童作好入学的准备。

日托中心和幼儿园都按年龄分班,每班 10—20 多名儿童,3 位教师;儿童年龄越小,班级人数越少,教师人数越多。正规的日托中心、幼儿园收费很高,如在渥太华、温哥华等大城市,每个月的托费约 1000 加元。送孩子到这些机构的家长,可能属于高收入阶层,而低收入阶层则享受政府补贴,不必自己交托费。

(三) 家庭日托

家庭日托是指在社区居民家庭中对儿童进行保教的形式。这种家庭要有宽敞的游戏场地、安全的游戏设施,室内光线明亮;对儿童数目有严格的限制,如招的是 2 岁以下儿童,最多只能有 2 名,如招的是 3 岁以下儿童,最多只能有 3 名,如招的是 6 岁以下儿童,

---

① Sndrew Biemiller, Ellen M. Regan, and Donna Lero, Early Childhood Education in Canada, Garland Publishing, 1992, p. 147.

最多只能有 5 名,且包括自己的孩子在内;主要为邻居家的孩子服务,收费较低,儿童大都来自中等收入的家庭。

(四)"虚拟学校"

从 20 世纪 90 年代中期开始,由于远程信息传输技术的应用日趋成熟,一些学前儿童可以"随时随地"进行学习。利用远程传输技术为幼儿园至 12 年级的儿童和少年开设系统课程的"虚拟学校"也应运而生。儿童每天不需要走路,或坐公共汽车到传统的学校去接受面授形式的教育。这种"学习网"式的虚拟学校,近几年来得到了较快的发展。例如,由埃德蒙顿公立学校董事会经营的"学习网"的入学人数,已由 1995 年的 43 人激增到 1999 年的 600 多人;在阿尔伯塔省的虚拟学校,1997 年以前的入学人数还寥寥无几,1999 年已有 3400 名儿童参加全日制学习和 1800 名儿童参加非全日制学习,参加全日制学习的儿童还可获得电脑、软件以及上因特网的便利。

二、学前教育的内容与途径

加拿大的学前教育宗旨立足于保证儿童的幸福、安全,开发儿童的内在潜力,学前教育的内容及途径力图促进儿童身体、社会性、情感、认知的发展。作为一个双语国家,加拿大一直强调从小对儿童进行英语、法语等语种的训练,培养儿童积极的文化意识,实行多文化的教育;使儿童懂得人是平等的道理,学会分享物品,意识到自己玩的东西别人也能玩;重视对儿童进行数学、科学、文学、艺术等方面的教育;注重培养儿童的理解能力、想象能力和创造能力。

在对儿童进行教育的过程中,奉行儿童中心主义的教育模式,强调通过环境、各种活动来对儿童进行综合教育,发挥唱歌、讲故事、做游戏、集体活动、自由活动、户外活动等一系列形式在儿童发展中的作用。

(一)环境渗透

一方面注意创设学前教育机构的物质环境:围墙一般都矮于儿童的身高,有个小栅栏门,便于儿童自己打开;室外活动场地较大,体育设施齐全,游戏材料充分,注意利用无毒无害的废旧物品,如塑料、纸、木料等制作玩具;室内玩具架低于儿童的身高,玩具多种多样,安全,易动手操作,如积木、娃娃、汽车等;图书架适合于儿童的身高,图书色彩鲜艳,摆放的方式能吸引儿童的注意力。另一方面,也重视学前教育机构精神环境的优化,使教师和儿童处于平等的朋友关系之中,如儿童在活动中,把教师的衣服弄湿搞脏时,教师也不批评、责怪儿童。

(二)数学活动

有集体数学活动和个别数学活动。在集体数学活动中,教师和儿童共同活动,教师先给儿童提供范例,然后儿童模仿操作,比如,教师把小动物排成一排,一只大鸡、一只小鸡、一只大鸡、一只小鸡,儿童也依教师的示范进行排列,以形成关于大和小的概念;教师和儿童先一起讨论,然后再进行相应的活动。例如,就如何用几何形状来装饰黑板这一活动,大家根据讨论的结果进行装饰,依次用三角形、正方形、三角形、正方形的间隔方式进行排列,这有利于儿童对形状的认识。在个别数学活动中,教师为儿童提供大量的视觉、听觉、动觉等有趣的材料,让儿童自由探索,认识红、蓝等各种颜色,理解直、斜等位置,掌握各种数学模式,如从简单的两种元素模式(AB、AC、BC)到复杂的三种元素模式(AAB、ABB、ABC),促进思维能力的提高。

(三)泥水活动

户外活动时,教师把泥巴堆在桌子上,允许儿童随心所欲地玩泥巴,儿童可把泥巴抹在除眼睛之外的任何地方,如脸上、手上、胳膊上、腿上;儿童可以给自己抹,也可以替同伴抹,或与教师相互抹;活动结束时,教师用水帮助儿童冲洗干净,让儿童换上整洁的衣服。

(四)唱游活动

教师可根据自己的喜好或特长,组织儿童的唱戏活动,例如,教师把吉他带到班级来,和儿童一起弹唱。此外,教师还和儿童一起进行表演游戏,按照歌曲的内容、一定的节拍作出相应的动作,比如,教师边唱边作出轻拍手、点头的动作时,儿童也学教师的样,边唱边轻拍手、点头;教师边唱边作出重跺脚、举手臂的动作时,儿童也如此,边唱边重跺脚、举手臂,以培养儿童的节奏感和对表演的兴趣。

(五)美术活动

教师认为儿童的作品都是艺术品,在艺术活动中,教师为儿童提供各种工具、材料,让儿童尽兴满足,允许儿童在手心手背上印手印,在衣服上画画,而从不否定任何一个孩子的作品,并把每个儿童的作品都张贴在墙上等。

(六)阅读活动

儿童的阅读活动多种多样:在文字阅读中,教师教儿童认识字母和一些简单句式,拼写一些单词,使儿童产生对阅读的兴趣;在个别阅读中,教师要求儿童分别进行汇报朗读,即把昨天带回家的图书朗读给教师听,以培养儿童初步的自学能力。如果有的儿童不喜欢阅读,不参加阅读活动,教师就注意观察他、了解他,为他提供各式各样的书籍和阅读材料(如科普书、童话书、侦探书),让他阅读,以刺激他的兴趣,符合其发展水平。

(七)电脑活动

活动室一般都配有电脑,儿童在分组活动时,可选择电脑活动,通过操作、尝试,如拼图、绘画、制作节日贺卡、创编广告,获得相关的知识和技能,提高动手动脑能力。

三、学前教育的师资与培训

高等院校研究生院培养具有硕士、博士学位的学前教育高级人才,幼儿教师大多是大学本科毕业,学习的课程有:

(1)基础课:主要有英语、哲学、人文科学、艺术、数学、理科、电脑等,以帮助学生了解自然科学和社会科学的基本知识与技能,了解人类社会的多元文化。

(2)专业课:主要有心理学、儿童发展、体育卫生保健、教育管理、课程设计、家庭教育、特殊教育等,以利于未来的教师熟悉儿童的生理、心理发展特点,掌握儿童护理、营养、健康和安全方面的知识,学会制定教学计划、设计课程、指导游戏,认识到家庭的作用,促进每个儿童的发展。

（3）教育实践课:占总课时的1/3—1/4,学生从进校第一年开始就到各类学前教育机构中见习。比如,在第一学期,每周都有一个半天的时间,到幼儿园观察室去观察儿童,写下观察笔记,第二学期每周都有一天的时间,到班级去直接参与儿童的活动;高年级时学生要进行教育实习,以帮助学生从亲身经历中认识到儿童的发展与教育是密切相联的,学会观察儿童、了解儿童,为儿童设计与其发展水平相适应的教育方案,提高儿童的学习能力,丰富儿童的游戏经验。

还有一部分学前教育工作者在社区学院或职业学校的学前教育专业学习、进修2年。入学条件包括:高中毕业、年满19岁;经评估,交往能力合格;有过去工作满意证明或做义工的达标证明。进校第一学期要学早期教育、阅读与写作、生活中的心理学等课程;第二学期须学保教知识、婴儿发展、卫生与健康、父母是婴儿的伙伴等课程,并到婴儿教育机构见习实习;第三学期要修父母是幼儿的伙伴、幼儿的发展、主动学习、卫生与健康等课程,且到幼儿教育机构见习实习,进行家庭暴力调查;第四学期需修学前教育指南、学前教育课程、学前儿童的健康与发展等课程,并在学前教育机构见习实习。

学前教育工作者往往拥有两个资格证书,一是幼儿教师资格证书,受过学前教育专业培训者,可获取之;二是红十字儿童护理资格证书,经过儿童保健护理和急救处理培训者,可获得之。全加拿大共有33万人从事儿童保教工作,其中1/3的人受过正式培训,而其他2/3的人则未受过培训。经过培训的人员,不仅获得了从事学前教育工作所需要的基本知识和技能,而且在专业素养素质上也有所提高,如乐于与儿童、家长、其他社会人士相互作用,关心儿童,有耐心,敢于冒险,勇于创新等。

四、学前儿童的家庭教育与社会教育

（一）学前儿童家庭教育的指导

学前教育机构关注儿童的成长,重视与家庭的沟通,把家长视作上帝,以良好的服务,热忱的态度吸纳生源,取信于家长。

1. 通过"安科计划",帮助家长深刻理解孩子的特点

"安科计划"是一种较早出现的指导家庭教育的形式,它是20世纪60年代大不列颠哥伦比亚大学儿童研究中心主任格兰·迪克森博士提出的。"安科"（ANCHOR）是"Addressing(引导),Need(必需),Children(儿童),Observation(观察),Response(反应)"这几个英文单词的缩写。"安科计划"即电视研讨会,就是通过电视摄像,生动、形象、直观地向家长介绍学前儿童的心理特点,宣传学前教育的科学道理,深受家长的欢迎。在对家长进行指导时,迪克森博士在研究中心会议室里的大屏幕彩色电视机屏幕前,一边用话筒向隔壁教室里的电视摄像者提出要求,如把镜头对准一个2岁男孩欧文,并跟踪拍摄,一

边用指示竿指着电视画面,向围坐在他面前的十几位家长讲解儿童的行为和心理问题,如欧文不停地活动、"上超市"、拆电话机,是为了引起教师的注意;当欧文用手推倒一个小女孩时,迪克森博士问坐在旁边的欧文母亲:"他在家里也推人吗?"并期望她回家后告诉欧文不要推人;家长们围绕"孩子该不该推人"的问题开展讨论。

2. 通过家长会,帮助家长掌握教子的技能技巧

这是一种较普通的家庭教育指导形式。学前教育机构不仅根据儿童的年龄特点,召开各种形式的家长会,如新生家长园情介绍会,中班幼儿家长座谈会,大班升读小学幼儿家长提示会等,而且还根据家长的具体情况,召开专门的家长会。如有些家长频繁搬家,则向家长讲解"常搬家不利于儿童健康"的研究和道理:不列颠哥伦比亚省癌症研究机构主持的一项长期研究发现,由于幼童免疫系统未臻成熟,家长经常搬家,孩子就要不断面对新环境,机体免疫能力下降,因此无法面对不同种类的细菌和过滤性病毒,而较易罹患白血病;每 6400 名儿童中即有一人罹患,其中以 5 岁以下儿童最多;家长每搬一次家,孩童患血癌的概率就增加 30%;搬 3 次家的小孩,患血癌的概率比没有搬家的小孩子多60%;搬 4 次家后,罹患率就高出 90%。

3. 通过便条,帮助家长及时了解孩子的在园情况

这是一种简便易行、经济实用的指导家庭教育的形式。教师根据幼儿在园的表现,适时地给家长写便条,与家长保持经常的联系;采用的是先扬后抑的方式,最初主要是写孩子的进步,向家长报喜,强化儿童的优点;以后再写孩子的不足,向家长报忧,矫正儿童的缺点。例如,一个 5 岁中国女孩,随母亲去了加拿大,进入皇家花园小学的幼儿园,同伴全是加拿大儿童,为了及时与其家长沟通,取得家长的支持与配合,教师每个星期都让这名幼儿带两三张纸条回家,比如,"×××的语言能力真好,她已经可以正确地运用一些介词了。""×××很会使用剪刀,她剪纸剪得又快又准确。"一个学年下来,教师写给家长的纸条可以装订成一本小册子,密切了家园之间的关系,增强了师生之间的情感。

4. 通过通告,帮助家长获取教养孩子的基本知识

学前教育机构设有通告栏,在此处即可张贴《"风纪日"家长当值位置图》、《家长当值日期》、《值岗须知》等,以配合家长做好来园值日、值勤工作,也可贴些教养建议,以利于家长习得一些育儿的基本常识。如张贴《豆奶粉可能有碍儿童性发育》的科普论文(婴儿哺育行动联盟负责人史特肯曾举行记者会说明,在动物实验中,已发现黄豆奶粉中含有的化合物植物动情激素会干扰动物的性发育和行为,以黄豆为基础制成的婴儿奶粉及婴儿食品有可能妨碍儿童性发育过程;呼吁要立即停止使用黄豆奶粉,直至婴儿食品业者证明植物动情激素不会危害儿童的健康为止),引起家长对孩子食品的重视和关心。

另外,学前教育机构还通过家长日(一年两次的观摩日、轮流值勤的风纪日)、家长助教(家长教师、家长义工)、园刊(一季度一期)、亲子学校(教父母指导孩子学会阅读)、手册、联络簿、电话联系及面谈等形式,给予家长具体的指导和帮助。

(二)学前儿童的社会教育

自 1979 年"国际儿童年"开始,加拿大每年 10 月的第 3 周都要举行"儿童周"的活动,

强调要"珍爱儿童",在全社会掀起一个满足儿童需要、兴趣和权利的热潮,在社区公园、购物中心、银行及社区中心等场所都为不同年龄的学前儿童开辟了学习区域。"儿童周"的活动受到了地方、省、联邦政府的高度重视,吸引了越来越多的教师、家长、儿童和关心儿童保教问题的社会人士的热情参与。

图书馆、博物馆都是儿童学习的重要场所。在加拿大,几乎每个城市都有专门的儿童图书馆、儿童博物馆,且规模较大。此外,公共图书馆还设有儿童阅览室,并提供一些玩具等。所以,教师经常把儿童带到这里去参观、学习。例如,在图书馆里,儿童可和工作人员一起看图书讲故事,也可坐在电脑房里,操作电脑。

儿童公共娱乐场所比比皆是,不论是建在沙地上,还是在草坪上,或是在碎砂石上等,都备有各种各样体育游戏器械,如滑梯、木马、秋千、攀登架、跷跷板、单双杠、平衡木等,全部向儿童免费开放。教师鼓励家长利用业余时间带孩子到此尽兴玩耍,加深孩子对社区的认识和情感。

加拿大联邦人力资源和发展部近年提供了47.6万加元的经费,委托一个研究组织对全国幼儿保教情况进行了调查。调查结果表明,儿童入托比例及所需费用、保教人员的职业训练及收入水平等方面的情况都不尽如人意,说明社会对儿童还不够尊重,对儿童保教工作还不够重视。尤其是学前教育工作者的待遇较差,工资太低,比超市职员还要少。受过职业培训的教师年平均收入只有1.9万加元,而未受过职前培训的人则更少,比如,许多在家中帮人照看孩子的人还没有失业保险、退休储蓄金。所以,师资队伍动荡不安、流失率较高,而不得不雇佣一些退休教师,致使学前教育质量不能得到迅速提高;学前教育专业也不再像过去那样能够吸引能力较强的学生入学;很少有人视之为终生职业。学前教育机构的保教质量对儿童的健康成长非常重要,而学前教育从业人员的素质又是保教质量的保证。为此,教育改革者们呼吁政府、社会和家长要认识到对140万幼儿进行保育和教育的重要性,应该像重视医疗、教育制度等其他社会项目一样重视幼儿保教工作,制定相应的社会政策,确保儿童的健康发展。

第三节　拉丁美洲国家的学前教育

巴西、阿根廷、智利、墨西哥以及委内瑞拉都是拉丁美洲的主要国家,各国的学前教育发展的速度不同,在学前教育的途径、师资队伍建设等方面,也表现出不同的特色。

一、巴西的学前教育

(一)学前教育的发展

1933年,巴西学前教育机构有421所,接受教育的儿童有25582名,教师有837人;1946年,有1000多所学前教育机构,招收约6万名儿童;50年代始,"联合国儿童基金会"及其他世界学前教育组织对儿童的福利和教育产生了积极的影响,使1950年的1412所学前教育机构、83844 名儿童、2704 名教师上升到 1957 年的 3057 所学前教育机构、18.1 万名儿童、6144 名教师;1973 年,0—6 岁儿童有 1900 万人,2.4％的儿童受到学前教育;1974 年,教育部制定了学前教育计划;1975 年,政府明确规定学前教育为 4—6 岁儿童服务,6 岁以下儿童有 2100 万人,其中 2—6 岁儿童有 1500 万人,接受学前教育的有 57 万人,占 3.8％;1979 年,学前教育机构有 1.98 万所,受教儿童有 120 万人,教师有 5.2 万人。[①]

1984 年,8.3％的儿童在学前教育机构中受教;1988 年宪法指出:国家免费为 6 岁以下的儿童提供托儿所和幼儿园。1989 年,在 0—6 岁儿童组,有 2311.6 万人,在托儿所、幼儿园接受教育的儿童有 404 万人,占总数的 17.4％;1991 年,学前教育机构有 5.37 万所,教师有 16 万人,受教儿童约 380 万人,其中在私立学前教育机构中的儿童占 34％。尽管学前教育在数量上逐渐增加,但入托入园率仍较低,尤其是 4 岁以下儿童的教育。1992 年、1993 年教育部再次强调要保证儿童的免费教育,指出教育是国家最优先考虑的事情,而儿童则是优先中的优先,以进一步扩大教育对象。

(二)学前教育的机构

学前教育机构主要有三种:

1. 托儿所

这种机构招收 0—4 岁儿童,1989 年,有 66.8 万名儿童在此接受教育,占适龄儿童总数的 2.8％。教育部强调不能把托儿所看成是"儿童仓库",要增加教育投入,扩大托儿所的数量,使更多的儿童能入所学习。

2. 幼儿园

这种机构招收 5—6 岁儿童,1989 年,有 337.6 万名儿童在此接受教育,占适龄儿童总数的 14.6％。教育部提出教育应成为每个儿童的权利,要给儿童更多的关心,帮助他们作好进入小学的各种准备。

为了促进学前教育事业的发展,国家政府要求教育部、卫生部、社会其他部门都要积极参与到援助儿童教育中来,扩大学前教育机构,提高学前教育质量。

3. 玩具园

这是一种新型的学前教育机构,面向 6 岁以下的儿童;开放时间极其灵活,从星期一到星期六晚上 8 点直至次日凌晨 1 点,家长根据孩子在园时间的长短交费,每小时 2—6 美元;学前儿童除了由优秀的专业人员照看之外,还有一个心理学家小组值班;玩具园环境安全宁静,玩具丰富多彩,没有电视机或录像机,想要游戏的儿童能够尽情玩耍,充分发挥想象力,需要休息的儿童能在卧室里好好地睡觉。随着生活节奏的加快,业余生活的多样,玩具园对家长的吸引力越来越大,迅速在巴西各地传播开来。

(三)学前教育的目标与实施

学前教育是基础教育的第一步,应视儿童为国家的公民,使学前教育能够促进全体儿

---

① Lucia Regina Goulart Vilarinho, Preschool Education in Brazil: Historical and Critical Perspectives, Garland Publishing, 1992, p.129.

童的完整发展：(1)给儿童提供各种体育活动,满足儿童的物质需求和精神需要,提高儿童的身体素质,维护儿童的心理健康；(2)扩大儿童的知识面,帮助儿童获得系统的知识、建立合理的认知结构；(3)丰富儿童的体验,帮助儿童理解友谊、自由的概念,培养儿童的集体观念、主动参与的意识,使儿童能逐渐形成尊重别人、与人合作的行为方式；(4)激发儿童对自然发展过程和社会生活变化的兴趣,促进儿童在心理、认知、社会性上的和谐发展。

在实施儿童教育的目标时,注意采用以下策略：(1)尊重儿童的特点：既要尊重正常儿童,也要尊重特殊儿童；既要尊重儿童的年龄特征、发展水平,也要尊重儿童的家庭背景、社会文化；(2)激发儿童的兴趣：选用儿童感兴趣的方式,通过日常生活,满足儿童的需求；(3)丰富儿童的活动：让儿童在活动中学习,通过开展游戏活动(如玩积木、七巧板、剪纸、组合字母、制作玩具)、自然活动(如让儿童种植蔬菜、饲养小家禽,走近大自然)、劳动(如让儿童自己料理力所能及的事情)、文艺活动(如讲故事、表演节目、听音乐、唱歌)、自由活动、创造活动、体育活动等,来发展儿童的创造力和主动参与的精神。

(四)学前教育的师资及资源

国家规定教师应有学前教育专业中等或高等学历。除了重视教师的职前教育以外,还注意教师的职后培训,注意提高教师的地位,改善教师的工作条件,增加工资。

家庭和社会都是学前教育取之不尽的资源,要求教师认识到家庭、社区在儿童发展中有着重要的作用,应充分利用社区现有的场地、廉价的物品来为儿童的成长服务；鼓励家庭和社区直接参与各种有益于儿童发展的活动,并对学前教育的实施加以监督；积极开展以儿童为主题的、反映社区独特文化的活动,培养孩子主动参与社区活动的精神,发展儿童的个性。

学前教育专家们提出应在"全国学前教育委员会"的指导下,建立学前教育的评估体系,开展学前教育改革的实验研究,从根本上提高学前教育的质量。但处在世纪之交的巴西所面临的严峻的经济挑战(据巴西全国经济开发银行的报告说,1980—1989年的经济增长率为2.9%,而1990—1999年仅有1.7%,比80年代还要糟糕,是又一个"失去的十年"；1998年国内生产总值增长率只有0.2%,人均收入低于1997年,1999年境遇相似),难以为学前教育的发展提供充足的资金。

二、阿根廷的学前教育

(一)学前教育的发展

阿根廷学前教育的对象是0—5岁的儿童,学前教育的机构有：(1)幼儿园：招收4—5岁的儿童,有半日制(在园3—4个小时)和全日制(在园7—8个小时)、公立和私立之别。(2)母育学校：设在工厂、私人家庭,招收0—3岁的儿童。

从20世纪70年代开始,政府增加了教育投资,兴办了许多学前教育机构,以满足父母送孩子入园入校的需要。据统计,在学前教育机构中的儿童,1974年有32.7万名,1975年有37.9万名,1977年有43.1万名,1978年有44.5万名,1979年有45.6万名,

1980 年有 48 万名，1981 年有 52.7 万名，1982 年有 57 万名，1983 年有 60 万名，1984 年有 65.5 万名。在国家不同的地方，由于经济发展水平、妇女就业率、人口密度的不同，儿童入园入校率也不同。例如，1980 年，5 岁儿童全国入园率为 59.5%，其中，首都儿童入园率为 88.9%，其他地方儿童入园率从 28.7% 到 47.7% 不等。此外，儿童入园入校率增长的速度超过了中小学入学率增长的速度。

自 1985 年起，一些地区相继颁布了学前儿童义务教育法案，从法律上保证了 5 岁儿童入园接受教育的权利。1986 年，全国学前教育机构有 8294 所，教师有 3.98 万人，儿童有 72 万人，其中在公立学前教育机构中的儿童有 49.5 万人，占总数的 69%；1991 年，学前教育机构有 9860 所，教师有 5.36 万名，儿童有 86 万人，在私立学前教育机构中的儿童占 29%。政府还提出要为所有儿童提供入园入校的机会，让他们享受高质量的学前教育。

（二）学前教育的目标、途径与师资

阿根廷学前教育界认为儿童早年的生活对其个性的形成、未来的发展至关重要，学前教育要促进儿童体力、心理、智力、情感、自制力的发展，加速儿童的社会化。提出的学前教育目标是：(1)发展儿童的体力，教给儿童生活的技能；(2)培养儿童学习的技能，使儿童学会读和写；(3)提高儿童的智力水平；(4)培养儿童生活的技能和自律的能力；(5)发展儿童的情感，促进儿童的社会化；(6)帮助儿童成功地进入小学学习，战胜在小学里可能遇到的困难，为未来的生活作好准备。[①]

学前教育的途径是：(1)一日生活：寓教于幼儿园的一日活动之中是阿根廷学前教育的传统经验；早在 1972 年，国家文化教育部就颁布了"学前教育课程"，规定了学前教育机构的一日活动安排大纲，以保证儿童的健康发展。(2)课程方案：学前教育机构要根据本地区、本园家长、本班儿童的具体情况，设计、实施课程，如对贫困地区的儿童，要有提供营养、预防疾病等方面的课程；对经济条件较好的地区的儿童，要有促进社会化等方面的课程。(3)各种活动：学前教育机构还通过餐点、休息等日常生活活动和音乐、手工、娱乐、体育、种植等多种教育活动，来促进儿童的成长。

学前教师的培养：在幼儿园工作的教师必须经过严格的培训，拥有资格证书；教师除了在正规师范院校接受教育之外，还可以在职业教育中的师范学校中接受训练。学生在校学习的课程分为两个阶段：(1)初级阶段，主要学习基础课，内容与普通中学相似；(2)高级阶段，主要学习专业课，内容有心理学、教育学、教育史、教学法、观察技能等。此外，还根据学生的不同性别设计不同的课程，如为女生开设家政课，为男生开设手工课。国家劳工法保证了毕业生能在学前教育机构中找到工作。

三、智利的学前教育

学前教育机构的发展：1948 年智利建立了第一个学前教育机构，1958 年开始重视对

① Carlos Hector Hurtado, Preschool Education in Argentina, Garland Publishing, 1992, p. 39.

比较学前教育

4—6 岁儿童的教育。1970 年通过的法律促使国家出现了学前教育中心的联合组织,当时这是一个很有影响的机构,许多儿童在此接受过教育。1989 年国家举办的学前教育机构招收了 12.1 万名学前儿童,其中,在幼儿园的儿童有 59000 名,在国家援助社区联盟中的儿童有 4.7 万名,在国家学前教育中心的儿童有 4000 名等。此外,还有私人幼教机构,这些非政府教育组织也招收了 8000 名幼儿。①1991 年全国共有学前教育机构 4302 所,受教儿童 20.5 万人,其中在私立学前教育机构中的儿童占 49%。

进入 21 世纪后,智利政府越来越重视对贫困家庭的儿童进行学前教育,为他们开辟了"全免幼儿园",即来自家庭人均月收入低于 90 美元的 3 个月—4 岁的儿童不需要向园方交纳任何费用。"全免幼儿园"由智利教育部下属的婴幼儿教育委员会管理,其费用全部来自中央财政补贴,食品靠政府采购来解决。2006 年年初,仅有 4.4% 的贫困家庭儿童能走进这类幼儿园,而到了 2007 年年底,则有 12.6% 的贫困家庭儿童能进入这类幼儿园,2008 年年底则有 23% 的贫困家庭儿童在这类幼儿园接受教育。① 这既能减轻家庭的经济负担,又能使儿童感受到社会的温暖。

学前教育的目标是:(1)保护儿童,促进儿童身体的健康发展,培养儿童良好的个人卫生习惯和安全习惯,帮助儿童在生理、心理上获得安全感;(2)提高儿童的观察能力,启发儿童的学习兴趣,增强儿童学习的积极性,使儿童能愉快学习,培养儿童学习的主动性,发展儿童的学习能力;(3)培养儿童的独立性,发展儿童的价值观,促进儿童的全面发展;(4)和家庭密切配合,帮助家庭创设良好的环境,促进儿童的发展。

学前教育的策略有:(1)以儿童身心发展的特征为基础,制定相应的系统的教育计划;(2)以儿童为中心,组织、选择最佳教育活动;(3)通过适当的、有效的环境,实行单元教学;(4)全面评估教育效果、各种活动对儿童产生的影响;(5)加强幼儿园与家庭之间的联系。

学前教师的培训:1945 年,在一些城市成立了师范学校,用于培养学前教育师资。1981 年,国家通过了由高等院校来培养教师的法案,至此,学前教育师资的培训工作由专科院校、大学来承担。未来的教师不仅要学习生理学、心理学、人类学、营养学等方面的理论知识,而且还要参加学前教育的实践活动,强调理论联系实际,利用多种途径来提高教师的水平。

四、墨西哥的学前教育

学前教育的对象主要是四五岁的儿童,为他们提供学前一二年的教育,帮助他们作好入学准备。学前教育的机构以联邦政府创办的为主,州属和私立的为辅;以半日制为主,全日制为辅。1991 年学前教育机构有 4.98 万所,学前教师约 11.1 万人,入园所的儿童有 279.2 万名,其中私立学前教育机构中的儿童占 9%。为了提高学前教育的质量,墨西哥政府采取了各种行之有效的措施:

---

① http://news.xinhuanet.com,2009 年 8 月 20 日。

重视采用科学的方法对儿童进行品德教育：强调教师要以友好的方式对待儿童；要用正确的态度看待有不当行为的儿童；多用表扬的方法，奖励表现好的儿童，使表现不好的儿童也产生得到表扬的渴望；多与儿童交谈，了解儿童的内心世界；少批评、不责骂儿童，以免从反面强化儿童的不良行为。

重视对儿童的创造教育：认为童年是一个充满幻想、创造和想象的时期，教师要鼓励儿童多想象一些美好的东西；要让儿童进行游戏、跑步、滑冰等各种活动；培养儿童按时睡觉的好习惯。

注意对儿童进行交通安全教育：在墨西哥城市青年公园一角，建立了"少儿交通城"，占地3240平方米，以本市实际交通情况为蓝本微缩而成，城内设单、双行自行车道，配有信号灯和各种交通牌，儿童通过自己的亲身实践，获取基本的交通知识。

关注对儿童进行的阅读教育：前总统塞迪略提出1999—2000学年是"读书年"，认为"书籍将仍然是教育和传播知识的支柱、文化和民主化的支柱，以及推动个人和集体提高自己的支柱"，"为了保持活跃的创造性，想象力和思考能力"，全国人民不论男女老少，都要尽可能地多读书读好书，就是在电子计算机在新的千年占统治地位的时候也不例外。

此外，还关心学前教师的培训：职后培训形式多样，教师既可参加国立大学的函授教育，进修学前教育专业的学士学位课程，也可参加社区的教师职业培训计划，以提高自己的业务水平。

五、委内瑞拉的学前教育

1991年委内瑞拉的学前教师有2.8万人，入园所儿童有67.5万名，其中私立学前教育机构中的儿童占16%。

近些年来，国家十分重视发挥家长在学前教育中的作用：一方面，要求家长配合学前教育机构的教育，在家庭中为孩子创建良好的学习环境，藏书、读书，并坚持每天给孩子读书，让孩子少看电视，以提高孩子的理解能力、阅读能力和创造能力；为孩子提供营养平衡的饮食，食品中要有丰富的维生素、矿物质和蛋白质（每周吃一次鱼，要少吃瘦肉和盐，多吃各种水果组成的早餐），使儿童的大脑能存储必要的知识，拥有获得发展的营养。

另一方面，还要求家长带孩子到图书馆去，帮助他们找到自己感兴趣的书，以培养孩子对图书的热爱。

此外，还要求家长积极参与学前教育机构的活动，增加对学前教育机构的了解、对孩子的认识，以益于孩子的学习和发展。

阅读参考书目

1. 李生兰著，《儿童的乐园：走进21世纪的美国学前教育》，南京师范大学出版社2011年版。

2. ［美］M·梅斯基等著，林崇德等译，吕志士等校，《幼儿创造性活动》，北京出版社

1983 年版。

3. ［美］黛安·E·帕普利等著,曹秋平等译,傅统先校,《儿童世界——从婴儿期到青春期》(上、下册),人民教育出版社 1984 年版。

4. ［美］玛丽·霍曼等著,郝和平等译,《活动中的幼儿——幼儿认知发展课程》,人民教育出版社 1995 年版。

5. ［加］马克斯·范梅南著,李树英译,《教学机智——教育智慧的意蕴》,教育科学出版社 2001 年版。

6. Bernard Spodek, Today's Kindergarten — Exploring the Knowledge Base, Expanding the Curriculum, Teachers College Press, 1986.

7. George S. Morrison, Education and Development of Infants, Toddlers, and Preschoolers, Scott, Foresman and Company, 1988.

8. Joanne Hendrick, The Whole Child — Developmental Education for the Early Years, Merrill Publishing Company, 1988.

9. Bernard Spodek and Olivia N. Saracho, Early Childhood Teacher Preparation, Teachers College Press, 1990.

10. Bernard Spodek and Olivia N. Saracho, Issues in Early Childhood Curriculum, Teachers College Press, 1991.

11. Bernard Spodek and Olivia N. Saracho, Dealing With Individual Differences in the Early Childhood Classroom, Longman Publishing Group, 1994.

12. Geroge S. Morrison, Early Childhood Education Today, 7th Edition, Prentice-Hall, Inc. Simon & Schuster/A Viacom Company, 1998.

13. Kevin J. Swick, Empowering Parents, Families, Schools, and Communities During the Early Childhood Years, Stipes Publishing L. L. C. , 2004.

14. Carol Copple and Sue Bredekamp, Basics of Developmentally Appropriate Practice：An Introduction for Teachers of Children 3 to 6, National Association for the Education of Young Children, 2006.

15. Carol Seefeldt and Alice Galper, Active Experiences for Active Children：Social Studies, 2nd Edition, Pearson Education, Inc. , 2006.

网上浏览

利用计算机,打开下列网址,查找、阅读有关美洲国家学前教育的信息。

1. http：//www. education. com

2. http：//www. family. com

3. http：//www. familydaycare. com

4. http：//www. toy. com

5. http://www. udel. edu/bateman/acei

6. http://www. can. ibm. com/k12

7. http://www. shibleyrighton. com/education

8. http://www. cies. us

9. http://www. ed. gov

10. http://www. naeyc. org

11. http://www. cayc. ca

12. http://www. cbie. ca

13. http://www. cmec. ca

14. http://www. childcarecanada. org

复习思考题

1. 美国学前教育的机构主要有哪几种？

2. 美国学前教育目标的特点是什么？

3. 美国学前教育的任务和内容包括哪几个方面？

4. 美国儿童保育中心一日活动的安排对儿童会产生哪些积极的和消极的影响？

5. 美国学前儿童自我概念课程的主要内容是什么？

6. 美国学前教育机构是如何为儿童安排活动区的？

7. 美国学前教育机构是如何通过游戏来促进儿童发展的？

8. 美国对学前教师"软件"、"硬件"的要求是什么？

9. 美国学前教育机构通过哪些形式对家长进行指导？

10. 美国学前教育机构是如何利用社区资源的？

11. 美国学前教育的评价包括哪几个方面？每一个方面是如何进行评价的？

12. 美国发布的《发展的适当的学前教育方案》给你的启示是什么？

13. 加拿大学前教育机构——"虚拟学校"的特点是什么？

14. 加拿大学前儿童家庭教育指导形式——"安科计划"的价值是什么？

15. 加拿大学前教师培训的特点及资格证书是什么？

16. 巴西学前教育机构——玩具园的特点有哪些？

17. 拉丁美洲学前教育发展的主要特点是什么？

练习题

把下列文章译成汉语,并对第 1 条、第 4 条、第 5 条、第 8 条加以分析。

The Goals 2000: Education America Act includes these eight goals to be achieved by 2000:

1. All children in America will start school ready to learn.

2. The high school graduation rate will increase to at least 90 percent.

3. All students will leave grades four, eight, and twelve having demonstrated competency over challenging subject matter ..., and [all students will be] prepared for responsible citizenship, further learning, and productive employment.

4. The nation's teaching force will have access to programs for the continued improvement of their professionals skills.

5. The United States students will be first in the world in mathematics and science achievement.

6. Every adult American will be literate.

7. Every school in America will be free of drugs and violence and will offer a disciplined environment conducive to learning.

8. Every school and home will engage in partnerships that will increase parental involvement and participation in promoting the social, emotional, and academic growth of children.

第三章　欧洲的学前教育

英国一所幼儿园户外活动环境

◉内容提要

　　欧洲是世界学前教育的发源地,有着宝贵的学前教育发展经验。本章首先介绍俄罗斯学前教育变革与发展的状况,接着阐述英国、法国、德国、丹麦、瑞典等国家学前教育发展的经验与改革的举措;然后略述欧洲其他国家学前教育发展的简况。

第一节　俄罗斯的学前教育

　　苏联是学前教育发展较早的国家之一,对我国学前教育产生过很大的影响,特别是在新中国成立初期。随着俄罗斯新的政治经济制度的建立,学前教育机构的管理、设定的目标、实施的策略、家庭教育的指导、师资的培训等方面都表现出一些新的特点。

一、学前教育的机构与管理

　　1950 年,苏联全国只有 4.2 万个学前教育机构,服务于 180 万名儿童;1980 年,学前教育机构已增加到 12.7 万个,为 1430 万名儿童服务。[①] 由于初等教育的改革,儿童入学

---

① James L. Hoot, Preparing Teachers of Young Children, Childhood Education, Journal of the Association for Childhood Education International, Annual Theme Issue 1989/Volume 65/Number 5, p. 274.

年龄已从 8 岁降到 7 岁,学前教育的对象则为出生 2 个月到 6 岁的儿童。为了提高儿童入托入园率,1984 年当时的苏联部长会议通过了《关于进一步改进学前社会教育和准备儿童入学的决议》,提出由苏联教育部设立跨部门的全苏联学前教育委员会,协调各方面的工作。1986 年,国家规定所有 6 岁儿童都必须进入幼儿园或学前教育机构的高级班;1990 年,学前教育机构已达到 14.6 万所,学前教师有 161.4 万人,入学儿童有 1260.9 万名。

学前教育机构大多数由政府组建,少数由企事业单位兴办,企事业单位创办的学前教育机构的设施比政府机构创办的学前教育机构的设施要优越得多。学前教育机构分布在城市、工业区、大学城、城镇、农村、军事基地、疗养院等各个地方。学前教育机构的形式主要有 4 种:托儿所(招收 0—3 岁儿童)、幼儿园(招收 4—6 岁儿童)、托儿所—幼儿园联合体、家庭托儿所(祖母在家照看孩子)。

为了提高学前教育的质量,1990 年国家教育委员会发布了《学前教育构想》,强调幼年期的重要性,指出要根据当代教育科学研究成果来改革学前教育体系,改善幼儿园办园条件,使学前教育机构呈现多元性。1992 年俄罗斯联邦颁布了《教育法》,要求对教育机构定期进行评估鉴定、资格认证,为学前教育的发展提供了法律依据。1994—1995 年,俄联邦教育部学前教育司研制了学前教育标准草案,对学前教育机构的活动场地、空间结构、设备材料都作出了严格的规定。2008 年,俄罗斯教育部政策与法规署发布了《2020 年前的俄罗斯教育——服务于知识经济的教育模式》的报告,指出要建立 0—3 岁儿童的家庭教育支持中心和普及 2 年学前教育的目标,并在 2020 年以前加以实现。[①]

二、学前教育的目标与实施

(一) 学前教育的目标

俄罗斯的学前教育是要保证儿童在国家动荡、教育变迁的情况下,仍能"与家庭合作,保护和增进儿童的健康,促进儿童身心的和谐发展,使儿童在入小学前受到良好的教育,作好入学准备"。[②] 学前教育的目标是:

(1) 为儿童提供安全的环境,使儿童免受一切生理、心理的伤害,保证儿童身体的发展,促进儿童身心的健康成长;

(2) 向儿童介绍基本的自然科学知识,激发儿童的求知欲,培养儿童创造的兴趣,发展儿童的智力、想象力、语言表达能力;

(3) 向儿童传递人类的文化遗产,尤其是俄罗斯的文化传统,培养儿童热爱祖国、关心国家大事的精神,教育儿童尊重别人和别人的劳动成果,帮助儿童养成愉快、乐观的心境,满足儿童情绪交往的需求,提高儿童的社会交往能力;

---

① http://www.chinanews.com.cn,2009 年 8 月 20 日。

② Larisa A. Paramonova, Valentina D. Sych, Larisa R. Anosova, Liubovj N. Pavlova and Valentina M. Ivanova, Preschool Education in Russia, Garland Publishing, 1992, p.417.

（4）给儿童提供学习民族艺术作品、民间工艺品的机会，培养儿童的美感。

（5）对缺陷儿童进行矫治、给予帮助，保证他们获得与其发展水平相适应的受教育权利。

（二）学前教育的途径

一日活动是对儿童进行全面发展教育的基本途径。在儿童的一日活动中，注意通过游戏和各种活动来促进儿童体力、智力、道德、艺术能力的发展。

（1）游戏活动：俄罗斯学者认为，游戏是学前儿童的主要活动，游戏，特别是角色游戏、表演游戏、体育游戏对儿童身心发展有巨大的作用。

（2）教学活动：有严格规定的专门的教学活动、标准化课程和无严格规定的一般教学活动，虽然都对儿童知识的获得、智力的发展有着积极的影响，但现在则更加重视后者，以充分发挥儿童在学习中的主动性和创造性。

（3）特殊活动：要引导儿童了解艺术，可选择不同民族或地方作家、诗人、音乐家、画家的作品，不同民族或地方的民间创作和民间工艺精品，通过建筑活动、美工活动、音乐活动、戏剧活动等独特形式，来对儿童进行艺术熏陶。

（4）交往活动：主张师生要以平等的伙伴关系进行合作、交往，促进儿童道德感的发展。

（5）自由活动：儿童既有年龄特点，也有个别差异，应把集体活动和小组活动、个人活动有机地结合起来，通过让儿童选择自己所喜欢的活动，使每个儿童都能真正从中受益。

三、学前儿童家庭教育的指导

托儿所、幼儿园和家庭有共同的目标，通过合作而实现。托幼园所通过多种形式，给家长提供教育建议，帮助他们促进儿童各方面的和谐发展。

首先是重视发挥祖辈家长的作用。教育研究表明，祖母（或外祖母）对年幼儿童的发展有极大的影响。为了使她们能在隔代教育中取得最佳效果，就必须对她们进行培训，祖母学校应运而生。祖母学校的教师有教育心理专家、医务工作者和学前教育工作者，担负普及儿童家庭教育知识的重任。由于祖母学校学制灵活，有一两年的长期学习，也有半年、几个星期的短期学习，再加上价廉质优，所以，深受祖辈家长的青睐。

其次是考虑家长的兴趣需要。为了帮助家长培养儿童某一方面的技能，学前教育机构把有关的知识印成文字资料，发给家长学习，给其具体的指导。例如，对训练孩子游泳技能十分感兴趣的家长，能得到关于这一方面的各种信息，以循序渐进地提高孩子游泳的技能技巧：为孩子准备一个浴盆，使水深达到孩子坐姿时的胸部；让孩子屁股坐在脚跟上，双手放在膝盖上；从淋洗、把头浸入水中，到在水下睁眼、呼气，再到划水、侧面吸气、学习自由泳等。

再次是根据儿童学习的情况。当儿童快要进入小学学习时，给家长以具体指导，帮助孩子做好物质上、心理上的准备。例如,在新学年的前一周,往往是家长们为孩子购买学习用品的繁忙时刻,一般都要花费 2300 卢布以上,且有逐年增长的趋势,1999 年比 1998 年增加了一倍。学前教育机构通过家长会向家长宣传:为孩子做好入学准备,不仅要给孩子购买学习用品、校服和鞋子,更重要的是要激发孩子对小学的向往之情,期待自己早日成为一名小学生。

此外,学前教育机构还鼓励家长、社会、企业、团体参与制订教育计划,选择教育内容,共同进行管理。

四、学前师资培养的课程

高等师范院校(含师范专科学校)担负着培养学前教育师资的重任。学生在校学习的科目主要有生理学、心理学、外语、儿童文学、儿童语言发展、儿童身体训练、儿童音乐活动、律动、学前教育学、各科教学法等必修课和选修课,每门课程都强调知识的系统性和实用性。例如,学前教育学这门课程,要向学生传递以下学习内容:第一章"专业入门",了解未来的教育对象和职业特点;第二章"教育学一般原理",介绍教育学的研究对象和任务、学前教育的发展体系、幼儿园教育大纲;第三章"学前儿童发展规律和教育任务",分别讲解自出生第 1 年至第 7 年儿童发展的特点、学前教育机构和家庭里儿童的生活安排和教育任务;第四章"各种活动中个性形成的条件",重点讲授如何通过游戏、体育活动、认知活动、艺术活动、劳动促进儿童的成长;第五章"建立社会行为的基本原则",阐述培养儿童文明行为习惯、和周围人建立友好关系的基本原则;第六章"学前教育机关教育过程的组织和指导",简介学前教育机关的地位、作用和条件。

学前教育理论知识的学习,使未来的教育者对职业有浓厚的兴趣,对儿童有爱心,并能把理论知识运用于实际工作之中;有较高的职业道德水准和较强的教育能力,注重自身修养和自我完善;把职前教育作为工作的起点,并重视在职进修和业务提高。

第二节　英国的学前教育

英国学前教育的机构多种多样,是世界上许多国家所无法比拟的,"幼儿凭证计划"使更多的学前儿童能享受教育的权利,也成为英国学前教育发展上的一大特色;学前教育的目标依照儿童年龄的不同而有所不同;在"任何一个忽视学前教育的社会也就是忽视了未来的社会,他们必然要为此付出沉重的代价"的呼声下,学前教育的策略与师资、学前儿童的家庭教育与社会教育,也都表现出鲜明的特点。

一、学前教育的机构与管理

英国学制规定儿童从 5 岁开始进入小学,接受义务教育。学前教育是为入学前儿童服务的,父母可从众多的学前教育机构中,选择适合自己需要的形式。

（一）幼儿学校（班）

附设在小学里，招收 3—4 岁儿童，进行 1—2 年的学前教育，儿童就近入校入班；以半日制为主，全日制为辅，半日制分为上午来校来班（9:00—下午 1:30）或下午来校来班（1:00—3:30）；幼儿学校规模不同，从 40 名到 120 名不等，师幼比为 1:10—1:13；重视从儿童的需要出发设计课程，为儿童提供安全、轻松的环境，为儿童入学作好准备。1990 年幼儿学校有 1364 所，教师有 3.1 万人，入校（班）儿童有 79.3 万名，其中在私立幼儿学校中的儿童占 6%。

（二）日托中心

不论是公立的日托中心还是私立的日托中心，都必须接受地方社会福利部门的定期检查，只有在教师资格、环境设施等方面符合要求以后，才予以注册，允许招生、开办。日托中心全年开放，招收出生 8 周—5 岁的儿童，儿童在中心的时间为上午 8:00—下午 6:00；按儿童年龄进行分班，不同年龄班规模不同，师幼比也不同，在 0—3 岁年龄班，最多只能有 6 名儿童，在 3—5 岁年龄班，最多只能有 10 名儿童，师幼比从 1:3 到 1:4 或 1:5。1980 年，有 13.1 万所日托机构，1991 年增长了 36%，1993 年增加到近 33 万所，基本上满足了工作的父母及社区的需要。

（三）联合托儿中心

招收 0—5 岁儿童，全年开放，每天从上午 8:00—下午 6:00，父母可根据工作需要，接送孩子；为了使保育与教育能有机地结合起来，使幼儿园、家庭、幼儿三方面都能受益，该机构鼓励父母积极参与中心的活动，并设有父母屋，将父母参与的可能转变成现实。

（四）家庭保育

符合健康、安全标准，经地方社会服务部注册以后的家庭，才能开办保育活动，全年全日开放，由主妇担当教育自己孩子和别人孩子的重任，最多只允许照看 3 个 5 岁以下的儿童（包括自己的孩子）。近些年来，国家格外重视对家庭保育的管理，政府资助保育者培训工作，成立国家儿童保姆协会，在儿童法中规定保育者必须注册等，以提高儿童保育者的素质，充分发挥其作用。

（五）学前游戏小组

设在农村及没有幼儿学校和幼儿班的地方。它为儿童提供游戏伙伴、游戏时间和空间，为父母、特别是母亲提供交流、学习的机会，使成千上万的家庭能从中获益。父母通过定期参加儿童的游戏，能了解自身的教育价值，提高自信心，在家庭中更好地教育儿童。游戏小组每周开放 3—4 天，每天上午 2—3 个小时，儿童大多是 2.5—4 岁儿童；每组平均 20—24 个儿童，由 3—5 个教师和保育员负责，师幼比为 1:8 左右；注重给儿童创设开展各种游戏的机会，启发儿童去探索、发现、交往，并鼓励父母积极参与，增强家长作为教育者的作用。近几年来，更加重视对工作人员的培训、对机构的管理和监督，有效地提高了学前游戏小组的质量，吸引了越来越多的儿童。据统计，1990 年全国注册的学前游戏小组有 1.8 万个，1996 年上升到 2 万个，服务于 80 万名 5 岁以下的儿童。

（六）父母婴儿小组

由于父亲的参与，母亲婴儿小组发展成为父母婴儿小组，为3岁以下儿童服务。大多数婴儿小组每周活动1次，每次2小时，届时，孩子们在一起做游戏，保教工作者和家长（如孕妇、父母、祖父母）或其他对婴儿教育感兴趣的人共同讨论教养子女中的问题，分享彼此的快乐。[①]

此外，还有社区中心婴儿室、4岁幼儿班、学前班、亲子小组、儿童保育中心等记时性为主的学前教育机构，满足家长随时接送孩子的需要。

多种多样的学前教育机构由不同的部门举办、管理。例如，幼儿学校由教育部门负责，日托中心由社会福利部门负责，游戏小组由卫生保健部门负责，亲子小组由私人或团体举办。最近几年，这些部门已有了更多的投入和配合。例如，教育部对所有的学前儿童的教育开始负责，社会福利部正在为更多的儿童和家庭服务，卫生部门、社会组织、志愿者也更多地参与到学前教育中来。为了解决4岁以下儿童的保教问题，1995年英国慈善团体发出了"学前儿童的呼声"，意在筹集100万英镑，帮助贫困家庭支付学前儿童的费用，满足特殊儿童的需要。为了提高幼儿的入园率，1995年国家公布了7.3亿英镑的"幼儿凭证计划"，对4岁儿童发放教育券，实行正规的学前1年免费教育（地方教育当局把价值1100英镑的票证，发给4岁儿童的家长，以保证其孩子能受到高质量的学前教育；家长把票证交给学校，学校把票证上交给地方当局，地方当局再把票证交给中央政府；中央政府根据票证数额，拨款给地方政府，地方政府再拨款给学校），1996年在少数地区开始试行，1997年在全国范围内大面积实施，使众多家长能自由选择公立、私立或民办的幼儿教育机构，推动了幼儿教育机构之间的公平竞争，提高了办学质量。2007年，英国儿童、学校和家庭部提出了未来10年英国教育的远景规划《儿童计划》，指出了学前教育的优先地位，使3—4岁儿童的入园率从1998年的51％增长到2008年的90％。[②]

二、学前教育的目标

每个儿童都有巨大的发展潜力，只有在适当的环境、良好的教育条件下，儿童的这种潜能才会被充分挖掘出来。1998—1999年英国教育改革议案提出：要重视道德教育，加强公民意识，培养符合现代生活的行为规范和伦理道德；学校课程和评定当局指出：要使5岁儿童在人格和智力上获得全面发展。学前教育是学校教育的重要组成部分，应促进儿童的整体发展，使儿童在社会性、情感、体力、智力、道德上都得到发展，因为这些方面的发展是相互联系，综合进行的，不可能被分割成几个毫不相干的部分。学前教育的目标因儿童年龄的不同而有所区别，分为婴儿教育目标和幼儿教育目标：

婴儿教育的目标是：为婴儿提供能发挥他们最大潜力的环境，培养婴儿的语言能力、

---

① Audrey Curtis, Early Childhood Education in Great Britain, Garland Publishing, 1992, p. 231.
② http://www.chinanews.com.cn，2009年8月20日。

独立性及社会技能,发展婴儿倾听、观察、讨论、实验的能力,为婴儿提供广泛的、平衡的、连贯的活动,促进每个婴儿的发展。

　　幼儿教育的目标是使幼儿在身体、智力、语言、情感、社会、精神、道德和文化等各方面得到全面发展:(1)发展幼儿的身体,增强体育运动能力;(2)培养幼儿对数学、科学的兴趣,提高儿童的感官能力、分析和解决问题的能力;(3)通过语言和文字教育,激发幼儿对识字、文学的兴趣,提高阅读能力,能辨认一些重要的社会标志物,如驾驶标志、交通规则标志、运动会标志等;(4)培养幼儿的自我意识、自信心,使儿童能进行自我教育,发展自控能力;(5)通过为幼儿提供与周围环境相互作用、与小伙伴相互交往的机会,促进幼儿社会交往能力的提高;(6)培养儿童内在的学习动机,激发儿童学习的愿望,促使儿童主动进行学习,提升幼儿艺术表现能力和创造性;(7)丰富幼儿历史和地理知识,培养幼儿社会、文化技能,帮助幼儿了解人类与社会的关系、科学与技术的关系,以及信息技术(即通讯系统如计算机、录音机、计算器、电话、复印机等)对世界发展的作用,培养儿童的个性与能力,为他们日后走向社会打基础。

英国一所幼儿园儿童在户外活动场地骑车

英国一所幼儿园幼儿用落叶粘贴的"秋天"墙饰

英国一所幼儿园户外挖沙活动环境

英国一所幼儿园数学区环境

英国一所幼儿园教师和幼儿一起阅读图书

英国一所幼儿园幼儿在户外活动场地玩"开火车"游戏

英国一所幼儿园教师在观察幼儿的桌面游戏

三、学前教育的策略

（一）为每个儿童提供发展的机会

教师把每个儿童都看作是有个别差异的独特个体,儿童的发展水平虽然有所不同,但应竭力为每个儿童提供发展才能的机会。例如,积极开展区域活动,为儿童设立娃娃区、图书区、语言区、视听区、电脑区、积木区、制作区、绘画区、科学区、玩水区、玩沙区等,使儿童可以从自己的兴趣爱好出发,自由参加某个区的活动,发展个性品质。同时,在每个活动区中,教师还为儿童准备不同的活动材料,以适应儿童的发展水平。例如,在图书区中,教师提供了各种阅读材料,儿童可以按照自己的阅读兴趣、水平,加以选择,以提高阅读能力。

（二）为儿童提供全面发展的机会

教师为儿童提供广泛的材料、经验,刺激儿童的好奇心,鼓励儿童探索环境,大胆想象、创造、表现,促进身心的全面发展。儿童经常从事的活动有科学、故事和诗歌、音乐和律动、戏剧、数学、创造、建构、设计和技术、玩沙和玩水、多用途的操作材料、烹饪等。在丰富多彩的活动中,儿童增长了见识,发展了才能,获得了体力、认知、情感、社会性、审美各方面的知识经验和技能技巧。例如,在科学活动中,教师注意让儿童习得关于向日葵的全部知识,从选种开始,观察它的整个生长过程,直至成熟后的形状,通过说讲、绘画、唱跳、数数等各种活动,加深对向日葵的全面认识。

英国一所幼儿园的科学区环境

英国一所幼儿园的木工区环境

英国一所幼儿园的家庭区环境

英国一所幼儿园的玩水区环境　　　　　英国一所幼儿园的操作区环境

（三）对儿童进行综合教育

在对儿童进行教育时，强调把各方面的内容和各种手段有机地结合起来，实行主题教育，注重教育的整体性和综合性，以提高儿童的学习效率。例如，为了帮助儿童掌握有关动植物方面的知识，在探索活动中，教师要求儿童仔细观察各种动物、植物；在语言活动中，要求儿童彼此交流自己的观察结果，掌握动物、植物的名称；在体育活动中，要求儿童模仿动物的动作、植物的形态；在美工活动中，要求儿童制作动物模型、植物招贴画；在创造活动中，要求儿童大胆想象、自由创造。再如，在教儿童认识数概念时，教师和儿童一起收集废旧物品，开展分类、配对、排序、测量等活动，一同念儿歌、唱歌、折纸、剪贴、绘画、烤制点心、玩建筑游戏等。

（四）游戏是儿童最基本的活动

儿童的学习是以游戏为基础的，高质量的学前教育是建立在游戏之上的，游戏应成为每日活动中的一种基本活动，而不应一味地强调为小学学习作好准备，减少儿童的游戏时间，以免剥夺儿童最有价值、最适当的学习体验和童年的欢乐。英国研究人员通过对全国学前教育机构 4 岁儿童的调查，发现许多儿童患有"紧握铅笔综合征"，感到手臂、脖子酸痛，觉得学习枯燥乏味，且无所收获。儿童对过于忙碌而没有时间玩耍的生活很不满意，抱怨被成人逼得太紧，活得太苦太累；生活似乎是只学习而不玩耍，学校和家庭施加的取得优异成绩的压力，令他们难受、忧虑；即使在玩耍时也常被成人打断，要求他们"继续学习"，坐下来反复做各种练习题；被迫去学习芭蕾、艺术课程，尽管他们真正需要得到的是"放松"。

此外，教育家还提出成功的游戏不是完全自发的、无组织的活动，而是需要教师去精

比较学前教育

心准备游戏环境、材料、设备，丰富儿童的经验，参与、评论儿童的游戏，鼓励儿童自己发现问题、解决问题。关于教师应如何为儿童提供游戏材料、指导儿童的游戏，随着脑部构造理论的发展，现在也有了新的认识。许多研究人员提出：男性在空间思维能力测验中占据优势是源于孩提时期的游戏定式，经常玩积木、卡车、火车的孩子比那些经常玩娃娃、过家家的孩子更可能提高空间思维能力；女孩式的玩法使得儿童能更好地发展语言技巧。

（五）通过音乐活动提升儿童的创造性

英国研究人员指出，从儿童 3 岁开始教授莫扎特或贝多芬的音乐，能有效地提高儿童的学习成绩；即使每天只弹 10 分钟的钢琴，幼儿智力测试的成绩也会大幅度提高。因为对幼儿进行音乐训练，能使其受到各种刺激，并对刺激作出反应，这就在大脑中建立了暂时神经联系，改进脑上部的"硬线路"，而这个部位与认知能力、创造力有着密切的关系，促使大脑更好地识别空间和时间模式，对提高儿童思维的独创性具有长远的积极影响。所以，在儿童的日常活动中，注意利用音乐来对儿童进行教育，如当儿童观看起重机工作时，教师和儿童一起唱起重机如何把石头吊起、放下的歌曲；当有外国客人来参观学习时，教师邀请客人给儿童表演歌舞，教儿童唱歌，为儿童演奏乐曲等。

（六）丰富儿童的感性经验

教育者认为最好是让儿童通过直接经验、第一手材料来进行学习，使教育内容与儿童的日常生活、动手活动紧密相联。例如，为了帮助儿童认识沙子、水泥、石头，教师就让儿童观看装卸工是如何卸下这些建筑材料的，鼓励儿童用手去触摸沙子，比较沙子的颜色、形状，拿起石头掂量轻重、比较大小、光滑程度，冲洗石头上的泥土，用水搅拌水泥，和儿童一起砌墙；在此过程中，儿童就了解了沙子、水泥、石头的特性，知道了要按一定的比例掺和建筑材料、进行搅拌，习得水平、垂直、稳固、倒塌等概念，掌握简单的劳动技能。

（七）充分运用多媒体教育手段

为了使儿童学得轻松愉快，取得好的教育效果，注意运用信息技术辅助教学，做到图文声并茂。例如，教儿童认识数字 3 时，电视里播放关于 3 的歌曲，儿童自由自在地跟着唱；画面上时而出现数字 3，时而又出现三只鸭子在河里游泳、三只猴子在树上摘桃子、三辆轿车在高速公路上疾驶。有些班级还备有一台计算机，儿童可任意使用，玩教育游戏，认识字母、数字、几何图形，设计图案、画面，打印自己的作品等。

（八）定期举办大型专题活动

大型专题教育活动对儿童某一方面的发展具有独特的价值，往往是一年进行一次。例如庆丰收大会，有利于培养儿童热爱劳动、珍惜劳动成果的品质；幼儿运动会，有利于激发儿童对体育活动的兴趣，增强儿童的体质。在庆丰收大会上，幼儿既可以从家里带来直接与丰收有关的各种东西，如糖果、水果、面包、蔬菜、罐头，也可以带来间接与丰收有关的东西，如水龙头等浇灌、清洁物品，摆放在桌上，聆听师长的教诲，体验丰收的喜悦。在幼儿运动会上，每个儿童都有机会参加自己感兴趣的项目，如托着乒乓球向前行走，在大草坪上进行比赛；在运动会前夕，还可自愿参加"运动会日程表封面图案设计"的竞赛活动，把自己所画的图案用作运动会日程表的封面。

四、学前教育的师资

保教人员有两种,教师和保育员,他们在不同的机构中受过训练,具有不同的任教资格,在不同的学前教育机构执教,从事不同的工作。

教师的训练是非常正规的,志愿做教师的学生要在高等院校学习4年,学习的课程主要有:教师语言、儿童游戏活动、儿童认知发展、儿童的学习、儿童发展、儿童社会化与情感及道德感的发展、家长工作、教师与他人的合作等;学生除听教师口头讲授以外,还能观看录像、投影、幻灯,参加教育实践活动;得到教育学士学位以后,在学前教育机构试教1年,获得教师资格。

保育员的培训时间相对较短,学生在专科院校学习2年,接受儿童身体保育训练、社会教育、智力开发;参加的教育实践活动时间较多,约占总学时的40%;毕业后在学前教育机构中工作。大多数保育员通过资格考试,得到了证书。

除了职前教育以外,还重视对保教人员的在职提高,鼓励他们到幼教短期培训班中进修,修完学前教育联合会开设的课程,参加各种学前教育会议、学术交流活动;聘请学前教育专家到机构里来,给教师授课,进行现场指导;组织教师外出参观、学习,使教师能根据自己对儿童的理解、对学科知识的认识、对儿童现有能力的了解、对特殊儿童需要的认同,设计出适当的学期计划、月周计划、日计划,提高实际教育能力。

为了使更多的学前教育工作者受到专业教育,提高师资队伍的水平,学者们认为,首先要认识学前教育是一个重要的教育阶段,应为这阶段的儿童提供具有研究生学历的师资;其次,要注意理论联系实际,使教师掌握指导学前教育实践的基本原则;再次,要对教师进行教育教学方法论的培训,以促进儿童的发展和学习;最后,要使教师认识到家长的重要性,学会与家长协作。

五、学前儿童的家庭教育与社会教育

(一) 指导学前儿童的家庭教育

幼儿园和家庭是幼儿教育的两个亲密的伙伴,"教师要同家长建立友好的伙伴关系","与家长相互补充,发挥教育者的作用,而不是相互恐吓"[①];教师要卓有成效地对家庭教育进行指导,就必须了解家长参与学前教育的情况。教育专家C·阿瑟(Athey)和T·布鲁斯(Bruce)把家长参与学前教育的类型划分为5种:(1)家长认识到或试图去扩展孩子的学习;(2)家长在班级热心于和教师一起工作,但他们工作的方式方法与教师不同;(3)家长人在学前教育机构,但心却不在;(4)家长主要是在接送孩子时,与学前教育机构取得联系;(5)家长没有把孩子送到学前教育机构来,或没有寻求同学前教育机构进行

---

① Tima Bruce, Early Childhood Education, Hodder and Stoughton, 1988, p. 108.

联系。

1988 年颁布的教育法，从法律上保证了父母更多地参与学前教育机构的管理和儿童的学习，规定学前教育机构的管理组织中要有父母代表，地方教育机构要为父母提供培训课程，以提高教育儿童的水平。学前教育机构通过以下几种形式对家庭进行指导：

1. 建立父母联系卡片

每位教师往往负责与 10 位家长通过卡片取得联系，上面记录着学前教育机构的教育内容和方法、儿童在各方面的发展情况以及对家长的建议，如学校图书馆有哪些藏书，孩子已阅读了哪些图书，在阅读中存在着什么问题，今天孩子把什么样的图书借回家了，家长在家里应如何指导孩子阅读等，这个卡片往返于教师与家长之间。

2. 创设父母屋

学前教育机构设有父母屋，在这里，教师和父母对儿童教育中的一些热点问题进行交流、讨论，如要不要对孩子说"不"？ 如果需要的话，应如何说"不"？ 传统的偏激教育观——父母要求孩子绝对服从固然不对，但现代的极端教育观——父母让孩子过分自由同样也不正确。在孩子出生几个月以后，父母就应该给孩子设定行为界限；使孩子从父母那里既得到爱、亲昵、友情和理解，也获得失望、愤怒、仇恨和悲伤的感受；当孩子固执地要求去做某件事情时，父母不应让步，否则就会失去控制局势的权利，造就出一个"小暴君"；父母对孩子不能说的是一样，做的却是另一样；父亲和母亲给予孩子的指导必须是相似的；当父母大胆地对孩子说"不"时，还必须说明原因，帮助孩子明理。

3. 设立布告栏

在班级门口或班级的一角设有布告栏，及时把幼儿园的大事向家长公布，或把儿童教育心理专家的科研成果向家长介绍。例如，在布告栏上张贴的内容是"父母与婴儿谈话大有好处"。伦敦语言与听力中心的华德博士等人对 140 名 9 个月大的婴儿进行了比较研究，对一部分孩子的家长提供如何与孩子谈话的指导，而对另一部分孩子的家长则不提供这方面的指导，而是任其自由发展；7 年以后的测试发现：前一组孩子不仅在语言技巧上远远高于后一组孩子，而且在智力平均水平上也如此。研究人员要求父母多与孩子谈话，为孩子语言、智力的发展提供养料。

4. 举办家庭教育讲座

不定期地举办家庭教育讲座，向父母宣讲儿童身心发展的知识，传播家庭教育的措施。例如，为了帮助家长了解孩子"多在傍晚惹是生非"的生理机制及防范举措，讲座时向家长介绍：英国心理学家测试发现，下午 4—9 点钟时，儿童体内与代谢有关的激素分泌活跃，全身肌肉及各种内脏器官的温度达到最高水平，精力、体力、情绪等随之也发生了变化；运动能力的节奏处在最高潮，嗅觉、视觉、触觉最为敏感，自制力最弱，因而容易惹是生非。据此，在傍晚时分，家长应该多关心孩子，和孩子一起下棋、唱歌、做游戏，使孩子的精力能够正常地释放出来，而不要让孩子随意攀爬，以免发生坠、撞等意外事故。

5. 邀请家长参观

每学期开学前，学校不仅向家长发放教育资料，而且还邀请家长前来参观。此外，每学期还有一次"家长日",欢迎家长来参观学校、参与学校的工作。家长们不仅观看儿童展示的作品、表演的节目和劳动的成果,而且还帮助教师照看儿童,组织教育活动,参加义务劳动,和儿童一同游戏,和教师一起评论儿童的发展水平。

6. 成立家长委员会

家长委员会的重要职能是为学校筹款,如通过组织游行、秋季时装表演、夏季家庭迪斯科舞会、万圣节舞会、圣诞欢歌艺会等来募捐、集资。

7. 成立邻里互助小组

教师帮助居住在附近的几个家庭组建成一个小组,鼓励父母相互讨论、交流,总结经验教训,互相支持,共同克服教育困难。

8. 开设各种辅导班

教师利用周末、节假日,长期为周围居民家长办班上课,如幼儿教育班、英语班、法语班、美容班、舞蹈班等。

此外,学前教育机构还通过非正式会谈、定期召开家长专题讨论会、每个月发一封"致家长信"等形式与家长进行交流,形成了一套完整的联系网络。

(二)广泛利用社会教育资源

1. 组织春游活动

教师根据每学期班级活动的主题,选择春游的时间、地点、形式。春游前,教师先去查看,和管理人员商量,列出时程安排表,标明需要儿童观察的动植物、注意的事项等。春游时,教师邀请儿童母亲来协助活动,把儿童分成几个小组,每组大约 5 人,由 1 位母亲负责,带好备用药品;每个儿童有一块画板、一张纸、一份用图表示的观察动物的注意事项,沿途观察窗外景物时,在相应的图案下作上标记;到达春游地点时,如动物园,儿童就用饲养员准备好的饲料去喂各种小动物,抚摸它们,画下它们的外形特征,买点自己喜欢的便宜的纪念品。春游后,儿童回到班级时,大家一起写感谢信感谢别人给予的帮助;通过讲故事、绘画、泥工等活动再现春游的情景。

2. 游玩玩具馆

英国第一所玩具馆是由一位教师和一位母亲共同筹建的,他们把不同的家庭组织起来,使儿童能够交换玩具、扩大玩耍的范围;由于玩具的价格日涨,参与的家庭就集资购买玩具,玩具馆应运而生,并得以传播;1972 年,英国玩具馆联合会的成立加快了玩具馆建设的步伐;今天,英国玩具馆已发展到 1000 多家,备有各式各样的高质量的玩具,如智力玩具、车辆玩具、游戏材料、初级计算机等。

教师鼓励家长充分利用社区中的教育资源,多带领孩子到玩具馆游玩,并和孩子一起玩耍;当孩子和小伙伴挑选玩具时,家长可向玩具馆保管员讨教"如何根据孩子的年龄特征和发展水平选择玩具"等问题,或与其他家长交流育子心得;家长还可把孩子喜欢的玩具借回家玩后再归还。

玩具馆现今已为全国各地的 11 万个家庭提供过服务,给 25 万名儿童带来过欢乐,充分发挥了玩具这种学习工具在儿童成长中的重要作用,增长了儿童的知识,培养了儿童的交往能力,加强了儿童适应学校生活的能力。

此外,社区中还有美术馆、展览馆、科学馆、博物馆等,为 5 岁以下儿童提供了各种各样有趣的服务项目,教师也鼓励家长经常带领孩子去参观,从中学习受益。

第三节　法国的学前教育

法国是世界上学前教育发展最快的国家之一,学前教育的普及率遥遥领先,其特点是主张开展丰富多彩的活动来实现学前教育的目标,重视学前教育师资的培训工作和幼小衔接问题的探索,注意发挥家庭和社区在儿童成长中的作用。

一、学前教育的机构与发展

法国学前教育发展很快,儿童入托入园率极高,早在 1970 年,5 岁儿童的入园率就已达到 100%;1980 年,4 岁儿童的入园率也达到 100%;1989 年,3 岁儿童的入园率达到了 97%,2 岁儿童的入园率也达到 33.7%。[1]

学前教育是法国初等教育的一部分(初等教育包括三个阶段:2—4 岁半;4 岁半—8 岁半;8 岁半—11 岁),虽不是义务教育,但从 1981 年开始,也与小学一样实行免费入学。学前教育机构遍及全国城乡各地,在每 2000 人的社区中,就有一所学前教育机构,既有公立的也有私立的。1992 年,拥有 1.9 万所学前教育机构,受教儿童 255 万名,私立学前教育机构的受教儿童占 12%。

学前教育机构的形式主要有:

1. 幼儿园

每周开放 4 天半(周一、二、四、五及周六上午),每天开放 6 小时(上、下午各 3 小时);幼儿按年龄分班,2—4 岁为小班,4—5 岁为中班,5—6 岁为大班;幼儿定期接受医生对其身体健康状况的检查和心理专家对其心理发展水平的测定;班级规模在不同地区是不同的,在乡镇每班 10—15 人,在城市每班 25—30 人,现在政府正创造条件,减小班级规模,以保证教育质量。

2. 幼儿班

附设在小学,主要招收 3—5 岁儿童,为儿童进入小学作好身心的准备。

3. 托儿所

主要招收 2—5 岁儿童,在对儿童进行保育的同时,也对他们进行文明礼貌等方面的教育。

4. 保育室

为有紧急事情的家长,临时照看学前儿童,解除家长的后顾之忧。

---

① Madame Denise Durif, Early Child Care in France, Yew Chung Education Publishing Company, 1990, p. 198.

5. 流动车

对偏远地区的儿童,利用流动车,实行送教上门,到家服务。

二、学前教育的目标与活动

(一)学前教育的目标与要求

法国学前教育与其他国家有较明显不同的是,它承担着教育、诊断、治疗三种职能,即把社会、卫生、心理三者综合起来。学前教育的目的旨在促进儿童在体力、社会性、智力、艺术能力等方面得到全面和谐的发展,为儿童未来的社会生活作好准备。教育专家 M·杜瑞夫(Durif)认为,学前教育要"使儿童能够与别人和周围世界相互作用,发展儿童的个性","为儿童提供与同伴和朋友一起看电视、做实验、谈话、考虑问题的许多时机,发展儿童的个性和社会性"[①]。学前教育的目标应包括:

锻炼儿童的身体,发展儿童的动作,增强儿童的体力,促进儿童身体的健康发展。

培养儿童自我服务的能力,发展儿童的独立性,提高儿童的交往能力,使其学会关心别人,友爱别人,能与人分享、协商和合作。

激发儿童的求知欲,培养儿童的学习兴趣、学习习惯、探索精神和口语表达能力,为读写算作好准备,发展儿童解决问题的能力和创造力,提高儿童的思维水平,充分发展儿童的各种潜能。

培养儿童的乐感、绘画能力和手工制作能力,发展儿童对美的欣赏能力和表达能力。

增强儿童适应环境的能力,使儿童懂得民主、科学,学会遵纪守法,发展健康的人格,以增进人类的幸福。

如何衡量这些教育目标是否实现?法国专家提出要通过一些具体的指标来检验。例如,巴黎妇幼卫生保健医学研究所霍克尔教授提出,判断儿童的身体是否健康发展,关键要看儿童的体重:在儿童出生后的 3、5、8、12 个月龄时,应各称 1 次体重,1—3 岁时,半年称 1 次,3—7 岁时,每年称 1 次;把每次称的结果记在由儿童年龄与体重构成的坐标图上,再连点成线,并对曲线图的形态和趋势进行分析、评价,如果儿童体重曲线与标准体重曲线平行、向上,则表明这个儿童生长正常、迅速;如果儿童的体重在有规律地增长着,则表明这个儿童在此年龄阶段的身体是健康的;反之,则表明这个儿童生长缓慢,身体不健康。

(二)学前教育的活动与要求

学前教育活动是实施学前教育目标的重要途径,学前教育机构经常开展的活动有:

1. 体育活动

旨在训练儿童走、跑、跳等基本动作,培养儿童机体的平衡性及协调性。例如,通过进行律动,提高儿童动作的协调性;通过表演哑剧,培养儿童身体的表达能力。

---

① Madame Denise Durif, Early Child Care in France, Yew Chung Education Publishing Company, 1990, p. 203.

2. 艺术活动

旨在使儿童运用不同的材料与工具，自由探索，独立创造，发展艺术表现能力和创造力，提高审美能力。比如，通过欣赏大自然的美景，激发儿童对美的向往之情；通过收集艺术品，催发儿童创造美的欲望。

3. 交往活动

旨在帮助儿童获取新概念，丰富词汇量，理解词语，掌握句法，发展口语表达能力，使儿童能恰当地表达自己的思想、情感和需要，积极地与教师、同伴相互交流。例如，通过开展听讲故事的活动，培养儿童倾听和问答的能力；通过表演木偶戏，扩大儿童的词汇，增强语言表达能力；通过角色游戏，培养儿童语言表达的主动性和积极性。

4. 科技活动

旨在帮助儿童了解事物的不同属性、特征，理解事物之间的关系，获得有关科学技术方面的粗浅知识和技能。例如，通过让儿童参加制作、敲打、拼拆、修补等活动，丰富儿童各种建筑材料的知识，学会分类，掌握部分与整体的关系，提高动手动脑能力。

这些教育活动的比例、侧重点在不同的年龄班是不同的，随着儿童年龄的增长，交往活动、特别是科技活动占据着越来越重要的地位；不论开展哪种教育活动，教师都注意利用科学的方法去指导儿童，使儿童在轻松愉快的气氛中习得知识，锻炼技能，发展能力。

三、学前教育的师资与家庭、社会

（一）学前教育的师资培训

学前教育的师资主要由师范学校培养，近几年来，师范大学也发挥着重要的作用。学生中学毕业后，通过考试进入师范院校学习，在校 2 年所修的课程是：哲学、历史、法律、心理学、教育学、教育科学、课程教学法等。学生除了学习教育理论课程以外，还要在师范院校教师和学前教育机构教师的指导下，参加教育实践活动，如到幼儿园见习、实习，学以致用，理论与实践相结合。学生在校学习可带薪，享受教师待遇，毕业后任教，至少从教 10 年。执教期间，教师每年都要接受政府部门的评估定级，每隔 5 年参加 1 次培训。

职前教育和职后教育相互补充，培养了大批从事学前教育的教师，提高了教师的素质和水平。在 1988—1989 学年，全国学前教育工作者（包括园长、教师、助理教师）已有 7.38 万人。1997 年法国总理若斯潘在纪龙德省乌尔坦发表讲话，将教育摆在政府为使法国进入信息社会而制定的行动计划中的核心位置。为此，教育部制定了一项"紧急计划"，投入 6000 万法郎对教师进行培训，以在教育领域推广信息与通讯技术，使所有的教师都能认识到电脑的重要性，利用新技术来实现教育的现代化。

（二）学前儿童的家庭及社会教育

高质量的学前教育是托幼园所教育与家庭教育、社会教育的有机结合。学前教育机构采用以下几种形式，来提高教育质量：

1. 家长委员会

几乎每个学前教育机构都成立了家长委员会，由家长代表及教师组成，每年召开二三次会议,讨论学前教育机构的教育计划、课程设置、环境布置、活动安排等问题,以更好地促进儿童的发展。

2. 参与园教

学前教育机构鼓励家长来此参观、访问,参与、支持幼儿园的教育活动,和教师一起布置活动环境等。

3. 接送交流

教师利用家长接送孩子的时间,主动与之交谈,并引导家长早上送孩子入园时,要把孩子送到班上,并和孩子、小朋友玩一会后再离开;下午接孩子回家时,不是接了就走,而是积极与教师交流情况,以配合教师共同做好教育工作。

4. 参观展览

通过参观活动,帮助儿童学习在幼儿园、家庭都不可能学到的东西。例如,教师、家长把儿童带到巴黎动物园的未来博物馆去,让孩子目睹为 4—12 岁儿童举办的"暴力,该结束了"的游戏性展览:有 4 条游戏线路,每条线路都配有一则法国动物寓言,如群狼争地盘,小鸟抢食小虫子,双峰骆驼取笑单峰骆驼、小猫指责老鼠。儿童手捧玩具沿线路进入迷宫,设法解决上述动物间的争论、矛盾。通过参观,使儿童明白生活中的争执可通过对话、谈判等方法来化解,而不必使用暴力的道理,学会倾听、理解不同意见,宽容别人,帮助别人。

四、学前教育与小学的衔接

长期以来,国家政府一直重视学前教育与小学教育的衔接问题。1975 年颁布了《哈比改革法案》、1989 年发布了《教育法案》、1990 年又出台了《教育法案实施条例》,使幼小衔接工作有了法律依据。法国在解决幼小衔接问题时采取的主要措施是:

(一) 理解儿童的学习阶段

在幼小阶段,儿童的学习可分为三个时期:(1)前学习期,2—4 岁的幼儿园小、中班儿童;(2)基础学习期,幼儿园大班 5 岁儿童和小学一、二年级 6—8 岁儿童;(3)巩固学习期,小学三、四、五年级 8—11 岁儿童。这三个阶段相互区别又相互联系,幼儿园教师和小学教师每周利用 1 个小时的时间,共同探讨处在不同时期儿童发展应有的水平及成人应为儿童创造的条件。

(二) 对教师进行相同的培训

在初等教育机构中任教的教师接受相同的培训,从事学前教育的教师受小学教育方面的培训;同样,从事小学教育的教师也受学前教育方面的培训,他们了解彼此的教育对象、教育内容和教育方法。

(三) 倡导男教师加盟学前教育

幼儿园和小学是两个相邻的教育阶段,小学里男教师所占的比例高于幼儿园,鼓励男性进入幼儿园任教,以便为幼儿提供性别构成比例相似的教育者,减少过渡的坡度。

（四）监督管理统一起来

初等教育的视导员、教育顾问具有幼小两个教育阶段的教育理论和实际经验，能把幼儿园与小学的监督视导工作合在一起，进行系统管理。

五、学前教育的未来

1999 年，国民教育部长克洛德·阿莱格尔在教育改革讨论会上指出，学校的目的是使儿童获得最大的成功，让所有的儿童在接受文化和接触开放的世界方面拥有平等的机会，提出在 21 世纪，学校应遵循三条基本原则：(1)改革教学大纲：重视基础教育，把重点放在语言教育上，使口语与读写算并举；给有特殊困难的儿童更多的帮助；加强对儿童进行公民道德教育。(2)平衡教学时间：重视外语启蒙教育、艺术活动、体育活动、接触新技术以及进行科学实验；在教学日的下午，轮流进行各种教育活动，使每个儿童都有机会全面展示个人的才能。(3)增强教师作用：教师不仅在课堂上传道、授业、解惑，而且还要在课外活动中发挥出应有的作用，如成为学校乐队的独奏者、指挥者；既要与同事紧密配合，也要把校外工作人员的积极性调动起来。

教育家提出法国的学前教育将朝着以下几个方向发展：(1)为儿童设计多元文化教育的课程，使儿童在了解自己国家文化的基础上，能认识、尊重、接受外国同伴的文化。(2)为儿童创设良好的环境，使儿童有更多机会与人、与物相互作用，增长知识经验，增强认知技能，发展交际能力。(3)深入研究儿童计算机教育问题，更好地了解儿童学习的过程与方式，挖掘儿童的潜力，为今后的学习作好准备。(4)广泛开展学前儿童家庭教育问题的研究，实事求是地分析家长的教育目的、教育期望、教育态度、教育行为与儿童发展之间的关系，提高家长的教育能力，使园所教育和家庭教育能步调一致，促进儿童的成长。(5)重视研究残缺儿童的教育问题，注意调动社会各界力量，促进残缺儿童在原有水平上得到发展。

第四节　德国的学前教育

德国是 19 世纪西方学前教育的发源地，学前教育的历史源远流长，婴儿教育日益受到重视，幼儿教育取得了巨大的成就；学前教育机构种类繁多，通过各种活动来完成学前教育的任务，通过各种渠道培养学前儿童的教师；强调对学前儿童的家庭教育进行资助和指导，重视学前教育与小学教育的衔接。

一、学前教育的机构

1986 年德意志联邦共和国 0—3 岁儿童受教率为 1.7％，汉堡则为 10％；1990 年，幼儿教育机构近 2.9 万所，教师 8.5 万人，入园儿童 175.6 万人，其中在私立幼教机构里的儿童占 67％。为了扩大学前教育对象、提高学前教育质量，1993 年德国联邦议会规定，从

1996 年起,3—6 岁儿童入园将获法律保障。此后,各地政府大力发展学前教育事业,入园儿童数猛增到 30 万人以上,3—6 岁儿童的班级规模约在 25 人左右,3 岁以下儿童的班级规模控制在 15 人以下,每班 1 个教养员、1 个保育员,儿童入托入园费用与父母的收入直接挂钩。统一后的德国,东西部学前教育机构有很大的差异,西部以半托为主,东部以全托为主;西部学前教育机构不能满足家长的需要,东部学前教育机构则因过剩而被迫关闭一些。

对 0—6 岁学前儿童实施教育的机构主要是幼儿园、日间托儿所、婴儿中心、游戏小组、父母儿童小组、儿童家庭保育等,它们往往由不同的组织和个人(如行政当局、慈善团体、宗教组织、商业集团和私人)创办,具有不同的办园内容、形式、规模、对象、重点、特点和公立、私立之别。例如,在一个教会办的幼儿园里,由 1 位园长、8 位保教人员、4 个班级、100 名儿童组成;班级的名称新颖别致,如"星星班"、"月亮班"、"太阳班"、婴儿班等;每班有 1 位教养员和 1 位保育员,幼儿混合年龄编班,以培养个性和社会性;儿童每天在园时间为上午 8:00—12:00,下午 2:00—4:00,年龄小的幼儿在园吃午饭,根据家长的需要可适当延长儿童在园的时间。再如,在汉堡著名的儿童发展研究所所长弗洛博士创办的体育托儿所里,招收 1.5—4 周岁的儿童,通过进行荡秋千、体操、乒乓球、足球等特别设计的体育活动,促进儿童的生长发育,激发儿童对运动的兴趣,培养儿童的自信心,使儿童变得更健康,也更加聪明。这类托儿所是对传统教育观的一种挑战,越来越受到人们的关注。

这些学前教育机构有的重教轻保,有的重保轻教,有的则保教并重;既招收正常儿童,也接纳残缺儿童,实行综合教育。比如,把 3 个残缺幼儿和 12 个正常幼儿编成一个固定的小组,让他们长期共同活动,或把残缺幼儿和正常幼儿临时编在一组,每天一起活动几个小时。

二、学前教育的任务与活动

学前教育的目标不仅是为儿童进入小学作好准备,而且还要培养儿童的创造能力。德国北威州的《幼儿教育法》明确规定,"幼儿园不是学校,不应该系统地向幼儿介绍一定的知识,读写算这些知识应留给学校去做",学前教育专家迪克·施韦尔特强调要"把培养儿童的创造能力作为学前教育的目标"。

学前教育的任务是:(1)照顾好每个儿童的生活,向儿童介绍身体的基本知识,促进儿童身体的生长;(2)激发儿童的好奇心,给儿童提供接触社会的机会,帮助儿童认识客观世界、熟悉周围生活;(3)培养儿童的主动性和独立性,发展儿童的思维能力和表现能力;(4)丰富儿童的想象力,支持儿童的发明创造。

为了完成学前教育的任务,德国学前教育工作者开展了以下一些教育活动:

1. 游戏活动

游戏在学前教育机构中占有中心地位,强调在开放的游戏活动中,对儿童进行教育。

许多教师、特别是福禄培尔教育思想的追随者认为,儿童这棵"幼苗",有自己成长发展的规律,半日、一日活动的安排要适合儿童发展的需要,以游戏为基本活动,寓教育于游戏之中。例如,上午 8:00—10:00,让儿童进行自由游戏,如桌面游戏、建筑游戏、角色游戏;10:00—11:00,让儿童开展室内外游戏,如体育游戏、手工、绘画或看图说话;11:00—12:00,让儿童进行散步、自由游戏等。[①] 此外,还要为儿童提供"恩物"等游戏材料,使儿童能有机会参加结构游戏、运动游戏、音乐游戏、手指游戏、智力游戏等各种各样的游戏,从中获得全面发展。

2. 主题活动

严格的分科教育会限制儿童知识的获得和思维的发展,所以,学前教育机构经常设计一些主题教育活动计划,实行单元教育。比如,以社会常识为主题,开展"我"、"我的家庭"、"我的幼儿园"、"我的社区"、"我的祖国"等系列活动,以季节为主题,展开认识四季"春"、"夏"、"秋"、"冬"的活动,以节日为主题,围绕"圣诞节"、"复活节"、"父亲节"、"母亲节"等组织教育活动。这样既可帮助儿童掌握一定学科的技能技巧,又能发挥儿童学习的积极性。

3. 区域活动

教师不仅要为儿童创设良好的环境,而且还要为儿童安排合理的活动区,使儿童能够根据自己的喜好,选择活动区进行活动。常见的室内活动区有娃娃角、建筑角、手工角、音乐角、绘画角、计算角、植物角、图书角等,户外活动区有体育角、玩沙角、玩水角等。此外,还注意为各个活动区提供多种材料,让儿童充分活动,尽情享用。例如,在体育角有小木屋、木制攀登架、旧轮胎制成的秋千、滑梯;在玩沙角,儿童能够利用大沙池,挖山洞,修水渠,造山坡,建别墅,植花草等。

4. 社会活动

强调要利用大自然、大社会来对儿童进行教育,激发儿童学习的兴趣,丰富儿童的社会知识,发展儿童的社交技能,使儿童将来能更好地适应社会的需要。许多学前教育机构经常组织儿童到草场、森林、山丘、河畔去采集花草、枝叶与果实、郊游、野餐,使儿童能饱览大自然的美景。另外,还强调要尊重儿童的年龄特点、个性特征、学习经验和家庭文化,倡导父母、邻居、社会人士都来参与学前教育,为儿童提供与各种人打交道的机会,提高儿童的社交能力。这种立足现在、着眼于未来的社会活动,在各种教育活动中所占的比例越来越大。

5. 训练活动

强调要根据儿童身心发展的特点,为儿童提供材料、组织活动,以训练儿童的心理机能和身体技能,发展儿童的智力,提高儿童的能力,为入小学作好各种准备。由于这种活动较为轻视儿童的自我价值,加之学前教育实践证明它对儿童智力发展上的积极效果只

---

① Arnulf Hopf, Preschool Education in German, Garland Publishing, 1992, p. 217.

是短暂的，因而受到了一些学前教育专家的批评与指责，所占的比例日渐减少。

除此以外，还有一些教师、特别是蒙台梭利学前教育思想的信奉者提出，学前教育任务的完成要通过构建良好的环境来进行。在创造环境的过程中，要以儿童为中心，注意观察儿童、了解儿童，尊重儿童的想法，认识到儿童有自我教育的能力，承认儿童的个体差异。所创造的环境，要使儿童有机会进行感官活动、操作活动、探索活动、发现活动，以培养儿童的独立性，发展其潜在能力。

三、学前教育的师资

学前教育工作者任职资格的获得是通过多种途径来实现的，培养学前儿童教师的机构主要是：

（一）技术学院

在培养学前儿童的教师中，技术学院担负着重要的任务，据统计，1982年51.6％的学前教师是从此毕业的。未来的教师中学或职业学校毕业后，获得一年以上的工作经验，再在技术学院进修3年。前两年主要学习体育、德语、社会学、宗教教育、卫生保健、心理学、教育学、教学理论与方法、儿童文学、美术、手工、音乐、律动、游戏等教育理论性较强的课程，后一年要参加学前教育实践活动。为了提高学前教师的培训质量，在课程建设中，非常重视学前教育理论与实践的紧密结合。

（二）大学

从大学毕业的学前教师所占的比例较小，在1982年约为1.6％。这些大学生在校的前三年，主要是学习学前教育基本理论，进行深入的专题研究；后一年需参加学前教育实践活动。大学毕业后往往都在规模较大的学前教育机构中执教、担任行政领导等要职。

（三）培训学院

主要培养学前教师助手，1982年约有15.5％的教师助手受过培训学院的教育。培训学院的培训时间灵活多样，根据具体情况，对学生进行1—3年的培训，毕业后在学前教育机构担当教师的助手一职。

此外，还通过其他一些形式来培养保教工作者。在重视对未来的教师进行职前教育的同时，还强调教师的在职进修，以提高师资队伍水平，增强教师的适应能力。早在1982年，受过各类职前教育、拥有相应资格证书的保教工作者已占73.5％，另有15.2％的人接受在职培训。①

四、学前儿童家庭教育的援助与研究

家庭在儿童的成长发展中具有举足轻重的作用，学前教育机构是协助家庭对儿童进行教育的场所，政府部门、团体组织、出版界、教育专家、社会热心人士都以不同的形式资

---

① Arnulf Hopf，Preschool Education in German，Garland Publishing，1992，p. 220.

助、扶持学前儿童的家庭教育。

（一）推行婴儿读书计划

1995年，慕尼黑市政府在市内推行了一项婴儿培育和发展的试验计划，免费向9个月大的婴儿赠送一个礼物包，包中有1本故事书、1本童话诗和1个婴儿图书证，以鼓励父母给婴儿讲故事，陪婴儿看图书，并到指定的国家婴儿图书馆借阅有关培育婴儿方面的书。此计划得到了青年父母和儿童教育工作者的广泛响应。1998年，慕尼黑大学医学研究所通过研究指出，在婴儿时期开始接触书本，不但能提高儿童的听说、写作能力，而且还能减少儿童在成长过程中所产生的违法乱纪行为，降低少年犯罪率。现在德国其他地区和市镇纷纷实行婴儿读书计划，使孩子从婴儿时期开始就喜爱看书，增强未来的听写能力和遵纪守法的自觉性。

（二）开展父母教育活动

为了提高家庭教育的质量，一些团体组织包括卫生机构和慈善机构还通过开展父母教育活动，向父母传授教育子女的科学知识，培养父母教育子女的能力。例如，先给年轻的父母讲解"爱抚能使宝宝机灵健康"的道理：轻柔的充满爱意的抚摸、按摩婴儿，如同饮食一样重要，会唤起孩子全部的感官机能，使孩子浑身轻松、胃口更佳、睡得更香，提高孩子的智力和健康水平；再把爱抚孩子的方法教给父母：将婴儿置于安静舒适的房间里、裸体躺在暖和柔软的被褥上，每天按摩15分钟，按摩前双手抹上滋润油，多次从头到脚抚摸婴儿背部、轻拍婴儿小屁股，按摩婴儿脚关节、脚掌，轻拉婴儿每个脚趾，抚摸孩子胸部，轻轻按摩孩子脑袋等。

（三）实施家庭助手计划

慈善机构、社区青年服务部把经过培训的社会工作者组织起来，分派到一些特殊家庭去工作，每周义务服务5—10个小时，给儿童父母以具体指导，帮助他们解决家庭及教育中的疑难杂症，使他们能在1—2年的时间内学会自救、自助，以提高家庭生活水准和教养质量。1999年基尔大学营养与饮食研究所教授詹姆斯·米勒在德国营养学大会上指出：今天5—7岁儿童与25年前同一年龄段的儿童相比，平均身高只增长了3％，而体重却增加了13％—14％，肥胖儿童正在大幅度增加，比例高达60％，约有1/4的儿童过胖、1/10的儿童严重超重；造成儿童肥胖的原因除了缺乏运动和营养过剩以外，还与社会文化、经济制度、父母受教育水平及收入、家庭居住环境等因素有关。例如，小学文化水平的父母比中学文化程度的父母更易使孩子多吃炸土豆条和比萨饼；家长受教育水平越高，让孩子多吃蔬菜和水果的可能性越大。帮助家长从小培养孩子良好的饮食习惯、预防儿童肥胖已成为家庭助手计划的一个重要组成部分。

（四）补贴家庭教育金额

按照家庭的经济条件和子女数量，联邦政府对特困家庭进行资助，发放教育津贴。1990年以后，政府改革了教育津贴的发放办法：每年上半年，每个儿童都能得到600马克的补助；下半年，则根据父母的实际收入来决定补助金额。政府的大力支持，使许多经济状况较差的家庭能够满足孩子的生活及教育需求。

（五）组织家庭互助活动

自 1987 年开始，父母们就自发组织起来，在家庭之间开展互帮互助的活动，到 1990 年，已在全国范围内建成了一个规模庞大的家庭互助联网系统，把各种不同的机构（比如，儿童中心、儿童保育、儿童急救护理、亲子游戏小组、父母儿童之家、父母儿童协会、单亲父母小组等）全部协调起来，共同为儿童生存发展提供优质服务。

（六）研究儿童消费问题

自 1993 年以来，海因里希·鲍尔出版社与阿克塞尔·施普林格出版社、巴斯泰出版社受托每年公布一次儿童消费情况。1999 年，伊法克研究所、马普兰研究所和梅迪安研究所对儿童的消费行为进行了调查，共询问了 2170 名儿童及家长，结果发现：儿童储蓄额在减少；989 万名 6—17 岁儿童的银行存款，由 1998 年的 195 亿马克减少到 1999 年的179 亿马克，这不是由父母、亲戚变得小气、减少零花钱和现金礼物造成的，而是儿童把零花钱和现金用来购买电子游戏机、手机、计算机附件、软件、音乐光盘以及体育设备、名牌服装等导致的。儿童拥有的财力使他们成为重要的消费者。另外，他们还对父母的消费决定产生越来越大的影响。现有 20% 的父母承认在选择新的小汽车时也让孩子发表意见。如何引导家庭消费、如何培养孩子正确的消费观念已成为德国学前教育工作者面临的紧迫问题。

（七）探讨儿童理想教育

儿童的理想是什么？他们长大了想干什么？慕尼黑青少年研究所 1999 年夏天调查了全德 1000 名 6—14 岁儿童，结果发现，对男孩最具吸引力的职业是足球运动员，有14.5% 的男孩希望能像比尔霍夫、马特乌斯那样从事足球这个理想的职业，这一比例是 5 年前的两倍，排在此后的依次是警察、飞行员和汽车工程师；女孩中有 1/4 以上的人乐意做兽医、医生或护士，少数人想成为教师、女警和动物管理员，极少数人梦想成为明星、模特和演员。可见，男孩希望成为英雄的愿望更强烈，而女孩的现实意识则更突出。专家们呼吁家长要重视儿童的理想教育，使他们将来都能成为国家的有用人才。

五、学前教育与小学教育的衔接

德国宪法指出"整个教育过程处于国家监督之下"，每个儿童，无论其出身和经济条件如何，"都有根据其智力情况接受教育的权利"。为了使学前教育能更好地为基础教育服务，提高儿童的智力发展水平，德国十分重视学前教育与小学教育的衔接。

学前教育专家们通过研究发现：约有 30% 的学前儿童进入小学以后出现厌恶学习、恐惧教师、攻击行为增多等现象；提出：要从根本上解决儿童的不适应问题，就要从以下几个方面着手：

（一）在教师的要求上

儿童在幼儿园时，教师对他们的要求与期望较少、较低；入学以后，教师对他们的要求与期望较多、较高，教师应帮助儿童减轻压力。

（二）在学习方式上

儿童在幼儿园主要是通过游戏、探索、发现来进行学习的，在小学时主要是通过教师的讲解、演示、操作来进行学习的，教师应给儿童留下一段适应的时间。

（三）在行为规范上

儿童的一些要求在幼儿园时被认为是正当的，在小学里则不然，教师要帮助儿童学会正确地认识自己，把自己融入集体之中，用理智和规则来控制自己的行为。

（四）在同伴关系上

儿童在幼儿园时结交的伙伴，在小学时可能已分离，教师要帮助儿童尽快建立新的朋友关系，确立在集体中的地位。

（五）在时间分配上

儿童在幼儿园时，可以有许多时间游戏、看电视，进入小学以后，则要把大量时间花费在学业上，教师要指导儿童合理安排学习时间，使儿童取得成功。

（六）在学习环境上

儿童在幼儿园的学习环境较为自由、活泼，在小学的学习环境则拘谨、呆板，由教师控制，要做作业，教师要帮助儿童适应新环境，以免儿童出现学习障碍。

第五节　芬兰的学前教育

芬兰是北欧第一个对学前儿童进行教育的国家，学前教育是对 6 岁以下儿童进行的有目的、有计划的教育教学活动，为儿童进入小学作好准备。学前儿童的教育费用过去是由国家、地方和家庭共同担负的（国家和地方均承担 42％，家庭只需承担 16％），现在的趋向是由国家和地方财政支付，家长往往不必交费（孩子入托入园时，家长填写申请表，附上收入及纳税证明，由市政当局决定是否收费、收费多少）。学前教育的机构有家庭日托等，实施学前教育的目标主要是通过游戏活动来进行的，重视利用信息技术为学前教育事业的发展服务。

一、学前教育的机构

学前教育机构的发展较为迅速，据统计，1973 年，全国只有 5.1 万所各种形式的学前教育机构，1988 年，已发展到 20 万所。从 2001 年开始，芬兰政府对 6 岁儿童实行免费的学前一年教育（即免除课本、学习材料、手工材料和午餐等费用），到 2003 年，已有 96％的 6 岁儿童接受了这种教育。[①] 学前教育机构多设在居民生活区，便于家长接送，其形式主要有以下几种：

（一）日托中心

有全日制和半日制两种：全日制，每天开放 8—10 个小时；半日制，每天开放 4—5 个

---

① http://news.sohu.com，2009 年 8 月 20 日。

小时。如果父母中有一方不工作也不上大学,其子女只能享受半日制,即从上午8点至下午1点。儿童在园的时间不同,师幼比率也不同:全日制多为1:7,半日制多为1:10。

此外,在不同的年龄班,班级规模、师幼比率也不同:在1—2岁儿童班中,有12名儿童、1个教师和2个保育员,师幼比约为1:4;在3—6岁儿童班里,有20名儿童、2个教师和1个保育员,师幼比约为1:7。班级用水果、蔬菜来命名,如"红草莓"班。今天,日托中心更加重视为儿童提供良好的生活环境(不仅有宽敞明亮、整洁干净的活动室,而且还有便于放置衣帽、鞋子的大厅,以及备有手巾、牙刷的盥洗室)和营养丰富的餐点(每天早餐有牛奶、面包、饼干和新鲜水果;午餐有鱼、肉、鸡和新鲜蔬菜,西红柿、黄瓜大都生吃)。

(二)家庭日托

有公立与私立之分、全日制与部分时间之别。招收各种年龄的学前儿童,以3岁以下儿童为主。1988年,公立的家庭日托有4万所,服务于9万名儿童。政府要求保教工作者,必须进修过国家规定的学前教育专业课程,有合适的个性特征和工作经验;在家庭中最多只能照看4名7岁以下的儿童(包括自己孩子在内)。近几年,家庭日托又发生了新的变化,派生出另外两种形式:2—3个家庭联合起来向政府租用1名保教人员,轮流在这几个家庭中施教,儿童总数不超过4人;2—3名保教人员在政府监督管理下,共同为几个儿童实施教育。

(三)游戏小组

儿童以游戏小组的形式,每周在游戏俱乐部或游戏场所、玩具图书馆等地活动2次,每次3小时。据统计,1988年,在6000个游戏俱乐部中,约有10万名儿童来此活动;在2000个游戏场所中,有3万名儿童来此游戏。此外,来玩具图书馆玩耍的儿童也很多。这三种机构有公立的也有私立的;有单独设置,也有合在一起的。

(四)学前班

专门为6岁儿童设立,实行学前1年教育,主要是为儿童入学做准备工作。

(五)流动幼儿园

多为半日制,每天开放4小时,主要是为人口稀少地区的6岁儿童服务的,以使更多的儿童能享受学前教育。

(六)特殊教育中心

设立此类机构的目的是为有特别需要的学前儿童服务,旨在及早诊断,及时治疗。儿童保教专家、中心的教师和父母共同协作,制订儿童康复训练计划。这种学前教育机构创建于20世纪50年代,把耳聋儿童、大脑障碍儿童、情感危机儿童、语言缺陷儿童等作为教育的对象。70年代,日托法案的公布,改变了特殊儿童的境遇,人们开始认识到特殊儿童能和正常儿童一样参加教育活动,获得较好的发展。90年代这种机构虽然还存在,但逐渐被综合教育机构所取代:把特殊儿童和正常儿童放在一起进行教育,每个班级最多只能有2名特殊儿童。

众多的学前教育机构分别由不同的部门管理,如日托中心归社会福利部、卫生部管理,而学前班则归国家普通教育处管理。学前教育工作者上岗前受过专业培训,培训的时间已从过去的 1—2 年发展为今天的 3 年,重视教育实践活动和教师的在职进修提高。

二、学前教育的实施

学前教育的目标是:(1)充分发挥家庭在儿童教育中的作用,和家庭密切合作,共同促进儿童个性成长和身心的全面发展;(2)给儿童创造良好的环境,支持儿童的各种活动,使儿童感受到安全、温暖和爱;(3)以儿童的需要、家庭的文化传统、父母的宗教信仰为基础,促进儿童在身体、社会性、情感、艺术、智力、道德、宗教上的发展;(4)增强儿童的责任感,培养儿童热爱和平、关心环境的精神;(5)培养抵抗寒冷的能力和意志,使儿童能较好地适应这个除冰岛以外世界上最冷的国家的环境。

通过制定教育计划来达到学前教育的目标。制定的教育计划主要有两种:(1)学年教育计划:教师以每个儿童的兴趣爱好、已有的知识经验、特殊才能、家庭背景和班级儿童数、社区环境为基础,来设计长远教育计划;(2)日常教育计划:教师以每个儿童现有的发展水平和心理需要为基础,来设计每日活动计划。[①]

为了实现这些教育计划,教师开辟了各种兴趣活动中心,为儿童创造进行多种活动的条件。游戏活动是一种最重要的活动,学前教育专家要求教师发挥指导作用,从以下几个方面为儿童构建高质量的游戏环境:(1)游戏场地要宽窄并举,使儿童根据自己的需要,既能开展小规模的游戏活动,也能进行规模较大的游戏活动;(2)游戏环境要丰富美观,不仅要有坡地与草坪、柱子与角落,而且还要有漂亮的布娃娃和小马车;(3)游戏材料要多样适宜,既有沙、水、石头、彩纸、毛线、剪刀等小物件,也有反映传统文化和今天生活的大玩具,例如,为 12 名儿童准备 40—50 把剪刀;(4)游戏时间要充足,不仅能进行时间短暂的规则游戏、教学游戏,而且还要能进行耗时较多的功能游戏、建筑游戏和角色游戏,并注意室内外游戏相结合。例如,每天上下午儿童各有 1 小时的户外游戏活动时间,下雨下雪时也出来玩耍,堆雪、溜冰、踢球等。

此外,教学活动(如上课)、手工活动(如纸工泥工)、艺术活动(如唱歌跳舞)、阅读活动(如看图书)、交际活动、情景活动(自己化装、穿戴民族服装)、庆祝活动(如欢庆节日)、旅行活动等也对儿童的发展有着独特的作用,应与游戏活动相互补充。例如,大班儿童每星期有 1 节数学课,学习 10 以内的加减法;父亲节时,儿童穿上白大褂,戴上白帽子,自己制烤面包,招待父亲;母亲节时,儿童把自己栽种的花带回家送给妈妈;芬兰独立纪念日时,教师就和儿童一起制作芬兰国旗。

三、学前教育的信息时代

信息技术对学前教育既有积极的影响,也有消极的影响,如何利用信息技术为学前儿

① Mikko Ojala and Martti T. Kuikka，Early Childhood Education in Finland，Garland Publishing，1992，p. 193.

童的发展服务,芬兰学者对这一问题进行了前瞻性的研究:

（一）制定教育信息战略,提高教师运用信息技术的能力

1995 年,芬兰政府公布了第一个国家教育信息战略,强调购置设备建立网络;1999 年公布的第二个国家教育信息战略,则强调提高网络的内在质量和使用率;教育部专家小组在 2000—2004 年教育信息战略实施大纲中提出,为了能在 21 世纪初实现全体公民都能够通过信息网络从事多种多样活动的目标,要广泛提高公民的多媒体阅读能力和运用信息技术的能力。该大纲还指出,要建立可以通过网络进行学习的虚拟大学,大力开发数据、电台、电视和无线网络教学,方便教师等克服距离障碍,能够不出家门就可以获得多种形式的远距离学习机会,到 2004 年,至少要使一半以上的教师掌握最先进的信息教学技术。

（二）开发网上语言学校,提供海外儿童学习母语的机会

芬兰语言专家认为,学前儿童母语思维能力会因为长期脱离母语环境,而遭受难以弥补的损失,例如,不能正确地表达概念,因特网芬兰语言虚拟学校便应运而生。于韦斯屈莱大学信息技术学院已开发出名为"远方"的虚拟学校,并在 1999 年秋季开学,每周提供 1 小时的即时语音和画面教学,包括语法、习惯用语、口语、书面语言和对话表达能力等方面,首批受益者是在泰国工作的芬兰公司职员的年幼孩子。

（三）合理使用电脑,防止儿童发展上出现偏差和失误

心理学家的研究表明,年幼儿童单独与电脑长时间地相处,会阻碍他们思维和情感的正常发展,具体表现为:(1)儿童过早地与电脑相处,会在情感上过分地眷恋和依赖电脑的信号世界,以至于制约独立生活能力的形成;(2)儿童长时间地与电脑打交道,会使儿童形成的基本思维与电脑的"符号式思维"相同,即零碎的符号式机器思维将代替人的逻辑思维,而妨碍经验的获取、词汇和语言能力的提高;(3)儿童只与电脑相处,而不与人交流,不利于儿童建立良好的人际关系,掌握正确的道德观念和行为规范;(4)儿童只习惯于使用电脑来代替活的记忆,容易使儿童的大脑功能异化,成为智能机器。儿童适应能力很强,对自己所处的环境很快形成一种心理状态,教师和父母应经常陪同儿童使用电脑,并给予适当的引导,以保证儿童的健康发展。

第六节　瑞典的学前教育

瑞典学前教育机构的多样化特征十分明显,强调对儿童进行混合年龄编班,主张通过主题教育等措施来实现学前教育的目标,重视学前特殊儿童的教育和师资培训工作,利用多种渠道筹集资金,发展学前教育事业。

一、学前教育的机构与形式

学前教育是为 0—6 岁儿童服务的,学前儿童有 68.8 万人,约占总人口的 8%。随着年幼儿童母亲外出工作的日益增多(例如,1965 年有 27% 的学前儿童母亲受雇,到 1985

年上升为80％)、国家法律的完善(规定每个1.5岁以上的儿童,都必须在学前教育机构中接受保教),学前教育机构的形式也呈现日益多样化的趋势:

(一) 日托中心

招收0—6岁儿童,是学前教育机构的主体,如1985年接纳了19万名儿童,占学前儿童总数的28％。过去是按照儿童的年龄来编班,现在则是对儿童进行混合年龄编班。在0—3岁儿童班中,每班有10—12名儿童,2—3个全日制工作的保教人员;在4—6岁儿童班中,每班有15—20名儿童,3—4个全日制工作的保教人员。全年对外开放,每周五天,从星期一至星期五,每天12小时,从上午6:30—下午6:30。

(二) 家庭日托

在家庭中照看0—6岁的儿童,为了保证保育教育质量,政府规定每个家庭接纳的儿童最多4人。这是学前教育的重要机构,据统计,1985年在此接受教养的儿童有11.2万人,占学前儿童总数的16％。

(三) 部分时间托管中心

招收4—6岁、特别是6岁的儿童,实行学前3年、主要是1年教育。据统计,1985年托管了97％的6岁儿童。社会服务法要求全国各地都要设置这种机构,使每个6岁儿童都能享受学前一年的教育。每班儿童不超过20名,由1名教师和1名教师助理负责。每天对外开放3个小时。

(四) 幼儿园

幼儿园种类齐全,既有年托、月托、周托,也有日托、时托、半托、家托,此外还有全托,即全开放的,不收费,父母带着孩子,想什么时候去就什么时候去,由教师安排活动,教儿童唱歌,给儿童讲故事,和儿童一起玩玩具,增加了儿童之间、父母之间的交往频率。例如,在首都斯德哥尔摩有一个名叫"鸟窝"的全开放幼儿园,设在一居民楼的底层,约有100平方米,备有多种玩具,每周一至周五上午开放,届时,儿童、教师、父母一起交谈、做游戏,中午时分,想吃饭的孩子可由父母购买,不想吃饭的孩子可以离园。

(五) 开放学前教育活动中心

学前儿童在父母、保姆的陪伴下,每周来此参加几次活动。这些活动都由教师设计、组织和安排的,父母、保姆通过旁观、参与,能获得关于儿童教育内容、途径和方法的一些知识和技能。这种简便易行、灵活多变的教育形式,深受儿童、父母、保姆的喜爱,目前已发展到690多所。

此外,还有儿童护理中心,主要是对生病在家、住院治疗的儿童给予关心和照顾;公园游戏场所、玩具图书馆、视听辅助机构等也为学前儿童提供保教服务。

二、学前教育的目标与措施

学前教育的目标是为儿童提供一个安全、有益的环境,保证儿童全面和谐的发展:
(1)提高儿童的学习能力,增强儿童的社会性,丰富儿童的情感,促进儿童体力、语言和智力的发展;(2)增长儿童的知识,丰富儿童的经验,使儿童不仅能了解、热爱自己的文化,而且还能尊重、接受外国的文化;(3)帮助儿童理解自己,学会认识周围环境,培养良好的自我意识,建立自信心;(4)全面细致地关心儿童,促进儿童身心的健康成长;(5)培养儿童的民主精神和责任感,提高儿童的合作能力,帮助儿童形成乐于助人的品质,使他们将来能成为一个对社会有用的人。

为了达到这些教育目标,学前教育工作者采取了以下一些措施:

从儿童的生活环境出发,选择教育内容,例如,让儿童认识冰雪。

根据儿童的知识经验、兴趣需要,设计教育活动,比如,滑雪、溜冰、游泳等都富有极强的挑战性,深受儿童的喜爱。安排这些活动,能够锻炼儿童的体魄,增强儿童的体质,培养儿童的探险精神和勇敢品质。

寓教于各种活动之中:日常生活活动、游戏活动、劳动活动、制作活动、发现活动、探索活动、观赏品尝活动、和环境的互动活动等都是教育儿童的良机。例如,教师每天都给儿童提供很多观赏花草树木、品尝新鲜蔬菜水果的时间,帮助儿童获得大量的感性知识,促进感官的发展。

围绕一定的主题,实行综合教育。"我们怎样生活"、"我们吃什么"、"季节"和"节日"等都是教育的主题,教师通过组织语言、戏剧、音乐、艺术、自然常识和社会生活等方面的内容,安排室内外各种活动,来促进儿童的学习和发展。

三、学前特殊儿童的教育

在瑞典学前教育中,特殊儿童包括三种:残疾儿童、患病儿童、移民儿童。

(一)残疾儿童的教育

政府推行对残疾儿童优先施教的政策,给其家庭更多的支持与帮助,以使残疾儿童也能像正常儿童一样成长发展。获得教育优先权的残疾儿童是指那些在身体上有残障、听觉或视觉受到损害的儿童,或是有言语障碍、医疗失误、社会问题、心理问题的儿童,或是智力落后的儿童。如何对残疾儿童进行教育一直受到教育界的关注,通过深入的科学研究,发现把残疾儿童分开单独施教弊多利少,因而倡导把残疾儿童和正常儿童放在一起施教,采取的有效措施有:对普通教师进行特殊教育方面的训练,帮助他们了解特殊儿童的心理,掌握相应的教育方法;缩小班级规模,减少儿童人数,增加教师人数,降低师生比率等。

(二)患病儿童的教育

儿童年幼体弱,抵抗能力、免疫能力较差,容易感染各种疾病。社会服务法规定,生病的儿童可以在家里接受父母或保姆的照料,也可在医院参加由教师组织的类似于学前教育机构中开展的教育活动,这样,就不会因生病而耽误学习。健康和医疗服务法也指出,要给儿童了解自己健康状况、诊断方案及治疗措施的权利,使儿童能配合医务工作者进行治疗,以尽快康复。

(三)移民儿童的教育

瑞典是一个多民族多文化的国家,使用多种语言,如北部居民主要使用芬兰语。据统计,在0—6岁儿童中,移民儿童有2万人,约占总数的3％。随着移民的大量进入,移民儿童的教育问题日显重要。社会服务法规定,要对这些来自不同文化背景、讲不同语言的儿童给予更多的关心,优先施教。一方面,对教师进行双语教育培训,使他们能更好地为外来文化和语言的儿童服务,促进儿童之间的交往;另一方面,在学前教育机构中,为儿童提供多种语言教育机会,让儿童自由选择,每周受训4小时。现在60％的移民儿童已受过母语训练,其中5—6岁移民儿童的受训率更高。

四、学前儿童的教师与父母

学前教育工作者分为教师和教师助理,国家重视对他们进行职前培训和在职教育:在高等教育学院接受2—2.5年教育的学生成为教师,在中等护理学校接受1学期或1年教育的学生成为教师助理;在工作中,教师可自由选择培训形式,每年接受在职21—40课时的岗位教育,教师助理可通过回校再受教育,转为教师。由于认识到儿童人格的健全发展受到教师性别构成的影响,所以,政府支持、鼓励男性公民从事学前教育事业。早在1985年,男性在日托中心就占到4％、在部分时间托管中心占1％,另有9％的园长是男性。现在,男性学前教育工作者的比例仍在上升。

国家的家庭保险系统给父母提供各种各样的优惠政策和经济补偿,因而越来越多的父母宁愿留在家里照看孩子:孩子出生后,父母可请假64个星期,第1年可领9成薪水;孩子1—4岁时,父母可选择部分时间工作,却能得到全日工作的薪水;孩子生病时,父母在1年中可享有60天的时间,在家照料孩子,并得到一定的补偿;孩子4—12岁时,父母1年可有2天的时间,访问孩子所在的学前教育机构,了解孩子的发展情况,参加父母教育活动。学前教育机构是为儿童服务的,所以,应和家庭配合起来,拓宽父母的教育知识与经验,提高父母的教育技能与技巧,鼓励父母参与学前教育方案的设计、实施和评价,共同为儿童营造良好的环境,促进儿童的发展。

五、学前教育的管理与投资

国家各机构重视学前教育,制定了学前教育发展政策和规划:1982年,社会服务法提出要保障儿童学前教育的权利;1985年,政府通过了发展学前教育机构的法案;议会以立法的形式确立了学前教育的目标、设施和经费;健康和社会事业部提出了学前教育发展方案;国家健康和福利会对儿童的健康、福利和教育等问题进行监督和管理,以保证法律和条例的贯彻执行。

中央政府对学前教育的管理是宏观的,只提出发展学前教育的目标、政策和规划,而市、县政府对学前教育的管理则是微观的,需要作出各种有关学前教育发展方面的具体规定和详细要求,逐渐形成了一个合理的调控系统。例如,市政府在法律上负有建立、举办、发展学前教育机构的责任;县政府要对学前教育机构进行审核、评价和指导;中央政府根据各地各机构的具体情况(如学前教育机构的服务时间、儿童人数、保教人员的数量、特殊儿童的数目、所需整修与添加的设备等），给予相应的资助。据统计，1987年，中央政府给市政府的财政补贴达144000瑞典克朗。

表3-1　1987年中央政府给市政府的财政补贴

学前教育机构 / 投资金额	瑞典克朗
日托中心的每个儿童（每天至少7小时）	22000
日托中心的每个儿童（每天4—7小时）	12500
家庭日托的每个儿童（每天至少7小时）	16000
家庭日托的每个儿童（每天4—7小时）	7000
每个开放学前教育活动中心	50000
每10个需要特殊照顾的儿童	7000
每个全日制工作的教师	30000

资料来源：The Swedish Institute，Child Care in Sweden，Betty Po-king Chan，Early Childhood Toward the 21st Century：A Worldwide Perspective，Yew Chung Education Publishing Company，Hong Kong，1990，p. 227.

　　市政府一方面可从国家财政中获得经费，另一方面还可自筹资金，资助学前教育，这是学前教育机构经费的主要来源。据统计，1986年，对日托中心的投资额为43625瑞典克朗，占总数的55％以上（见表3-2）。此外，还通过向家长收费，解决资金短缺问题。开放学前教育活动中心，6岁儿童部分时间托管中心虽然是免费的，但日托中心、家庭日托等学前教育机构，则需要父母为孩子付费。付费的标准由市政府决定，在不同的城市付费的标准虽有所差别，但都与父母收入、家庭子女数量挂钩。一般来说，收入高、子女少的父母交费会多一些，收入低、子女多的父母交费会少一点。

表3-2　1986年中央政府、市政府和父母资助学前教育机构情况

投资者 / 学前教育机构	日托中心（全日）		日托中心（部分时间）	
	瑞典克朗	％	瑞典克朗	％
中央政府	16300	32	7500	27
市政府	27750	54	15875	58
父母	7300	14	4100	15
总计	51350	100	27475	100

资料来源：The Swedish Institute，Child Care in Sweden，Betty Po-king Chan，Early Childhood Toward the 21st Century：A Worldwide Perspective，Yew Chung Education Publishing Company，Hong Kong，1990，p. 227.

　　为了使学前教育的发展建立在雄厚的经济基础之上，政府还通过法律，建立和完善国家投资系统，扩大投资渠道，增加投资数量。

　　20世纪90年代以来，全国各地广泛开展了学前教育的科学研究活动，对300多个课题进行了深入细致的实验研究，如儿童分班标准、特殊儿童教育策略、父母参与学前教育

的方式、幼儿园一日活动的组织等，建立了电脑网络系统，储存、传播国家发展学前教育的纲领性文件和科研成果，促进学前教育的现代化。

第七节　丹麦的学前教育

丹麦托幼机构对学前儿童实行混合年龄编班教育，注意通过文学艺术等活动来促进学前儿童的发展，重视学前特殊儿童的教育，强调政府各部门对学前教育进行管理，学前教育师资的培训工作也得到了应有的关注。

一、学前教育的机构

学前教育的对象是 7 岁以下的儿童，施教的机构主要有以下几种：

（一）托儿所

招收 0—2 岁的儿童，每天对外开放，规模为 30—40 个儿童。20 世纪 80 年代中期以前，儿童是按照年龄进行分班的；80 年代中期以后，实行的是混合年龄编班教育。每班 8—12 名儿童，由 1—2 个教师或教师助理负责。

（二）幼儿园

招收 3—6 岁的儿童，儿童在园时间长短不一，有全日制和部分时间托管。由于认识到按照儿童的年龄来进行分班的各种弊病，所以现在大多是采用混合年龄编班教育，让年长儿童和年幼儿童一起成长。每班 20 个左右的儿童，由 1—2 名教师和 1 名教师助理管理。混龄教育对教师的要求很高，既要为同龄或相似发展水平的儿童组织教育活动，也要为不同年龄或发展水平的儿童安排教育活动。

托儿所和幼儿园有公立和私立之分，在经费的来源上渠道不同，公立托幼园所的经费由政府提供，私立托幼园所的经费则是由父母交纳的，他们根据自己的收入情况为孩子支付相应的费用。例如，高收入的父母须付出一定的费用，而低收入的父母则可不付。托儿所和幼儿园不论是公立的还是私立的，都受到社会事业部的指导、社会安全法的保护。

（三）学前班

招收 5—6 岁的儿童，每天开放 3—4 个小时，每班 22—28 名儿童，由两位教师负责。学前班附设在小学，为儿童提供学前 1—2 年的教育。儿童从进班的第一周开始，就通过不同的形式，和小学一、二年级的同学一起接受教育，直到他们能适应学校的生活为止。艺术创造活动、智力活动，特别是游戏活动在儿童的学习中占有重要的地位。公立的学前班，不需要家长为孩子付费；私立的学前班，家长则需要为孩子交费。国家初等教育条例规定，学前班归教育研究部管理。

另外，私人日托中心、综合年龄小组和青年娱乐中心等机构，也为学前儿童提供保育和教育。

二、学前教育的目标与活动

学前教育的目标是按照儿童身心发展的特点,根据儿童个体成长的需要,构建一个适宜发展的环境,组织保育和教育儿童的活动,促进每个儿童在语言、社会性和个性品质等方面最大限度的发展。

学前教育目标是通过开展以下各种活动来达到的:

1. 各种游戏活动

这是实现学前教育目标的主要活动。教师为儿童准备各种游戏材料、布置游戏环境,儿童根据自己的兴趣、需要,自由选择材料,参加室内外游戏活动,既可以进行绘画、泥塑,也可以进行折纸、木雕。

2. 文学艺术活动

这是实现学前教育目标的特色活动。教师一方面和儿童一起唱歌、跳舞、演奏乐器、表演戏剧、做体操,使儿童有机会去表现自己,发展自己的艺术才能;另一方面,教师还引导儿童看图书、讲故事、倾听、谈话,拓宽儿童的知识面,培养儿童的语言表达能力,提高儿童的交往能力。

3. 日常生活活动

这是实现学前教育目标的基本活动。教师注意通过日常生活来教育儿童,重视寓教于一日活动之中。例如,指导儿童参与制作、准备餐点,做好值日生工作;为儿童提供营养丰富的点心和午餐,保证儿童的睡眠时间,以促进儿童身体的健康成长。

4. 郊游体验活动

这是实现学前教育目标的重要活动。教师根据大多数儿童长期生活在城市而不了解农村、不会领略大自然的美的特点,着手开辟"绿色课堂",组织儿童外出郊游,去体验乡村生活,观赏大自然的美景,以丰富儿童的感性知识,增强儿童的审美能力。

三、学前特殊儿童的教育

在丹麦学前教育中,特殊儿童主要包括两种:一是残疾儿童,另一是移民儿童。

(一) 残疾儿童的教育

教育实践证明,在婴幼儿时期,对残疾儿童进行康复训练和补救教育,能收到良好的效果。为了使占总体 3%—4% 的残疾儿童也能像正常儿童一样,受到适当的教育,获得更好的发展,就必须采取各种措施,实行综合治疗。

首先是国家和地方健康、福利部门重视残疾儿童,支持残疾儿童教育事业的发展,满足残疾儿童父母提出的合理需要。

其次是教育机构鼓励父母同他们保持联系,学会利用学校资源,为自己服务。例如,请诊断心理学家分析孩子身心发展的特点,向教育心理学家讨教如何为孩子创设良好的家庭环境,聘请专职医生定期对孩子进行健康检查等。

再次是教育工作者直接与特殊儿童相互作用,帮助他们成长:特殊教育工作者,采用唇读法、口语训练、言语治疗和音乐律动、体育活动等方法直接刺激和训练特殊儿童；普通教育工作者、儿童父母，在掌握特殊教育的基本知识和技能以后，通过给特殊儿童一些指导和帮助，来间接治疗和教育他们。

最后是把全社会各种力量协调起来，共同为特殊儿童谋利益。政府教育、医疗部门和社会其他部门密切合作，全方位地解决特殊儿童在学前教育机构和家庭中存在的棘手问题。

（二）移民儿童的教育

20 世纪 80 年代以后，随着移民、难民的大量涌入，单一语言和同类文化的丹麦已不复存在，学前教育受到严峻的挑战。为了社会的稳定、移民父母能安心参加工作、移民儿童也能受到应有的教育，政府采取了一系列措施：在学前教育机构中，给移民儿童安排相同国籍讲同种语言的教师和教育辅助人员，以便于沟通、交流；专门为移民儿童培训教师，使教师能了解不同国家的文化，会讲不同国家的语言，提高移民儿童教育的质量。

四、学前教师的培训

为了提高未来教师的素质，全国设立了 20 多所培训学前教师的机构，如幼儿园教师培训学院、幼儿园和娱乐中心教师培训学院等，招收年满 18 岁且符合下列条件的学生：(1)在中小学学习 9 年，毕业成绩合格；(2)通过高等教育入学考试；(3)国外学习证书同样有效。持证人通过丹麦语言考试后，可进入相关的教育机构继续学习深造。学生在校学习 3 年，必修课程有：心理学、教育学、社会学、卫生学、生物学、文学艺术等。此外，学生还可以根据自己的兴趣爱好，选修音乐、律动等课程，特别是在三年级时，学生还能自选主题，进行专题研究。

为了使学生能够深入地了解儿童身心发展的特点，掌握教育儿童的基本规律，学校在加强学生理论修养的同时，还为他们提供了许多教育实践的机会：一、二年级时各有 14 周、13 周的教育实习时间，三年级时，除了集中听课学习 80 课时以外，其余时间全部用在实践活动上，如到各类学前教育机构参观、访问、调查、研究等。

这种注意把教育理论与教育实践相结合的教学模式，为国家培养了大批合格的学前教育工作者。为了进一步提高学前教师的职业素养和专业水平，丹麦还重视对教师进行在职培训，皇家教育学院、地方培训学院和教育机构等都肩负着重任。

五、学前教育的管理

为了提高学前教育的质量，充分发挥学前教育机构、家庭、社会在儿童成长中的作用，政府成立了几个专门机构，对学前教育的各个方面进行调控和管理，加大了学前教育改革的力度。

（一）儿童福利委员会

宣传男女平等的思想，倡导男性参与学前教育机构的保教工作，反对把传统的性别角色模式灌输给年幼的一代;宣扬社会平等的观念,矫正父母的教养态度,减小家庭在教育期望、教育途径等方面的差异;提出家庭生活、住房环境的基本标准,制定托幼园所、儿童教育的方针政策;呼吁重视研究幼小衔接、儿童入学等问题。

(二) 儿童文化委员会

通过调查,发现许多文化因素对儿童的成长有着重要的作用,强调发挥教育的整体功能对儿童施加综合影响,制定出儿童文学作品、图书馆、剧院和电影院的发展规划。丹麦已形成了热爱读书的良好氛围,上到 80 多岁的老人,下到婴幼儿,都可到图书馆借阅激光唱片、图书、录像带、磁带等。不论在什么样的图书馆,如科灵图书馆、阿忽斯图书馆、奥登斯图书馆,五彩缤纷的儿童图书总是占有重要的地位,儿童和成人拥有同等的阅读权利,并可在玩具的陪伴下,进行阅读。

(三) 儿童日常生活委员会

检查儿童的健康状况、家庭和教育机构之间的合作情况。

(四) 文官委员会

协调国家各个部门的力量,开展综合治理活动,确保家庭福利、儿童的健康成长。

第八节 欧洲其他国家的学前教育

意大利、奥地利、比利时、荷兰、西班牙、瑞士、挪威、希腊、马耳他、波兰、捷克、匈牙利、保加利亚、阿尔巴尼亚等国家的学前教育,都从不同侧面表现了欧洲学前教育发展的状况。

一、意大利的学前教育

19 世纪末,出现了学前教育机构。20 世纪 60 年代,国家颁布法律,对学前教育进行控制和管理,提出儿童 3 岁时入园,幼儿园的环境要有利于儿童心理的发展,教师要经过国家培训等。

今天,儿童 6 个月—3 岁时进入托儿所,在所时间为上午 9:00—12:00 或上午 9:00—下午 4:00;儿童 3—6 岁时进入幼儿园,在园时间为上午 8:30—12:30 或上午 8:30—下午 4:30。[1] 地方社团、宗教组织、私人都参与兴办学前教育机构,促进了学前教育事业的发展。1991 年学前教育机构有 27463 所,教师有 103540 人,园所儿童有 1552255 人,在私立学前教育机构中受教的儿童占总数的 29%。1994 年儿童入园率已达到 95%,每班 20 名儿童,2 位教师。师幼比为 1:10。

学前教育的目标是培养儿童的个性,让儿童学习各种各样的技能,认识与感受周围的世界。学前教育的内容主要围绕着以下几个方面来进行:(1)身体和运动;(2)语言和词

---

[1] Caterina Cicogna，The Italian Preschool and Compulsory School System，Garland Publishing，1992，p. 311.

汇；(3)空间关系及顺序和大小，例如，让儿童有制作快餐、打滚、化装的地方；(4)事件、时间和大自然；(5)信息、形式和传播媒介，比如，让儿童把画贴在墙上、窗户上，挂在天花板下；(6)自我与他人，例如，让儿童自己设计艺术创造活动的方案。近几年来，格外重视儿童的自然教育、科学教育、社会教育和生活教育，建立了科学实验中心，向1—6岁儿童及教师、父母开放。

加强教师在职培训，使一半左右的教师得到了提高；过去的保育员已逐渐消失，以合格的教师代之。

二、奥地利的学前教育

学前教育机构是促进入学前儿童个体发展的场所，一方面为家庭服务，补充家庭教育功能的不足，另一方面也为儿童未来的正规教育提供良好的开端，其形式主要有：(1)日托，招收0—3岁儿童；(2)保育中心，招收1—3岁儿童；(3)幼儿园或幼儿学校，招收3—6岁儿童。国家对幼儿学校进行了立法，规定儿童3岁入校，每班有1个教师、30个幼儿；教师通过向幼儿提供多种材料，开展各类游戏，采用小组活动和个别活动相结合的形式，使幼儿在轻松、愉快的环境中学习，获得发展，而不给幼儿造成任何无形的压力；(4)学前班或学前小组，设在人口稀少的地方，招收6岁儿童，每组不到10人，每周开放2—3天。这些儿童虽然已达到进入小学的年龄，但在生理上、心理上还不够成熟，进入小学学习还有一定的困难，通过在学前班接受宗教、听、说、读、写、算、自然、音乐、美术、体育、交通安全等方面的1年义务教育，获得入学证书，顺利地进入小学学习。此外，还有家庭日托、残疾儿童之家、特殊教育中心、SOS儿童村等学前教育机构。

国家政党、非政府组织、宗教组织、私人团体都参与到学前教育中来，政府每个月为0—9岁儿童的家庭发放津贴，资助儿童的保育和教育工作。儿童受教率在9个省中是不平衡的，从1%—22%不等。近些年来，国家致力于增加学前教育机构的数量，缩小班级规模，以提高学前教育的质量。

学前教育机构的师资：男性和女性虽有同等的入学机会，但申请者却大多为女性；在接受职前教育之前，必须通过数学、母语、英语、音乐、手工、艺术、社会知识、交往能力等方面的考试；职前教育年限已从过去的4年延长到现在的5年；培训的课程有：宗教、母语、外语、历史、社会知识、地理、经济学、法律、数学、物理、化学、生物、健康教育、音乐及创作、吉他器乐、律动、艺术、手工、体育、教育学、幼儿教育教学论、幼儿教育实践、

奥地利的一个社区公园

特殊儿童教育、多媒体操作等。[1]

三、比利时的学前教育

第一个幼儿学校创办于 1827 年，第一所幼儿园建于 1857 年，这两种学前教育机构都重视儿童身体、道德、智力的发展，使儿童的生活有规律、有节奏，不同之处在于前者更重视保育，后者更重视教育。今天学前教育机构以全日制为主，几乎所有的 5 岁儿童都能进入，大多数 4 岁儿童也能如愿。

学前教育的内容有：宗教教育、社会教育、自然教育、文化教育、语言教育、认知发展、艺术表现、动力技能等方面。儿童在校在园的一日活动（儿童在园作息时间如表 3-3），是实施学前教育的基本途径。此外，还要求教师每周或每两周导入一个儿童感兴趣的活动，提供各种材料，让儿童进行手工操作、游戏、唱歌、讲故事；先组织儿童到园外参观，邀请社区人士来园，让儿童利用各种感官进行探索，然后再通过多种活动表现出自己的感受；引导儿童参加一些必须体验的活动，使儿童获得全面的发展；以儿童为中心，重视儿童的自由活动、游戏活动、小组活动。

表 3-3　儿童作息时间安排

上午	8:30—8:50	入园，谈话活动
	8:50—9:20	传统活动
	9:20—9:40	分组活动
	9:40—9:55	整理
	9:55—10:25	早点、户外活动
	10:25—11:00	分组活动
	11:00—11:30	传统活动
	11:30—	上午活动结束
下午	1:30—1:40	谈话活动
	1:40—2:20	自由游戏
	2:20—2:30	整理
	2:30—2:45	民间舞蹈
	2:45—3:10	户外活动
	3:10—3:35	讲故事
	3:35—	离园[2]

四、荷兰的学前教育

19 世纪 20 年代出现了学前教育机构——幼儿学校，其职能是看护 2 岁以上的儿童。19 世纪下半叶，幼儿学校的数量有所增加，主要招收 4 岁儿童，开放时间为上午 3.5 个小

[1] Wilhelm Wolf, Early Childhood Education in Austria, Garland Publishing, 1992, p. 75.

[2] Marc Depaepe and Ferre Laevers, Preschool Education in Belgium, International Handbook of Early Childhood Education, Gary A. Woodill & Judith Bernhard & Lawrence Prochner, Garland Publishing, p. 93.

时,下午 2 个小时,目的在于为儿童进入小学作好准备。1965 年幼儿学校得到政府的重视,开始成为学校教育系统的一部分,这样,大多数 4 岁儿童就有机会接受教育;教育计划的设计以儿童为中心,注重让儿童通过游戏进行学习。

19 世纪末期出现了托儿所这种新的学前教育机构,20 世纪七八十年代有了较大的发展。1987 年,全国有 268 家托儿所,在 0—4 岁儿童中,有 75% 的儿童在此受到教育。

第三种学前教育机构是游戏小组,产生于 20 世纪 70 年代,招收 2—3 岁儿童,儿童每周相聚几次,在教师指导下进行游戏活动。1991 年,在 2—3 岁儿童中,有 1/3 的儿童加入了游戏小组。

第四种是日托机构,80 年代后期,国家经济的发展,妇女就业率的提高,对幼儿日托产生了很大的需要,1989 年全国有 300 多个日托机构。[①]

1990 年全国约有学前教育机构 8450 所,教师 2.1 万名,受教儿童 36.1 万人。近些年来,政府加强了对学前教育机构的管理,在课程设置、保教工作者的资格、师幼比率、室内外空间、卫生条件、安全措施等方面都作出了明确的规定,以确保学前教育质量的提高。

五、西班牙的学前教育

1970 年颁布的教育法对学前教育产生了重大影响,教育法指出:学前教育的目的是使儿童的个性得到和谐的发展;学前教育在课程设置、组织形式和教育方法上都不同于小学。1971 年、1973 年、1979 年、1981 年西班牙教育科学部颁发的一系列纲领性文件都涉及对 3—6 岁儿童的教育。1987 年国家教育改革方案更加强调对学前教育进行改革。1990 年教育法提出,学前教育是为 0—6 岁儿童服务的,它是教育制度的第一阶段,幼儿学校是教育场所。1991 年全国有 99.8 万名儿童享受到了学前教育。

学前教育的机构有:(1)幼儿中心:大多数由私人创办,招收出生 6 周—6 岁的儿童,较为重视保育;(2)日托中心:多为私立,招收 2—3 岁儿童,全天开放,比幼儿中心更重视教育;(3)学前教育中心:是公立的,招收 4—5 岁儿童,学习气氛很浓,强调为儿童入小学作好准备。在学前教育机构中,0—3 岁儿童组的师幼比是 1∶8—1∶10,3—6 岁儿童组的师幼比是 1∶25。教育部对办园的师资、设施等方面都作出了严格的规定,现已达标的学前教育机构有 1512 所。

学前教育的目标是:(1)为儿童提供良好的经验,丰富儿童关于自己身体的知识,发展儿童的基本动作;(2)丰富儿童的语言,提高儿童认识家庭环境和社会环境的能力,帮助儿童运用不同的方式表达情感;(3)丰富儿童的社会知识,培养儿童良好的行为习惯,提高儿童的社会交往能力、独立性、创造性和责任感,使儿童在生理上、心理上都得到发展。

---

① Elisabeth Singer,Family Policy and Preschool Programs in the Netherlands,Garland Publishing,1992,p. 361.

学前教育课程的内容有：游戏、语言活动、韵律表现、自然观察、逻辑和前数学练习、社会意识发展、宗教原则、道德态度等7个方面。在学前教育的过程中，要求教师：(1)给儿童创设广阔的物质空间，保证儿童的休息和自由活动；(2)提供一系列活动材料，让儿童探索，使儿童学会学习，主动获得发展；(3)开展各种交往活动，培养儿童解决问题的能力；(4)安排游戏活动和唱歌、跳舞等艺术活动，培养儿童的兴趣和积极的情感。

学前儿童教师职前要经过训练：第1年学习公共基础课，第2年、第3年学习专业课，主要课程有：学前教育基本理论、学前教育史、学前教育方法、心理学、发展心理学、教育心理学、西班牙语、外语、社会科学、数学、创造性艺术等。此外，还要在学前教育机构中实习4个月；毕业工作后还需接受在职培训。[①]

六、瑞士的学前教育

学前教育始于19世纪中期，此后通过立法形式固定下来。学前教育为六七岁以下的儿童服务。法律规定，各州儿童至少享受1年以上的免费义务学前教育。学前教育机构形式多样：有的单独设立，有的与小学合在一起；有的是上、下午各开放2个小时，有的是从上午8:45—下午3:45开放；有的招收本国儿童，有的招收外国儿童。每个班17—19人，由经过幼师培训的1名教师负责。

学前教育的目的是通过游戏活动、手工劳动、小组活动、自由活动、个人活动等各种活动，培养儿童的学习兴趣和良好的学习习惯；使儿童学会遵守纪律，能更好地适应小学生活。学前教育的内容与儿童的实际经验、社会生活紧密联系，要求教师为儿童提供不同种类、不同水平的材料，让儿童自由选择、使用。学前教育的主要方法已从20世纪70年代的"赞美"法向"拒绝"法转变，强调半权威式教育，对儿童的不合理要求予以拒绝，对儿童的不正当行为予以批评。

七、挪威的学前教育

学前教育的对象是0—7岁儿童(1997年对6岁儿童的教育已纳入小学义务教育)，1970年，学前儿童受教率为3％，1977年为12.1％，1983年为25.1％，1993年为46％，其中，1—3岁儿童入园率为25％，3岁、4岁、5岁、6岁入园率分别为51％、63％、70％、87％。1995年国家《幼儿园法》提出2000年要使所有的学前儿童都能受到教育，把入托入园率提高到100％。2006年，1—2岁儿童入园率为61.8％，3—5岁儿童入园率为92.8％。到了2008年，全国共有6706所幼儿园，在园儿童261884人，1—5岁儿童的入园率发展到87.2％。[②] 2009年，政府向国会提交了《白皮书》，强烈要求保证幼儿园的平等性和优质化，强化幼儿园这个学习的阵营，给所有的儿童提供参与社区各种活动的机会，以

---

① Antonio Molero Pintado and Maria del Mar del Pozo Andres，Preschool Education in Spain：Historical and Present Perspectives，Garland Publishing，1992，p.441.

② http://www.regjeringen.no，2009年8月21日。

全面提高办园质量。[1]

学前教育的机构有四种：(1)日间教养中心，招收出生4个月至7岁儿童；(2)短期教养中心，招收10—15名幼儿，由1位受过培训的教师负责，每周开放6个小时；(3)家庭幼儿园，受过专业培训的教师把4—5个家庭组织起来，看护5—6个儿童；(4)微型幼儿园，由1—2个儿童和1个日间妈妈组成，以满足特殊儿童(如残疾儿童、少数民族儿童、外国文化儿童、6岁儿童)的需要，《儿童保护机构条例》提出特殊儿童可获得国家额外的资助。

学前教育机构由市政府管理。市政府设立"学前儿童委员会"，法律规定，市政府有权对学前教育机构的开办进行审查、鉴定、监督。除了对学前教育机构的建筑、设备等"硬件"进行检查以外，还要考察一些"软件"运行情况，如时间的安排、空间的布局、知识的种类等。

学前教育的目标因儿童年龄的不同而有所不同，例如，对出生4个月—1.5岁儿童的教育目标是：提供适当的游戏材料和活动，培养儿童的独立性、自我照顾能力、自信心，促进儿童思维、情感和社会性的发展；对1.5—3岁儿童的教育目标是：创造条件，发展儿童的基本动作和身体运动技能，鼓励儿童利用感官探索世界，丰富儿童的体验；对3—5岁、5—7岁儿童的教育目标是：通过室内外自由活动、社会活动、智力活动，培养儿童的自控力、社会交往能力，发展儿童的语言能力、想象能力、体力、艺术能力和应变能力。

学前教育的内容包括社会与宗教及伦理、美学、语言及交流、自然科学及环境、身体运动和健康等五个方面。

2005年颁发的《幼儿园法》指出，幼儿园教育的内容应该包括以下六个方面：交往、语言和经文，身体、律动和健康，艺术、文化和创造，种族、宗教和哲学，社区和社会，数字、空间和形状，[2]以便于更好地与小学教育的内容衔接起来。

学前教育的师资：1935年成立了第一所幼儿师范学校，1967年建立了第二所幼儿师范学校，扩大了教师的培训面；1970年《教师教育法》指出，教师必须受过3年的幼师教育，1975年《幼儿园法》规定，管理者和教育者都必须受过训练，据统计，1977年受过专业培训的教师占31％，90年代中期上升到了76％。学前教育工作者包括园长、教师、教师助手、语言助手、环境工人，教师及教辅人员与儿童的比例为1∶3.7。

幼儿园与家庭的合作：2005年发布的《幼儿园法》指出，幼儿园应该帮助家长促进儿童成长；家长应该参与幼儿园的家长委员会和协调委员会的工作，以设计出更好的年度教育活动方案。

八、希腊的学前教育

学前教育即幼儿学校的教育，招收3.5—5.5岁的儿童，儿童在校学习2年。学校规模大小不一，有1个班的，也有几个班的；每个班有7—30名儿童。教师与儿童的比例为1∶30。

---

① http://www.oecd.org,2009年8月21日。
② http://www.regjeringen.no,2009年8月22日。

学前教育的目的是：根据儿童的不同年龄，进行智力教育、社会教育、创造教育，促使儿童身心的健康发展。根据国民教育部、卫生部和社会及财政署的联合规定，学前教育将逐步转变为免费教育。

学前教师要经过职业培训，培养时间一般为 2 年，在高等教育机构如大学的幼儿教育学院或幼儿师范学校学习，取得相应的证书；培训机构往往附设学前教育机构，作为实习基地，增强未来教师的实际工作能力。此外，国家还设立了教师进修中心，以提高教师的业务水平。

九、马耳他的学前教育

在 1975 年，幼儿园仅为 4 岁、5 岁儿童服务，1988 年才扩展到为 3 岁儿童服务，每班 15—20 人，父母可在一天的任何时候接走孩子。教育部官员 J·A·谢瑞（Xerri）指出："学前教育的目的是给儿童提供早日社会化、发展能力的机会；给那些在家庭中缺乏适当教育的儿童发展自己、赶上同伴的机会；为儿童进入小学作好准备；解决父母的后顾之忧"。[1] 学前教育的内容有：(1)培养儿童对社会的正确态度，对别人的责任感、积极的情感，发展儿童的独立性；(2)训练儿童读写算的基本知识和技能；(3)发展儿童的好奇心、智力、艺术美感；(4)形成儿童健康的习惯。

学前教育的途径是通过交往活动、自由活动、语言活动、舞蹈、歌曲、游戏、画画、数数、体育训练、律动等进行的。教师注意从以下几个方面对儿童的发展进行评价：(1)儿童是否能通过语言、运动、音乐，创造性地表现自己；(2)儿童能否通过探索、倾听、讨论、触摸、品尝、嗅等感官活动，来了解周围环境；(3)儿童是否喜欢思考、尝试解决问题；(4)儿童能否与成人、同伴友好工作；(5)儿童是否试图拓宽自己关于世界的知识经验。

十、波兰的学前教育

学前教育主要为 3—6 岁儿童服务。6 岁儿童可进学前班或幼儿园，政府规定"每班人数为 20—25 左右，人均占地面积在 2.4 平方米以上"[2]，儿童在班时间为上午 7 点—下午 5 点。学前教育机构有公立的，也有私立的；有为正常儿童服务的，也有为各种心理或身体残缺儿童服务的；有半日的，也有全日的。据统计，1988 年 3—5 岁儿童入园率在城镇 37.7%、在乡村为 21%，6 岁儿童入园率为 98%。1991 年学前教育机构有 2.41 万所，教师有 8.05 万人，受教儿童有 109.83 万名。

国家为学前儿童制定了统一的课程，如美育、社会意识课程，规定了儿童的基本学习任务，旨在保证儿童的安全，促进儿童的生理成熟和健康发展，增长儿童的见识，提高儿童的阅读能力和语言表达能力，增强儿童的交往能力，为儿童进入小学作好准备。最近几

① Joseph A. Xerri, Early Education in the Maltese Islands, Garland Publishing, 1992, p. 351.

② Margorzata Karwawska-Struczyk, Preschool Education in Poland, Yew Chung Education Publishing Company, 1990, p. 181.

年,国家对学前教育进行了改革,指出学前教育的目的是促进儿童的全面发展,学前教育的目标是:培养儿童的责任感,帮助儿童形成与同伴的友好关系,学会控制自己、保护自己,具有好奇心、求知欲和创造性,促进儿童身心的全面发展。学前教育的任务是:辨识每个儿童的发展方向;尊重儿童的个体经验,认识到儿童的内在潜力;通过组织教育活动,丰富儿童的知识经验;通过游戏活动,培养儿童的自主意识和创造能力;用不同的方式教育不同的儿童;给儿童自由选择活动和策略的机会,让儿童建构自己的独特世界;与儿童建立平等、互惠的伙伴关系,运用各种形式进行相互作用,比如,让儿童描述问题,邀请同伴和教师共同解决;教师提出一项任务,吸引儿童参与讨论、解决问题;教师设计一个问题情景,要求儿童参与解决。

此外,还重视学前特殊儿童的教育,并已形成教育网络;学前教师多为高中毕业生,他们在中学里接受过简单的学前教育专业知识和技能的训练。

十一、捷克的学前教育

学前教育的对象主要是 3—6 岁的儿童,属于非义务教育范畴。1991 年,学前教育机构有 1.09 万所,教师有 4.73 万人,受教儿童有 51.26 万名。学前教育的目标是:对学前儿童进行体育、劳动教育、德育和美育,培养儿童个人卫生技能、语言能力,发展儿童的社会性,形成儿童文化道德观念,激发儿童对美术、文学、戏剧、音乐、芭蕾的兴趣。

捷克的一个社区公园

国家特别重视对特殊儿童的教育。早在 1929 年,捷克就以法律的形式规定残疾儿童享有受教育的权利。80 年代末期,政府开始对残疾婴幼儿进行经济资助。1989 年前捷克斯洛伐克共和国曾提出把普通儿童和特殊儿童放在一起进行教育,由于受到教育工作者和家长的反对,特殊儿童现主要在专门的幼儿园里接受教育,根据残疾类型、程度进入不同的幼儿园,比如,身体残疾儿童和弱视儿童、盲童是在不同的幼儿园里受教的。据统计,1991 年 198 所特殊幼儿园接受了 5713 名特殊儿童。今天,学前特殊儿童的教育事业正以更快的速度向前发展,并已形成教育网络。

学前教师只受到较少的培训,通常是在中学里进行的。普通学前教师仅有中学文凭,而学前特殊儿童的教师则必须在国立师范大学中注册,接受在职培训。学前教育工作者都为女性,待遇较差,工资较低。

十二、匈牙利的学前教育

第一所幼儿学校建于 1828 年,招收父母外出工作的 2—7 岁的儿童;1848 年的幼

匈牙利的一个社区公园

儿学校运动以及 1891 年第一个幼儿学校教育法的出台,都促进了学前教育事业的发展。1953 年颁布的《学前教育法》使学前教育走上了规范化的道路;1985 年的《教育法》含有学前教育的内容,指出学前教育是国家公共教育的一部分。1991 年,全国有 4706 所学前教育机构,接受了 39.4 万名儿童,在 3.3 万名教师的指导下进行学习和游戏。近几年来,5 岁儿童的入园率已达到 91% 以上,在首都布达佩斯高达 98% 以上。

学前教育的目标是:让 3—7 岁儿童在轻松、愉快的气氛下进行学习,促进儿童的和谐发展。学前教育的任务是保证儿童身体、情感、社会性、智力等方面的全面发展,使儿童有资格进入小学。

学前教师的职业训练工作始于 1837 年,当时只招收男性初中毕业生;50 年代才允许女性进入;1874 年将培训时间从 1 年延长至 2 年;1891 年《教育法》规定:申请者必须初中毕业,年满 14 周岁,接受 2 年的培训;1926 年又将培训时间定为 4 年,在最后一年,学生要完成教育实习任务,撰写高质量的论文;第二次世界大战以后,把培训时间减至 3 年,入学年龄提高到 17 周岁,采用夜校或函授的形式进行。这种培训形式持续了很长时间,1987 年全国仍有 35% 的学前教师接受这种形式的教育。现在学前教师的职前培训任务主要是由几个高等教育学院承担的,培训时间为 3 年,培训课程有哲学、社会学、经济学、历史、母语、外语、戏剧艺术、音乐教育、视听教育、木偶操作、儿童发展、儿童教育、教育心理学等必修课。[①] 此外,还开设了选修课,注意提高未来教师的社会交往能力和创造能力;学生从第一年开始就到学前教育机构见习,参与教育实践活动,第二年夏天,在学院和学前教育机构教师的共同指导下,开展教育实习活动,第三年仍要进行 6 周的教育实践活动,参加毕业考试,写出毕业论文。

十三、保加利亚的学前教育

1881 年的《公共教育法》首次涉及幼儿学校,把 3—4 岁儿童定为初级班,课程有:游戏、唱歌、感知、自然、历史、手工;把 5—6 岁儿童定为高级班,课程强调绘画、数学。1902 年的《公共教育法》把幼儿界定为 4—7 岁的儿童。1921 年的《公共教育法》又把幼儿的年龄界定为 5—7 岁,指出学前教育的目的是:通过观察、游戏和适当的学习,促进儿童感官的发展。1934 年第一个《学前教育法》颁布,提出儿童之家为 0—5 岁儿童服务,幼儿园为

[①] Eva Knoll Pereszlenyi, Preschool Institutional Education in Hungary, Garland Publishing, 1992, p. 259.

5—7 岁儿童服务;学前教育的目的是促进儿童的全面发展。1946 年通过的《社会保育和儿童教育法》,促进了学前教育事业的发展。1963 年颁布了《幼儿园工作规划》,指出学前教育的目标是:考虑儿童的年龄特征和个别差异,保证儿童智力、道德、艺术上的全面发展。学前教育的活动有:(1)游戏活动——角色游戏、建筑游戏、戏剧游戏、自发游戏;(2)学习活动——观察、谈话、木偶表演、讲故事;(3)体育活动——跑步、滚球、爬、扔、跳;(4)艺术活动——绘画、捏泥、剪贴、听音乐、律动。

1984 年《学前教育法》指出:学前教育是为了发展 3—6 岁儿童的好奇心、智力、能力、行为习惯,即发展儿童的个性。学前教育的任务是:(1)让儿童获得文明、卫生的习惯,学会以正确的方式穿脱衣服、盥洗,保持整洁,合理饮食,保证儿童身体的健康发展;(2)为儿童提供认知活动,帮助儿童掌握知识和技能,发展智力,增强儿童对自然现象和社会现象的理解能力,提高儿童解决问题的能力,为入小学作好准备;(3)为儿童的社会化和道德发展创造条件,让儿童通过学习、工作、游戏等活动进行相互作用,学会遵守规则,有自信心和成功感,发展儿童良好的个性特征;(4)培养儿童对自然美、环境美的认识,发展儿童对美的表现力、创造力,萌发儿童积极的情感体验。

学前教育的途径具有综合性。这种综合是"以儿童心理发展的水平为基础"的,以"知识、技能、习惯"等为内容,以"美术活动、音乐活动"等为形式,以"主题"为中心,但又"不是把所有的教育任务都严格地按照主题来进行的"。[①]

十四、阿尔巴尼亚的学前教育

托儿所为 1—3 岁儿童服务,幼儿园为 3—6 岁儿童服务。1990 年 5 岁儿童入园率为 80%,国家计划在 20 世纪末将入园率提高到 100%。

学前教育的目的是使儿童在身体、智力、道德、艺术等方面全面发展,为入小学作好准备。

学前教育的任务和内容有六个方面:(1)文化、政治、卫生:通过阅览图书和讨论,帮助儿童获得关于国家的主要政治概念,了解国家发展的历史;能尊重别人的工作,尊敬父母、教师和朋友;培养儿童对图书、收音机、电视机的兴趣,保持花园和房间的整洁,养成正确的生活、卫生习惯;(2)语言:教师运用民间故事、诗歌、图片等发展儿童的语言;(3)数学:教师教给儿童数的形式和组成的知识,发展儿童基本的数学推理能力;(4)审美艺术教育:通过绘画、唱歌、跳舞、表演短剧、儿童艺术节等活动,培养儿童的审美能力;(5)体育:通过基本体操、体育锻炼、传统游戏、公园散步、郊游、简单运动比赛,发展儿童的体力;(6)工作教育:培养儿童爱清洁、讲卫生、良好的饮食习惯,鼓励儿童参加美化幼儿园场地、给花草树木浇水、制作、娱乐等活动,以及在建筑场地做助手、清扫纪念地、历史名胜和游戏场地等。

---

① Plamen Radev, Primary and Preschool Education in Bulgaria, Garland Publishing, 1992, p. 135.

学前教育的途径以游戏为主,注意满足儿童个体的需要。此外,还很重视特殊儿童的教育,教辅人员利用游戏活动、体育训练、音乐活动,促进儿童语言等方面的发展,使其逐渐康复,达到正常儿童身心发展的水平。

学前教师的职前教育:初中毕业,接受4年的专业教育;培训课程有哲学、历史、地理、数学、物理、化学、普通教育学、学校卫生、儿童心理学、教育心理学、教学论、教学原则、教育史、学前教育方法、特殊教育原则,并参加教育实践。此外,还重视学前教师的在职进修提高,教师每工作5年、10年、20年,都要接受考核,以检查教师对心理学、教育学最新发展状况的了解。[①]

为了保证学前儿童的正常发展,欧洲许多国家还限制向儿童作广告,尤其是在电视这种最有影响力的媒体上向孩子们作广告。据调查,儿童的消费能力正在迅速提高,美国的一项统计结果表明,全国12岁以下儿童每年的零花钱为275亿美元。瑞典人认为,儿童不成熟,缺乏生活经验,向他们作产品广告是不道德的,会轻而易举地把儿童引上花钱之路,并对父母的消费行为产生巨大的影响;瑞典将利用其2001年的欧盟轮值主席国身份,把这种禁令推广到欧盟的15个成员国。挪威参照瑞典的做法,全面禁止向12岁以下儿童作电视广告,比利时禁止在儿童节目播出前的5分钟和节目播出后的5分钟作广告,希腊禁止在电视上作玩具广告。

阅读参考书目

1. [英]玛格丽特·唐纳德逊著,蔡俊年译,《儿童的智力》,教育科学出版社1982年版。

2. [苏]C·A·维列金尼科娃著,丁酉成等译,《学前儿童认识自然》,重庆出版社1983年版。

3. [苏]T·A·马尔科娃主编,杭志高等译,王德一校,《幼儿园和家庭》,北京出版社1983年版。

4. [苏]Я·И·科瓦尔楚克著,马兰等译,《学前儿童的因材施教》,北京少儿出版社1987年版。

5. [苏]B·门捷利茨卡娅主编,胡真译,杜志英校,《游戏中的儿童教育》,教育科学出版社1989年版。

6. [德]F·W·克罗恩著,李其龙、李家丽、徐斌艳等译,《教学论基础》,教育科学出版社2005年版。

7. Tina Bruce, Early Childhood Education, Hodder and Stoughton, 1987.

8. Ingrid Pramling, Learning to Learn — A Study of Swedish Preschool Children,

① Bedri Dedja, The Development of Preschool and Primary Education in the People's Socialist Republic of Albania, Garland Publishing, 1992, p. 21.

比较学前教育

Spring Berlag New York，1990.

9. Kathy Sylva，Pam Sammons and Edward Melhuish，An Introduction to the EPPE Project，Institute of Education University of London，1999.

10. Kathy Sylva，Iram Siraj-Blatchford and Edward Melhuish，Characteristics of Pre-school Environments，Institute of Education University of London，1999.

11. Kathy Sylva，Pam Sammons and Edward Melhuish，Characteristics of the Centres in the EPPE Sample：Observational Profiles，Institute of Education University of London，1999.

12. Iram Siraj-Blatchford，Kathy Sylva and Edward Melhuish，Contextualising EPPE：Interviews with Local Authority Co-Ordinators and Centre Managers，Institute of Education University of London，1999.

13. Pam Sammons，Kathy Sylva and Edward Melhuish，Characteristics of the EPPE Project Sample at Entry to the Study，Institute of Education University of London，1999.

14. Pam Sammons，Kathy Sylva and Edward Melhuish，Measuring the Impact of Pre-School on Children's Cognitive Progress over the Pre-School Period，Institute of Education University of London，2002.

15. Pam Sammons，Kathy Sylva and Edward Melhuish，Measuring the Impact of Pre-School on Children's Social/Behavioural Development over the Pre-School Period，Institute of Education University of London，2003.

网上浏览

利用计算机,打开下列网址,查找、阅读有关欧洲国家的学前教育方面的信息。

1. http：//www. stc. sh. cn

2. http：//www. daycare. com

3. http：//www. sheisnet. sh. cn

4. http：//www. unicc. org/ibe/publication

5. http：//www. apa. org/books

6. http：//www. carfax. co. uk/edr-ad. htm

7. http：//www. nao. org. uk

8. http：//www. bmbc. com

9. http：//www. eaie. nl

10. http：//www. kunnskapsdepartementet. no

11. http：//www. regjeringen. no

1. 俄罗斯学前教师培训课程——学前教育学有什么特点? 与我国学前教育学相比, 有什么异同点?

2. 英国"幼儿凭证计划"的基本含义是什么?

3. 英国儿童玩具馆的主要特点是什么?

4. 英国是如何实施学前教育的?

5. 法国为实现学前教育目标而开展的活动主要有哪几种?

6. 法国在学前教育与小学教育的衔接上采取的主要措施有哪些?

7. 德国体育托儿所有什么特点?

8. 德国是如何资助与指导学前儿童家庭教育的?

9. 芬兰特殊儿童教育中心的发展特点是什么?

10. 芬兰主要通过哪些活动来实现学前教育的目标?

11. 芬兰学前教育界是如何迎接信息技术挑战的?

12. 瑞典全开放幼儿园的特点是什么?

13. 瑞典学前特殊教育的对象主要有哪三类? 是如何对他们进行教育的?

14. 瑞典是如何解决学前教育的资金问题的?

15. 丹麦托儿所、幼儿园是如何对儿童进行编班的?

16. 丹麦学前特殊教育的对象主要有哪两种? 是如何对他们进行教育的?

17. 丹麦在对学前教育进行管理的时候,主要采取了哪些措施?

18. 西欧国家学前教育发展的共同点有哪些?

19. 北欧四国学前教育发展的共同点有哪些?

20. 东欧国家学前教育发展的共同点有哪些?

练习题

英国学者 Tina Bruce 在 Early Childhood Education 一书中提出了学前教育的十大原则,试将它译成汉语,并分析其儿童观和教育观。

To summarise, the 10 common principles are as follows:

1. Childhood is seen as valid in itself, as a part of life and not simple as preparation for adulthood. Thus education is seen similarly as something of the present and not just preparation and training for later.

2. The whole child is considered to be important. Health, physical and mental, is emphasised, as well as the importance of feelings and thinking and spiritual aspects.

3. Learning is not compartmentalised, for everything links.

4. Intrinsic motivation, resulting in child-initiated, self-directed activity, is valued.

5. Self-discipline is emphasised.

6. There are specially receptive periods of learning at different stages of development.

7. What children can do (rather than what they cannot do) is the starting point in the child's education.

8. There is an inner life in the child which emerges especially under favourable conditions.

9. The people (both adults and children) with whom the child interacts are of central importance.

10. The child's education is seen as an interaction between the child and the environment the child is in including, in particular, other people and knowledge itself.

第四章　亚洲的学前教育

日本一所幼儿园的户外活动环境

内容提要

本章依次论述了日本、新加坡、马来西亚、泰国、韩国、朝鲜、以色列等国家的学前教育在目标与内容、途径与方法、教师与培训、家庭与社区等方面的发展特点,然后阐述了亚洲其他国家学前教育发展的概况,最后对中国港台地区的学前教育作一简要介绍。

第一节　日本的学前教育

1964 年,日本文部省首次制定《幼儿教育振兴计划》,旨在使 5 岁儿童都能入园;1972 年,再次制定《幼儿教育振兴计划》,欲使 4 岁、5 岁的儿童都能入园;1991 年,又制定了第三个《幼儿教育振兴计划》,以使 3 岁、4 岁、5 岁的儿童都能入园。1994 年,文部省、厚生省等几个部门联合颁布了《天使计划》,意在调动全社会的力量,对学前儿童进行教育,形成"育子的社会"。为了确保这一计划的实现,政府又相继发布了《紧急保育对策等五年事业》和《儿童育成计划指南》等文件。2001 年,日本文部科学省又制定了第四个《幼儿教育振兴计划》,以全面提高幼儿教育的质量;2004 年、2005 年,中央教育审议会,分别公布了《关于幼儿教育、保育一体化的综合机构》《关于适合环境变化的未来的幼儿教育应有状态——为了儿童的最大利益》的咨询报告,以推动幼儿教育的改革向纵深方向发展。

随着国家对学前教育重视程度的加强，投资也不断增加。据统计，1955年投入81.65亿日元，1965年投入350.22亿日元，1975年投入3297.96亿日元，1985年投入6563.44亿日元，1993年投入9101.31亿日元，大大改善了学前教育机构的办园办所条件，扩大了教育对象。

1990年3岁儿童受教率约为50％，4岁儿童受教率约为90％，5岁儿童受教率约为95％。1991年全国有幼儿教育机构14952个，教师101493人，受教儿童1997611人，其中在私立学前教育机构中的儿童占79％；1992年全国有幼儿园15006所，在园儿童1948880人，其中在私立幼儿园中的儿童占79.6％；1998年全国幼儿园有15220所，在园儿童数为2067991人，其中在私立幼儿园中的儿童占75.3％。

一、学前教育的机构与形式

学前教育是为7岁前儿童服务的，其机构主要有保育所和幼儿园两种形式：

（一）保育所

这种机构具有福利性质，受《儿童福利法》的制约，由厚生省管辖；分为公立和私立、日托和全托。招收出生至上小学前的儿童，全年开放，可根据家长的需要，延长保育时间。在1—2岁儿童班级，师幼比约是1∶3，在3岁以上的儿童班级，师幼比约是1∶20。教师每天和儿童共进午餐，创造轻松愉快的家庭氛围，以提高儿童进餐的质量。教师按照《保育所指南》对儿童施教。

（二）幼儿园

这种机构属于学校体系，受《学校教育法》的制约，归文部省管辖。招收3—6周岁的儿童，按年龄分班，通常用"花"、"雪"、"月"给班级命名，每班人数在40人以下；一年开放220天，每天开放4小时。幼儿园有国立（国家办）、公立（地方政府办）和私立（团体或个人办）之别，一般来讲，私立幼儿园的规模比国立、公立要大，收费也比国立、公立要高。国家除直接拨款资助国立幼儿园外，还积极扶持私立幼儿园，减免其税收，为其提供园舍设备完善费，各都、道、府、县按幼儿人头费给予补助，私人财团也对其发放低息贷款予以支持。教师按照《幼儿园教育要领》对儿童进行教育。

（三）函授课程

这是一种独特的学前教育形式。1987年，班尼斯公司创办"可多摩挑战"函授课程，为6岁及6岁以下的儿童开设五种不同的课程，例如，为1—2岁的儿童提供"微型"课程，为2—3岁的儿童提供"口袋"课程等。参加函授教育的各个家庭，每个月都能收到一套录像带、录音带和图书、杂志，鼓励家长帮助孩子观赏卡通人物画、玩文字数字游戏，以掌握一定的文化科学知识和技能。现在，越来越多的家庭在孩子上幼儿园或小学之前，就为他们报读函授课程，参加者的年龄也越来越小，已发展到招收3岁的儿童。据统计，1987年日本有7万名儿童上函授学校，1996年增加到100万名，1997年一跃为125万名。

此外，学前儿童还在母亲的陪伴下，报名参加兴趣班的活动，学习游泳、音乐及英文等,培养一技之长,为将来在社会竞争中立于不败之地奠定基础。

二、学前教育的目标与内容

学前教育专家 I·诺故奇(Noguchi)认为,学前教育的目的是:"帮助儿童建立与成人和同伴良好的社会关系,使他们能热爱自然和生活,形成卫生的习惯和社会所期望的品质。"[①]学前教育的目标是:(1)培养儿童基本的生活态度和良好的习惯,使儿童的身心能健康成长;(2)培养儿童的信任感、同情心、自立精神、合作能力;(3)激发儿童对周围环境的兴趣,培养儿童的思考能力;(4)萌发儿童对语言的兴趣,提高儿童的语言表达能力;(5)丰富儿童的知识经验,发展儿童的创造能力。

学前教育的内容有:1990 年文部省对 1964 年颁布的《幼儿园教育要领》进行了修改,把原来的"健康"、"社会"、"自然"、"语言"、"音乐"和"绘画与手工"六个领域改为"健康"、"人际关系"、"环境"、"语言"、"表现"五个领域,并对五个领域的具体内容作出了规定。例如,在健康方面,要求培养儿童良好的生活习惯、自我服务的精神,能防范危险,获得安全感等;在人际关系方面,要求儿童学会与教师、同伴友好相处,能遵守公共规则,爱惜玩具等;在环境方面,要求儿童能认识、热爱大自然,关心、爱护动植物,对周围环境有浓厚的兴趣等;在语言方面,能认真听教师、同伴讲话,用语言表达自己的思想,对图书感兴趣;在表现方面,体会到生活中的美,能通过绘画、唱歌、演奏乐器、手工制作、表演游戏等多种形式,将自己的感受充分地表现出来。

今天,越来越多的日本人意识到要在 21 世纪的竞争中立于不败之地,不仅要学好母语,而且还要有英语能力以及其他外国语能力,从小对儿童进行多种语言教育就显得非常重要了。据统计,1990 年,最受欢迎的第一外语是英语,第二外语的受欢迎程度依次是泰语、中国广东话、土耳其语、印尼语、瑞典语等;1994 年,英语仍然排在第一位,其次是芬兰语、蒙古语、泰语、土耳其语、汉语普通话等;1998 年,英语继续排在第一位,其次则是芬兰语、土耳其语、西班牙语、蒙古语、汉语普通话等。可见,芬兰语已成为日本语言教育中的一个重要组成部分,对学前儿童语言能力的发展具有重要的影响。

三、学前教育的途径与策略

(一) 学前教育的途径

寓教于一日活动之中是学前教育的基本途径,托幼园所在安排一日活动的具体环节上是有所不同的:

保育所为儿童安排的一日活动主要是:(1)教师提前护理:在规定的入所时间之前,教师对一些儿童进行照顾、护理,以解除家长的后顾之忧;(2)儿童入所(上午 8:30)、晨检、

---

① Isaaki Noguchi, Sumie Ogawa, Tomoyoshi Yoshikawa and Santaro Hashimoto, Early Education in Japan: From Ancient Times To The Present, Garland Publishing, 1992, p.317.

比较学前教育

问好;(3)室内外自由游戏活动;(4)午餐、整理、刷牙;(5)午睡:1—2岁儿童的睡眠时间没有严格规定,直到睡醒为止;5岁儿童可以自由选择午睡或不午睡;(6)入厕、盥洗、午间餐;(7)室外游戏、自由游戏、体育游戏;(8)儿童离所(下午4:00);(9)教师延长护理。教师对那些离所晚的儿童,给予关心照料,直至家长来接他们。

幼儿园为儿童安排的一日活动主要是:(1)儿童入园、晨间谈话;(2)儿童接触动物、植物,进行观察、记录;(3)儿童在教师准备好的环境中,自由选择玩具,开展室内外各种游戏活动;(4)儿童入厕、盥洗、吃午饭、整理;(5)儿童休息一会儿;(6)儿童按照自己的兴趣,自由进行下午的活动,可以看图书,也可以听音乐、搭积木等;(7)儿童整理、清扫活动场地;(8)儿童在教师评价一日活动以后离园回家。

日本一所幼儿园幼儿的鞋架

日本一所幼儿园幼儿的饲养活动

日本一所幼儿园幼儿的种植活动

日本一所幼儿园幼儿的玩沙活动

(二) 学前教育的策略

在教育过程中,教师注意运用以下几条策略来帮助儿童健康成长:

1. 将短期安排和长远计划结合起来

一日活动计划、周计划、月计划相对而言是短期计划,他们应是学期、年度这些长远规划的一个部分,教师通过不断完成短期计划,来实现长期计划的宏伟目标。

2. 考虑儿童的年龄特征和个别差异

教师根据儿童的生理、心理发展水平,由易到难地对儿童进行教育。例如,对1岁儿童,教师就指导他们在阶梯上爬上爬下,和他们一起随着音乐的节奏起舞;对2岁儿童,教师就和他们一同制作头饰等道具,玩角色演戏、表演游戏;对3岁儿童,教师就引导他们玩集体游戏;对4岁儿童,教师开始要求他们学习做值日生。此外,在教育过程中,教师还要根据儿童的不同情况,进行个别指导。比如,在儿童使用涂料相互涂抹的活动中,教师仔细观察儿童,参与到儿童的活动中去,鼓励胆小的儿童放开手脚,大胆行动。

3. 围绕儿童的周围生活进行教育

教师根据气候变化的特点,对儿童进行忍耐力的训练和教育。例如,在寒冷的冬季,也鼓励儿童打赤脚、穿露出大腿的短裤或短裙,养成薄穿少戴的习惯,锻炼御寒的能力,增强抵抗力。另外,还针对交通拥挤的城市弊病,对儿童进行遵守交通规则的教育,保护儿童的人身安全;根据多地震、多台风的地理环境,开展防震避灾的演习活动,提高儿童免遭天灾人祸的意识和能力。

4. 以儿童的自主活动和游戏活动为中心

教师重视游戏活动,利用各种资源,广泛开展室内外各种游戏活动。例如,在开展商店游戏时,教师和儿童一起收集、陈列废旧物品,制作"货币"、"商品"、"标志"等,游戏时大家自由选择角色,扮演"顾客"或"营业员",按照自己的意愿设定情节,从"银行"取"款",到"商店"购"物",然后在"饭店"进"餐"等。

5. 使集体活动、小组活动和个人活动相互补充

教师不仅为儿童安排集体活动的时间,如儿童听老师讲故事,而且还为儿童提供小组活动的时机,如对沙、水感兴趣的儿童,可以去玩沙、玩水。此外,还允许儿童进行个人活动,充分满足自己的需要。例如,当户外活动结束时,某个幼儿还想玩沙,教师就让他继续玩。

6. 促进儿童全面和谐的发展

教师积极创设良好的环境,给儿童提供各种体验的机会,使幼儿在体力、智力、情感、意志、态度上都能得到发展。例如,在玩纸箱游戏的时候,教师鼓励儿童想象可以怎样去玩,还有哪些更有趣的玩法,以丰富儿童的想象力,培养儿童的创造性;启发儿童在草坪上,钻、摇、戴纸箱,以锻炼儿童的大肌肉,发展儿童的动作;指导儿童把物品放进纸箱,大家一起抬,以培养儿童的合作精神;教师和儿童把几个纸箱连成一体,玩乘电车的游戏,以密切师生关系。

四、学前教育的师资与培训

日本学前教育工作者主要有两类:幼儿园教师和托儿所保育员。文部省历来重视幼儿园教师的培养和提高,早在1949年就颁布了《教育职员许可法及其实行法》,对幼儿园教师的资格作出了规定。现在在日本有300多所大学和短期大学(相当于我国的大专)担负着幼儿园教师的职前培训任务,对获得学士学位的普通大学毕业生授予一级证书,对获得62个学分的短期大学毕业生授予二级证书。持证者必须参加县(相当于我国的省)里组

织的笔试、口试,考试成绩合格后才有资格当幼儿园教师。近几年来,大学本科毕业生的比例有所增加,增强了教师队伍的素质。为了提高自身的专业水平,教师还通过多种渠道进行在职进修,园内培训及"公开保育"活动、园际间研修交流、幼儿自然教育研究会举办的暑期培训班、全日本保育研究集会等培训形式较受教师的欢迎。

在幼儿园教师的性别构成方面,日本也颇有特色,爱聘男教师。1977年国家认可男性幼儿园教师的资格,当时大都集中在东京、大阪等大都市。现在男性幼教师资队伍不断壮大,1990—1995年间,大体保持在6300人左右,约占总数的6.3％;男性教师的年龄也在走向年轻化,1996年30岁以下的青年人成为主体。另外,在幼儿园行政管理职位中,男性所占的比例也较大,据统计,1995年有4835人任园长,占园长总数的48.6％;有378人任副园长,占副园长总数的10.5％。男性的参与,为幼儿教育注入了新的活力。他们平常不仅与女教师一样做些保教儿童的工作,如带领幼儿唱歌、游戏,而且还修补玩具和用具。此外,在举办游园会、生日会等大型活动中,他们还大显身手,搬运重物。他们的才能得到了女性教师、家长的肯定,促进了幼儿人格的健康发展。

保育所的保育员大都具有大专以上学历,每年还要参加当地主管部门举行的保育工作者体育运动会,通过生动有趣的比赛项目,各个保育所的保育员既能增进了解、表现才能,又能锻炼身体、萌发对体育游戏的兴趣。

为了稳定教师队伍,日本大力提高教师的地位,改善教师的待遇,使教师的工资比普通公务员还要高出约20％。国家的这一举措,吸引了众多的优秀青年踊跃从事幼教事业。

五、学前儿童的家庭教育及指导

(一) 政府重视学前儿童的家庭教育

1. 开展家庭教育研究

日本总理府1992年对1762名家长进行"双亲意识调查",发现家长对不同性别的孩子有不同的期望值。如在"对孩子将来的受教育程度的期待"上,男孩为:大学(占70.3％)→高中(占9.9％)→职业高中(占7.6％);女孩则为:短期大学即大专(占36.3％)→大学(占29.8％)→高中(占17.6％)。在"对孩子将来的期待"上,男孩是:社会信任(占38.3％)→生活充实(占35.9％)→与人和睦相处(占34.2％);女孩则是:生活美满(占57.3％)→生活充实(占53.7％)→社会信任(占9.3％)。政府呼吁要改变家长"男主外,女主内"的传统观念,对儿童提出合情合理的期望,保证儿童的正常发展。

2. 广泛建立家庭文库

文部省定期为年轻的父母编发幼儿家庭教育资料,普及科学育儿的知识。地方政府、妇女组织积极创办家庭文库,利用车棚、居民自治会会馆等地,存放图书,定期开放,届时,儿童可以坐在地毯上自读,也可以由主人导读或请母亲伴读,《西游记》等国内外古典文学作品已成为儿童阅读的重要图书。此外,还鼓励家长在家中创办家庭文库,如在房间里挤出一角,放几个书架,陈列一些购买的或自制的图书,用孩子的名字来命名,以激发孩子的阅读兴趣;用父母自身热爱阅读的行为,去感染孩子,培养孩子良好的阅读习惯。家庭文库始于70年代,现在难以计数,已发展成为"家庭文库运动"。

3. 倡导推行父亲运动

由战后经济造就出来的新一代父亲,把过多的时间和精力花在工作上,对家庭和孩子缺少关心,使孩子、特别是男孩子与母亲单独相处的时间太长,加上幼儿园和中小学的教师大多也是女性,对孩子呵护关爱有加,严厉要求不足,导致孩子性格的畸形发展,失去男孩子应有的一些男性特征。为了尽快遏制这种养而不教的不良后果的蔓延,政府发起了旨在提高男子家庭意识和教育责任感的运动,呼吁年轻的父亲要多花一些时间陪伴孩子,不要把家庭的责任全推给女性。

4. 开通儿童电话咨询热线

东京一民间自愿者协会1999年开通了日本首家儿童专用电话咨询热线,24小时为儿童服务。年幼的儿童可以直接和热线咨询员说悄悄话,倾诉心中的烦恼,整个咨询过程都是由孩子主导谈话内容,因而受到了孩子们的喜爱,同时也博得了家长的欢迎。它多少可以弥补一下家庭教育的缺憾,使孩子有了交流的伙伴、求助的对象,变得活泼开朗起来。鉴于儿童热线在2周的试通期内,就接到过1069个求助电话这一积极的作用,日本政府决定今后三年内投资70万美元,在全国47个县建立由当地部门管理的24小时儿童专用热线,以促进儿童的心理健康。

5. 兴办儿童玩具医院

玩具是儿童的伙伴和心爱之物,儿童在玩耍的过程中,难免会把玩具弄坏,当玩具"生病"的时候,儿童就会产生焦虑感,有识之士认为及时对玩具进行"治疗",不仅能给儿童带来欢乐,而且还能萌发儿童关心别人的情感,培养儿童体贴别人的习惯,为儿童健康人格的发展建立基础,儿童玩具医院便应运而生。"医生们"利用星期天,在居民区办起临时"医疗站",开展巡回"医疗"活动。届时,父母陪着孩子来给"生病"的玩具"就诊"。孩子先为"生病"的玩具挂号,再拿着"治疗申请卡"或"病历卡"寻找"医生",在接受医生的"问诊"(如"你动过这个玩具吗?""你给它洗过澡吗?")以后,让"医生"进行"触诊"(如戴上放大镜,用手触摸玩具)。"医生"找到"毛病"和"病因"以后,打开"手术箱",取出"手术器材",移植或调整玩具的各个"器官"或部位,使玩具得以"康复"。

(二)学前教育机构对家庭教育的指导

学前教育机构通过多种形式对家庭教育进行指导:

1. 保育参观

每学期每个班级都让家长来园进行一次保育参观,活动前给家长发出通知,使家长能做好准备工作。参观的时间为半天,先让家长观看幼儿的活动,再组织家长召开恳谈会;当园长介绍完幼儿园的教育目标、内容、途径、方法以后,教师便与家长切磋、交换意见,请家长提出好的建议。

2．家庭教育讲座

定期向家长传授保健学、心理学、教育学等方面的基础知识，帮助家长掌握保教孩子的技能技巧，学会科学地养育孩子。例如，为了使儿童能获得全面的营养，达到身高的标准，幼儿园在举办讲座时，向家长讲解日本川田博士的研究成果，推荐川田博士提出的 5 种有助于身材长高的食品：(1)牛奶，这对儿童骨骼的生长极为重要；(2)鱼类，这是蛋白质的宝库；(3)菠菜，含有丰富的维生素；(4)胡萝卜，每天让孩子生吃 100 克大有益处；(5)柑橘，富含维生素 A、B、C 和钙等。

3．家长委员会

为了加强与家长的交流，每个幼儿园都成立了"家长委员会"，选有"会长"，邀请他们对幼儿园的重大事情，如"何时接送幼儿"、"如何对幼儿进行防震演习"、"到什么地方去春游"等问题参加讨论，发表意见。当作出某一决定以后，园长还根据家长委员会成员各自的特长、优势进行分工，共同努力，实现教育目标。例如，分管春游的委员，除了负责借车、还车、路途的安全以外，还和教师一起商讨春游的具体内容和注意事项。

4．妈妈会议

幼儿园每月举行一次家长会，通过讨论增进教师与家长之间的联系。日本妇女即便是受过高等教育者，婚后一般也不参加工作，她们把全部的心血都花费在孩子的身上。针对这一现象，许多幼儿园都召开"妈妈会议"，讨论"如何爱孩子才是真正的爱"，帮助年轻的母亲意识到留给孩子的不应是金钱而应是教育；在重视幼儿教育家庭化的同时，还要重视社会化，以符合"教育妈妈"的美称。

第二节　新加坡的学前教育

新加坡的学前教育主要是对 6 岁前儿童进行的，在一个无历史、无资源、无自然、无四季的"四无国家"中，加上又是个由华人、马来人、印度人、菲律宾人和加拿大人组成的多文化国家，所以，不论是学前教育的目标、内容，还是学前儿童家庭教育、社区教育都有自己的独特之处。

一、学前教育的机构与形式

新加坡学前教育的机构主要是为 6 岁以下儿童服务的，表现为以下几种形式：

(一) 幼儿园

以半日制为主，把儿童分为上午来园班(8：30—11：30)和下午来园班(11：45—14：45)，为上午班儿童提供点心，为下午班儿童提供午餐；家长要为儿童交纳学费、注册费、书和文具费与综合活动材料费、健康饮品费、保险费、园服费和电脑兴趣班费等。

(二) 儿童学园

招收 18 个月—6 岁儿童，有全日制(7：30—18：30)和半日制(上午是 7：30—13：00，下午是 13:00—18:30)之别。不仅周一至周五全天对家长开放,而且周六也对家长开放上午半日,此外还提供紧急情况下的临时照看服务。按照儿童的年龄进行分班,在 3 岁及以下儿童的各个班级里,每班有 10 名儿童,2 位保教人员,师幼比为 1:5;在 4—6 岁儿童的各个班级里,每班有 15 名儿童,2 位保教人员,师幼比为 1:7.5。

(三)儿童学校

招收 2 个月—6 岁儿童,按照儿童的年龄进行分班:2—18 个月的儿童为婴儿班,18 个月—2 岁儿童为游戏小组,2—3 岁儿童为托小班,3—4 岁儿童为托大班,4—5 岁儿童为幼小班,5—6 岁儿童为幼大班。各个年龄班又分为全日制和半日制、周一至周五班和周六班、临时班。不同的班级所交的费用是不同的:在婴儿班,全日制是 950 元,半日制是每天 50 元;在游戏小组和托小班,全日制是 560 元,半日制是上午 400 元、下午 370 元;在托大班,全日制是 530 元,半日制是上午 380 元、下午 350 元;幼小班和幼大班,全日制是 510 元,半日制上午是 370 元、下午 340 元。家长可根据家庭的实际情况申请一些经济补贴:工作的母亲或单身的父亲可向政府申请相应的补助金(全日制为 150 元,半日制为 75 元);不工作的母亲或工作时间不足 56 小时的母亲也能申请补助金(全日制为 75 元);如果家中第二个孩子也在这所学校,家长可申请减少学费(全日制为 50 元,半日制为 30 元)。

(四)儿童教育中心

招收 3—6 岁儿童,主要按照儿童的年龄划分班级:在 3 岁儿童班,师幼比是 1:10,交费 170 元;在 4 岁儿童班,如果是每天来 2 小时的儿童班级,师幼比是 1:24,交费 70 元,如果是每天来 3 小时的儿童班级,师幼比是 1:15,交费 120 元;在 5—6 岁儿童班,师幼比是 1:30,交费 95 元。

(五)儿童发展中心

招收 6 个月—5 岁儿童,按照儿童的年龄进行分班,除了有日常的儿童保育以外,还有临时的儿童保育和星期六的儿童保育。

(六)儿童中心

招收 2—6 岁儿童,按照儿童的年龄划分班级。家长可以为孩子选择上午班或下午班,也可以为孩子选择天天来的班级或每周来两次与三次的班级,此外还可以选择在星期六来中心。

二、学前教育的价值与目标

新加坡国家面积小,资源少,经济基础脆弱,在"贫穷"的环境中,重视人力资源的开发,提出了振兴经济、教育为先的基本国策,教育经费的投入在国家财政预算中排在第 2 位(仅次于国防),使新一代能适应国际经济和区域经济的竞争,成为更好的个人和有用的公民。

新加坡认为儿童是国家最宝贵的资源,国家明天的希望寄托在今天的儿童身上,学前教育要促进儿童智力水平的提高,使儿童掌握运用英语和母语进行交往的技能,习得关于亚洲文化的基本价值观,身心得到全面和谐的发展,为入小学作好准备,为成为现代社会所需要的人奠定基础。

三、学前教育的内容与策略

学前教育的内容包括生活、认知、社会、审美等几个方面:(1)训练儿童良好的生活习惯,培养儿童独立生活的能力、处理应急事件的能力;(2)对儿童进行双语教育,培养儿童良好的学习习惯和动手能力;(3)加强儿童的社会公德教育、环境保护教育、礼貌教育、助人为乐教育、勤俭节约教育,使每个儿童都成为强者;(4)对儿童进行钢琴、芭蕾等艺术方面的熏陶;(5)培养儿童使用电脑的才能。

新加坡一所幼儿园的盥洗室

新加坡一所幼儿园的电脑活动

新加坡对学前教育内容的各个方面还提出了具体的要求和策略。关于儿童处理应急事件能力的培养,政府对幼儿园有严格的规定,必须在平常的教育活动中加以渗透。例如,一个夹在商务楼三楼层面里的幼儿园,当教师和幼儿正开心地做着游戏时,紧急铃声会突然响起,教师立即关闭所有的电器开关,在一片昏暗中,带领着被吓哭的幼儿,快速地朝着紧急出口处撤离,以锻炼幼儿应急的能力。

关于环保教育的具体要求是:(1)增进儿童对大自然的了解和热爱;(2)组织儿童采集自然物,进行美工拼贴活动,在室内、室外开展园艺活动,设立自然记录本,收集花草树木的图片,记录其特征;(3)开展认识花草树木及虫鸟的游戏,使儿童从花草树木的香味中及手的触摸感觉中能猜测出花草树木的名称;(4)组织儿童参与绿化活动,习得植树养花、保护草地的初浅知识和简单技能;(5)在日常生活中,发动儿童收集旧报纸和纸盒,交给废品站回收利用,减少对环境的污染。

此外,学前教育的内容和要求在不同的年龄班侧重点是不同的。例如,要求3—4岁幼儿,学会自己穿脱衣服、鞋子,自己刷牙、洗脸,自己整理玩具用品等;要求学前班的儿童能够做到:(1)具有初步的听、说、读、写能力;(2)词汇量丰富;(3)掌握简单的数学概念和技能;(4)科学知识面宽广;(5)对周围世界的认识全面;(6)通过美工活动,发展智力;

（7）通过歌舞表演、诗歌朗诵、器乐演奏等活动，陶冶情操；（8）通过室内外游戏活动，锻炼动作，提高合作能力；（9）在大组活动、小组活动和配对活动中健康成长。

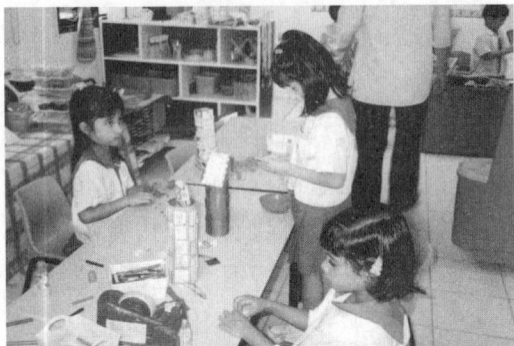

新加坡一所幼儿园的制作活动

新加坡一所幼儿园的绘画活动

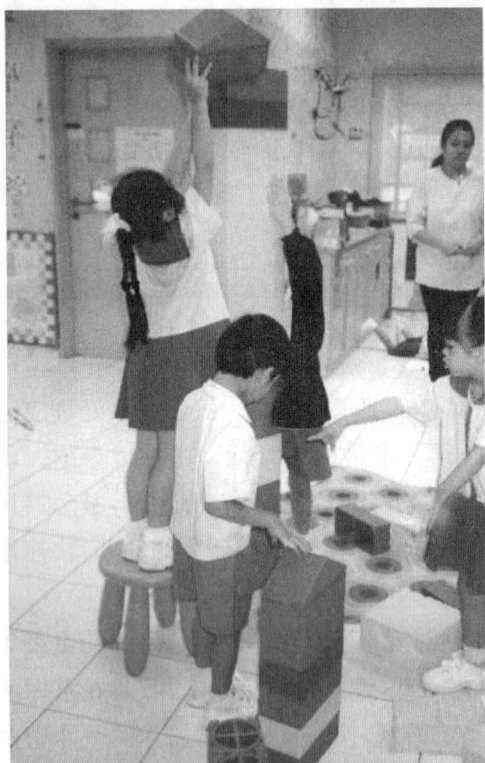

新加坡一所幼儿园的搭积木活动

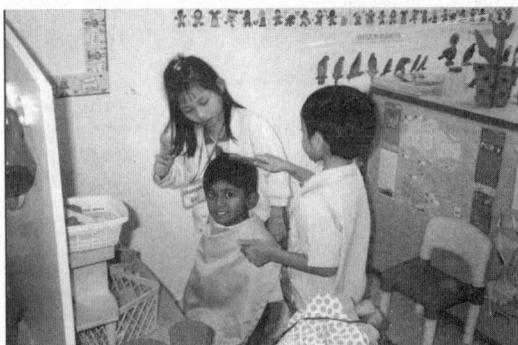

新加坡一所幼儿园的"理发店"游戏

新加坡一所幼儿园的"踩高跷"活动

最后，学前教育内容的实施，应考虑到儿童的个别差异，每一个儿童都非常重要，每一个儿童都如此不同，教师要以儿童为中心，引导、塑造儿童，促进儿童个性的发展。

四、学前儿童的家庭教育

新加坡每个家庭平均3个孩子，很少有女性因为结婚生育而离职回家，年轻的母亲产后两个月便返回工作岗位,照料孩子的任务往往由外婆承担,例如,母亲早晨上班前把婴孩放在外婆家,晚上下班后再把孩子接回来。"周末父母"是:父母从星期一到星期五把孩子都放在外婆家,周末时同孩子一起度过。父母以这种方式对待孩子,被指责为没有承担起父母应有的教养责任而遭受到严厉的批评。学前教育专家们呼吁父母要关心孩子,教育孩子。

新加坡学者们的研究表明,父母参与学前教育机构的活动,有利于学前教育质量的提高和儿童的健康成长。一些学前教育机构还成立了"父母和教师小组",旨在"增加父母和教师之间的沟通,改善彼此之间的关系;使儿童在家庭和幼儿园中所受到的教育具有一致性和永久性;通过获得父母的支持,加强学前教育机构的力量;丰富父母的教育知识,提高父母的教育技能;鼓励有共同兴趣和需要的父母共同商讨、交流,相互帮助"①。为了实现这些目标,"父母和教师"小组组织开展了社会活动、教育参观、娱乐郊游等活动;出资开办玩具图书馆,培训教师助手,维修园舍设施;召开父母和教师会议,请教育专家讲解儿童保教工作在不同场所的不同特点;建立学前教育信息角等。

据新加坡对 400 位 16 岁以下儿童的家长进行的随机调查,发现有 2/3 的家长以藤鞭打孩子屁股的方式来惩罚孩子,并视之为教育孩子的有效形式。为了帮助家长树立正确的儿童观和教育观,学前教育机构组织家长进行讨论:一些母亲提出,劝导孩子往往不会为他们所理解,是白费力气,但使用藤鞭的时候,孩子却会明白是怎么一回事了,收效很快;另一些母亲却认为用藤鞭打孩子,不仅不能使孩子真正改正错误,而且还会使孩子和家长之间形成敌对的关系。经过辨析、讨论,许多家长认为体罚孩子弊多利少,应尽量少用或不用。

为了增强父母的教育意识,学前教育机构开办了亲子乐园,吸引父母参与教育活动,以观察、了解孩子的发展水平,掌握教育孩子的艺术。例如,教师通过儿童的生日聚会活动给家长以具体指导:在下午正常的教学活动结束以后,"小寿星"的母亲捧着鲜花、拎着蛋糕,父亲扛着照相机、携着礼物来到班级;母亲让孩子把鲜花送给教师,把礼物分给每个小朋友,父亲为每位幼儿拍一张照片,以此培养孩子的分享观念和能力。

为了发挥家庭环境的教育作用,学前教育机构还指导父母在家庭中开辟阅览室,放置书架,让孩子自由选择图书;每天应抽出 15 分钟左右的时间给孩子读一些有趣的文章;鼓励孩子按照故事情节进行表演,复习巩固所学新词。

此外,学前教育机构还利用父母接送孩子的机会,及时和父母交换信息,使教育更有针对性和有效性。

---

① Khoo Kim Choo, An Alternative Model of Child Care: The Experience of the National Trades Union Congress of Singapore, Betty Po-King Chan, Early Childhood Toward the 21st Century: A Worldwide Perspective, Yew Chung Education Publishing Company, 1990. p. 212.

五、学前儿童的社区教育

玩具图书馆是社区对学前儿童进行教育的主要形式。它由一些家长和社会志愿者发起、组织,旨在通过为儿童提供各种教育性游戏材料、游戏活动和游戏伙伴,推动儿童的发展,促进儿童的社会化;为不工作的母亲创设一个宽松的氛围,使她们能通过观察儿童的游戏,同馆中工作人员及其他父母交谈、进行现场活动、学习制作玩具并和儿童一起玩,掌握教育孩子的技能技巧。该馆每周活动 1 次,届时,组织者提供品种繁多的玩具和图书供参加者选择。每个家庭只要交很少的费用,就可成为会员而充分享用这些资源。该馆还向父母发放育儿手册,提供教育信息和建议。玩具图书馆得到了家长们的肯定,父母普遍认为它使孩子的胆量变大,学会了与别人分享、友好相处,也增加了自己对玩具教育作用的认识。

流动故事站是社区对学前儿童进行教育的重要形式。来自社区青年俱乐部和居民委员会的志愿者们经过一定的培训以后,在社区中心、篮球场和其他的公共场所,给儿童讲故事、表演节目,指导儿童游戏,教儿童唱歌等,以激发儿童阅读的兴趣,向父母宣传早期教育的重要性以及父母参与儿童活动的价值。每次活动的时间为 1.5—2 个小时,往往能吸引 50—200 个儿童和家长旁听和参与。①

在图书馆、社区中心、政府机构、法院等一系列公共场所,还经常举办"社区参与:儿童保育中的伙伴"展览,向公众宣讲社区参与学前教育的含义和意义,呈现社区参与学前教育的经验和方式。

出版双语季刊《养育》,为父母和学前教育工作者提供儿童管理、健康、安全、营养等方面的知识,向他们介绍儿童发展的最新研究成果,并针对学前儿童社会教育中的热点问题展开讨论。此外,每期还提供关于社区学前特殊儿童的一些信息,以增加公众对这些儿童的关爱之心,能够理解他们、接受他们,为他们的发展创设条件。

第三节　马来西亚的学前教育

马来西亚是个由马来族、华人、印度族等组成的多民族国家,在学前教育的机构中,私立幼儿园占有很高的比例,学前教育的内容和方法自由灵活,学前教师的培训时间长短不一,学前教育的管理机构也不同。

一、学前教育的机构与发展

马来西亚在其 1957 年的教育条例中,便指出向少年儿童提供平等的教育机会是民族统一和国家发展的重要手段,1961 年颁布的《教育法》,又强调国家要保证儿童受教育的

---

① Khoo Kim Choo, An Alternative Model of Child Care: The Experience of the National Trades Union Congress of Singapore, Betty Po-King Chan, Early Childhood Toward the 21st Century: A Worldwide Perspective, Yew Chung Education Publishing Company, 1990. p. 214.

权利。但在这一时期,学前教育机构主要仍是由宗教团体、个人组织兴办的,收费昂贵,为富家子弟服务。

进入 70 年代后,国家政府部门积极发展学前教育事业,增加了学前教育机构的数量,拓宽了学前儿童的受教育面。例如,国家联合部于 1976 年为不同种族的儿童开办了学前教育机构;橡胶工业发展局也在同年为工人的孩子创设了幼儿园。1979 年,全国幼儿园达 2227 所,在园幼儿超过了 12 万人。

80 年代,随着对学前教育重要性认识的加强,学前教育机构迅速发展起来,众多私人团体也参与进来。据统计,1989 年,幼儿园有 6959 所,在园幼儿达 33.16 万人。其中,私人创办的幼儿园为 1392 所,在园幼儿有 13.23 万名,私立幼儿园的师生比约为 1∶35,低于公立幼儿园。由此可见,从 1979 年至 1989 年的 10 年里,幼儿园数量和入园幼儿数均增长了 3 倍。

90 年代以来,学前教育机构的规模不断扩大,农村儿童也有了受教育的机会。1991 年,私立幼儿园已发展到 6502 所,教师有 1.09 万人,在园幼儿达 37.28 万人;同年,联邦政府农村发展部社区发展中心等在广大农村创办了 4000 多所学前教育中心;此外,土地和区域发展部、劳工部、社会福利部、农业部以及青年和体育运动部等机构和部门也积极创办学前教育机构,为儿童服务。1998 年,全国共有 10401 所注册幼儿园,在园幼儿已达 44.63 万人。

二、学前教育的内容与方法

学前教育的目标是向儿童传授拼读、写作、数学、绘画、手工、演讲等方面的知识,培养相应的技能,促进儿童的全面发展,为儿童的未来学习作好准备。

关于学前教育的内容与方法这一问题,马来西亚存有不同流派的影响,有的学者认为应以儿童的社会生活为基础,灵活选择教育内容和方法;有的学者提出应以儿童的发展为基础,寓教于乐,让儿童在轻松愉快的气氛中生动活泼地学习;有的学者认为应在正规严肃的氛围中,对儿童进行读、写、算的教育,每天给儿童布置家庭作业,每周、每个月对儿童进行考试。近些年来的教育实践已使学者们深深感到后一观点的诸多弊病:如果儿童在幼儿园时,就学习了小学一年级的课程,进入小学一年级学习时,就会对这些内容感到厌烦,失去学习的兴趣;不了解幼儿特点、"小学化"的教育方法,阻碍了幼儿个性的健康成长等。教育专家建议要在全国建立统一的学前教育课程标准,确立教育的内容、手段、途径和方法,例如,教育语言应是马来语,还是华语、印度语以及这三种语言在教育中应占多大的比例等。[①]

三、学前教育的师资与管理

马来西亚的师范大学和师范学院均不承担培养幼儿园教师的任务,幼儿园教师主要

---

① Rohaty Mohd Majzub, Preschool Education in Malaysia, Garland Publishing, 1992, p. 343.

是由资助幼儿教育的一系列机构来进行培训的,不同的培训机构,虽然培训的内容、时间不同,但都以在职培训为主。例如,社区发展处对本处所办的幼儿园教师进行培训的时间是 3 个月,土地发展局对本局幼儿园教师进行培训的时间是 6 个月,全国学前教育协会对各类幼儿园教师进行培训的时间长达 3 年。现在 80%以上的幼儿园教师通过各种不同形式的培训,获得了较为丰富的学前教育理论知识,提高了自身的教育素养。

学前教育工作虽然以女性为主,但也有少量的男性参与。据统计,1984 年,在政府创办的幼教机构中,女教师有 15524 人,男教师有 47 人,男教师占总数的 0.3%。学前教育工作者的经济地位也在不断提高,特别是私立幼儿园教师的收入较为丰厚。

马来西亚学前教育机构受政府部门或私人部门的管理。但政府没有设立专门管理学前教育的机构,而是由有关的政府各部门分别管理的。发展学前教育事业只是政府各部门众多任务中的一项;管理公立幼儿园的政府官员,也不是专业人士,他们只是在上任前接受有关学前教育专业方面的一点培训,上任后,又由于身兼数职,投放在学前教育管理方面的时间和精力就极其有限,因而使学前教育的管理带有非专业性和非专门化的特点。而私立学前教育机构的管理则不然,例如,私立幼儿园是由创办者本人直接管理的,或由创办者组织成立教育委员会,指派专人进行管理。

由于学前教育机构由不同的部门开办和管理,归属于不同的群体和个人,因而在招收的对象、收费的标准、资金的来源、设备的添置等方面也不同。公立幼儿园收费较低,物质设备比较缺乏,没有固定的场地和房屋,一般是利用社区娱乐厅、清真寺或学校餐厅等地来进行的,教育教学材料严重不足。近些年来,政府扩大了对学前教育投资的规模,采取办园时一次投入或分期分批投入等方式,一定程度上改善了公立幼儿园的物质条件。私立幼儿园的物质设备较为齐全完善,有专用的园舍和房屋,教育教学材料丰富多样,但收费价格不菲。

第四节　泰国的学前教育

泰国学前教育是为 6 岁前儿童服务的,学前教育的机构有幼儿园、儿童发展中心、日托等形式,遍布在城乡各地,公立为主,私立为辅。1989 年,幼儿教育机构有 25705 所,受教幼儿 122.4 万人,其中,在私立幼教机构里的幼儿占 27%。随着经济的发展、对外开放国策的实施,学前教育事业也更加壮大,社区学前教育迅速发展起来。

一、学前教育的任务与途径

泰国学前教育的目标是为儿童提供良好的生存条件,保证儿童的生活质量,发展儿童的内在潜力,促进儿童在身体、认知、社会、情绪等方面的健康成长,使儿童能顺利地进入小学学习,并为将来生活的成功奠定基础。

学前教育的任务是:(1)锻炼儿童的身体,发展儿童的体力,增强儿童的体质;(2)激发儿童的学习兴趣,鼓励儿童积极思考、创造性地学习,形成自己的独特风格,提高认知水平;(3)培养儿童的自尊心、自信心、积极的自我意识和自我价值观,形成良好的行为习惯;(4)帮助儿童意识到自己是泰国公民,并以泰国文化为自豪;(5)使儿童能爱护周围环境;(6)使儿童能用正确的方式表达自己的情感,形成良好的性格,拥有健康的心理。

学前教育机构的一日活动是对儿童进行教育的基本途径,幼儿园一日活动的安排大体如下:

上午	8:30—9:15	幼儿入园
	9:15—9:45	幼儿以大组或小组的形式,开展表达情感活动、学习文化活动、认识周围环境活动、游戏娱乐活动
	9:45—10:00	幼儿整理、盥洗
	10:00—10:45	幼儿在室内外进行自由活动,可参与科学区、烹调区、艺术区、阅读区的活动,也可开展角色游戏、表演游戏
	10:45—11:30	幼儿在户外进行体育活动、游戏活动和创造活动
中午至下午	11:30—15:15	幼儿盥洗、餐点、休息、室内外自由活动
	15:15	幼儿离园

可见,在一日活动中,幼儿有很大的自主性,游戏时间、户外活动时间、自由选择时间都较多,符合儿童的年龄特点,有利于儿童个性的发展。

二、学前儿童的教师与家长

幼儿园教师以大学本科毕业居多,国家、学前教育机构要求教师做到:(1)对事业要有光荣感和自豪感;(2)对工作要有热情、责任心和进取心;(3)对幼儿要能够及时满足其各种需要,为他们树立良好的榜样、提供适当的环境,鼓励他们选择自己喜欢的活动,促进幼儿的全面发展;(4)对家长,要能根据家庭的不同类型(比如,是稳定型还是危机型,是一般型还是问题型),有针对性地加以指导,使家长认识到自己在幼儿成长发展中的独特作用,主动配合好幼儿园的工作;要能为他们提供教育咨询,帮助他们掌握科学育儿的方法,解决家庭教育中遇到的各种问题。

国家、学前教育机构也要求家长做到:(1)对幼儿园,能提出合理的教育建议,积极参与各种教育活动,提供设备材料;(2)对教师,能主动介绍孩子的在家表现、兴趣爱好,接受其对家庭教育的理论指导。

三、学前儿童的社区教育

在泰国人看来,每个儿童都是社区的一员,社区要关心家长,为家庭提供各种不同的社会服务,比如,通过幼儿园来丰富家长的保育知识,提高家长的教育能力;更要关心学前儿童、特别是0—3岁儿童,使他们享有各种权利,例如,游戏权和受教育权。

在学前儿童的社区教育中,泰国首先强调利用社区的人力、物力、财力资源,构建儿童保育教育网络,形成从中央政府到社区发展部再到乡村儿童发展委员会都来关爱儿童的良好局面。例如,政府允许各地根据自己的需要、经济水平,发展社区教育;儿童发展委员会出资修建游戏场地,购置玩具、教具。

其次,倡导教育部门、健康部门、社区发展部、政府各机构、妇女组织、国家儿童少年发展委员会、商业部门、大众媒介、交通和其他设施、宗教组织等从不同的侧面为儿童服务,既要分工,又要协作,形成全社会爱护学前儿童的良好风气。例如,健康部门定期委派医生下园为儿童体检。

再次,重视从预防、治疗、恢复、提高等方面来为全体儿童服务,提高儿童身心发展的整体水平。为了促进儿童的生存和发展,社区还采取了各种有效措施,积极预防儿童身心疾病的发生,一旦发现异常儿童就及时加以治疗,帮助他们早日康复。

第五节　韩国的学前教育

韩国学前教育机构以幼儿园为主,学前教育事业随着儿童观的科学化、法制建设的完善、国家财政投入的增多而不断发展起来;注意对儿童进行英语、汉语等语种的教育;重视学前教育师资的培训和提高。

一、学前教育的法规和儿童观

1946 年国家独立以后,政府始终关注学前儿童的教育,并通过立法的形式加以保证。在 1949 年的《教育法》中,含有幼儿园的条款,指出幼儿园属于学校教育制度之一;1950年,韩国文教部颁布了《国立幼儿园课程设置计划》,使音乐、舞蹈、绘画、游戏等成为幼儿园教育的重要组成部分;1962 年,文教部发布了《幼儿园设施基准令》,下令关闭不合格的幼儿园,以免对儿童的身心健康造成不良影响;1969 年,又公布了《幼儿园教育课程令》,规定幼儿园要对儿童进行社会、艺能、自然、语言及健康等方面的教育,每学年 600 个学时,每天 3 个学时;1979 年,文教部对《幼儿园教育课程令》进行了修改;1982 年,又制定了《幼儿教育振兴综合计划》,颁布了《幼儿教育振兴法》。1996 年总统咨询机构——"教育改革委员会"提出了学前教育改革方案,旨在把学前教育纳入国家资助和管理的公共教育体系,使所有的适龄儿童都能享受到学前教育;改革委员会还提出要制订一项《幼儿教育财政保证方案》,以从根本上解决学前教育经费不足的问题。据统计,1997 年幼教经费在教育经费中的比例提高到了 0.9％,在 2005 年提高到了 5％。

韩国学前教育法规的完善和儿童观的发展变化有着密切的关系。现在韩国人已深刻地认识到每个儿童都是决定民族未来的公民,成人必须倍加爱护他们的身体和心理,竭力为他们创造美好的环境,保证他们的健康成长。具体来讲,应注意以下几个问题:(1)把儿童看作是一个社会的人,有无穷的价值的人;(2)家庭和社会都要爱护儿童、教育儿童;

（3）要为儿童提供能够进行愉快学习和游戏的环境；（4）不要给儿童施加额外的学习压力；（5）在危险情况下，首先要救助儿童；（6）在任何时候都不能把儿童当作试验的对象；（7）满足儿童正当的生理需要，给身体或智力残疾的儿童以更多的帮助；（8）使儿童在充满爱的氛围中成长，培养他们好奇的天性和良好的道德品质；（9）把儿童培养成国家的好公民，使他们能为人类的发展、文化的繁荣作出贡献。

二、学前教育的机构与发展

学前教育的正规机构是幼儿园，招收 3—5 岁的儿童。幼儿园从 20 世纪 80 年代起得到了很大的发展。据统计，1978 年 5 岁儿童入园率仅为 5.3%；1980 年幼儿园有 901 所，儿童入园率为 7.3%；1987 年幼儿园在园儿童达 39.7 万人；1992 年，幼教机构有 8498 所，在园幼儿有 45.1 万人，其中在私立幼教机构中的儿童占 74%；1993 年政府投资新建 101 所公立幼儿园；1994 年又增加了 75 所公立幼儿园；到 1996 年底，幼儿园已达到 8900 所以上，招收了 55.2 万以上的儿童，入园率为 27%，其中在私立幼教机构中的儿童占 79%；国家提出 2005 年学前教育发展目标，要保证 90% 以上的学前儿童都能受到应有的教育。从上可见，即便近年来公立幼儿园数量有较快的增长，但私立幼儿园在韩国学前教育的发展中仍占有非常重要的地位。

为了方便家长就近送子女入园，政府规定居民住宅区、地方自治团体、女工企业、事业单位都有设置幼儿园的义务，包括利用当地的公共设施、农会会馆、居民会馆、社会福利馆开办幼儿园，为幼儿服务。此外，一些私人财团也大力发展幼儿园。这些幼儿园分别由文教部或内务部管理。国家还着手将幼儿园从半日制转向全日制，以更好地为家长服务。

学前教育机构除了幼儿园以外，还有附设在小学的免费学前班、儿童之家、儿童房、儿童外语班、儿童美术班、儿童计算机班、儿童音乐班、天才儿童教育学校以及设在宗教机构中的学前班、巡回教育等多种形式。例如，1996 年，面向幼儿的英语学堂有 500 所左右，附设在英语学院的幼儿班约有 1000 个，使 54 万以上的儿童受益。

三、学前教育的任务与途径

韩国学前教育的目的是使儿童在身心两方面都得到健康发展，为入小学作好准备，为将来成为有知识、有能力、有理想、有修养的新一代韩国公民奠定良好的基础。

学前教育的任务有：（1）对儿童进行健康教育和安全教育，培养儿童良好的卫生习惯和生活习惯；（2）激发儿童对学习的兴趣和创造的欲望，发展儿童的观察力、思考力和语言表达能力；（3）树立儿童对社会、对集体、对别人、对自己的正确态度；（4）陶冶儿童的情操，发展儿童的美感。

学前教育的内容包括健康、自然、语言、社会和艺能等几个方面：

在语言教育中，除了注意激发儿童对韩国童谣的兴趣、丰富儿童的韩文词汇、提高运用韩语进行表达的能力以外，还重视儿童的英语教育和汉语教育。在对儿童进行英语教育时,普通幼儿园往往聘请外籍教师;每周给儿童上 1 小时的英语课,由本园教师担任助手,帮助儿童复习巩固所学的英语知识;但在一些"英语特色"幼儿园里,儿童从早到晚可能讲的全是英语,唱的全是英文歌曲。为此,教育专家提出要诊治儿童学习英语的这种"过热病"。

中国经济的发展和中韩经济文化交往的日益频繁,带动了韩国儿童学习汉语的热潮。20 世纪 80 年代末期,韩国的一些政府官员就提出:21 世纪将是环太平洋世纪,要想和中国大陆在经济贸易、文化教育等方面保持密切的联系,就必须加强对儿童的汉字教育。1992 年中韩建交以后,汉语在韩国便成为紧随英语之后的第二大外语,学习汉语的人越来越多,年龄也越来越小,"英语说得好,不一定能吃饱;汉语说得好,肯定吃得好"正在成为韩国人的共识,使汉语和英语在学前教育中并驾齐驱。

此外,在社会教育中,还重视对儿童进行勤俭节约的教育、个性品质的培养、多文化的熏陶。例如,进餐时,要求儿童不把饭粒撒在桌上、地上,不浪费粮食。在艺能教育中,注意开发各种特色教育,训练儿童的专门技能。例如,对儿童进行美术教育,培养儿童的绘画技能。

学前教育的途径主要有两条:一是有目的地利用幼儿园的内部资源,充分发挥各种活动在儿童成长中的作用。注重以儿童的生活经验为基础,开展游戏活动和娱乐活动,使儿童在活动中得到发展。二是有计划地开发幼儿园的外部资源,定期带领儿童外出参观、游览。例如,教师通过组织幼儿参观首尔国立民俗博物馆,能使幼儿感受到它是自己国家的宝贵财富,萌发爱国热情,产生民族自豪感;教师通过带领幼儿到公园游玩,能使幼儿体会到"我是一流的,国家才是一流的,一流的国家公民不能在公园里野炊,不能在公共场所铺席而卧"的真正含义,学会爱护环境,做个文明的小公民。

四、学前教育的师资与培养

培养学前教师的任务主要是由大学承担的,1983 年幼儿教师有 6421 人,1987 年有 11920 人,1992 年有 21133 人。为了充实学前教育师资队伍,从 1995 年开始在大学增设学前教育专业,扩大招生比例,并对课程设置进行了改革,其中基础课占 35%,应用课占 45%,选修课占 20%。为学生开设的基础课主要有:儿童发展、儿童福利论、幼儿教育论等;应用课有:身体发育、幼儿社会教育、幼儿语言教育、幼儿数学教育、幼儿科学教育、幼儿音乐教育、幼儿美术教育等;选修课有:家庭和社会、特殊教育等,以提高学生的教育理论修养。

除了注意对教师进行职前培训以外,还重视教师的在职教育。把教师轮训的周期由 5 年缩短为 3 年,培训的时间从半年延长到 1 年。

为了稳定教师队伍,国家重视提高教师的经济待遇。据统计,在 1994 年,公立幼儿园教师的人均收入比 1993 年增长了 21%。

第六节　朝鲜的学前教育

朝鲜十分关心儿童,重视发展学前教育事业。1976 年《朝鲜民主主义人民共和国儿童保育教养法》规定:要把最好的东西给儿童。国家机关、地方政府、社会团体、工矿企业、农业部门等都把为学前儿童提供良好的保育、教育条件放在了首位。比如,为了保证儿童的物质需要,国家除了规划建设生产儿童用品的大型工厂以外,还规定各个道郡都要建立儿童糕点厂、儿童服装厂、儿童玩具厂等;为了改善园所的环境,把每年的 8 月、9 月列为支援园所月,国家、地方、农业部门都要组织居民参加建设或帮助幼儿园、托儿所的义务劳动。

一、学前教育的机构与形式

第一个学前教育机构建于 1946 年。学前教育的对象是出生至 5 岁的儿童,1995 年有 350 万学前儿童接受了免费的保育教育和学前 1 年的义务教育。学前教育机构的类型有:

(一) 托儿所

这主要由中央保健部托儿所指导局和地方道(市)、郡(地区)保健部门负责管理与指导,招收出生 3 个月—3 岁的儿童。据统计,1995 年全国约有 3.6 万个托儿所,入托率在 80％左右。托儿所一般都有较大的户外活动场地,设施也较齐全,比如,有室内游戏室和音乐室等。

(二) 幼儿园

这主要由中央普通教育部幼儿园人民学校(即小学)指导局和地方道、郡教育部门负责管理与指导,招收 4—5 岁的儿童。1987 年全国有 1.69 万所幼儿园,3.5 万名幼儿教师,在园儿童 72.8 万名;1995 年约有 2.4 万所幼儿园,入园率在 98％左右。在不同的地方,幼儿园的规模也不等,相对而言,城市幼儿园的规模较大,农村幼儿园的规模则较小。比如,在平壤市,有的幼儿园规模达 30 个班级,150 名教职工,800 名幼儿。

托儿所和幼儿园既有国立的(由国家开办)、公立的(由地方行政部门开办),也有集体设立的(由农场、企事业单位开办);既有全日制、周制的,也有月制和季节制的。不论托儿所和幼儿园的性质如何、形式怎样,都要执行中央制定的《卫生管理规范》和《卫生防疫规范》,以保证儿童的健康成长。

此外,国家还设立育儿院和保育院,抚育教养那些无家可归或父母无法照顾的儿童。

二、学前教育的内容与途径

托儿所、幼儿园要根据国家教育纲要,对儿童进行集体生活训练、语言教育、数学教育、道德教育,特别是音乐教育,发展儿童的体质、体能,培养儿童积极的情感和良好的性格等。

学前教育的途径主要有以下几条：

1. 一日活动

这是对儿童进行教育的基本途径，无论是托儿所还是幼儿园，都重视寓教于一日活动之中。例如，为了对幼儿进行音乐教育，陶冶幼儿的情操，幼儿园为幼儿从入园到离园的每个环节都配备了歌曲，约有 14 首之多，使琴声和歌声能伴随着幼儿度过美好的一天。

2. 环境熏陶

托幼机构整洁、优美的环境，对儿童的发展起着潜移默化的影响。许多幼儿园还创造条件设立了戏水池、游戏场、体育场、动物厅、植物厅、音乐厅和舞蹈厅等，对儿童进行某一方面的专门训练。例如，幼儿通过参加体育场的活动，能使形体得到较好的训练；通过观看动物厅陈列的各种动物标本，能激发爱护小动物之情；通过观赏植物厅陈列的蔬菜水果、花草树木的模型，能全面了解各种植物的特性；通过参与音乐厅和舞蹈厅的活动，能学会演奏多种乐器，跳好民族舞蹈。

3. 主题教育

这是对儿童进行教育的独特形式，托幼机构常常围绕某一主题，选择不同的形式，来达到教育儿童的目的。例如，在对幼儿进行"万景台故乡的军舰岩石"这一主题的教育时，教师在语言课上，给幼儿讲"军舰岩石"由来的故事；在音乐课上，教幼儿唱"军舰岩石"的歌曲；在舞蹈课上，和幼儿一起创编、表演"军舰岩石"，帮助幼儿全面掌握关于军舰岩石的知识。

三、学前教育的师资与培训

对学前教育工作者有很高的要求，托儿所保育员必须高中毕业，在保育员养成所至少接受过 3 个月的职业培训，获得保育员证书；幼儿园教师必须大学毕业，接受过 3 年的专业教育，具备相应的技能技巧。

师范大学、保育学院承接着培养学前教育工作者的重任，培训的课程可以分为三类：

1. 文化课

主要有革命史、哲学、经济学、文学、写作、数学、外语等。

2. 艺体课

主要是音乐、欣赏、器乐、舞蹈、美术、创作、体育等。

3. 专业课

例如有音乐教学法、舞蹈教学法、美术教学法、游戏组织与指导等。

除了注意丰富未来教师的教育理论知识以外，还很重视培养他们的实际操作能力，让他们到学前教育机构见习、实习，使他们能做到理论联系实际。在教育实习前，要求他们做好准备工作：先自己改编、创编儿童歌曲和舞蹈，经指导教师评定合格后，在学前教育机构付诸实践；在教育实习的 8 周时间里，要求实习教师写教案、试教，组织各项保教工作，整理实习资料，写总结，创编一台文艺节目。

这些未来的教师在毕业前还要参加实习能力考试和毕业考试、全国教师资格考试,全部合格后才能取得教师的资格。

在工作期间,教师还要参加在职培训。这主要由国家和地方负责,各道、市、区都办有"教师课程讲习所"。教师每隔 3 年有 3—6 个月脱产轮训的机会,了解国家教育科学院最新的研究成果,学习中央教学所研制的教材。

幼儿园教师共有 4 个级别,教师每年都要参加由道组织的维持级别的考试,考试不及格者将被降级使用;如果要提高自己的级别,教师还要参加由国家组织的考试(每 3 年举行 1 次),成绩合格后才有资格升级。

第七节　印度的学前教育

1947 年印度独立,50 年代社会福利部提出了发展学前教育的计划,1959 年儿童部提出要对保教工作者进行培训,1962 年付诸实施;1970 年劳工法提出要在女工区设立学前教育机构;1971 年教育部成立了研究小组,制定扩展学前教育机构的计划;1974 年国家儿童政策指出:儿童是极有价值的人类资源;1975 年,由于社会福利部的资助,儿童发展部广泛开展了为 6 岁以下儿童服务的工作;1986 年国家教育政策涉及了学前儿童的保育和教育工作,指出对儿童进行正规的读、写、算训练是极其有害的,强调通过游戏来教育儿童。

一、学前教育的机构

学前教育为 0—6 岁的儿童服务,其机构主要有以下几种:

(一)日托中心

它由社会部负责,主要招收母亲工作的 0—3 岁或 0—5 岁的儿童,重视他们的健康、营养和睡眠。国家劳工法促进了日托机构的发展,劳工法规定,在大型工作场所或有 20 个女工以上的地方都要建立日托机构,比如,在很大的建筑工地上有照看孩子的临时机构,随着工程的完成,也就自然消失。这种临时机构,一定程度上解决了幼儿的教育问题,但质量得不到保证。据国家人类资源发展部的统计,在 1987—1988 年间,有 1.05 万个日托机构,为 26.25 万名儿童提供了游戏和娱乐设施,使他们受到了较好的保育和教育。

(二)学前教育中心、早期教育中心

它归妇女儿童发展部管理,招收 3—6 岁的儿童,对他们进行非正规的教育。据统计,在 1987—1988 年间,这类机构有 4365 个。

(三)综合的儿童发展服务中心

它由妇女儿童发展部负责,为 0—6 岁的儿童提供服务,对他们进行预防接种和健康检查,以改进儿童的营养和健康状况。据统计,在 1987—1988 年间,有 1659 名儿童得到了丰富的营养,弥补了营养的不足。

这些学前教育机构除了在政府的帮助下,由志愿组织举办以外,一些私人个体也独自创办。据统计,在1977—1988年间,全国城乡各地共有465万名儿童在8.84万个保教机构中受益;1990年,私立幼教机构有1.54万所,接受了151万名幼儿。

二、学前教育的方案

学前教育在为儿童提供健康、营养和发展等方面服务的同时,还为儿童的母亲服务,通过提高母亲的教育素养,满足儿童接受教育的需要。为了探索发展学前教育的各种模式,印度制定了不同的教育方案。

(一)以家庭为基础的方案

在学前教育还不能满足全体儿童需要的情况下,以社区或家庭为基础,实施学前教育就显得非常重要。社区工作者对母亲进行培训,教给她们一些基本的教育知识和技能,使她们在家庭中能充分发挥教育者的作用。这种教育方案具有很强的灵活性和针对性。

(二)儿童帮助儿童的方案

儿童与儿童容易沟通,年龄较大的儿童有能力关心较小的儿童。在许多家庭,由于父母外出工作,养育年幼儿童的任务自然就由年长的儿童来承担。社区通过教给年长儿童关于健康、卫生、营养、游戏、歌舞等方面的知识和技能,使他们担负照料、教育年幼儿童的任务。这种教育方案有利于培养儿童的独立性和成就感,促进儿童的社会化。

(三)视听教育方案

国家利用广播电台,定期宣传学前教育的价值和知识,使教师和儿童受益。比如,在广播里安排"盛开的玫瑰花"的收听节目,每天有15分钟的时间传递保教知识和经验。在节目播出前,保教人员自学辅导材料,为儿童设计活动;在节目播出期间,保教人员和儿童一起收听;在节目播出后,保教人员和儿童一起开展相应的活动。这种教育方案有助于儿童轻松自如地学习和教师教育方式的改进。

(四)学校准备方案

这种方案主要是在没有学前教育机构的地方实行,面向5岁儿童,为他们提供6—8周的教育活动,使其能作好入学准备。

三、学前教育的目标

学前教育的目的是使每个儿童在认知、语言、身体、社会性等方面获得全面的发展,为入小学作好准备。

学前教育的目标是:(1)锻炼儿童的体格,增强儿童的肌肉能力,发展儿童的动作技能;(2)培养儿童的健康习惯,形成个人生活所必需的一些基本技能,比如穿衣、盥洗、吃饭、洗涤、清洁等;(3)培养儿童对社会正确的态度和行为方式,鼓励儿童与人交往,学会了解别人、尊重别人的权利;(4)通过引导儿童去理解、表现、控制自己的情绪,而使儿童情感的发展走向成熟；(5)提高儿童的艺术欣赏能力；(6)刺激儿童的好奇心，发展儿童的智力，帮助儿童理解周围世界；通过向儿童提供探索、调查、体验的机会，来激发儿童新的兴趣；(7)通过给儿童提供充分的自我表现机会，来培养儿童的独立性、创造性；(8)培养儿童利用流利、正确、清晰的语言来表达思想、情感的能力。[①]

要实现学前教育的这些目标，就要注意如下几点：以儿童为中心，采用游戏的方式；重视儿童的主动探索和学习；广泛开展各种活动，如创造性活动、娱乐活动；为儿童提供价廉物美的图书、图片和磁带、录像带等视听材料；注重综合教育。

四、学前教师的培训

学前教育工作者有教养员和保育员，他们在不同的培训机构接受教育。教养员主要由幼儿师范学校培养，学生高中毕业后，在此学习 2 年，第一年学习的课程有：儿童发展和教育活动、学前教育计划的制定、健康和营养等；第二年学习的课程是：儿童发展、与父母和社区人士的合作、班级活动计划的设计等。每年除了学习教育理论知识以外，还要参加教育实践活动，使集体教学与个别指导、教师的演示与学生的观察、模仿与创造能有机地结合起来。这种理论联系实际的教育形式，不仅锻炼了学生急救及烹调的技能、提高了学生准备教学材料及组织音乐活动、戏剧活动、木偶活动、创造活动的能力，而且还发展了他们的社会交往能力，进行家访和组织父母活动、帮助父母组织儿童活动的能力。此外，还增强了观察儿童、管理儿童、对儿童进行案例研究的能力。

学生持有专业合格证书才能在学前教育机构任教养员。另外，有的教养员是通过大学的学前教育专业培养出来的。

未来的保育员，是一些高中毕业生，他们在学前教育机构普通工作人员培训班里接受 3 个月左右的专业培训，参加书面考试、口头考试和实践考核，合格者能得到证书，任保育员职务。

在职后短期培训中，注意增强教师的责任感，丰富他们关于不同文化传统和价值观念的知识，训练他们同儿童父母，特别是儿童母亲保持密切联系，为父母提供儿童健康、营养和发展最新信息的技能，提高他们促进儿童全面发展、参与社区活动的能力。

学前教育工作者还要定期接受由教育专家、管理者和教师组成的评估委员会的评估，委员们要实地观察教师的工作，对教师进行口试，让教师进行自我评判，并要求教师的同伴及儿童和家长也对教师进行评价。

五、学前教育的问题

恶劣的生活条件，严重地阻碍了印度儿童智力的发展。研究表明，居住在印度各大城市 12 岁以下的儿童，有一半以上患有铅中毒、多动症，听力和注意力下降，智商低下，智力

---

① Venita Kanl，Early Childhood Education in India，Garland Publishing，1992，p. 275.

发展迟缓等。生化专家、教育专家们提出,要尽可能避免燃料添加剂、食品罐焊料、含铅颜料、陶瓷釉、饮用水系统、化妆品和炊具等对儿童造成的恶性影响,保护环境,改善儿童的生存空间,使儿童能正常地生长发育。

迅速膨胀的人口,威胁着儿童的生存和发展。据统计,印度每分钟增加 33 人,每小时增加 2000 人,每天增加 4.8 万人,一半以上的学前儿童营养不良。国家虽然处于贫困状态,却把大量资金投放在核武器的研制和生产上,使国民生产总值的 2.5％被耗于军事国防,而用于卫生方面(包括计划生育)的费用却只占国民生产总值的 0.7％,用于学前教育事业的经费则更少。如何安排投资的轻重主次,降低人口数量,提高人口质量已成为今日印度所面临的主要问题和严峻挑战。

第八节 以色列国的学前教育

以色列国是一个十分重视学前教育且学前教育发展水平较高的国家,尤其非常重视对儿童的家庭教育进行指导,注意发挥父母在家庭教育中的作用。

一、学前教育的机构

学前教育为 6 岁以下儿童服务,其机构主要有两种:

(一) 日托中心

招收 3 岁以下儿童,有的日托中心是由地方政府或妇女组织开办的,也有的日托中心是由私人创办的。20 世纪 90 年代初期,2 岁儿童的入托率为 64％。日托中心的保教人员积极参加培训,以提高保教质量。

(二) 幼儿园

此类机构招收 3—6 岁的儿童,由教育部管理。幼儿园又有两种形式:一是非义务幼儿园,由地方机构、妇女组织、私人团体开办,招收 3—5 岁儿童,按照父母收入状况收费;二是义务幼儿园,招收 5—6 岁儿童,执行义务教育法,保教工作者的工资由教育部和地方政府机构发放。90 年代初期,3 岁儿童的入园率为 90％,4 岁为 96％,5 岁为 98％。幼儿园教师主动参加在职培训,以取得更高的学历。[①]

二、学前教育的目标

对儿童进行学前教育,旨在促进儿童身体、认知、语言、情感、社会性、创造能力的发展,向儿童传递社会文化传统的价值观,为其进入小学作好准备。

学前教育的目标是:(1)培养儿童的健康习惯、日常生活习惯;(2)提高儿童的智力水平、社会交往水平;(3)发展儿童的语言能力、阅读能力、数学能力和认知能力,提高儿童的

① Rina Micholwitz, The Preschool Educational Network in Israel, Garland Publishing, 1992,p. 307.

学习能力和创造能力;(4)形成儿童良好的个性特征。

学前教育的内容有:健康、安全、语言、思维、阅读准备、计算准备、学习习惯、生活经验、世界知识和社会知识等方面。

在实施学前教育时,采用的策略是:正确认识儿童及其能力,考虑儿童的年龄特征和个体差异;重视游戏活动,注意利用计算机技术,改革教育教学手段,提高教育质量;在对家长进行指导时,把重点放在培养其教育能力和合作能力上。

三、学前儿童家庭教育的指导

(一)学前教育机构对家长的指导

学前教育机构通过开展多种活动、利用不同的形式对家长进行指导:

1. 召开家长会

教师向家长讲解儿童发展的规律和特点,解答家长的疑难问题,传递制作玩具的经验,增强家长的教育意识,提高家长的教育技能。

2. 创办黑板报

教师借此向家长介绍日托中心或幼儿园的教育内容和方法,谋求家长的理解和配合。

3. 开放图书馆

教师提示家长在托幼机构的图书馆里享有和教师同等的权利,可以借阅自己感兴趣的任何教育儿童的文献资料。

4. 组织讨论

教师引导家长在民主平等的气氛中,对儿童成长发展的各种问题进行讨论、交流,形成共识。

5. 参与活动

教师鼓励父母来园参加各种活动。比如,在图书馆里当图书评论员、故事讲解员,参与培养儿童阅读兴趣的活动;在玩具馆里和儿童一起玩玩具、做游戏,从活动中理解游戏的价值,学会组织儿童的游戏。教师允许家长在任何时候来园观察孩子的活动,以更好地了解孩子的年龄特点和个性特征。

(二)社区对家长的指导

社区对家庭教育进行指导是通过两个教育方案来完成的:

1. 为 1—3 岁儿童服务的方案

社区挑选、推荐专业协调员和专职家访员来实施这一方案。协调员和家访员都要定期接受方案的专门培训,一个协调员负责几个家访员,每个家访员负责十几个家庭。家访员第 1 年每周要进行家访,第 2 年每两周家访 1 次,旨在使父母认识到孩子通过游戏成长的重要性,帮助父母学会与孩子一起游戏,提高孩子的协调能力、语言能力。此外,家访员还要帮助家长组成小组,半个月活动 1 次,大家共同讨论儿童养育中的各种问题。

因为该方案只要家庭承担材料费,其余费用全由政府担负,加上它确实能提高父母的教育技能,促进孩子身心的发展,所以很受家长的欢迎。在1997年,吸引了2000个家庭参与其中。

2. 为3—6岁儿童服务的方案

这一方案的实施周期为2年,为了保证质量,国家教育部组织力量编写教材,每年9册,每册都配有亲子活动,每项活动只需几分钟的时间。该方案主要是通过社区专职家访员来完成的,他们每两周对社会处境不利的家庭访问1次,向父母讲解家庭教育的价值和内容,帮助父母为孩子创设良好的家庭教育环境,通过游戏使父母掌握教材的教法和学法,提高教育孩子的水平。这些家访员还鼓励家庭结成互助小组,半个月活动1次,相互交流教子经验。

由于该方案只需要家庭承担1/3—1/2的费用,且能提高家长的教育能力,促进孩子的全面发展,因而深受家长的喜爱。1997年,有6000个家庭从中受益。

第九节　土耳其的学前教育

1949年,土耳其法律提出要对儿童进行保护,60年代政府指出对儿童进行保育和教育是对未来最有价值的投资,1962年颁发的学前教育法规对学前教育机构的标准、规模、目标、管理等方面都作出了规定。国家第1个5年计划(1963—1967年)提出对教师进行职业培训,对儿童进行保育,关心心理残疾儿童;第2个5年计划(1968—1972年)提出对父母进行教育,对3—6岁的儿童进行教育;第3个5年计划(1973—1977年)强调提高各级各类教育的质量,发展学前教育模式;第4个5年计划(1978—1982年)强调提高人口的健康水平、儿童保育的质量;第5个5年计划(1983—1988年)指出各级各类教育机构要教给儿童有用的知识和技能,为4—6岁的残疾儿童提供受教育的机会,提高学前教育的普及率。

一、学前教育的机构及目标

土耳其学前教育的机构接受学校义务教育之前的6岁以下的儿童,主要类型有:

(一) 托儿所

服务于0—6岁,尤其是0—3岁的儿童,由劳工部和社会安全部负责管理,国家法律规定在有300人以上工作的场所,必须设立托儿所或日托中心,以解除父母的后顾之忧。

(二) 幼儿园

服务于3—6岁的儿童,由教育部管理。

(三) 幼儿班

附设在小学,为5—6岁的儿童服务,也由教育部管理。

学前教育机构遍布全国各地,无论是在工厂、商业区,还是在医院、大学里都有不同形式的学前教育机构,既有公立的,也有私立的。1991 年,全国幼儿教育机构有 4454 所,幼儿教师 7976 人,受教幼儿达 13.27 万人,其中在私立幼教机构中的幼儿占 5%。

通过不同的机构对学前儿童进行教育,旨在促进儿童的全面发展。学前教育的目标是:(1)促进儿童体力、心理、情感的发展,帮助儿童形成正确的习惯;(2)为儿童的小学教育作好准备;(3)为贫困家庭的儿童提供受教育的机会;(4)保证儿童以愉快的方式正确地运用土耳其语进行交往。

二、学前教育的途径

(一) 一日活动

这是土耳其对儿童进行教育的基本途径。在一日活动中,儿童有充足的时间游戏、娱乐、休息,身心能得到和谐的发展。幼儿园一日活动的安排大体如下:

上午	8:00—10:00	入园、清理、健康检查、自由游戏
	10:00—10:15	准备点心
	10:15—10:30	吃点心
	10:30—10:45	整理
	10:45—11:15	土耳其语言教育
	11:15—11:30	游戏活动
	11:30—11:45	音乐活动
	11:45—12:00	盥洗、整理、准备午餐
下午	12:00—12:45	午餐
	12:45—13:00	整理
	13:00—13:15	准备休息
	13:15—15:00	休息
	15:00—15:15	整理
	15:15—15:30	吃点心
	15:30—15:45	整理
	15:45—16:15	读、写准备训练
	16:15—17:45	游戏活动
	17:45—18:00	准备离园[①]

(二) 主题教育

这是教育学前儿童的重要途径。在对 4—5 岁儿童进行教育时,选用的主题达 30 个之多,例如:(1)我的学校;(2)我的家庭和庭院;(3)我和我的朋友;(4)10 月 24 日共和日;

---

① Tanju Gurkan, Early Childhood Education and Care in Turkey, Gary A. Woodill & Judith Bernhard & Lawrence Prochner, International Handbook of Early Childhood Education, Gerland Publishing, 1992, p. 485. 486.

(5)秋天；(6)11 月 10 日；(7)我们的身体；(8)我们的健康；(9)冬天；(10)新年；(11)天空；(12)交往器材；(13)运输工具；(14)4 月 24 日国家独立日和儿童日；(15)春天；(16)斋日；(17)贫困；(18)祭日；(19)夏天；(20)交通；(21)森林；(22)火；(23)村庄；(24)地震；(25)火灾和水灾；(26)植物；(27)电器；(28)加热器；(29)购物；(30)动物,如陆地动物、家禽、农场动物、海洋动物和内陆水里动物等。[①]

在对儿童进行主题教育时,经常开展的节庆活动或要求儿童记住的日期有如下一些：

动物保护日	10 月 4 日
世界儿童日	10 月第一个星期一
红月周	10 月 29 日—11 月 4 日
世界儿童图书周	11 月的第二个星期一
教师日	11 月 24 日
节约、投资和国家生产周	12 月 12 日—16 日
节能周	1 月的第二个星期一
反吸烟嗜酒周	3 月 1 日—7 日
森林周	4 月 7 日—13 日
健康周	4 月 15 日—22 日
旅游周	5 月的第一个星期六
交通周	5 月的第二个星期天[②]

三、学前教育的师资

学前教育机构的工作人员一般有：指导者、助理指导者、部门主任、教师、心理学家、社会服务专家、会计、保健员、厨师等人,但并不是每个机构都由这么多种角色组成。

学前教育师资的培训始于 1896 年,当时的普通教育法规中明确提出“对幼儿园教师的指导”问题；1915 年成立了第一所幼儿教师培训学校,学制 1 年；1927 年又将学制延长至 2 年；1933 年建立了“女子技能高级教师学校”；1961 年颁布的教育法规定,要对幼儿园教师进行专门的培训；1973 年的国家教育基本法指出：各级各类学校的教师都必须大学毕业；1982 年的高等教育法加强了对幼教师资培训工作的管理,原先职前 2 年的培训已发展为现在的 4 年。

国家学前教师的组织是学前教育发展协会,建立于 1967 年；1971 年发展为世界学前教育组织的一个部分,多年来它在向教师传播世界学前教育改革动态的最新理论、提高教师素质等方面作出了重要的贡献。

① Tanju Gurkan, Early Childhood Education and Care in Turkey, Gary A. Woodill & Judith Bernhard & Lawrence Prochner, International Handbook of Early Childhood Education, Gerland Publishing, 1992，p. 485. 486.
② Tanju Gurkan, Early Childhood Education and Care in Turkey, Gary A. Woodill & Judith Bernhard & Lawrence Prochner, International Handbook of Early Childhood Education, Gerland Publishing, 1992，p. 487.

第十节　亚洲其他国家和地区的学前教育

科威特、伊朗、阿曼、巴林、塞浦路斯、阿拉伯也门共和国、阿拉伯联合酋长国等国家虽同属西亚地区,但各自的学前教育也因文化传统、经济文化发展水平的不同而有所区别;中国香港特别行政区和台湾地区的学前教育也表现出自己的一些特色。

一、科威特的学前教育

第一所幼儿园建于1954年,招收4—6岁儿童,为全日制。1956年,国家强调对学前儿童进行道德教育和良好行为习惯的培养;1958年,开始重视学前儿童的音乐教育和审美教育;1962年,强调对学前儿童实施综合教育;1964年,重视儿童的智力开发;1966年,强调发展儿童的个性。1969年国家取消了全日制幼儿园,70年代以来一直流行着半日制幼儿园。

学前教育的目的是促进儿童在身体、智力、社会性、情绪、道德、审美上的整体发展。学前教育的目标包括如下几个方面:(1)保证儿童身体的健康发育,帮助儿童形成良好的生活、卫生习惯;(2)培养儿童科学思维的技巧,发展儿童的感知能力、想象能力和创造能力;(3)提高儿童的独立性和自信心,培养儿童对国家、对人民、对教师、对同伴的正确态度和社会观念,促进儿童的社会化;(4)培养儿童对美的感受能力和表现能力。

学前教育的内容有读写算、自然常识、阿拉伯语、古兰经、德育、音乐、诗歌、图画、手工等,在不同的年龄班,要求是不同的,从小班到大班,要求逐步提高。

学前教育内容的实施采用以下一些策略:(1)尊重儿童,保障儿童的游戏权利和受教育权利;(2)考虑儿童的个性特征和文化差异;(3)安排教师指导的活动和儿童自由选择的活动;(4)兼顾儿童的现实生活和未来社会的发展。

二、伊朗的学前教育

幼儿园招收的对象为5—6岁的儿童。1991年,全国有4114所幼儿园,接受了25.25万名幼儿入园受教,幼儿教师达8841人。幼儿园有公立和私立之分:公立幼儿园,由教育部管理,上午8:00—11:00开放;私立幼儿园,相当于儿童保育中心,由工厂、企业等不同的机构来办理,开放时间较长,从上午7:00—下午4:00,物质条件也优于公立幼儿园。

学前教育的目标是:(1)为儿童进入小学作好准备;(2)帮助儿童习得母语;(3)发展儿童的身体、情感、社会性、心理能力;(4)培养儿童的道德感,提高儿童对国家传统文化的认知和理解。[①]

———————————

① Zahra Sabbaghian, Kindergarten and Primary School Education in Iran, Garland Publishing, 1992, p. 299.

重视对特殊儿童进行教育:教育部特殊儿童教育处负责设计、指导、评价特殊儿童的教育工作;幼儿园对特殊儿童实行免费教育,根据儿童的残疾种类和残疾程度,来决定其入园的年龄和在园的时间;5—9岁视觉障碍儿童在园的时间为1年,4—8岁听觉障碍儿童在园的时间为2年,6—10岁心理残缺儿童在园的时间为3年。

强调通过电视、广播向父母普及儿童心理学、教育心理学的知识,以提高父母的教育能力。幼儿教师的社会、经济地位都比较低。

三、阿曼的学前教育

学前教育的机构主要有日托中心和幼儿园:

1. 日托中心

始于20世纪70年代,以私立为主,80年代以后得到政府的关注。1981年社会部和劳工部的妇女儿童处强调,要对儿童进行保育和教育。1985年成立的儿童保育委员会促进了学前保育质量的提高,要求日托中心必须达标注册。1985年有1个日托中心注册,1986年发展为11个,1989年上升到17个。日托中心招收出生6个月—4岁的儿童,全年开放;每天开放时间从上午7:00—下午3:00(官方规定的工作时间为上午7:30—下午2:30);师幼比按照儿童年龄的不同而不同,在6个月—1岁儿童中是1:6,在1—4岁儿童中是1:10。

2. 幼儿园

1973年开办,1980—1981学年,全国有17个幼儿园班级,接受了396名儿童;1984—1985学年,幼儿园班级数增加到69个,在园幼儿1642名,教师81人;1986—1987学年有120个幼儿园班级,2543名幼儿;1988—1989学年有132个幼儿园班级,2952名幼儿,134位教师。幼儿园附设在小学,招收3.5—5.5岁的儿童,儿童在园时间2年。1987年教育部发文,对幼儿园的教师资格、班级规模、师幼比率、卫生设施、入学年龄及年限、每天开放时间、活动安排等方面都作出了明确规定。

对儿童实施学前教育,旨在为儿童提供良好的环境,促进他们在认知、品行、心理等方面和谐发展、早日社会化。学前教育的内容有以下几个方面:(1)学习字母、认识字词、数字;(2)掌握概念;(3)丰富知识、生活经验;(4)培养良好的生活习惯、卫生习惯和学习习惯;(5)掌握绘画、唱歌等技能。学前教育的策略是:(1)以儿童为中心,以活动为中心;(2)开展参观、郊游、实物演示、游戏等多种活动;(3)鼓励儿童选择自己感兴趣的活动。

对儿童进行教育的教师必须符合下列条件之一:(1)大学学前教育专业毕业;(2)中学毕业,具有学前教育经验;(3)中学毕业,具有教学证书;(4)拥有教师培训学院证书。学前教育机构对外籍教师的要求更严,必须具有大学学历和2年的职业经验,或大学同等学历具有3年教育经验。[①] 国家重视对教师的培训工作,社会福利部和联合国儿童基金会合

---

① Thuwayba Al-Barwani, Early Childhood Education in the Sultanate of Oman, Garland Publishing, 1992, p. 407.

作,为学前教育机构培训合格的保教工作者。

国家十分重视对特殊儿童的教育,1981 年成立了关心残疾儿童委员会,1989 年开办了第一个残疾儿童保育和康复训练中心,招收 0—14 岁的残疾儿童,对他们进行教育训练,培养他们的技能技巧,并对残疾儿童的母亲给予一定的指导,使她们能更好地帮助孩子成长。在 90 年代初期,中心有 30 个残疾儿童,由志愿者关心照顾他们。

四、巴林的学前教育

学前教育服务于 0—6 岁的儿童。学前教育的机构有托儿所和幼儿园。1977—1978 学年受教儿童有 2403 名,1978—1979 学年有 2621 名,1979—1980 学年有 2913 名,1980—1981 学年有 3730 名,1981—1982 学年有 4399 名,1982—1983 学年有 5053 名,1983—1984 学年有 5215 名,1984—1985 学年有 6731 名,1985—1986 学年有 7608 名。[①]学前教育机构由妇女联合会、私人组织、个人开办,归教育部、劳动部、社会事业部管理。儿童按年龄分班,每班 40 名以上幼儿,1 名教师、1 名教师助手。一些学前教育机构的设施较差:建筑物陈旧不堪,坐落在拥挤噪杂的地方;儿童没有娱乐、艺术活动空间;室内外游戏活动材料也严重不足。

学前儿童除了在托幼园所接受教育以外,还在父母和志愿者创办的游戏场地中受益。

学前教育的目标是:(1)发展儿童的内在潜力、内部技能;(2)形成儿童的正确行为模式;(3)使儿童了解国家的传统文化和宗教信仰,获得安全感;(4)使儿童个体得以和谐发展,身心健康成长;(5)为入小学作好准备。[②]

教师通过为儿童创设轻松愉快的环境,让儿童自由活动,仔细地观察儿童的表现,全面地评价儿童的智力发展水平,及时地给予指导,来达到学前教育的目标。

学前儿童的教师学历较低,大多是初中毕业生,职前没有受到什么专业教育,在职也只接受过一点短期训练;教师的待遇较差,退休后无养老金。

五、塞浦路斯的学前教育

学前教育的机构有:(1)儿童中心,招收出生 6 周—5.5 岁儿童,由福利部管理;(2)幼儿学校,招收 4.5—5.5 岁儿童,有公立、社区办和私立之分,但都受到教育部的控制。公立的幼儿学校,由教育部建立,安排教学人员,父母协会或社区机构负责物质设施;社区办的幼儿学校,由父母协会或社区机构建立和管理,在教育部注册;私立的幼儿学校,由个人创办和管理,须经教育部批准,要执行 1971 年颁布的《私立学校法》,在建筑物、设备、教师资格、师生比率、教育计划等方面都要符合标准。

1966—1967 学年全国有学前教育机构 55 所,1967—1968 学年有 75 所,1968—1969

---

① Ministry of Education, Statistical Summaries on Education in Bahrain, 1977—1978 to 1985—1986.

② May Al-Arrayed Shirawi, Early Childhood Education in Bahrain, Garland Publishing, 1992, p. 85.

学年有 77 所,1969—1970 学年有 76 所,1970—1971 学年有 102 所,1971—1972 学年有 90 所,1972—1973 学年有 111 所,1973—1974 学年有 117 所。幼儿学校在 1980 年有 180 所,1981 年有 210 所,1982 年有 220 所,1983 年有 230 所,1984 年有 239 所,1989 年有 269 所,1990 年有 450 所。[①]

学前教育是国家普通教育的一部分,目的在于促进儿童自我意识、自尊心、独立性、自控力等方面的全面发展,为小学教育作好准备,并使儿童将来能适应社会生活,为社会作贡献。

学前教育目标的实现主要是通过儿童的一日活动来进行的。教师每天都给儿童安排丰富多彩的活动,让儿童有充足的时间去体验和探索(见表 4-1)。

表 4-1 幼儿学校儿童一日活动安排[②]

活动类型	活动时间(分钟)
室内自由活动	60
课堂工作,如学习既定的主题,讨论偶发事件	15—20
清洗、盥洗、餐点	30
户外自由游戏,如体育活动、种植活动、环境研究	50
讲故事、学诗歌、表演	25—30
音乐活动	30

学前教育的策略是:(1)在园为儿童建立温暖、安全的家庭式环境氛围;(2)考虑儿童的年龄特征、能力水平、个别差异、家庭文化背景;(3)鼓励儿童与物质环境、社会环境相互作用;(4)开展室内外活动,带领儿童参观,鼓励儿童研究动物、植物;(5)开展多种多样的活动,满足儿童不同的兴趣和需要;(6)以活动为中心,重视发挥游戏、歌曲、诗歌、阅读、写作的作用,让儿童以综合的形式学习;(7)使儿童的自选活动和教师指导的活动相结合;(8)发挥教师支持者和指导者的作用。

学前教师的培养:1975 年政府决定在教育学院中设置培训课程,对学前教育师资进行职前培养,学制为 2 年,后来增至 3 年,趋势是向 4 年制方向发展;学生在校学习的课程主要有普通教育、教育心理学、儿童保健、学科教育、技能技巧、特殊教育等;在学习期间,学生还加入特别兴趣俱乐部,对社会起源、文学、哲学、科学、民间故事、历史、音乐、摄影、艺术、国际时事、娱乐、运动、自然、戏剧、舞蹈等学科的内容进行研讨,发展个性,培养创造力。此外,学生还要在教师指导下,到城乡各种学前教育机构参加教育实践活动。

---

① 参见 Antonis Padadopoulos, Preprimary and Primary Education in Cyprus, Garland Publishing, 1992, pp. 181 - 192.

② 参见 Antonis Padadopoulos, Preprimary and Primary Education in Cyprus, Garland Publishing, 1992, pp. 181 - 192.

六、阿拉伯也门共和国的学前教育

学前教育为0—6岁儿童服务,它是整个教育的基础,对儿童的全面发展至关重要。学者A·格汉曼(Ghanem)等人指出:"学前教育对社会中的每个人来讲是基础教育,儿童生活的最初六年,对其情感、社会技能、智力的健康发展非常重要。"[①]学前教育机构是对儿童进行保育和教育的场所,有托儿所和幼儿园两种形式:(1)托儿所,招收0—3岁儿童;(2)幼儿园,招收3—6岁儿童。有的幼儿园是由社会事业部和教育部创办的,有的则是由个人举办的。20世纪90年代中期全国有27所公立、私立幼儿园,接受了2600多名幼儿。此外,还有外国人创办的幼儿园,直接为外国儿童服务。不同类型的幼儿园收费标准不同。

学前教育的目的是使儿童的个性得到健康、完整的发展。学前教育的目标是:(1)使儿童获得道德感和价值观;(2)培养儿童的独立性和责任感;(3)发展儿童的说话、阅读、运动、交往的基本技能;(4)提供儿童游戏的时间,发展儿童的兴趣爱好,提高儿童的能力;(5)培养儿童的艺术能力和情感;(6)帮助儿童适应学校环境,为入小学作好准备。

学前教育的课程有正式和非正式之分:(1)正式课程,如学习活动、教育游戏、音乐、语言、科学、宗教、美术、读写算、影视、图片,有利于幼儿掌握必需的知识、技能;(2)非正式课程,如参观、郊游,则有利于教师与幼儿的相互作用,为入小学作好准备。

国家没有对学前教育师资的条件作出严格的规定,教师队伍的水平参差不齐。据统计,有大学证书的教师占34%,中学证书的教师占37%,小学证书的教师占13%,学前教育证书的教师占15%,在这些教师中也只有35%的人在职前受过专业训练;教师在职期间所受的培训也非常有限。

七、阿拉伯联合酋长国的学前教育

第一所幼儿园建于1968年,1972—1973学年有11所幼儿园,93个班级,3276名幼儿,312位教师;1989—1990学年发展为42所幼儿园,598个班级,1.64万名幼儿,1029位教师。幼儿园虽然不是义务教育,但却对儿童实行免费入园。幼儿在园时间为2年,分成2个年龄班:4—5岁班、5—6岁班。

学前教育的目标是:(1)帮助儿童了解国家制度,发展儿童的民族自豪感和对祖国的热爱;(2)帮助儿童适应学校生活;(3)培养儿童讲卫生、守纪律的良好卫生习惯;(4)丰富儿童的词汇,发展儿童的语言,尤其是口语技能;(5)鼓励儿童通过音乐和艺术活动表现自己;(6)满足儿童活动的需要和好奇心,丰富儿童的经验,帮助儿童在环境中认识事物;(7)发展儿童的各种感官、技能、态度和能力;(8)通过个别游戏和与同伴的游戏,提高儿童对自己的认识,增强儿童对别人的情感,帮助儿童获得合作、自控和运动的技能;(9)培养儿童的安全感。

---

① Azza Ghanem, Amat Al-Razzak A. Hummed Al-Hawri, Waheeba Al-Fakih, and Mohammed A. Al-soofi, Early Childhood Education in the Yemen Republic, Garland Publishing, p. 529.

半日、一日活动是学前教育机构对儿童施教的基本途径,幼儿园的半日活动包括了以下几个环节:儿童早上 8:00 入园;10 点钟早点;半小时休息;1 个小时的活动(分为两个阶段),如绘画活动、音乐活动、自由活动;中午 12:00 离园。这些活动都是由教师组织的。

学前教育课程是核心课程,包括一定的单元,围绕儿童熟悉的周围生活,将不同领域的知识组合成单元,每个年龄班有 5 个单元,共 10 个单元。例如,对 4—5 岁儿童进行教育的单元有:我的幼儿园、家庭、沙漠、我和别人、动物园;对 5—6 岁儿童进行教育的单元有:海洋、职业、水果和蔬菜市场、动物、交通运输。教师根据教师手册提出的要求、方法和建议,对儿童进行教育。[①]

学前教育工作者由四种人员组成:教学人员、管理人员(如会计)、技术人员(如社会专家、活动专家、图书员、科学和语言实验室专家)和其他员工(如花匠),当然不是每个托幼机构都有这些人。大多数教师和管理者的受教育程度参差不齐,1988—1989 学年的 959 名学前教育从业人员中,持有中学证书的有 462 人;中学毕业后在教师教育中心学习过 2 年的有 284 人,拥有学士学位的有 213 人。

八. 中国港澳台地区的学前教育

(一) 香港的学前教育

香港的学前教育是对 6 岁以前儿童进行的,其机构主要有托儿所和幼儿园,前者由社会福利署管理,后者由教育署管理。特殊儿童和正常儿童一样,在入学前有机会接受一定程度的学前教育。

学前教育的目的是使儿童在社会、情感、智力、体力、语言、艺术欣赏与评价等方面得到发展;学前教育的目标是使儿童有健康的身体、良好的行为习惯、正确的态度、灵活的头脑、合理的知识结构;学前教育的内容有健康与安全、体能活动、儿童文学、社会、语言训练、儿童音乐、美劳活动、教学、自然科学等方面。

学前教育的基本途径是儿童的一(半)日活动,学前教育工作者注意使集体活动和小组活动、个人活动相互结合,室内活动与室外活动相互交替。此外,还注意为儿童创设轻松愉快的学习环境,让儿童在游戏活动中进行学习。学前教育主要采用综合教学法、设计教学法、单元教学法、螺旋式教学法等方法。

学前教育师资的培训工作主要由香港教育学院、香港理工大学和香港中文大学等机构承担,培训的课程分为职前幼儿工作员证书课程、合格助理幼儿园教师和合格幼儿园教师在职训练课程以及学前教育证书等不同的种类。

(二) 澳门的学前教育

3—5 岁的儿童主要是在幼儿园和小学预备班接受学前教育,幼儿园基本上为全日制,有公立和私立之分,以私立为主,占 90% 以上。公立幼儿园由教育厅学前暨小学教育

① Mahmoud Ahmed Ajjawi, Primary Education in the United Arab Emirates, Garland Publishing, 1992, p. 491.

处管理,办园条件较好;私立幼儿园为社团及教会等机构管理,大多附设在小学里。幼儿园的班级规模普遍较大,师生比例较高,一般在 1∶45 左右。

对学前儿童进行教育,是为了与家庭教育相互配合,帮助儿童在德、智、体、群、美等方面得到均衡发展,以便使儿童能顺利地适应小学生活。在学前教育中,不仅关注儿童数学能力、想象能力、创造能力、表现能力和审美能力的发展,而且还注意培养儿童的积极情感和社会公德。此外,还重视对儿童进行多元文化和多种语言的教育,例如,教师经常通过华语、葡语和英语等语言和儿童广泛交流。

为了实现学前教育的目标,开展了集体教育和小组教育及个别教育,强调让儿童在游戏和活动中学习、成长,以主题或分科的形式组织教育资源、布置教育环境、选择教育内容;重视通过教学活动、散步活动、旅行活动、节庆活动、参观活动等多种活动来对儿童进行全面发展的教育。例如,定期组织儿童到图书馆、博物馆、机场、电视台、消防站、名胜古迹、公园等地参观访问,以扩大儿童的生活空间,增强儿童对社会的认识。

学前教育师资的培训机构有中等学校和高等学校:中等学校开设幼师课程,招收高中毕业生,进行 1 年的职前教育;大学设立幼教课程,主要对教师进行在职培训,重视指导教师掌握和运用电脑等现代化教育手段来提高教育质量。

（三）台湾的学前教育

学前教育的对象是 6 岁以下的儿童,机构有托儿所和幼儿园。托儿所主要招收出生 1 个月至 6 岁的儿童,分设婴儿部和幼儿部,婴儿部的师幼比率比幼儿部低;有全托、全日制、半日制等不同形式。幼儿园招收 4—6 岁的儿童,主要设有大班、中班或小班,有公立和私立之别,半日制与全日制之分。

学前教育的目标旨在促进儿童在身体、认知、情绪、社会性和道德等方面的发展,把儿童培养成一个全面发展的人;学前教育的内容有健康、语文、常识、音乐、游戏、工作等方面。

学前教育目标主要是通过托幼机构一日活动来实现的,在一日活动中既有教育教学上的活动,也有生活保育上的活动;既有教师安排好的活动,也有儿童自发进行的活动;既有室内活动,也有室外活动。与此同时,还重视发挥社区中教育资源的作用,调动家长参与学前教育的积极性。另外,还重视主题教育,以儿童的兴趣为中心,采用观察法、演示法、操作法、实验法、参观法、游戏法等方法,把各学科的知识融为一体,有效地传递给儿童。

阅读参考书目

1. 日本文部省编,邢齐一译,《幼儿园教育指南》,教育科学出版社 1981 年版。

2. 梁忠义主编,《日本教育与经济》,东北师范大学出版社 1989 年版。

3. 黄浩炯等编著,《今日香港教育》("亚洲四小龙"教育丛书),广东教育出版社 1996 年版。

4. 李大光等编著,《今日新加坡教育》("亚洲四小龙"教育丛书),广东教育出版社

1996 年版。

5. 田以麟编著,《今日韩国教育》("亚洲四小龙"教育丛书),广东教育出版社 1996 年版。

6. 郑旦华等编著,《今日台湾教育》("亚洲四小龙"教育丛书),广东教育出版社 1996 年版。

7. 教育部基础教育司编,《幼儿园教育指导纲要(试行)解读》,江苏教育出版社 2002 年版。

8. 李生兰主编,《幼儿园英语教育》,海南出版社 2003 年版。

9. 李生兰著,《幼儿园与家庭、社区合作共育的研究》,华东师范大学出版社 2003 年版。

10. 〔日〕佐藤正著,李永连等译,张玺恩校,《身体的发育和指导》(婴幼儿教育丛书),人民教育出版社 1983 年版。

11. 〔日〕藤永保编,莫伽译,《创造性幼儿教育》,吉林人民出版社 1984 年版。

12. 〔日〕佐藤学著,钟启泉译,《课程与教师》,教育科学出版社 2003 年版。

13. 〔日〕佐藤学著,钟启泉译,《学习的快乐——走向对话》,教育科学出版社 2004 年版。

网上浏览

利用计算机,打开下列网址,阅读有关亚洲国家或地区学前教育方面的信息。

1. http://www. xq. shec. edu. cn

2. http://www. xq. infoworld. sh. cn

3. http://www. education. unesco. org/educprog/seoul/english/index. html

4. http://www. hsin-yi. org. tw.

5. http://www. growth. org. tw.

6. http://www. mext. gojp

7. http://www. moe. gov. sg

8. http://www. brightkids. com. sg

9. http://www. childcarelink. gov. sg

10. http://epaper. edu. tw

11. http://www. compe. cn

复习思考题

1. 日本学前教育的内容包括哪几个方面?

2. 日本对学前儿童进行教育时,主要采用哪些策略?

3. 你认为日本幼儿教师的任职条件和待遇怎样?

4. 日本政府重视学前儿童家庭教育的举措是什么?

5. 日本学前教育机构是如何对家长进行指导的？

6. 新加坡学前儿童社区教育的形式主要有哪些？

7. 你是如何看待马来西亚学前教育内容及方法上的各种争议的？

8. 泰国学前儿童社区教育的特点是什么？

9. 简析韩国人的儿童观。

10. 韩国为了提高学前教师的质量进行了哪些改革？

11. 朝鲜学前教育的内容和途径有什么特点？

12. 朝鲜是如何提高学前教师队伍素质的？

13. 印度学前教育的方案有哪些？

14. 以色列国是如何对学前儿童的家庭进行指导的？

15. 土耳其对学前儿童进行教育的主题有哪些？

16. 亚洲其他国家和地区学前教育发展的基本特点是什么？

练 习 题

下面这段文字选自 Khoo Kim Choor，An Alternative Model of Child Care：The Experience of the National Trades Union Congress of Singapore，Betty Po-king Chan，Early Childhood Toward the 21ˢᵗ Century：A Worldwide Perspective，Yew Chung Education Publishing Company，1990，p. 205. 试谈谈你的看法。

Sustaining community involvement and interest is not an easy task. As long as the community feels that its needs are being met，then continued support is very likely. The NTUC* advocates this model on community child care because it believes in the role and responsibilities of the tripartite — the government，the NTUC，and the community. Though this model，it is possible to address the issues related to work and family. The community child care center model is able to alleviate social isolation of child；to care children kept for long hours in childcare centers；to help parents to achieve quality time with the children through the provision of parent education opportunities；and to provide a network of information，referrals and informal support for parents with common problems and common needs. Through government subsidies and community support，child care can be affordable to those who need it.

When the community is involved，the child care center serves not only the children but the whole family. The model also responds to the needs of the community children by maximizing the resources in the center and the community network. I do not personally think that this is an easy model to implement，but it is a worthwhile model which requires the full commitment of the government，the NTUC and the community.

注：NTUC 即 National Trades Union Congress

第五章　非洲的学前教育

埃及幼儿园教师在上海市金山区一所幼儿园学习表演京剧

内容提要

本章重点论述南非学前教育发展的特点。此外，还对肯尼亚、尼日利亚、加纳、苏丹、斯威士兰和博茨瓦纳等国家的学前教育概况作了简要的介绍。

第一节　南非的学前教育

1939 年南非成立了"幼儿学校协会"，1974 年改名为南非学前教育协会，后加入世界学前教育协会，这对本国学前教育的发展起到了很大的推动作用。该协会努力使政府意识到学前教育的重要性，增加对幼儿学校的投资；制定幼儿学校的最低标准。1983 年的国家《儿童保护法》和《教育保障白皮书》、1988 年的《国家教育法》和《健康、福利部手册》都提出学前儿童有受保育和教育的权利。2007 年，南非政府宣布，将在未来 3 年内投入 97 亿兰特（1 美元约合 6.6 兰特），把学前教育的规模扩大到目前的 4 倍，以迅速提高儿童的入托入园率。[①]

_____

① 金帷编译，《中国教育报》，2007 年 11 月 19 日。

一、学前教育的机构与形式

学前教育为 0—6 岁的儿童服务，主要有 8 种机构：

（一）保育中心

招收婴幼儿，分为全日制（7:00—17:00 开放）、半日制（上午或下午开放 4 小时）和寄宿制（24 小时开放）三种。

（二）幼儿园

招收出生 6 周—6 岁的儿童，按年龄分成三个区 6 个班级：一是初级区，容纳的是 1 岁以内的儿童，每班不超过 6 人，由 2 位教师看护；二是中级区，容纳的是 1—3 岁的儿童，每个年龄为一个班，每班 20 人，由 2 位教师照管；三是高级区，容纳的 4—6 岁儿童，分为 2 个年龄班。

（三）游戏小组

招收 3—4 岁的儿童，儿童每天由父母陪同来到小组，参加 4 个小时的游戏和活动，获得社会经验。

（四）小学预备学校

由教育部门主管，招收 3 岁以上的学前儿童，按照学校的作息制度开展活动。

（五）母亲日托

招收 0—6 岁的儿童，每位母亲照看的孩子最多不能超过 6 人（包括照看者自己的孩子在内）；它由母亲日托协会加以监督和管理，提供儿童保育和教育。

（六）联合保育

把托儿所作为入学准备机构，这需要双重注册，因为它既有为学龄儿童服务的扩展计划，同时也有为 3 岁以下儿童服务的全日计划。

（七）分开的社区学校

特别强调种族文化之间的区别，教育比较正规。

（八）多文化学校

主要存在于大城市，招收不同种族、文化和语言的儿童。[①]

二、学前教育的内容与途径

（一）学前教育的内容

南非学前教育的目的是"为儿童提供适当的发展的教育，把今天的儿童培养成为具有创造性的明天，能为社会作出贡献的人"，[②]学前教育的内容由于儿童年龄的不同而有所

[①] Christoffel Jansen, Elsie Calitz, Lydia Du Toit, Hester Grobler, Annemarie Kotze, Maria Lancaster, Joan Orr, Aletta Smith, and Elizabeth Swanepoel, Preschool and Primary Education in South Africa, Garland Publishing, 1992, p. 425.

[②] Grassroots Educare Trust, Mobilizing and Empowering Disenfranchised South Africans through Preschool Educare, Yew Chung Education Publishing Company, 1990, p. 231.

不同：

对 1—3 岁的儿童，主要是培养他们的基本生活能力，发展他们的语言能力和行走能力。在语言方面，要帮助儿童学习使用日常生活中的礼貌用语（如"你好"、"谢谢"、"再见"、"对不起"、"没关系"）和常用的英文单词（如门、窗、桌椅、墙等），进行简单的对话；能讲述自己和家庭的主要成员；能向别人提出浅显的问题，讲出生产部门的产品。在行走方面，要帮助儿童从走好、走稳，发展到快走、跑步，再到能玩皮球、握笔写字、剪贴等。

对 4—6 岁的儿童，主要是培养他们的动手操作能力和思维能力，满足他们的兴趣爱好，增进他们对社会的认识，做好入学准备。具体来讲，要让儿童自己动手制作物品，参加泥工活动和绘画活动，发展记忆力和思考力；激发儿童对音乐、舞蹈、演讲、运动和计算机等课程的兴趣，并加以满足；加强社会教育，提供创造性活动，培养儿童的自信心和成功感。

（二）学前教育的途径

1. 一日活动

这是南非对儿童进行学前教育的基本途径，教师重视安排好儿童的一日生活，使儿童能得到各方面的锻炼：

7:30—8:00	教师接待儿童入园
8:00—8:15	教师组织儿童户外活动
8:15—9:45	教师给儿童上第一节课，如了解交通规则
9:45—10:00	儿童早茶、整理、盥洗、吃点心（自带）
10:00—10:45	教师组织儿童户外体育活动、户外游戏活动
10:45—11:15	教师给儿童上第二节课，如制作交通灯
11:15—11:45	儿童课外活动
11:45—12:45	儿童餐前准备、午饭（幼儿园提供）
12:45—13:10	教师给儿童讲故事
13:10—13:15	儿童盥洗
13:15—14:00	儿童午间休息
14:00—14:30	儿童盥洗、自由活动
14:30	家长可来接孩子
	教师给还未离园的儿童讲故事，儿童自由活动
17:30	儿童离园

2. 主题活动

这是教育儿童的有效途径。教师在丰富儿童知识经验的过程中，往往围绕某一主题，开展综合教育。例如，围绕着"交通"这一主题，教师首先为儿童选择了关于飞机、轮船、火车、汽车等方面的内容，使儿童能认识各种交通工具。其次，教师还给儿童讲解交通规则，帮助儿童认识多种图标、标志，要求儿童在父母的带领下过马路。再次，教师还和儿童一起制作交通灯。最后,教师还和儿童一起编讲旅游的故事,例如,乘飞机旅游时,要先买好机票,换上登机牌,经过安全检查,才能乘坐飞机等。

3. 园外资源

开发园外教育资源的潜力,可让儿童更多地接触社会,使园内外教育能相互结合,更好地促进儿童的成长。教师经常把社区工作者请到园内来给儿童上课,如让消防队员来园演示如何使用灭火器材灭火;定期把儿童带到医院参观学习,回来后,让他们和大夫一样,戴上口罩,穿上白大褂,拿起听诊器,学当小医生;还组织儿童到农场去认识各种农作物,饲养家禽家畜。

三、学前教育的方法与师资

教师在对儿童进行教育时,注意利用以下几种方法:(1)发现法:在组织儿童的学习活动时,教师不是把现成的知识教给儿童,而是要求儿童自己去探索去发现,使发现成为儿童学习的基础;(2)指导法:儿童的学习活动离不开教师的指导,但教师的指导应以间接指导为主,启发儿童思考、解决问题;(3)环境法:教师要为儿童设计环境,准备环境,让儿童自由使用环境。

教师要掌握科学的教育方法,就必须接受专业培训。学前教育师资的培训,有正规培训和非正规培训两种形式。正规训练是在大学、教师培训学院中进行的。进入大学的学生必须受过 12 年的学校教育,考试成绩合格,再经过 4 年的专业学习,获得学士学位;培训学院为学生提供 3—4 年的学习时间,要求他们参加 10 周的教学实践活动,然后发放教学证书;技术学院招收完成 9 年学校教育的学生,他们经过 3 年保育课程的学习,再参加一些实践活动,成为保教工作者。此外,还有听讲座、参观等非正规的职业训练。

第二节 肯尼亚的学前教育

1972 年肯尼亚学前教育机构有 5000 所,教师 6000 人,入园幼儿约 30 万人,师幼比为 1∶50;1987 年学前教育机构有 1.22 万所,1.66 万名教师,66.2 万名儿童,师幼比为 1∶40;1990 年学前教育机构发展到 1.7 万所,教师发展到 2.2 万名,入园幼儿人数发展到 85 万以上,师幼比也较前有所下降。进入 90 年代以后,入园的幼儿人数进入了一个较快增长的时期,到 1995 年已有超过 300 万名的儿童接受各种学前教育机构的服务,至 1998 年这一数字达 340 万名以上。2004 年,全国学前教育机构发展到 2.93 万所,2005 年全国儿童入园率已达到 52%。

学前教育的机构有学前中心、托儿所、日托中心、幼儿园等多种形式,其中 70% 以上的机构是由父母协会负责的,他们提供物质设备,对教师进行培训,监督教育活动;教会、工厂、团体、社区组织、妇女组织、私人等也管理一些学前教育机构。1980 年以前学前教育机构由文化部和社会服务部协调管理,1990 年以后则改为由教育部负责指导、训练教师、发展课程、注册、评价、监督等。

学前教育的目标是：（1）促进儿童身体的生长发育，发展儿童的心理能力；（2）培养儿童的生活能力、学习能力、游戏能力和活动能力；（3）发展儿童对种族文化、风俗习惯的理解能力和接受能力；（4）培养儿童良好的个人生活习惯和社会行为习惯；（5）促进儿童道德品质的发展、精神境界的提高；（6）发展儿童的想象力；（7）培养儿童的自信心。[①]

学前教育的课程：国家建立了中心化课程发展模式，各地以此为基础，根据各种语言、文化、地理环境来设计具体的课程方案，加以实施。

学前教育的方法多种多样，强调教师要为儿童提供丰富多彩的材料，让儿童自由操作，独立探索，有：（1）沙、水、泥土和木头等结构材料；（2）各种人物、动物、物品和建筑的拼摆图案和镶嵌板块等；（3）图画书、故事书、谜语书、图片、图表和卡片等文字图画材料；（4）录像带、幻灯片、磁带、电影、电视等视听材料。

学前教育的师资是发展学前教育的关键。1984 年国家成立了学前教育中心，负责教师的职前培训和在职教育、课程发展等工作；1985 年各地也成立了学前教育中心，负责培训教师、发展地方课程，指导科学研究，提高社区学前教育的质量。

第三节　尼日利亚的学前教育

1987 年尼日利亚教育法指出，国家和地方政府要提高学前教育机构的标准，鼓励私人举办学前教育机构；儿童进入哪种学前教育机构是和其家庭所处的社会经济地位息息相关的。学前教育的机构主要有两种：

1. 不正规的机构

由不工作的半文盲的父母所组织，他们把附近从事低收入职业父母的 3—5 岁孩子集中起来，在一棵树下或一个不完整的建筑物中施教；这种机构未经注册，没有校服，没有作息时间表，没有活动计划；教师想教什么，就教什么，儿童就学什么，教师总是要求儿童保持安静。

2. 正规的机构——幼儿学校

它吸引着中等阶层家庭的儿童，父母能付得起较高的教育费用；为了保持儿童的兴趣，教师开展唱歌，跳舞，画画，听非洲民间故事，探索玩具，认识数字、字母、颜色与形状等活动；重视培养儿童良好的健康习惯，促进儿童之间的交往；虽然国家政策强调要运用母语进行教学，但英语在教育中却仍占据着统治地位。"幼儿学校数量较少，且集中在城市和城郊结合部，1991 年只招收了 15％的适龄儿童。"[②]

学前教育的目的是使儿童能平稳地从家庭过渡到学校，为小学教育作好准备；把儿童

---

① George Godia，Preschool and Primary Education in Kenya，Garland Publishing，1992，p. 327.

② Joseph A. Aghenta and J. Nesin Omatseye，Preschool and Primary Education in Nigeria，Garland Publishing，1992，p. 399.

培养成为对社会有用的人。学前教育的目标是：(1)发展儿童的好奇心和创造力；(2)培养儿童的团结合作精神；(3)发展儿童的数概念，丰富儿童关于物体的色彩、形状、性能等方面的知识；(4)形成儿童良好的生活习惯和健康习惯；(5)促进儿童的社会化。

为了保证学前教育目标的实现，国家十分重视提高学前教师的质量。学前教育机构虽主要由私人操作，但教师培训工作则由政府负责；幼儿学校教师和小学教师都在教师培训学院接受教育。最近几年开始发放尼日利亚教育证书；大学也有培训任务，发放教育联合会证书。此外，还为幼儿教师和小学教师开设了证书课程。国家教育政策越来越多地涉及教师的任职资格，逐步提高了对教师的要求。

第四节　加纳的学前教育

1951 年政府开始参与学前教育。1954 年政府社会福利和社区发展部开始建立托儿所。1961 年教育法强调国家和地方政府都有责任组织、管理教育，由教育部负责幼儿园，社会福利部负责日托中心。1974 年政府通过了一项新的教育计划《加纳新的教育结构和内容》，此文件涉及的教育机构和内容包括了幼儿园、小学、初中、高中，文件规定在儿童 6 岁进入小学之前，必须接受 18—24 个月的学前教育；同年还进行了另一项教育改革活动，即在南部地区建立了"模范幼儿学校"，对私人日托机构起示范作用，以提高整个学前教育计划的实施质量。1978 年、1979 年政府明文规定了开办日托机构的最低标准：日托中心开办前 3 个月要向社会福利部提出申请；儿童在进入日托中心之前，父母必须对其完成各种预防接种任务。

从 1979 年开始，政府、私人个体、地方社区、志愿组织都积极参与学前教育，提供物质设施，特别是对农村进行援助；联合国儿童基金会、联合国教科文组织也在资金、食品、器械上给予支持和帮助；国家儿童委员会也协调各种儿童保教活动，促使学前教育计划的落实；健康部下属的一些医疗机构，负责对 2 岁以下儿童进行预防接种，定期对日托中心、托儿所、幼儿园儿童进行健康检查；社会福利部下属的"儿童之家"，也为儿童提供医疗服务，对家庭进行咨询。

"教育部和社会福利部是两个主要的学前教育师资的培训机构"。[1] 教育部创办幼儿教师培训学校，为幼儿园教师提供在职教育，培训时间为 1—6 个星期；社会福利部举办培训班，对日托中心的管理者和教师进行训练。

第五节　苏丹的学前教育

苏丹是非洲占地面积最大的国家，等于欧洲的 1/4，美国的 1/3，但人口却较少；国家

---

[1] George O. Collson, Preschool and Primary Education in Ghana, Garland Publishing, 1992, p. 227.

有好几个种族,每个种族都有自己的语言、风俗习惯、教育儿童的方式。1930 年创建了第一个幼儿园。目前学前教育的机构主要有以下几种形式:

1. 学校幼儿园

这是历史最长的一种学前教育机构,始于 20 世纪初期。这种幼儿园与小学相连,数量较少,收费较高,往往招收的是富人子女;强调纪律教育和读、写、算知识技能的培养。

2. 私人幼儿园

由妇女个人发起,建于大城市,办在私人家中租借的房子里,儿童往往没有宽敞的游戏空间、充足的盥洗设备;创办者大多没有经过职业培训。

3. 社会福利部幼儿园

由社会福利部创办,始于 20 世纪 70 年代;全国现有 12 所,这些幼儿园有相同的作息时间表;一些保教人员通过听讲座接受在职教育。

4. 联合幼儿园

这是一种新式幼儿园,由不同的工人联合会创办,有公立和私立之分;设在联合会俱乐部里,关心会员的子女;俱乐部白天供儿童使用,晚上归成人使用;部分保教人员受过专业培训。[①]

此外,还有游戏小组、儿童保育中心等学前教育机构。

国家面临较为严重的问题是缺少受过训练的学前教育工作者。1983 年社会福利部在联合国儿童基金会的资助下,成立了幼儿园教师培训中心,对教师进行为期 6 个月的在职培训,现在已延长至 1 年;大学也承担了教师的培训任务。然而,许多毕业生由于收入的原因而不乐意去幼儿园工作。近几年来,这一情况已有所好转,一些毕业生自己开办幼儿园,或受雇于联合会幼儿园。妇女大学还对农村妇女进行 6 个月的培训,使她们知道如何在农村开办幼儿园,如何为农村的儿童服务。

第六节　斯威士兰的学前教育

在斯威士兰,学前教育的对象主要是 3—6 岁的儿童。20 世纪 40 年代,一些已婚妇女为自己和朋友的子女开办幼儿学校,招收 3—6 岁儿童。进入 70 年代后,政府开始重视学前教育,1970 年"地方管理部"颁布了第一个学前教育计划,旨在解放妇女,保障儿童的福利,促进国家的发展。1975—1978 年间,政府资助建立了 18 个新的学前教育机构,1979 年全国已有 64 个学前教育机构,服务于 2867 名儿童,入园率为 5.7%;1979 年由于联合国儿童基金会的参与,学前教育有了很大的发展。1986 年幼儿入园率为 8.5%,1989 年上升到 10.1%。

1985 年国家教育改革委员会指出了学前教育中存在的问题:学前教育机构分布不平

---

① Gasim Badri, Early Childhood Education in the Sudan, Garland Publishing, 1992, p. 453.

衡;缺少资金和受过训练的教师等教育资源;空间狭小等。并提出了改革的建议:学前教育必须对所有儿童免费,学前教育机构要坐落在儿童家庭周围2千米以内,要建立标准化课程和国家教师的培训计划。1990年大多数学前教育机构在教育部注册,质量达标。在城市,学前教育机构主要由个人举办;在农村,主要由社区举办;在工业化的城镇,主要由公司举办。

1990年国家第五个发展计划指出,学前教育的目的是在一个正规的教育机构中,为3—5岁儿童提供保育和教育的环境,使他们能为将来进入小学作好准备。学前教育的目标是:(1)促进儿童身体的健康成长;(2)促进儿童的社会化;(3)通过适当的活动,促进儿童心理的发展;(4)帮助儿童正确地表达自己的情感,满足儿童情感的需要,促进儿童情感的发展;(5)通过各种方式,发展儿童的交往技能;(6)培养儿童对学习、对幼儿园的积极态度和正确的价值观;(7)培养儿童的道德感、良好的个性品质;(8)帮助儿童理解、欣赏本国的文化;(9)诊断儿童的发展水平,对障碍儿童及时采取措施,进行补偿教育。[①]

学前教育的内容包括语言艺术、数学、科学、道德、社会、健康、身体等方面,实施学前教育的重要途径是游戏和活动。儿童在园应有一半以上的时间是在游戏活动中度过的。

学前教师的职业培训情况是不同的,城市教师比农村教师得到更好的训练。学前教师队伍的素质在不断改进,无初级证书(最低要求)的教师从1986年的37%下降到1989年的11%,不合格的教师助理从1986年的42%下降到1989年的25%;受过1年以上培训的教师人数从1986年39%上升为1989年的44%。为了稳定教师队伍,政府注意提高教师的社会地位和经济待遇,有3年教龄的教师已占一半,3年以上教龄的教师也占到27%。

第七节　博茨瓦纳的学前教育

博茨瓦纳的学前教育是对7岁以下的儿童施行的,其机构主要有:

1. 学前教育小组

附设在小学,招收5岁以下儿童,施教1年;教学内容包括前读、写、算的知识和技能,教学方法类似于小学,缺少灵活性和自由度。

2. 日托中心

由私人、教会、村庄发展委员会举办,大多数是私立的,各个中心的教育质量差距较大。1980年,国家出台日托中心政策,强调学前教育是为7岁入小学以前的儿童服务的,要保护儿童的健康、安全和福利;个人、组织、群体要开办学前教育机构,必须向地方机构申请,符合条件的才能得到证书;规定每个中心里各个年龄组儿童的数目、师幼比、教师的资格、一日作息时间表;中心每年接受检验,更新证书,不合格就要被关闭。

---

① Marissa Rollnick, Early Childhood Education in Swaziland, Garland Publishing, 1992, p.461.

3. 综合服务中心

强调从社会、情感、认知、身体等各个方面来关心儿童,教育儿童。

4. 儿童互动小组

始于 1979 年国际儿童年,盛行在农村,由年长的儿童来教育社区中的年幼儿童,主要是由小学儿童来关心、照顾即将入学的学前儿童。这些小学生每星期一次在放学时,由教师指导,把自己的知识、技能、行为、概念教给年幼的学前儿童;学前儿童每星期来校 2 次,熟悉学校环境、作息制度、教师、规则,掌握前读、写、算的技能。现在全国有 30 多所小学实施了儿童互助活动计划,着重在社会性、情感上为儿童入小学作好准备。[①]

对学前教育师资的培训以职前培训为辅,在职教育为主。职前教育的时间为 2 年,其中学习教育理论、参加教育实践的时间各有 9 个月。在职后培训中,有较多的要求:规定受训者必须正在某个学前教育机构中任教,年龄在 20 岁以上,至少受过 7 年以上的普通教育;培训费用由所在的学前教育机构负担;培训时间以 6 个月的短期脱产训练为主;培训课程主要是"人类成长和发展"、"儿童语言发展"、"儿童前社会行为发展"、"特殊儿童的鉴别和教育"、"儿童的健康、安全和营养"、"家庭和社区教育资源的开发"等,要求教师在工作中能创造性地运用所学的内容和方法,以促进儿童的全面发展。

阅读参考书目

1. Betty Po-king Chan, Early childhood Toward the 21st Century: A Worldwide Perspective, Yew Chung Education Publishing Company, 1990.

2. Gary A. Wood & Judith Bernherd & Lawrence Proohner, International Handbook of Early Childhood Education, Garland Publishing, 1992.

网上浏览

利用计算机,打开下面的网址,查阅有关非洲学前教育方面的信息。

1. http://www. unicef. org

2. http://www. worldbank. org/data

3. http://www. saches. co. za

4. http://www. wcces. net

5. http://www. unesco. org

6. http://www. uis. unesco. org

7. http://www. childinfo. org

[①] Ruth Monau, Early Childhood Education in Botswana, Garland Publishing, 1992, p. 111.

1. 南非学前教育的途径有哪些?

2. 肯尼亚学前教育的方法是什么?

3. 苏丹为学前儿童创办了哪些教育机构?

4. 试比较尼日利亚和斯威士兰学前教育目标的异同点。

5. 博茨瓦纳儿童互动小组的特点是什么?

练习题

下面这篇短文摘自 Grassroots Educare Trust，Mobilizing and Empowering Disenfranchised South Africans through Preschool Educare，Betty Po-king Chan，Early childhood Toward the 21st Century：A Worldwide Perspective，Yew Chung Education Publishing Company，1990，p. 229. 谈谈你的读后感。

How does racial apartheid impact on state preschool provision?

It allows education departments for "whites" to pay professional salaries to highly qualified teachers in pre-primary schools which run in the mornings only during school terms. For South Africans with golden complexions，"colored" and "Indian，" there is a lesser but reasonable system，probably one which should be the level for all. For Black Africans，however，there are only 150 subsidized preschool centers（catering for not more than 15000 preschoolers）throughout the country. The harsh reality is that of the country's 6 million preschool children，only one quarter of one percent receive a subsidy.

On the "Health and Welfare" side，white children get 75 U. S cents per day if the combined income of their parents is sufficiently low to qualify for a subsidy. "Colored" children get 50 U. S cents，while "Indian" children get 35 U. S cents. African children get NO SUB-SIDY AT ALL.

第六章　大洋洲的学前教育

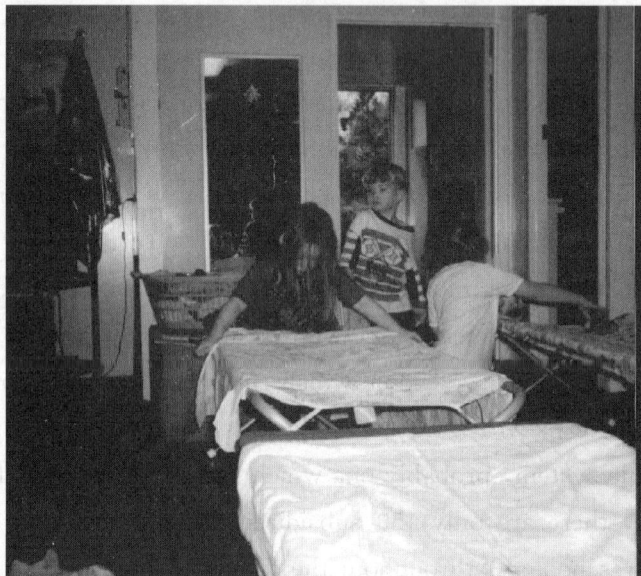

澳大利亚一所幼儿园大班幼儿在铺床

内容提要

本章重点论述了澳大利亚学前教育的目标、内容与途径,学前教育的模式与课程,家庭教育的指导与师资培训以及为提高学前教育质量所采取的措施;简要介绍了新西兰学前教育在课程改革、教育活动创设方面的现状。

第一节　澳大利亚的学前教育

澳大利亚是个年轻的国家,但学前教育事业的发展却较为迅速,灵活多样的学前教育机构保证了儿童受教育的权利;园内外教育相结合的途径促进了学前教育目标和内容的完成;家庭教育指导也成为学前教育机构的重要任务之一;在师资培训中,通过增设选修课,加强教育实践,培养个性全面发展的学前教师;为了提高学前教育的质量,推出了十项改革举措。

一、学前教育的机构与形式

学前教育机构主要是为 5 岁以下儿童服务的,1991 年有 18.08 万名儿童在各种学前教育机构中受益,其中在私立学前教育机构中的儿童占 26%。学前教育机构主要有以下几种形式:

(一)学前教育中心

这种学前教育机构与小学毗邻,招收 3—4 岁的儿童,旨在为他们提供学前 1—2 年的教育,帮助他们做好进入小学的准备。儿童每周在中心的时间共有 2.5 天,家长可以根据自己的需要,选择每周周一至周五的上午或下午来中心、每周的前半段时间(即星期一至星期三上午)来中心或后半段时间(即星期三下午至星期五)来中心。每班大约有 15 名儿童,由 1 位教养员和 1 位保育员管理,师幼比为 1∶7.5 左右。

(二)儿童保育中心

这种学前教育机构主要招收 0—5 岁的儿童,分布在购物中心、父母工作中心、街区中心等不同的地方,除了全日制、半日制以外,还有额外时间照顾、紧急情况照顾、临时护理和 24 小时托管等不同的形式,满足了家长就近送孩子入托的需要。

(三)家庭日托

这种学前教育机构是由一位有子女的妇女在自己的家庭中开办的,招收不超过 5 名 0—4.5 岁的儿童(包括自己的孩子在内)。地方妇女协调委员会规定举办者要接受过保育、教育方面的培训,其家庭住所要有宽敞的户外活动空间、多种体育运动器械、安全的防护措施。

(四)游戏小组[①]

由儿童的父母发起和组织,每星期活动 1—2 次,每次 2—3 个小时。父母们可以和孩子们一起游戏,也可以观看孩子的游戏,或彼此交换育儿信息,交流育子经验。

此外,还有幼儿园、儿童—父母活动中心、小学预备班、玩具图书馆、父母活动中心、人类服务中心、综合服务中心等机构也为学前儿童服务。

二、学前教育的目标与内容

(一)学前教育的目标

澳大利亚学前教育专家 G·F·阿希比(Ashby)认为,学前教育的目的是"满足每个儿童的各种需要,比如,爱的需要,被别人接受的需要,冒险的需要和在自己原有的水平上取得成就的需要";"发展儿童为社会所期望的一些特质,比如,能与别人合作,坚持自己解决问题,面对问题能自己作出决定";"使儿童获得安全感和舒适感,为他们将来的心理健康奠定基础"。"总之,学前教育是为儿童的将来作准备的,它要使儿童在社会性、情感、智

---

① Marjory Anne Ebbeck, Early Childhood Education, Peter Langford and Vin D'Cruz, Education Australia, Longman Cheshire, 1991, p. 2 - 3.

力和身体等方面得到完整的发展"。[①]

学前教育的目标在不同的州有所不同,昆士兰州的学前教育目标是:培养儿童积极的自我意识,并能理解别人的情感,接受别人的观点;培养儿童的自信心,使他们能够自己进行推断,作出选择和决定;丰富儿童的知识经验,提高儿童的观察能力和解决问题的能力;培养儿童的社会交往能力和体育活动的技能技巧;通过音乐、律动、美工等艺术活动,发展儿童表达自己的思想和情感的能力,提高儿童的想象能力和创造能力;促进儿童身心的健康发展。[②]

(二) 学前教育的内容

对学前儿童进行教育的内容主要有如下几个方面:

在体育上包括:(1)发展儿童的大肌肉动作,使儿童能走完一节平衡木,双脚能同时跳过低矮的建筑物,能投出与接住球,能骑车等;(2)发展儿童的小肌肉动作;使儿童能倾倒液体,正确使用剪刀、餐具和小铁锤等工具。

在多元文化教育上包括:使儿童学会理解和尊重各国儿童的独特性;学会接受和评价儿童之间的类似性;能了解本国文化和别国儿童的文化;对本国文化有积极的意识和自豪感;意识到每个儿童的文化背景虽然不同,但都是平等的;学会尊重别人的价值观和文化传统;能积极地与别人相互合作;发展自控力和独立性等。

在科学教育上包括:动物、植物、空气、水、气候与季节、岩石与矿石、磁力、引力、机械、声、光、电;人体、营养、生态环境、机器人、电脑、游戏机、航空火箭、宇宙飞船等。例如,在对儿童进行生态环境教育时,提出的具体要求是:初步了解生态环境中的各种自然因素及其相互之间的关系;初步认识人类与自然环境相互影响的作用和结果;初步意识到生态环境的平衡有利于人类的健康发展,而生态环境平衡的失调,则会对人类的生存造成极大的危害;激发儿童对周围环境的兴趣,使儿童产生探索大自然奥秘的愿望;萌发儿童尊重自然的美好情感,形成爱护生活环境的良好意愿和行为习惯。

在语言教育上包括:培养儿童听的技能,如能听懂别人讲话;丰富儿童的词汇,如能掌握一些常用词语;发展儿童的口语表达能力,如能大胆地表达自己的思想;增强儿童的语言交往技能,如能清晰地回答别人的提问。

在审美教育上,澳大利亚学者提出"既要培养儿童的艺术技能技巧,也要发展儿童的艺术创造能力,使两者处于平衡状态"。[③] 培养儿童对音乐的兴趣,如喜欢唱歌;帮助儿童学会利用颜色来表现情绪,如能用粉红色表示愉快的情绪;增强儿童对艺术的反应能力,如能用不同的节奏敲打乐器;培养儿童对艺术品的表现能力,如做出与人物雕塑一样的动作;提高儿童的艺术创造力,如能自由表现自己的思想。

① Gerald Francis Ashby, Pre-School Theories and Strategies, Melbourne University Press, 1972, p. 12.
② State Pre-school Teaching Handbook, Department of Education, Queensland, 1992, p. 4.
③ Susan Wright, The Arts in Early Childhood, Prentice Hall of Australia Pty Ltd, 1991, p. 7.

三、学前教育的途径与策略

（一）学前教育的途径

1．一日活动

这是对儿童进行教育的主要途径。澳大利亚学前教育机构在安排一日活动时，虽然有所不同，但其基本结构却是相似的：

9：00—9：30 入园、谈话、讨论
儿童陆续入园后，教师和儿童谈论昨天的活动，引发今天的活动

9：30—10：30 室内游戏活动
儿童在室内自由进行各种游戏活动，如搭积木、拼图、看画册、剪剪贴贴

10：30—11：00 整理、盥洗、早点
儿童把自己用过的物品放回原处、整理好，教师让儿童以猜谜语的形式分别进入卫生间盥洗，教师和儿童各自吃自己带来的早点，有时坐在室内桌旁吃，有时坐在室外大油毡布上吃

11：00—12：00 室外游戏活动
儿童在室外自由进行各种游戏活动，如绘画、踩板球、骑童车、荡秋千、玩沙、玩水

12：00—12：30 整理、讲故事、盥洗
儿童和老师一起把用过的物品放回原处、整理好，教师给儿童讲个短小的故事以后，儿童开始盥洗

12：30—13：00 午餐、午睡准备
教师和儿童在室内桌旁共进午餐（大家自备）以后，儿童两人一组，互相帮助，从储藏室里把简易小床抬出来，放在自己喜欢的室内任何地方，再从自己的小包里拿出两块小花布，当床单和被单

13：00—14：00 午睡
儿童躺在小床上，可手捧图书或怀抱玩具，可闭目睡着或闭目养神；不想睡觉的儿童也可不睡，进行其他活动，但不能影响同伴

14：00—14：20 整理、盥洗
儿童把午睡用品整理好，放回原处，盥洗

14：20—14：50 听讲故事、娱乐活动
儿童听教师讲故事，教师和儿童一起进行娱乐活动，有时看儿童电视节目，有时播放儿童活动录像带，有时边听音乐边随意起舞

14：50—15：10 自由活动
儿童可自由选择室内外的任何活动

15：10—15：30 谈话、评价、离园
教师和儿童谈论一天的活动，教师对各种活动进行评价，教师向儿童

表示期望明天还能看到他们,儿童欢快地离去

2. 区域活动

学前教育机构的室内外空间都非常开阔,室内外人均占地面积分别达到 8 平方米和 12 平方米,这就为儿童区域活动的开展创造了物质条件,因而教师有可能为儿童开辟各种活动区,使儿童能根据自己的兴趣爱好,自由加以选择。常见的活动区有:

(1) 积木区

此区主要在室内,空间较大,堆放着大小、厚薄、长短、粗细不同的积木,儿童可以尽情搭建自己想搭的任何物体,常见的有教堂、车库、加油站、超市等。教师有时还在区内贴上图片、图画,以引导儿童的建筑活动。例如,在张贴金鱼的照片后,儿童可能会想到要搭个金鱼缸来养鱼。

(2) 图书区

该区主要在室内,靠近窗户,光线明亮,用物体与其他区域隔开,以保持安静。区内有一个长沙发、几个小垫子或一张书桌、几把小椅子、一个书架,在书架上面摆放着图书和画册,使其封面朝着儿童,以激起儿童阅读的兴趣。教师有时还在书桌上放着耳机、收录机、磁带,儿童可以边听磁带边看图书。

(3) 家庭区

此区主要在室内,面积很大,与别的区之间有宽阔的通道,以便于儿童进出。区内摆放着各种与家庭有关的用品,如牙刷等生活卫生用品、烘烤箱等厨房用品、刀叉等进餐用品、鞋子等穿戴用品,儿童可以任意选用。例如,在玩"娃娃家"时,一女孩头戴一顶人帽子,脚穿一双大皮鞋,一手挎着钱包,一手推着婴儿车,把自己扮演成"妈妈",正带着"宝宝"到"商店"里去"购物"。

(4) 操作区

该区主要在室内,远离图书区。区内有剪刀、订书机、透明胶、塑料绳及一些废旧物品,他们被分类置放在纸箱里或桌子上,这些材料数量很多,且具成人特色。儿童可自由使用任何工具和材料,比如,用大剪刀剪出自己喜欢的图形,把旧邮票从旧信封上剪下来,举办"邮展"。

(5) 绘画区

此区设在室内、走廊、室外,靠近水源,备有大量的颜料、纸张、多种画笔、画桶、画架。儿童可坐在小椅子上画,也可跪在地上画、站在梯子上画;可用颜料画,也可用水画;可自己画,也可和别人互相帮助着画。每个儿童的作品都会在班级里展示。例如,两个幼儿分别躺在地上的一张大白纸上,彼此帮助对方画下身体的轮廓,然后沿着轮廓线把身体剪下来,涂上自己喜欢的颜色后,在教师的指导下贴在墙壁上或悬挂在活动室里。

(6) 音乐区

该区设在室内或室外,远离其他区域。除了有收录机、电唱机、吉他、钢琴以外,还有饮料罐、酒瓶、木片、竹片等废旧物资,供儿童任意敲打、演奏。

澳大利亚一所幼儿园大班幼儿在麻袋上涂画

（7）科学区

此区设在室内或室外，区内除了挂着鸟笼、养着金鱼以外，还陈列各种动物模型、植物标本、贝壳、沙子、石子等物体，供儿童观赏。

澳大利亚一所幼儿园大班幼儿在"吹泡泡"

澳大利亚一所幼儿园的"海洋区世界"

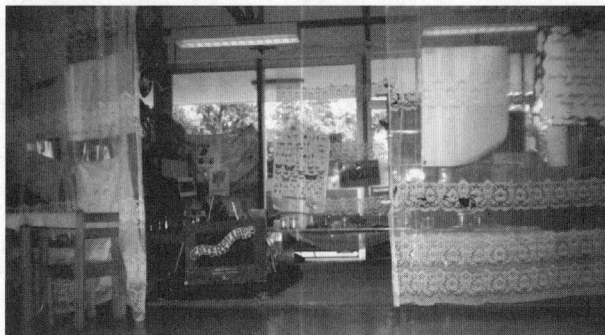

澳大利亚一所幼儿园的"昆虫世界"

（8）种植区

此区主要在室外，教师和儿童一起在种植园地里挖洞、播种、施肥、浇水、除草、收获、分享。例如,在收获的季节里,教师和儿童一起把南瓜切开,掏出瓜子,清洗煮熟后,一起品尝。

(9) 玩沙区

此区设在室外,位于大树下,离水源较近。区内有个大沙池,在沙池旁的工具箱里放着铲子、小桶等玩沙工具和水管等引水用具。教师和幼儿戴上防护帽,赤脚在沙池里"挖隧道"、"搭教堂"、"造房子"等。活动结束时,教师和幼儿一起把一块大油毡布盖在沙池上,以免异物落入,或沙子在雨水中流失。

(10) 玩水区

此区主要在室外,便于取水和排水,往往与玩沙区相近。区内有一根很长的水管、一个不锈钢大水槽,槽旁放着各种能沉会浮的物体(如钉子、木头、纸盒、塑料盒、纸)或能在水中溶解的物体(如颜料),这样幼儿既能让"帆船"(纸盒)在水上冲浪,也能让"运动员"(纸人)在蓝色的大海里畅游。幼儿玩水时,都穿上防水衣或系上塑料围裙,这样水就不会把衣服弄湿。

澳大利亚一所幼儿园教师和幼儿一起玩沙玩水

(11) 木工区

该区建在室外,远离其他区。区内有一张巨大而结实的桌子,上面摆放着木块、彩纸板、铁钉、铁锤、锯子、万能胶水等工具,儿童可和教师一起制作物品,也可在教师的指导下,自己制作一些感兴趣的物品。例如,幼儿想造架"飞机",但他锯不动木头,于是,教师就和他一道锯,然后他自己拿起锤子,用钉子把各块木块按自己的构思钉在一起。

(12) 体育区

此区主要在室外,区内有各种大型的运动器械,如秋千、滑梯、攀登架、平衡木等,这些体育器材往往被放置在一起,组合成一个体育活动单元,使儿童的身体能得到比较全面的锻炼。例如,儿童上了攀登架以后,接着要走过一段平衡木,再从滑梯上下来,然后还要爬过一个铁桶,跳过几个汽车轮胎后,才算到达终点。

澳大利亚一所幼儿园的木工活动

另外,有的学前教育机构还开设了电脑区、烹调区、表演区等,以充分满足儿童的各种需要。

澳大利亚一所幼儿园的荡秋千活动

澳大利亚一所幼儿园的户外活动环境

3. 主题活动

澳大利亚学者认为对学前儿童进行教育,应围绕着一定的主题,通过采用综合的方式进行,这既是学前教育和小学教育的本质区别所在,同时也有利于儿童的和谐发展。例如,在向儿童传授"加油站"这方面知识的时候,教师给儿童讲汽油来历的故事,教儿童唱加油的歌曲,和儿童一起制作加油站的标志和用具,模仿和表演加油的动作,引导儿童玩加油站的游戏。在此过程中,儿童就获得了语言、音乐、舞蹈等方面的知识,发展了动手操作能力和语言表达能力。

4. 参观郊游

这是澳大利亚教师经常采用的一条行之有效的途径。他们定期带领儿童外出参观、

澳大利亚一所幼儿园"医疗救助"活动墙饰

澳大利亚土著艺术家进园传授绘画技巧

郊游,充分利用园外教育资源为儿童健康成长服务。例如,在对儿童进行"动物"主题教育的时候,教师把儿童带到农场去参观,让儿童亲手摸一摸小公鸡、抱一抱小山羊、喂一喂小猪仔、骑一骑枣红马、挤一挤乳牛奶,使儿童在轻松愉快的气氛中,丰富了感性知识,萌发出对小动物的爱心。

5. 聘请授课

教师还常常邀请有一技之长的家长或社区工作者来园给儿童讲课,教儿童学电脑或学绘画、唱歌、跳舞等,扩大儿童的知识面,培养儿童的技能技巧。

(二) 学前教育的策略

在对儿童进行教育时,采用的策略因教育内容的不同而有所不同。

1. 在进行科学教育时,教师使用的策略

(1)通过给儿童朗读诗歌、讲故事,激发儿童对科学的兴趣。比如,教师给幼儿讲"春天的早晨"的故事,使幼儿产生对"气候和季节"的兴趣。

（2）通过播放录像、组织讨论，发展儿童科学思维的能力。例如，教师给幼儿看"阳光海岸"（澳大利亚—著名海滨游览区）的录像以后，启发幼儿思考：为什么大海的颜色看上去是蓝色的？为什么帆船能在水上漂浮？

（3）通过现场参观、动手操作，提高儿童的感官能力。比如，教师和幼儿一起制作水果色拉，使幼儿目睹水果的外表颜色、内部结构及其形状、大小的变化过程，感受到不同的水果散发出的香味是不同的，不同的水果有不同的特性等。例如，在切香蕉、苹果、菠萝的过程中，幼儿就会感到香蕉的皮最容易剥掉，而菠萝的皮却最难去除；香蕉最容易抓握，而苹果却最难抓住；香蕉最容易切开，而菠萝却最难切开；香蕉最黏，而菠萝的水分最多。

（4）通过开展实验活动，强化儿童对科学的探索精神。比如，让幼儿分别把花种撒在土地上和沙子上，浇水数日后，启发幼儿再去观察它们的生长情况，就能催发幼儿探究种子撒在不同的地方、生长的情况是不同的这一奥秘。

2．在进行多元文化教育时，教师运用的策略

（1）开展食物烹调活动，使儿童能有机会品尝不同国家的饮食风味。比如，教师邀请来自中国或意大利的家长和幼儿一起包中国饺子、做意大利馅饼。

（2）开展服装表演活动，使儿童能认识到各国不同的服饰式样和穿戴方法，如英国皇家礼帽和阿拉伯国家无边毡帽的差别，日本和服和西装的穿戴方法上的不同。

（3）开展演奏乐器活动，使儿童意识到不同国家的乐器特点和操作方法，如中国的二胡和法国的小提琴在演奏方法上的不同。

（4）开展歌舞戏剧表演活动，使儿童能感受到各国不同音乐和舞蹈等的艺术美。例如，幼儿在学唱中国京戏和学跳俄罗斯芭蕾舞的过程中，就会得到不同的美的享受。

3．在进行社会教育时，采用的策略

（1）通过讲解指导，教给儿童与同伴友好相处的方法。例如，当幼儿甲把幼儿乙搭的教堂推倒以后，幼儿乙就不愿意和幼儿甲一起玩了，教师就告诉幼儿甲：下次幼儿乙再玩积木时，你也在他的旁边玩，他搭教堂时，你也在他的旁边搭一个。

（2）通过观察模仿，为儿童树立良好的学习榜样。比如，在收拾整理体育运动器械时，教师发现幼儿丙和幼儿丁一起抬着垫子往储藏室里走，教师就询问其他幼儿：谁愿意学幼儿丙和幼儿丁的样，和我一起把这个工具箱抬到储藏室里去？

（3）通过活动练习，帮助儿童把道德认知转化为道德行为。例如，在幼儿进行各种活动时，教师都让他们自己开动脑筋，自己动手，培养幼儿的独立性和热爱劳动的精神。

（4）通过表扬鼓励，强化儿童的社会行为。比如，幼儿玛丽正站在梯子上，就着墙壁的不锈钢板画画，当她看到幼儿比尔也扛来了一个小梯子，想学她一样画画的时候，玛丽发现自己的梯子正挡住了比尔想要选择的位置，她就从梯子上下来，把自己的梯子往旁边挪了挪，这样比尔就有空间摆放梯子画画了。教师发现后，马上对玛丽说：你看比尔正在朝你微笑呢，他多么高兴你能挪出一块地方，让他在你的旁边画画。

4．在进行创造教育时，运用的策略

（1）创设宽松的心理环境。这是儿童进行创造活动的前提条件。在儿童进行活动的

整个过程中,教师从不批评儿童、体罚儿童、控制儿童,无论儿童做了什么,教师都能站在他们的立场上去看这个问题,师生关系非常融洽。

（2）提出启发性问题。这是引导儿童进行创造性思考的必要条件之一。教师很少向儿童提出只有一个正确答案的问题,认为这样做只会阻碍儿童活跃思维的发展;因而较多的是向儿童提出有多种正确答案的问题,以引发儿童从不同的角度思考问题、寻找解决问题的办法。例如,我们除了可以"用笔"画出一个"红十字"以外,还可以用哪些方法来组成一个"红十字"？ 教师这一问题的提出,就能调动幼儿思维的积极性,使他们能想出"用积木拼"、"用图片贴"、"用沙子堆"、"用纸张粘"等多种方法。

（3）鼓励创造性行为。教师鼓励儿童用不同的方法使用工具、玩具,并对儿童的新异行为给予承认、尊重、表扬,加以强化。例如,在角色游戏"娃娃家"中,"娃娃"没有床,怎么睡觉呢？ 当一个幼儿把积木区的一块半圆形的积木拿来当床时,教师就及时表扬她很会动脑筋想办法。

（4）正确面对失败。儿童在创造的过程中,取得成功固然是重要的,这能强化儿童的创造行为,但也不可避免地会遇到失败,这实际上是儿童成长中的一把"双刃剑",教师要帮助儿童正确面对它。比如,当儿童没有做成某事时,教师就对他说,"这件事没做成功,我和你一样难过,但我却为你的尝试精神而骄傲","你的尝试对我们大家很重要,如果你不去做,我们怎么会知道这种方法行不通呢？"

（三）学前教育的方法

G·F·阿希比指出,"值得称赞的学前教育方法是:重视给儿童提供第一手经验,让儿童自己作出将进行什么活动的决定,强调非正规的、非直接的教学,以儿童感兴趣的游戏为中心","为了成功地运用这些方法,教师要为儿童提供广泛的材料、活动和经验,既要支持儿童的活动,也要刺激儿童开展新的活动、为儿童树立模仿的行为方式"。[①]

澳大利亚学前教育协会强调,不论对儿童进行什么教育,也不论采用什么方法,都要从儿童的特点出发,并符合儿童的兴趣需要。例如,在对儿童进行环境教育时,可以采取以下范式进行:

表6-1 儿童环境教育范式

因为儿童有……的特点	所以教师应当采取……的方法
通过直接经验学习	有目的、有计划地提供丰富的环境和充满刺激的材料
通过感官获取信息	鼓励儿童看、触摸、嗅、听、适时品尝
有一系列认知技能	提供各种不同水平的活动,使每个儿童都能参与
开始发展简单的因果关系的能力	在儿童所处的环境中开展简单的因果关系的试验

---

① Gerald Francis Ashby, Pre-School Theories and Strategies, Melbourne University Press, 1972, p.12.

因为儿童有……的特点	所以教师应当采取……的方法
喜欢马上有结果的实验	提供变化的、简单的活动
需要花费时间发展理解概念的能力	给儿童重复及实践新技能、探索、发现和提问的时间
基本的道德感是建立在个人是非观基础上的	避免复杂的价值观
喜欢音乐、图片和故事	选择、利用能引发儿童对环境中的事物感兴趣的音乐、图片和故事
喜欢运用各种艺术形式表现他们的思想和情感	提供各种艺术媒体……运用来自地方环境中的自然材料
模仿同伴和成人的态度及行为	通过树立适当的行为范例,鼓励正确的态度[①]

四、学前教育的模式

学前教育的模式是教育理论对学前教育实践所产生的一种带有规律性的影响。G·哈立维认为在澳大利亚学前教育发展的过程中,主要存在着三种模式:

(一) 学科中心模式

这种教育模式盛行于 20 世纪 70 年代以前,它以学科中心论的思想(如布鲁纳的结构主义思想、斯金纳的行为主义理论)为基础,认为教育就是要把对社会有用的知识、技能和态度体系,完整地传递给儿童;儿童在学习的过程中扮演行为主义的角色,他们能对环境作出反应,但不能控制环境。这种模式特别强调教师的教育作用和儿童的学习价值,可用图 6-1 模式 A 表示。[②]

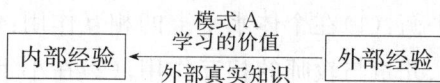

图 6-1

(二) 儿童中心模式

这种教育模式流行于 20 世纪 70 年代中期以前,是建立在以儿童为中心的理论(如杜威的儿童观)基础上的,认为教育能够促进儿童的自我发展,帮助儿童逐步走向成熟;教师应以儿童的需要为基础,设计教育方案。这种模式尤其强调儿童自身的价值以及儿童的发现和创造表现在其成长中的作用,可用图 6-2 模式 B 表示。[③]

---

① Litter and Environmental Education for the Young Child, Australian Early Childhood Resource Booklets, Australian Early Childhood Association INC. , No. 2, May 1985, p. 3.

② Gail Halliwell, An Interactional Model for Early Childhood Education, Curriculum Banch, Department of Education, Queensland, August 1977, p. 6.

③ Gail Halliwell, An Interactional Model for Early Childhood Education, Curriculum Banch, Department of Education, Queensland, August 1977, p. 6.

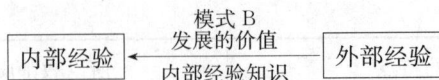

```
                    模式 B
                   发展的价值
  内部经验 ←─────────────────── 外部经验
                  内部经验知识
```

图 6-2

（三）相互作用模式

学前教育工作者在长期的实践中发现,这两种教育模式都片面强调了教育主体和客体某一方面的价值,阻碍了儿童的正常发展,因而从 20 世纪 70 年代后期开始进行了改革,以皮亚杰等人的思想为基础,建立了相互作用的新型教育模式,强调教育的目标要和儿童的兴趣、能力以及发展水平相匹配。这种模式可用图 6-3 模式 C 表示。①

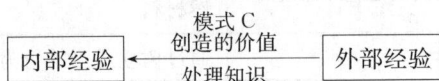

```
                    模式 C
                   创造的价值
  内部经验 ←─────────────────── 外部经验
                   处理知识
```

图 6-3

G·哈立维认为要从学习、知识和教育三个维度来全面考察这一模式:(1)学习是个体化的,它不可能产生在真空里,当儿童作出行动的时候,学习就发生了;学习不是传递,也不是发展,而是一个主动的、创造的过程,在这个过程中,儿童要运用内部经验去适应外部世界的需要;儿童是个独立的学习者,他与外部世界的相互作用是有目的的;儿童是作为一个整体来行动的,他的行动是以过去的经验为基础的;儿童在学习的过程中,发展了个体特征;儿童需要与教师建立互惠的交往关系;儿童能够接受社会的期待。(2)知识是儿童个体和客体相互作用的结果。(3)教育能使儿童的主动性、才能、推理能力、感受性得到发展。

为了促进儿童的学习和发展,教师要为儿童提供与物和人相互作用的机会,并注意使各种相互作用的形式保持平衡:(1)在个体水平上的相互作用:包括儿童与物体的相互作用、儿童与儿童的相互作用、儿童与教师的相互作用;(2)在小组水平上的相互作用:即儿童彼此间的合作,主要由成人发起;(3)在大组水平上的相互作用:主要由成人发起。

五、学前教育的课程与设计

（一）学前教育课程的基础

学前教育课程的构建是以多种理论知识为基础的,主要有:

1. 人类发展的知识

这包括儿童怎样学习和发展的知识;既有理论知识,也有实践知识;除了历史、社会学、哲学、心理学的知识基础以外,澳大利亚学前专家还强调教师要从具有多文化的家庭氛围和社会背景中去研究正在发展着的儿童的知识。

---

① Gail Halliwell, An Interactional Model for Early Childhood Education, Curriculum Banch, Department of Education, Queensland, August 1977, p. 6.

2. 课程理论及发展和评价的知识

这些知识技能特别重要，专家指出，教师一旦拥有它，就能较好地设计出符合儿童发展的、适当的课程模式和教育方案，对儿童的发展水平作出公正的评判，修正现存的教育计划，以促进每个儿童的最佳发展。

3. 学前教育的职业道德知识

不论是在哪一种教育机构工作，教师的职业道德知识都能有效地指导他们的教育实践活动，使他们热爱、尊重每一个儿童，积极与家长交往。

4. 研究学前教育的知识

教师不仅应该了解教育研究的步骤、方法，而且还应该亲身实践，参加到研究活动中去，成为一名研究者。此外，还应该传播、应用一些有价值的科研成果。

5. 学前教育方法论的知识

教师应该掌握行之有效的教育方法，精心设计、合理组织、正确评价教育活动。

（二）学前教育课程的种类

学前教育课程是学前教育中的核心问题，M·A·埃贝克认为可以分为"公开课程"和"隐蔽课程"两大类：[①]

1. 公开课程

这种课程也叫正式课程、显性课程，它指的是有目的、有组织的各种教育活动，具有计划性、预期性等特点。在组织这类课程时，需要注意如下几个问题：(1)考虑到全体儿童的普遍情况；(2)从每个儿童的具体情况出发；(3)兼顾学前教育机构的特殊状况和社区的一般条件；(4)尊重澳大利亚的文化传统和全人类的文化遗产。

2. 隐蔽课程

这种课程也叫非正式课程、隐性课程，它指的是无意识、无计划的各种教育活动，具有潜在性、随意性等特点。这类课程主要体现在学前教育机构的物质环境和社会环境方面，比如，体育运动器械、游戏材料等属于物质环境，而活动室的布置、班级常规的制定、保教人员之间的关系、幼儿同伴之间的关系、师生之间的关系等则是社会环境。在物质环境的建设上，注意利用木制品、草制品和塑胶制品，为儿童构建一个相对"软"的、柔和的环境，以减少物质环境对儿童可能产生的有形压力。在社会环境的创设上，注意建立民主平等的师幼关系，为儿童构建一个相对宽松的、自由的环境，以减少社会环境对儿童可能产生的无形的压力。

澳大利亚学前教育专家提出，不论是公开课程还是隐蔽课程，都应该有利于儿童的学习和发展，并应随着儿童的发展而发展，使课程适合于儿童的年龄特征和个体差异，反映儿童独特的知识经验、兴趣需要和家庭背景，促进儿童利用最佳的学习方式获得各方面的

---

① Marjory Anne Ebbeck, Early Childhood Education, Peter Langford and Vin D'Cruz, Education Australia, Longman Cheshire, 1991, pp. 38 – 39.

和谐发展。

（三）学前教育课程的设计

教育观念是教师设计课程的基础，在设计发展的、适当的课程的时候，教师需要注意以下几点：

认识到在儿童发展的整个过程中，其发展的速度和质量在不同年龄阶段是不同的，从初生至5岁是其发展速度最快的时期。

把人类多元文化教育训练看作是学前教育课程的基础，有目的、有计划地在家庭文化多元化的条件下，悉心研究儿童，教育儿童。

给儿童提供连续不断的学习经验、变化发展的教育内容，重视与儿童父母协调配合，做好学前教育机构与学校教育机构之间的衔接及过渡，使儿童能顺利地适应新生活。

掌握同儿童家庭、社区进行有效合作的技能。

为儿童建立一个富有变化的、刺激的和充满挑战的教育环境，使课程的内容、方法和进程与儿童的需要、发展水平相适应，彼此之间形成一种牢固的内聚力。对学前教育课程的要求，旨在使不同的教育内容最大限度地融为一体，因为课程内容每一方面都同等重要，没有轻重、主次之分；使教育目标、教育内容和评估方法相互协调，形成一个完整的课程体系。

和儿童建立平等友好的关系，为儿童成功学习、顺利发展打下基础。

把游戏当作是儿童学习的主要形式。意识到以游戏为基础的课程，适合于学前教育中各个年龄阶段的儿童，并能促进其发展。

（四）学前教育课程的方案

教师从不同的儿童观和教育观出发，设计出具有不同内容和特点的学前教育课程方案，比较典型的有如下几种：

1. 发展儿童认知能力的课程方案

这种方案主要是以皮亚杰等人的儿童观和教育观为基础而设计的，旨在丰富儿童关于自然和社会的知识，促使儿童习得基本概念；发展儿童分类能力和排序能力，帮助儿童掌握空间关系、逻辑数理关系；提高儿童描述事物的能力，促进儿童口语能力、动手操作能力的发展等。

这一方案要求教师为儿童的自发学习创造良好的条件：仔细观察儿童，根据儿童的认知发展水平，确定教育目标，制定一日活动计划，提供各种操作材料，在安排全班集体活动、小组活动的同时，重视儿童的个人活动，鼓励儿童的主动学习，促进儿童与成人、同伴的相互作用，提高儿童的认知水平。

2. 陶冶儿童情感的课程方案

设定这种方案主要是以格赛尔等人的儿童观和教育观为基础的，目的是培养儿童积极愉快的心境；帮助儿童树立自信心；发展儿童的自尊心；促使他们形成积极的自我意识，提高儿童的社会性等。

这一方案要求教师在教育过程中不断提高与儿童相互作用的质量:不仅要成为儿童情感的反应者、了解者和评价者,而且还要成为儿童情感的支持者、引导者和促进者,丰富儿童的情感世界,帮助儿童把消极情感发泄出来,转化为积极的情感,使情感能不断升华。

3. 训练儿童行为的课程方案

拟定这种方案是以斯金纳等人的儿童观和教育观为基础的,旨在形成儿童良好的卫生习惯,帮助儿童健康地成长;培养儿童读写算的基本技能,使儿童能顺利地进入小学学习;激发儿童创造的欲望,强化儿童创造的行为;培养儿童的社会行为,促进儿童的早日社会化等。

这一方案要求教师在教育过程中讲究程序性,注意循序渐进,引导儿童从一个阶段发展到另一个阶段,不断提高儿童的身心发展水平。例如,教师先评价儿童的发展程度,以此为基础,为儿童提供相应的活动材料,让儿童操作,然后评价儿童的发展程度,如此循环往复,促进儿童的全面发展。

4. 提高儿童能力的课程方案

这种课程方案的设计是建立在不同学者的儿童观和教育观的基础之上的,意在培养儿童大肌肉、小肌肉的运动能力,帮助儿童形成自我保护的能力;发展儿童的知觉能力,提高儿童的构造能力;发展儿童的注意力,培养儿童的解决问题能力和社会交往能力等。

这一方案要求教师在教育中要发挥主导作用,为儿童创设一个充满刺激的环境,合理安排儿童的各种活动,重视集体活动的组织和指导,注意在观察儿童、记录儿童的基础上,对儿童进行评估,帮助儿童对所获得的知识经验加以运用,以发展儿童的能力。

5. 与家庭配合的课程方案

设计这类课程方案是以多个学者的儿童观和教育观为基础的,目的在于增强家长的教育责任感和自信心;培养家长了解孩子、教育孩子的能力;提高家长利用家庭资源、发挥家庭教育的优势的能力;培养家长正确地评价孩子、促进孩子发展的能力等。

这一方案要求教师具有多种能力:一是较强的设计能力,使家访计划符合家园双方的需要,通过家访能达到预期的教育目标;二是较强的交往能力,使教师和家长能彼此沟通,谈话投机,关系融洽;三是很强的教育能力,教师能根据家庭的不同环境、家长的不同职业、儿童的不同水平,恰当地选择场地、材料开展教育活动。[①]

(五) 学前教育课程的评价

评价是学前教育课程构建的终端,同时也是课程设计的始端。在评价课程时,要从两个角度出发:

1. 课程的各个环节

要客观地评价课程,就必须从教育活动的设计、教育内容的选择、教育手段和方法的

---

① 参阅 John Braithwaite, Explorations in Early Childhood Education, Australian Council for Education Research, Bernard Van Leer Foundation, 1983, pp. 52 – 93.

运用等各个方面来进行，缺一不可。这样才能全面总结课程的经验，找出失败的教训，明了究竟是在哪一个环节上出了问题。例如，儿童对在"舞台"上表演不感兴趣，教师就要分析是这个"舞台"的大小不当、布景不妥，还是表演的内容、节目不合儿童的口味，或是道具太陈旧、太少。

在评价课程的某一环节时，也要考虑多种因素。在评估教育方法时，既要考察教师教的科学性和艺术性，更要考察儿童学的积极性和合理性。例如，儿童在学习过程中，是否有操作学习、游戏学习、模仿学习、交往学习等多种形式？如果有的话，那么，这些形式的比例是否恰当？儿童在进行某种学习的时候，所用的形式对他来讲是否是最佳的？

2. 儿童的发展水平

课程设计的前提条件和终极目标都是和儿童的发展相关联的。在评价儿童的发展时，要从体力、认知、语言、社会性、情感、审美等多方面来进行，同时在对儿童某一方面的发展作出评价时，也要从不同的侧面来衡量，以避免片面性。例如，教师在评估儿童的体力发展水平时，不仅要通过儿童的走、跑、跳、爬来考察儿童的大肌肉发展水平，而且还要通过儿童的提取、倾倒、剪贴、抓握、扭转、切割、敲打来检测儿童的小肌肉发展水平。此外，还要通过钻圈、钻桶来检验儿童的躯干运动水平。在评价儿童的语言发展水平时，教师既要考虑儿童是否会倾听、发音是否清晰、语句是否流畅、词汇是否丰富，也要考察儿童是否有语言的自信心、是否有语言交往的愿望、能否理解别人的语言、是否喜欢玩词语游戏等。

六、学前儿童家庭教育与指导

长期以来，澳大利亚一直重视学前教育机构和家庭之间的合作，教育专家 G·哈立维（Halliwell）认为："学前教育机构和家庭都是澳大利亚社会的重要教育场所，他们都担负着使年幼儿童社会化的任务。"[①]学前教育机构注意通过多种形式给家长以具体的指导和切实的帮助。

（一）学前儿童家庭教育的指导

1. 发送会谈通知

在儿童进入某个学前教育机构之前，该机构会向家长发出邀请函，告诉他的孩子被分在哪个班级，欢迎他带着孩子来机构和教师一起交谈、游戏，以了解本机构的特点和作息时间表。

教师在和家长首次会谈时，必须使家长认识到：他所谈的任何关于孩子的事情，对教师来说，都是有价值的；加强教师和家长之间的联系，对教师和家长双方都有益。教师还要注意了解家长的兴趣爱好和技能技巧，以便调动他们为机构作贡献的积极性。

教师和家长首次会谈的内容包括五个方面：家庭一般情况、孩子的身体状况、孩子

---

① Gail Halliwell，An Interactional Model for Early Childhood Education，Curriculum Banch，Department of Education，Queensland，August 1977，p. 12.

的社会经验、孩子的游戏兴趣、母亲的观点。教师可在与家长谈话的过程中,作些适当的记录,以完整地保留儿童的资料。下面是昆士兰州教育部要求学前教育中心的教师在首次会谈时应填写的表格:

表 6 - 2　初次会谈表①

学前教育中心＿＿＿＿＿＿＿＿＿＿＿＿＿＿＿＿＿＿＿＿＿＿＿＿＿＿＿

记录者＿＿＿＿＿＿＿＿＿

日期　＿＿＿＿＿＿＿＿＿

（A）一般情况

儿童姓名＿＿＿＿＿＿＿＿＿＿＿＿＿＿＿＿＿＿＿＿＿＿＿＿＿＿＿＿＿

出生日期＿＿＿＿＿＿＿＿＿＿＿＿＿＿＿＿＿＿＿＿＿＿＿＿＿＿＿＿＿

地址＿＿＿＿＿＿＿＿＿＿＿＿＿＿＿＿＿＿＿＿＿＿＿＿＿＿＿＿＿＿＿

家庭电话号码＿＿＿＿＿＿＿＿＿＿＿＿＿＿＿＿＿＿＿＿＿＿＿＿＿＿＿

父亲的名字＿＿＿＿＿＿＿＿＿工作时间＿＿＿＿＿＿＿＿＿＿＿＿＿＿＿

职业＿＿＿＿＿＿＿＿＿＿＿＿工作单位电话号码＿＿＿＿＿＿＿＿＿＿＿

母亲的名字＿＿＿＿＿＿＿＿＿工作时间＿＿＿＿＿＿＿＿＿＿＿＿＿＿＿

职业＿＿＿＿＿＿＿＿＿＿＿＿工作单位电话号码＿＿＿＿＿＿＿＿＿＿＿

家庭中其他孩子的姓名和出生日期＿＿＿＿＿＿＿＿＿＿＿＿＿＿＿＿＿＿

＿＿＿＿＿＿＿＿＿＿＿＿＿＿＿＿＿＿＿＿＿＿＿＿＿＿＿＿＿＿＿＿＿

＿＿＿＿＿＿＿＿＿＿＿＿＿＿＿＿＿＿＿＿＿＿＿＿＿＿＿＿＿＿＿＿＿

家庭地址＿＿＿＿＿＿＿＿＿＿＿＿＿＿＿＿＿＿＿＿＿＿＿＿＿＿＿＿＿

紧急情况时联系

（1）姓名＿＿＿＿＿＿＿＿＿　（2）姓名＿＿＿＿＿＿＿＿＿

　　　地址＿＿＿＿＿＿＿＿＿　　　　地址＿＿＿＿＿＿＿＿＿

（3）姓名＿＿＿＿＿＿＿＿＿

　　　地址＿＿＿＿＿＿＿＿＿

儿童已进入一个

（1）儿童心理和健康中心

（2）婴儿机构

（3）幼儿机构

（4）福利机构

如果进入,什么时候?＿＿＿＿＿＿＿＿＿＿＿＿＿＿＿＿＿＿＿＿＿＿＿

————————————

① State Pre-school Teaching Handbook，Department of Education，Queensland，p. 61

家庭医生的名字＿＿＿＿＿＿＿＿＿＿　电话号码＿＿＿＿＿＿＿＿＿＿＿＿＿＿＿＿＿

地址＿＿＿＿＿＿＿＿＿＿＿＿＿＿＿＿＿＿＿＿＿＿＿＿＿＿＿＿＿＿＿＿＿＿＿＿＿

明年儿童将进入什么学校？＿＿＿＿＿＿＿＿＿＿＿＿＿＿＿＿＿＿＿＿＿＿＿＿＿

（B）身体情况

严重的疾病和事件＿＿＿＿＿＿＿＿＿＿＿＿＿＿＿＿＿＿＿＿＿＿＿＿＿＿＿＿＿

现在还在医疗机构吗？＿＿＿＿＿＿＿＿＿＿＿＿＿＿＿＿＿＿＿＿＿＿＿＿＿＿＿

如果这样，是为了什么？＿＿＿＿＿＿＿＿＿＿＿＿＿＿＿＿＿＿＿＿＿＿＿＿＿

预防和接种＿＿＿＿＿＿＿＿＿＿＿＿＿＿＿＿＿＿＿＿＿＿＿＿＿＿＿＿＿＿＿＿＿

＿＿＿＿＿＿＿＿＿＿＿＿＿＿＿＿＿＿＿＿＿＿＿＿＿＿＿＿＿＿＿＿＿＿＿＿＿＿＿

儿童做过手术吗？＿＿＿＿＿＿＿＿＿＿＿＿＿＿＿＿＿＿＿＿＿＿＿＿＿＿＿＿＿＿

评论＿＿＿＿＿＿＿＿＿＿＿＿＿＿＿＿＿＿＿＿＿＿＿＿＿＿＿＿＿＿＿＿＿＿＿＿＿

＿＿＿＿＿＿＿＿＿＿＿＿＿＿＿＿＿＿＿＿＿＿＿＿＿＿＿＿＿＿＿＿＿＿＿＿＿＿＿

儿童的食欲	差	很好	好

评论＿＿＿＿＿＿＿＿＿＿＿＿＿＿＿＿＿＿＿＿＿＿＿＿＿＿＿＿＿＿＿＿＿＿＿＿＿

＿＿＿＿＿＿＿＿＿＿＿＿＿＿＿＿＿＿＿＿＿＿＿＿＿＿＿＿＿＿＿＿＿＿＿＿＿＿＿

儿童睡觉的姿势	差	很好	好

评论＿＿＿＿＿＿＿＿＿＿＿＿＿＿＿＿＿＿＿＿＿＿＿＿＿＿＿＿＿＿＿＿＿＿＿＿＿

＿＿＿＿＿＿＿＿＿＿＿＿＿＿＿＿＿＿＿＿＿＿＿＿＿＿＿＿＿＿＿＿＿＿＿＿＿＿＿

儿童入厕的习惯	独立	依赖

评论＿＿＿＿＿＿＿＿＿＿＿＿＿＿＿＿＿＿＿＿＿＿＿＿＿＿＿＿＿＿＿＿＿＿＿＿＿

＿＿＿＿＿＿＿＿＿＿＿＿＿＿＿＿＿＿＿＿＿＿＿＿＿＿＿＿＿＿＿＿＿＿＿＿＿＿＿

孩子有过敏反应吗？＿＿＿＿＿＿＿＿＿＿＿＿＿＿＿＿＿＿＿＿＿＿＿＿＿＿＿＿＿

孩子身体有残疾吗？＿＿＿＿＿＿＿＿＿＿＿＿＿＿＿＿＿＿＿＿＿＿＿＿＿＿＿＿＿

＿＿＿＿＿＿＿＿＿＿＿＿＿＿＿＿＿＿＿＿＿＿＿＿＿＿＿＿＿＿＿＿＿＿＿＿＿＿＿

对孩子身体的一般评论＿＿＿＿＿＿＿＿＿＿＿＿＿＿＿＿＿＿＿＿＿＿＿＿＿＿＿

＿＿＿＿＿＿＿＿＿＿＿＿＿＿＿＿＿＿＿＿＿＿＿＿＿＿＿＿＿＿＿＿＿＿＿＿＿＿＿

（C）社会经验

评论孩子与同龄其他孩子游戏的机会＿＿＿＿＿＿＿＿＿＿＿＿＿＿＿＿＿＿＿＿

＿＿＿＿＿＿＿＿＿＿＿＿＿＿＿＿＿＿＿＿＿＿＿＿＿＿＿＿＿＿＿＿＿＿＿＿＿＿＿

评论孩子与其他孩子相处的能力＿＿＿＿＿＿＿＿＿＿＿＿＿＿＿＿＿＿＿＿＿＿＿

＿＿＿＿＿＿＿＿＿＿＿＿＿＿＿＿＿＿＿＿＿＿＿＿＿＿＿＿＿＿＿＿＿＿＿＿＿＿＿

评论孩子与父母之外的成人之间的联系＿＿＿＿＿＿＿＿＿＿＿＿＿＿＿＿＿＿＿

＿＿＿＿＿＿＿＿＿＿＿＿＿＿＿＿＿＿＿＿＿＿＿＿＿＿＿＿＿＿＿＿＿＿＿＿＿＿＿

孩子已经远离父母生活很长的时间了吗？　_____

在过去的四年中搬过家吗？　_____
_____

对社会经验的一般评论_____
_____

（D）游戏兴趣　　　　　　很强　　　　一般　　　　没有
兴趣

孩子一个人能玩得很好吗？　_____

当孩子游戏时，他寻求成人的注意吗？　_____

孩子更喜欢与别的孩子一起游戏吗？　_____

孩子在室内外都能很好地游戏吗？　_____

其他评论_____
_____

有特别的玩具、游戏和活动吗？　_____

孩子有规律地看电视吗？　　　　　有　　　　没有
　　　看电视的持续时间_____所看的电视节目_____
　　　　　　　　_____　　　　_____
　　　　　　　　_____　　　　_____

孩子有机会在庭院外进行大运动量的游戏活动吗？　有　　没有
　　　　　　　游戏类型_____

在家里孩子怎样经常地读故事书？　_____
_____

孩子寻找故事书阅读吗？　_____
_____

一般的评论_____

（E）母亲的评论
你认为你的孩子对进入学前教育中心将会有什么反应？
_____
_____

你认为学前教育中心可能会以哪些方式给你的孩子以帮助？
_____
_____

你情愿偶尔来学前教育中心帮忙吗?

_____

_____

任何其他的评论

_____

_____

2. 召开家长会

学前教育机构结合社区教育的内容和重点,帮助家长习得相应的知识和技能。例如,在整个社区强调儿童的安全教育时,学前教育中心及时召开家长会,向家长介绍保护孩子安全的方法:(1)和孩子讨论制定安全规则的必要性,比如,进行木工活动时,要戴上防护镜,以免异物进入眼中;(2)给孩子提供安全的材料和设施,例如,玩具不能太小,以防孩子吞食;(3)为孩子创设安全的活动场地,如室外场地上没有散落的铁钉;(4)为孩子树立安全行动的榜样,如切菜时,把餐刀拿得离手指远一点;(5)开展模拟练习活动,如身上着火时,先停步,再躺倒在地、滚动身体,直至火被扑灭;(6)化解孩子的危险行为,如孩子所搭的物体超过其身高时,要加以劝阻;(7)教育孩子学会自我保护,如上车以后,自己系上安全带。

3. 呈现求助板

教师在开展某一活动时,需要多种材料,就把一块求助板放在班门口,板上写着请家长帮助收集并让孩子带来的一些物品名称。例如,为了使角色游戏能持续开展下去,教师就在求助板上写道:亲爱的家长,如果你家里有不会再穿戴的衣服、帽子、鞋子,不会再使用的拎包、电话机、电吹风、电脑纸,请将它们清洁后,于下星期让孩子带来。谢谢你的帮助。

4. 张贴邀请函

针对一些家长从事的是半日工作这一情况,教师在班级门口张贴邀请函,欢迎他们来园观看或参加孩子们的活动,了解孩子的生活;给教师当助手,和教师一起组织孩子们的活动,掌握教育的方法;利用自己的一技之长为孩子、为学前教育机构服务。例如,擅长绘画的家长,教孩子画画;擅长歌舞的家长,教孩子演唱;喜欢演奏乐器的家长,和孩子们一起表演;身为园艺师的家长,带领孩子们开辟种植园地,栽花种草;身为电脑程序员的家长,教孩子编制简单的电脑程序等。如果哪位家长愿意来参加活动,就在邀请函旁写下自己的名字、来园的具体时间和希望做的事情,这样既使教师心里有数,又为其他家长提供了学习的榜样。

5. 接送时交流

家长送孩子入园时,教师主动向他们了解孩子在家的情况,希望家长不要马上走开,陪孩子在园里玩一会儿;家长接孩子回家时,教师又主动向他们介绍孩子在园的表现,启发家长在满足孩子游戏心愿,让其尽兴玩耍以后再离去。在此过程中,教师一旦发现问题,就给家长具体的指导。例如,当教师发现有个儿童口语表达能力欠佳时,就把一些提高的方法教给家长,希望他们在家里注意,如给孩子提供表达思想的机会,启发孩子描述生动有趣的事情,鼓励孩子和周围的小伙伴进行语言交流,参与别人的谈话活动,帮助孩子正确地使用词语,开展语言游戏活动,向孩子提出开放式的问题等。

6.参与园外活动

教师不仅邀请家长参加园内的教育活动,还鼓励他们参与园外的教育活动。例如,在组织幼儿参观博物馆、美术馆、农场时,教师热诚地欢迎家长一同前往,目的不是给孩子当"保姆",替孩子拿东西,而是协助教师照看孩子,组织、指导孩子的活动,使孩子的各种感官都能获得刺激,得到训练和提高。

(二)学前儿童的家庭教育

不论是完整型家庭还是残缺型家庭,家长都要注意承担教育责任,因"家"制宜、因"子"施教。

1.锻炼孩子的身体

家长重视对孩子进行体育教育。一个家庭如果有学龄前的孩子,往往在室外就设有大型的体育运动器械,如攀登架、秋千等,使孩子在玩耍的过程中,动作得到发展,体力得到增强。

2.激发孩子的学习兴趣

父母到图书馆等场所学习或借阅、归还图书时,经常把年幼的孩子带上,让其明白如何在电脑上查询所需要的图书和视听材料;孩子自己阅读少儿读物、观看儿童录像,了解复印机、录像机的工作原理,知道怎样办理图书借阅手续。孩子在这种氛围中,容易萌发学习的浓厚兴趣。

3.培养孩子的独立性

在日常生活中,家长注意利用各种机会培养孩子的独立性。比如,带孩子外出时,在孩子走路不小心跌倒的情况下,父母要么鼓励孩子自己爬起来,要么熟视无睹、继续朝前走,以逼着孩子自己赶快爬起来、追赶上父母,从而使孩子意识到凡事要靠自己,不能依赖别人。

4.形成孩子的劳动习惯

在家庭教育中,父母还重视对孩子进行劳动教育,使孩子做到:除了自己的事要自己做以外,还要为父母和家庭做些力所能及的小事,如和父母一起修整草坪、清洗轿车、给鸟喂食、换游泳池里的水等,以帮助孩子形成热爱劳动的好习惯。

5.陶冶孩子的情操

周末或假日期间,全家人到风景名胜区去游玩,不仅能使孩子的知识经验得到扩展,而且还能使孩子感受到浓浓的亲情,焕发出对自然、对社会的爱心。例如,父母带孩子到国家森林公园去玩时,在游玩的过程中,孩子就能较容易地认识各种树木,了解树木的生长与阳光照射之间的关系，感受到清新的空气能使人心旷神怡，产生要保护大自然、爱护环境的情感。

七、学前教育师资的培养与特点

（一）学前教育师资的培养

澳大利亚学前教师主要是由大学教育学院早期教育专业培养的。学生高中毕业后，在大学接受三年的专业教育。

1. 教育理论

学生在校期间要学习门类众多的教育理论知识和有关学科的专门知识。

第一年学习的必修课程有：澳大利亚教育发展、教育实践导论、儿童语言和认知发展、教学策略（1—3岁儿童）、儿童学习和发展、早期教育与人的发展、早期教育课程计划、土著和边远地区教育计划、体育、教学策略（入学前）等。此外，还可根据自己的喜好选修一些课程，如戏剧游戏、戏剧交往、儿童文学、儿童舞蹈教育、人类发展导论、体育游戏活动教育、都市生活、妇女运动史、社会科学导论、土著和边远地区文化研究、运用电脑程序解决问题等。

第二年学习的必修课程有：澳大利亚家庭早期教育、儿童数学教育、儿童语言教育、幼儿教师与家庭、儿童视觉艺术教育、儿童戏剧游戏和社会教育、社会性情感和创造性教育、教学策略等；可选修的课程有：绘画、印章、雕塑、吉他基础、创造性音乐剧场、学前教师的视觉艺术媒体、儿童电脑教育、儿童营养方案设计、幼儿律动、娱乐游戏、身体健康与锻炼、土著和边远地区文化研究、儿童数学教育、儿童食品、理解艺术、舞蹈与健康、钢琴入门、早期教育机构中的外语教育、儿童中心政策、早期教育机构管理、早期教育机构视觉媒介方案、教室艺术、娱乐舞蹈、儿童食品、儿童安全、环境教育等。

第三年学习的必修课程有：儿童音乐教育、儿童科学与健康教育、特殊儿童教育、教学策略（儿童中心）、教学策略（幼儿园、学前教育中心、游戏小组、综合服务中心等）、早期教育发展史、综合课程（3—5岁）、日常生活常规和学习（3岁）、儿童数学和科学及读写教育、教学策略；供选修的课程是：国家民间舞蹈、教师法规、早期教育机构中的外语教育、早期教育的文化背景、特殊儿童教育计划、儿童文学、特殊儿童戏剧游戏、成人读写能力、怎样讲故事、人类性教育、室外器械与场地、城市生活、妇女运动史、社会科学导论等。[①]

2. 教学形式

学生在学习这些课程时，是通过课堂教学、讲座、研讨活动等多种形式来完成的。在课堂教学中，教师较多地运用现代化教学手段与设备，使教学变得直观形象、生动活泼；教

---

① 参阅 Bachelor of Teaching Early Childhood Education Course，Semester 1 & 2 1992 Timetable，Q. U. T. -Kelvin Grove Campus.

师把主要精力投放在组织学生的小组讨论上，使讲授时间与讨论时间的比例为 1∶2 或 1∶3，大家相互交流，共同提高。另外，学生还根据自己的爱好，进行"协议学习"，在教师的指导下，发展自己的学习兴趣和专长。

3. 教育实践

在三年的学习中，学生每学期都要到学前教育中心等各种不同的学前教育机构去见习、实习，观察儿童、与儿童相互作用、设计教育活动、实施教育活动、评价儿童等；教育实践活动的时间总计约为 19 周；学生的教育实习活动是在大学讲师和学前教育机构教师的共同指导下进行的，使学生能更好地把所学的理论知识运用于实际工作之中。[①]

除了重视对教师进行职前教育以外，还重视教师的在职提高培训。教师在职培训的课程主要有：社会情感和身体发展（0—9 岁）、儿童的创造性和语言、儿童的思维和问题解决、设计学前教育计划和教学策略、学前教育与社会文化发展、认知和语言（0—4 岁）、当代社会教育等。

（二）学前教育工作者的素养

学前教育成败的关键在于保教人员的素质。学前教育专家 M·A·埃贝克（Ebbeck）提出，不论学前教育工作者是女性还是男性，要促进儿童的发展，就必须使他们具有如下一些素质、态度、技巧和能力：[②]

1. 和谐发展的个性

保教人员要待人热情、真诚，具有幽默感，在各方面得到了较好的发展，具有积极的自我价值观、很强的自尊心和自信心，深信自己的教育能力和保育能力等，这些既是教师最可贵的财富，也是对儿童最有价值的教育资源。

2. 与儿童相互作用的能力

保教工作者不仅是儿童成长过程的"保护神"、刺激者、引导者、指导者和示范者，而且还是儿童发展过程中的游戏活动的伙伴和朋友，教师与儿童相互作用的程度、效率与水平，直接关系到儿童发展的水平和质量。

3. 社会交往能力

保教工作者接触面广，需要具有较强的社会活动能力，掌握同儿童、家庭、其他保教人员交往的策略和艺术，能有效地发挥教育的综合效果。

4. 发展课程的能力

教师要履行课程的设计者、执行者和评价者的职责，就必然要有发展课程的能力，既要使不同年龄、不同性别、不同发展水平的儿童获得发展的机会，也要使来自不同种族、不同宗教信仰、不同经济状况和不同家庭生活方式的儿童得到健康成长的机会。

---

① 参阅 Practicum Handbook，School of Early Childhood，Kelvin Grove Campus，Queensland University of Technology，1992.

② Marjory Anne Ebbeck，Early Childhood Education，Peter Langford and Vin D'Cruz，Education Australia，Longman Cheshire，1991. pp. 18 - 19.

5. 敏锐的观察能力

儿童是摆在保教人员面前的一本"难读的书",而观察就是保教人员读懂这本书的"金钥匙"。敏锐的观察能力有助于保教人员全面、深入地了解儿童的心理发展水平和学习方式,并以此为基础为儿童设计出未来的教育活动计划。

6. 理解、接纳别人的能力

保教工作者要能够从别人的角度、站在别人的立场上,去看待、处理学前教育的一些问题;要善于理解别人不同于自己的价值观、儿童观和教育观;要承认别人所采用的教育途径与策略有其科学性和合理性的一面,并能公正地对待之,这将有利于为儿童选择出最佳的教育方案。

7. 做好教育衔接工作的能力

保教工作者要具备使儿童愉快地从家庭来到学前教育机构学习、从学前教育机构顺利地走进小学课堂学习的技巧和能力。这样,就会减少儿童成长过程中的障碍,降低儿童的不适应性,更好地开扩儿童的眼界,增长儿童的才干。

8. 设计、运用、评估游戏活动的能力

保教人员要清醒地意识到游戏在儿童成长过程中的独特地位和重要作用,要寓教于游戏活动之中,积极为儿童创设游戏环境、开辟各种游戏区域、提供多种游戏材料,保证儿童游戏的时间,评价、预测儿童游戏发展的方向,使儿童能真正从游戏中受益。

八、学前教育质量的提高

学前教育的质量是学前教育事业发展的生命线,它直接关系到儿童身心发展的水平。澳大利亚学前教育专家 M·麦克瑞(McCrea)和 B·皮斯克丽(Piscitelli)借鉴国外学前教育改革的经验,从本国实际出发,提出了提高学前教育质量的十大举措:[①]

(一) 加强教师和儿童的相互作用

这能为儿童提供理解自己和别人的机会,促进儿童的和谐发展。

教师要积极与儿童相互作用,通过语言或非语言的形式与儿童交往;在一日活动的各个环节特别是入园、离园时,从儿童的角度思考问题,向他们点头微笑,和他们亲切交谈,拥抱抚摸他们。

教师要对儿童的各种需要,能准确而又及时地作出反应,尽量减少儿童等待的时间和次数;鼓励儿童分享知识、经验和情感;听取儿童的意见,了解儿童的需要。

教师要用亲切的口吻和儿童讲话;经常提出启发性的问题,使儿童能寻找多种答案;重视与每个儿童进行个别谈话。

教师要认识到澳大利亚是个多元文化的国家,尊重每个儿童独特的文化传统,公平对

① 参阅 Nedine L. McCrea and Barbara Piscitelli, Handbook of High Quality Criteria for Early Childhood Programs, Brisbane College of Advanced Education, School of Early Childhood Studies, 1990, pp. 11 - 42.

待来自不同种族、具有不同宗教信仰和价值观的儿童;平等对待不同性别的儿童。

教师要在儿童的日常生活中(如整理、盥洗)重视锻炼培养儿童的自我服务技能,培养儿童的独立性。

教师要把注意力集中在引导、培养儿童的良好行为上,而不是集中在预防、控制儿童的不良行为上;采用积极的方法,表扬儿童,而不是用消极的方法,批评儿童。

教师要使儿童在环境中感到轻松、愉快,没有压力,没有恐惧感。

教师要鼓励儿童参加各种活动,获得满足感和成功感;让儿童自己决定参与活动的时间、地点、内容、方式和程度;接受儿童在游戏活动中表现出的消极情绪,如生气、失望等。

教师要通过为儿童提供榜样、启发诱导等方法,培养儿童的社会行为,如分享、合作等。

教师要正确评价儿童社会行为的发展水平,并提出合理的期望。

教师要鼓励儿童用语言表达自己的观点和情感。

(二) 建立合理的学前教育课程

这主要体现在学前教育机构的一日活动上,包括有目的、有计划的活动和无意识、无组织的偶发事件。

课程的设计要以本班儿童的发展水平为基础,并促进儿童的发展。

课程的目标要适合儿童的年龄特征和个别差异,是儿童能够达到的。

课程的内容要符合教育对象的特点:特殊儿童的课程不同于正常儿童;不同种类的特殊儿童,其课程应不同;不同数量的特殊儿童,其课程也应不同。

课程的实施要有助于儿童的全面发展:在一日活动中,要使室内活动与室外活动保持平衡、静态活动与动态活动保持平衡、个人活动与小组活动及大组活动保持平衡、大肌肉活动与小肌肉活动保持平衡、儿童自发的活动与教师组织的活动保持平衡。

课程的材料要反映出澳大利亚这个国家多元文化的特性,而没有任何种族、信仰等方面的歧视。

课程的活动要不断发展,为儿童提供新的学习机会。

课程的活动要多种多样,有利于儿童积极的自我概念的建立、自尊心和主动性的发展;有助于儿童社会技能的培养;有益于儿童思维能力、提问能力、推理能力、探索能力、语言能力的发展;有助于儿童体育运动技能、营养技能、心理健康技能、安全技能的增强;有利于儿童创造能力、艺术表现能力和艺术欣赏能力的提高。

课程的活动要灵活自由,让儿童自己决定是休息还是游戏;在众多的活动中自由选择。

课程的转换要自然、平稳,使之成为儿童学习的机会。

课程的计划要有灵活性,根据需要作出相应的调整。

课程的资源要充分开发,通过日常生活对儿童进行常规训练。

(三) 重视教师和家长的相互作用

教师要向家长全面介绍学前教育机构的活动,鼓励家长以各种方式参与。

教师要提前向新生家长介绍本机构的各种情况,如教育活动的安排。

教师要通过家长会、参观幼儿园等形式，帮助家长做好孩子的入园准备工作。

教师要经常和家长一起讨论儿童保教问题，在教育态度和方式上达成共识。

教师要鼓励家长以各种不同的形式，参与本机构的教育，如和儿童一起进餐。

教师要每天和家长交流儿童的信息，通过口语或书面语的形式定期交换儿童身体或情感情况。

教师要适时召开家长会，每学期至少一次，和家长讨论儿童的成绩，帮助家长解决家庭教育中所遇到的一些问题。

教师要通过多种形式，比如报告栏、通知栏、便条、联系册、电话等，向家长传递学前教育的最新动态。

教师要利用视听媒体，帮助家长了解儿童身心发展的特点，增强家长的教育责任感。

（四）提高教师的素质

教师素质的优劣直接影响到学前教育机构的质量。

保教人员要18岁以上，受过学前教育专业培训，具备教师素质；教师助理需高中毕业，受过保育训练；教师需大学专科或本科、研究生毕业。

学前教育机构负责人要受过管理方面的培训，如师资管理、财政管理。

新教师要了解学前教育目标、一日活动的各个环节、本班儿童的需要，掌握保护、急救儿童的技能。

教师要继续学习，定期接受在职教育，不断提高自身的水平。

教师要有档案资料，记载得奖、进修情况。

教师要接受学前教育专家的指导、考评。

（五）缩小班级规模

班级规模和师幼比率是制约学前教育质量的一个重要因素。

班级规模要有利于教师和儿童、儿童和儿童的相互作用。不同年龄班的班级规模应不同，师幼比率也应不同，见表6-3。

表6-3　师幼比率和班级规模[1]

班级规模 儿童年龄	6	8	10	16	20
0—12个月	1:3				
12—24个月		1:4			
24—36个月			1:5		
3岁				1:8	
4—6岁					1:10

---

[1] 参阅 Nedine L. McCrea and Barbara Piscitelli, Handbook of High Quality Criteria for Early Childhood Programs, Brisbane College of Advanced Education, School of Early Childhood Studies，1990，p. 25.

教师要利用各种方式帮助儿童与同伴建立友好的关系。

教师在组织儿童外出活动时，要降低师幼比率，以保证每个儿童的安全。

（六）创设良好的物质环境

学前教育机构为儿童布置的空间、提供的材料，都会影响儿童对活动的选择和参与的程度。

室内外环境要安全、洁净、宽敞，富有吸引力。儿童室内活动空间至少要达到人均3.25平方米，室外至少要达到人均9平方米。

室内外空间布局要合理，每种活动都应有特定的区域，使儿童既能进行个人活动，也能进行小组活动、大组活动，且容易从一个活动区转移到另一个活动区。

空间的设计要适当，突出游戏空间的布局，使儿童能通过探索创造活动、谈话讨论活动、体育建构活动、文学艺术活动、数学科学活动、角色游戏活动等主动学习。

游戏器械和材料要符合儿童年龄特点、种类齐全、数量充足、一物多用，便于儿童自由取用。

要有地方让每个儿童存放自己的物品。

要使儿童在室内外有独处的空间。

要有柔和的环境，如草坪、毯子、垫子。

要运用消音材料降低噪声。

要用栅栏把室外区域围拢起来，以免儿童丢失。

室内外各个区域都要便于教师观察儿童。

要有储藏室，把不用的材料储藏其中。

要有空间让保教人员休息、与同事及家长交流。

（七）保证儿童的健康和安全

教师和儿童的健康和安全是学前教育机构提高质量的基本条件。

学前教育机构要注册，在卫生、饮水、消防等方面符合规定的标准。

保教人员要身心健康，通过身体检查和心理诊断，具备从教条件。

每个儿童要有健康档案，内有健康证明、接种记录、紧急情况联系表、接送人员名单等。

要向家长宣传政府预防疾病的方针政策。

要做好儿童接送时的安全工作，如儿童只能由家长指定的人接走。

如果提供交通工具接送儿童，其设备一定要符合儿童年龄特点。

儿童每时每刻都应能受到保教人员的监护。

保教人员要关注每个儿童的健康状况，发现异常现象，及时记录，并向同事和家长报告。

要及时向有关部门反映家长或其他成人歧视、虐待儿童的现象。

至少要有一名具有紧急护理资格的员工。

要有急救物品及使用说明书。

儿童的穿戴要适合室内外各种游戏活动的需要；每个儿童应有自己专用的生活用品。

要每天进行清扫、消毒工作。

成人在保育儿童时，要及时用肥皂洗手。

设施、设备要安全、牢固。

儿童的床上用品要专人专用，定期清洗。

盥洗室、饮水设备要儿童化。

活动室要光线充足。

要在大型运动器械下面铺设软材料，如塑料胶粒、木头屑等。

各种有潜在危险的物品，如医药急救物品、清洗消毒物品，都要贴上标签，放在儿童触摸不到的地方。

要在紧急出口处贴上脱险示意图，并和儿童一起进行演习。

要定期检查防火、报警装置，在电话机旁张贴急救电话号码。

（八）保证儿童摄入均衡的营养

食物和营养为儿童的健康成长提供了前提条件。

餐点要合理搭配，保证儿童获得全面的营养。

要向家长推荐食谱，使儿童在家里也能获得充足的营养。

要培养儿童健康的进餐习惯：提供儿童化的餐具、餐桌椅；鼓励儿童自己进餐；让儿童品尝来自不同文化的食品；教师和儿童一起进餐，边吃边聊。

要把儿童从家里带来的食品放在适当的地方。

为儿童定做的食品，要符合卫生标准。

开展烹调活动。

（九）实行民主管理

这是提高学前教育质量的必要条件。

学前教育机构负责人至少每年要对教育方案的优缺点进行评估，制定下一步发展计划。

要建立各种规章制度，如收费制度、家长参与制度。

要制定保教人员的应聘条件、奖惩条例。

要保障保教人员的利益，如有适当的奖赏、病假、节假等。

要有各种记录材料，如保教人员和儿童的出席情况、职工会议记录。

管理委员会的每个成员都要有明确的分工和职责。

要有财务记录，包括预算和决算。

要为儿童、教师办理保险。

学前教育机构负责人要和员工、管理委员会合作，充分运用社区中的各种教育资源，如图书馆、博物馆。

学前教育机构负责人要和员工、管理委员会成员定期进行开放式的交流,共同商讨大事。

保教人员在一天中连续和儿童一起活动 4 个小时以上时,至少要有 15 分钟的休息时间。

(十)强化学前教育评价

连续的、系统的评价能够保证学前教育的质量不断提高。

学前教育机构负责人至少每年要对保教人员进行评价,并个别交换意见;在观看教师组织的一日活动之前,要把评价的标准告诉他们;要给教师提供自我评价的机会。

至少每年要召开一次家长和保教人员会议,全面评估教育计划在满足儿童和家长需要方面的情况。

要通过儿童活动的表现、儿童的作品来评价儿童的发展水平,并以此为基础,设计课程,促进儿童的进一步发展。

第二节　新西兰的学前教育

新西兰自 1986 年开始,学前教育已由过去的教育部门和社会福利部门分别管理,改变为由教育部门统一管理。1988 年的政府工作报告提出,要通过采取重视妇女的作用、尊重毛利人(新西兰原居民)的权利、规定儿童设施的标准、拟定学前教育师资的资格及工资待遇等举措,来进一步提高学前教育的地位和质量。1989 年,政府发起的教育改革运动也涉及学前教育,提出要广泛建立家庭日托中心,设立学前教育发展基金,给特殊儿童及其家庭以帮助,规定学前教育工作者的任职资格,制订学前教育课程纲要和学前教育机构的标准。国家教育部下属的儿童发展协会和特殊教育服务机构在落实教改政策的过程中起着重要的作用。此外,学前教育所得到的拨款也随着政府对学前教育重视程度的提高而逐年增加。

一、学前教育的机构

学前教育的对象是 5 岁以下的儿童,在 80 年代末期,5 岁以下儿童的入园率已达到 40％以上,1994 年全国接受学前教育的儿童已从 1983 年的 8.68 万名发展到 15.34 万名。到了 2004 年,全国有 18.40 万名儿童在学前教育机构接受教育,4 岁儿童入园率为 98％,2 岁以下儿童入园率为 20％。[①] 学前教育的机构主要有以下几种形式:

(一)幼儿园

这种机构受到政府资助,由地方委员会、地方协会进行监督。招收的儿童年龄较大,

---

① Edward Melhuish and Konstantinos Petrogiannis, Early Childhood Care and Education: International Perspectives, Routledge, 2006, p. 96.

为 2.5—5 岁儿童,对儿童进行分组(上午组和下午组)教育。每组约有 2 名获得教育证书的教师来管理,在保教过程中,更加重视教育。这类学前教育机构的规模较大,其数量虽居第三位,但招收的儿童数却排在第二位。1994 年有 587 所幼儿园,占总数的 15.65%,有 4.56 万名儿童,占总数的 30.39%。

(二)儿童保育中心

这种学前教育机构虽然由不同的团体和个人举办,受到不同的儿童观和教育观的影响,但都为儿童提供保、教两方面的服务。招收的对象是婴儿至入学前的儿童,其中 2 岁以下儿童年龄组的师生比为 1∶4,2 岁以上儿童年龄组的师生比为 1∶10。教职员工都是新西兰学前教育联盟会员,每所机构中至少有 1 人受过学前教育训练,并取得教师资格。中心的数量在所有学前教育机构中位居榜首,1994 年有 1049 所,占总数的 27.9%;接纳了 4.97 万名儿童,也是受益儿童数量最多的学前教育机构,占总数的 32.40%。

(三)家庭日托

这种学前教育机构是在家庭中对儿童进行保育和教育的,时间上比较灵活,如入园前的儿童,离园后的儿童,或父母临时有事的儿童都可随到随托。政府规定开办家庭日托的家庭必须符合一定的安全、卫生标准,有游戏活动材料,保育教育人员受过一定的培训。家庭日托由于简便易行,越来越受到父母的欢迎。据报道,1994 年,家庭日托发展到 100 所,入托儿童达 5000 多名。

(四)游戏中心

这种学前教育机构受到政府的资助,它的设立,保证了 0—6 岁的儿童能够有固定的时间和地点以游戏的方式来学习,通过游戏获得发展的机会。游戏中心每周安排 10 次左右的活动,教师由受过训练的家庭主妇担任。届时,父母带着孩子一起游戏,在活动中增加了解、增进感情。据报载,1994 年进入游戏中心的儿童已由 1983 年的 1.6 万名增加到近 2 万名。

(五)函授学校

这种学前教育机构是专为偏远地区的儿童和特殊儿童(如患有疾病、行动不便的儿童或遇到特殊情况离家外出受教育的儿童)服务的,它是对其他机构的一种补充。函授学校的教师都是些经验丰富的教育工作者,他们适时地向家长推荐、提供儿童图书和图片、儿童录像带及磁带、游戏材料与玩具等有效的教育资源,在向家长传授学前教育知识的同时,也训练他们的教育技能,提高他们的教育能力,以促进儿童的发展。据统计,1983 年全国仅有 495 所函授学校,到 1994 年时已增至 802 所。

(六)语言所

这种学前教育机构最早是由毛利人开办的,始于 1982 年,创办这种机构的目的是为了使毛利人的后代从一出生就能受到毛利人语言的熏陶和毛利人文化的洗礼。这种独特的学前教育机构规模很小。1983 年,只招收了 4132 名儿童,占接受学前教育的儿童总数的 4.8%。90 年代以后,语言所的数量一直居第二位;1994 年有 819 所,占总数的

21.83％,受教儿童 1.3543 万名,占总数的 8.8％,居第四位。

此外,在新西兰的学前教育机构还有社区游戏小组和太平洋岛屿游戏小组等形式。

学前教育机构的管理从 1986 年开始进行了较大的改革,全部划归国家教育部管理,儿童保育和教育工作被提到重要的议事日程上来了。

二、学前教育的目的

新西兰学前教育的目的是,使儿童和家长双方受益,"促进儿童社会性、情感、智力和体力的发展";[1]促使家长更好地参与社会工作。学前教育目的在儿童的发展上主要表现为以下几个方面:

1. 促进儿童身心的健康发展

(1)保证儿童的身体能够得到健康成长的机会;(2)培养儿童积极的健康的情绪;(3)保障儿童的人身安全,帮助儿童获得安全感。

2. 激发儿童的探索欲望

(1)丰富儿童的知识,增加儿童的经验;(2)建立儿童的自信心,培养儿童的自控力;(3)萌发儿童的探索精神,促进儿童的创造行为。

3. 培养儿童良好的行为习惯

(1)帮助儿童初步了解家庭和社会的含义;(2)引导儿童熟悉、习惯、喜欢幼儿园的生活;(3)指导儿童掌握文明、礼貌的行为规范。

4. 提高儿童的社会交往能力

(1)培养儿童用语言进行交往的技能;(2)训练儿童用非语言进行交往的技能;(3)增强儿童与人分享和合作的能力。

5. 提高儿童的整体发展水平

(1)使每个儿童都得到发展,儿童不论其性别、年龄、能力如何,也不论其种族、文化、家庭背景如何,都应享有同等的受教育权和发展权;(2)使每个儿童都获得全面发展,儿童应在各个方面都得到发展;(3)使每个儿童的个性得到充分的发展。

不同城市、不同种类的机构,围绕着学前教育的目的,制定自己的教育目标。

三、学前教育的课程

学前教育课程是学前教育的重要组成部分,20 世纪 90 年代开始,新西兰政府特别重视对学前教育课程进行改革,1991 年国家教育部委托 M·卡瑞(Carr)和 H·梅(May)两位学前教育专家起草全国学前教育课程指南,1992 年全国学前教育课程指南草案出台。卡瑞和梅认为"学前教育课程的变革,实际上反映了政府在学前教育事业发展中作用的变

---

[1] Anne Meade, Major Policy Developments of Early Childhood Services in New Zealand, Yew Chung Education Publishing Company, 1990, p. 187.

化。当政府对学前教育课程投资增加的时候，政府对高质量的学前教育课程的兴趣也在增加"。[①]

（一）学前教育课程的源泉

卡瑞和梅指出，人类、国家、文化、发展、个体和教育等都是学前教育课程的源泉，要构建适当的学前教育课程，就应注意以下几个问题：

1. 人类的适当性

学前教育课程要体现平等的价值观，要尊重儿童和儿童的各种权利，比如平等参与的权利，个性、才能、心理、社会性和体能充分发展的权利，自控和自制的权利，休息和娱乐的权利，使身心不受摧残、伤害的权利，把游戏作为学习工具的权利；肯定自己的文化、宗教、语言和充分参与文化艺术生活的权利，积极参与社区的权利，清洁、保护自然环境的权利。

2. 国家的适当性

学前教育课程中有关知识、技能和态度等方面的内容，对国家的每个公民来说，都应是有价值的，应有利于儿童在一个民主的、把毛利人语言和英语作为官方语言的国家中生长，能适应多元文化社会的需要。

3. 文化的适当性

学前教育课程中的知识、技能和态度等方面的内容，要符合文化观念。不同的文化对知识、技能、态度的认识不同，不同的文化有不同的养育儿童的模式、信仰和传统。学前教育课程要认识到这些差异性，要加强家庭和社区之间的联结。

4. 发展的适当性

学前教育课程起始于不同年龄学前儿童的能力、需要、兴趣和发展水平，适合于儿童发展的课程应当是：(1)强调儿童的游戏和儿童的工作；(2)重视儿童的直接经验；(3)注意发挥成人在儿童发展中的重要作用，成人给予儿童支持、鼓励、关心、接受儿童的创造学习，发展儿童的创造思维；(4)关注符号和语词在儿童认识世界中的作用；(5)使知识、技能和态度彼此相联而不脱节。

5. 个体的适当性

学前教育课程的设计者应认识到：儿童成长和发展的速度、在新地方学习新事物的能力都是不同的，课程应以儿童现在的需要、优势和兴趣为基础，允许儿童自由选择，帮助儿童增强学习的责任感。

6. 教育的适当性

学前教育课程要遵循教育的一般原则，符合教育的目标：关注儿童学习的过程和策略，为儿童提供合作、讨论、争议的机会，重视儿童的兴趣和优势，与儿童过去的学习经验相联系，注意趣味性，让儿童学习有意义的内容、自己解决问题，使儿童的学习方式在倾

[①] Weaving Patterns: Developing National Early Childhood Curriculum Guidelines in Aotearoa-New Zealand, AECA Australian Journal of Early Childhood, Volume 19-Number 1, March 1994, p. 25.

听、观看、发现和创造上处于平衡状态。

（二）学前教育课程的原则

卡瑞和梅要求学前教育工作者在构建课程的时候，要遵循以下几条原则：

1. 重视儿童的学习和成长的原则

学前教育课程在对儿童实施保育和教育时，不仅要有利于家庭，而且还要有利于儿童独立性的发展，为儿童未来的生活作好准备。

2. 促进儿童和谐发展的原则

学前教育课程要使儿童在身体、智力、情感、社会性和精神方面都得到发展，不能只是让儿童在某一方面、某些方面获得发展，因为儿童各方面的发展是相互作用的。教师要把儿童看作是一个想要学习的人，而不是一个试图搞破坏的人。

3. 利用家庭和社区资源的原则

家庭和社区这个更为广阔的世界应是学前教育课程的重要组成部分。儿童、学前教育工作者、家庭、邻里、社区和社会之间有着必然的联系，学前教育课程只有支持、加强他们之间的联系，使儿童世界的某一方面与其他方面相匹配，优质的儿童保育和教育才能成为现实。

4. 加强儿童与环境相互作用的原则

儿童是通过与环境中的成人、同伴、事件、物体积极的相互作用而学习的。学前教育课程为儿童准备的学习环境，应有助于儿童探寻、发现周围的世界，为此，教师要深刻了解儿童，使儿童有机会"付出和接受"，发展交往、学习能力；要注意为儿童提供可以改变的、能够相互作用的游戏材料，使儿童有良好的时机去改变环境。

（三）学前教育课程的实施

卡瑞和梅提醒教师在运用国家学前教育课程指南的时候，要考虑到课程的发展变化性及特点，"学前教育课程是灵活多变的"，"学前教育课程的发展是波浪式的"；要从本园条件和儿童实际出发，促进每个儿童的发展，"指南只提供了课程的一个框架；每个学前教育机构应编排自己的模式，每个儿童应编排他/她自己的课程"，以"满足每个儿童在某一特别方面、特别时间、特别地点、特别的一天或特别的发展水平的特别需要"；儿童年龄越小，越要加大课程变化性和个体性的力度，"儿童越年幼，课程的灵活性、个体性应越大"。[①]

四、学前教育的途径与师资

（一）学前教育的途径

一日活动是实现学前教育目标的主要途径，游戏活动在儿童的一日生活中具有独特的作用：

---

① Weaving Patterns：Developing National Early Childhood Curriculum Guidelines in Aotearoa-New Zealand，AECA Australian Journal of Early Childhood，Volume 19-Number 1，March 1994，p. 30.

1. 各种游戏

教师注意为儿童提供开展角色游戏、表演游戏、手指游戏、木偶戏、结构游戏(如玩沙、玩水、搭积木)等多种游戏的机会,使儿童能通过游戏而发展。

2. 体育活动

教师经常组织的体育活动有以发展儿童大肌肉动作为主的活动(如走、跑、跳、爬、投掷)和以发展小肌肉动作为主的活动(如粘贴、穿珠、剪纸),以锻炼儿童的身体,增强儿童的体质,培养儿童的动手操作能力。

3. 语言活动

教师重视和儿童谈话,并注意扩大谈话对象,和每个儿童谈心;给儿童讲故事、念儿歌、朗读诗歌;教儿童唱歌等,通过各种形式提高儿童的口语表达能力。

4. 智能活动

教师注意为儿童提供开展分类活动、排序活动、判断活动、推理活动、概括活动的机会、解决问题的机会,旨在从不同的角度训练儿童的思维品质,提高儿童的智力水平。

5. 创造活动

教师非常重视儿童的创造活动,注意为儿童提供绘画、手指画、演奏乐器等创造活动的时机,在萌发儿童创造意念的基础上,鼓励儿童的大胆想象和新奇行为,强化儿童的创新精神。

(二) 学前教育的师资

国家重视对学前教育师资的培训工作。职前教育主要由6所教育学院和师范学院承担。学生在校学习年限在20世纪80年代是1—2年,90年代改为3年;教学中注重理论联系实际,以儿童为中心编排课程;学生每年都能得到教育部的资助,但毕业后必须义务工作3年。要具备从事学前教育工作的教师资格,不仅要有教育学院或师范学院的毕业证书,而且还要有免费幼儿园协会的证书。教师在任职期间还要接受培训,在职教育主要是由儿童发展协会负责的。

阅读参考书目

1. [美]珍妮特·沃斯,[新西兰]戈登·德莱顿等著,顾瑞荣等译,《学习的革命——通向21世纪的个人护照》,上海三联书店,1997年版。

2. [美]小威廉姆 E·多尔,[澳]诺尔·高夫主编,张文军、张华、余洁、王红宇译,《课程愿景》,教育科学出版社2004年版。

3. Gerald Francis Ashby, Pre-School Theories and Strategies, R. J. W. Selleck, The Second Century in Australian Education, Melbourne University Press, 1972.

4. Gail Halliwell, An Interactional Model for Early Childhood Education, Curriculum Branch, Department of Education, Queensland, August 1977.

5. Elizabeth J. Mellor, Stepping Stones: The Development of Early Childhood

Services in Australia，Harcourt Brace Jovanovich Group（Australia）Pty Limted，1990.

6. Marjory Anne Ebbeck，Early Childhood Education，Peter Langford and Vin D'Cruz，Education Australia，Longman Cheshire，1991.

7. Beverley Lambert，Changing Faces：The Early Childhood Profession in Australia，Australian Early Childhood Association，1992.

8. Sarah-Eve Farquhar，New Zealand Research in Early Childhood Education，New Zealand Early Childhood Research Network，2000.

网上浏览

利用计算机，打开下面的网址，查找大洋洲学前教育的信息。

1. http：//www. worldbank. org/data

2. http：//www. unicef. org

3. http：//www. education. unesco. org

4. http：//www. anzcies. org

5. http：//www. minedu. govt. nz

复习思考题

1. 澳大利亚学前教育机构有哪几种形式？

2. 澳大利亚学前教育机构是如何安排儿童的一日活动的？

3. 澳大利亚为实现学前教育目标开辟了哪些活动区？

4. 澳大利亚在对幼儿进行多元文化教育时，采用的策略主要有哪些？

5. 澳大利亚是如何选择教育方法来对儿童进行环境教育的？

6. 澳大利亚学前教育的模式主要有哪几种？

7. 澳大利亚是怎样对学前教育课程进行分类的？

8. 澳大利亚学前教育的方案主要有哪几种？

9. 澳大利亚学前教育机构如何对家庭教育进行指导？

10. 澳大利亚学前教育师资培训课程有什么特点？

11. 澳大利亚为了提高学前教育的质量，采取了哪些措施？

12. 新西兰学前教育机构的形式有哪些？

13. 新西兰是如何对学前教育课程进行改革的？

14. 为了实现学前教育的目标，新西兰为儿童组织了哪些教育活动？

练习题

下文选自 Development Plan 1992—1996，Department of Education，Queensland. 试

将其译成汉语并加以分析。

The Common and Agreed National Goals for Schooling in Australia

1. To provide an excellent education for all young people, being one which develops their talents and capacities to full potential, and is relevant to the social, cultural and economic needs of the nation.

2. To enable all students to achieve high standards of learning and to develop self-confidence, optimism, high self-esteem, respect for others, and achievement of personal excellence.

3. To promote equality of education opportunities, and to provide for groups with special learning requirements.

4. To respond to the current and emerging economic and social needs of the nation, and to provide those skills which will allow students maximum flexibility and adaptability in the future employment and other aspects of life.

5. To provide a foundation for further education and training, in terms of knowledge and skills, respect for learning and positive attitudes for life-long education.

6. To develop in students:

(a) The skills of English Literacy, including skills in listening, speaking, reading and writing;

(b) Skills of numeracy, and other mathematical skills;

(c) Skills of analysis and problem solving;

(d) Skills of information processing and computing;

(e) An understanding of the role of science and technology in society, together with scientific and technological skills;

(f) A knowledge and appreciation of Australia's historical and geographic context;

(g) A knowledge of languages other than English;

(h) An appreciation and understanding of, and confidence to participate in, the creative arts;

(i) An understanding of, and concern for, balanced development and the global environment; and

(j) A capacity to exercise judgment in matters of morality, ethics and social justice.

7. To develop knowledge, skills attitudes and values which will enable students to participate as active and informed citizens in our democratic Australian society within an international context.

8. To provide students with an understanding and respect for our cultural heritage including the particular cultural background of Aboriginal and ethnic groups.

9. To provide for the physical development and personal health and fitness of students，and for the creative use of leisure time.

10. To provide appropriate career education and knowledge of the world of work，including an understanding of the nature and place of work in our society.

第七章 国际学前教育的比较

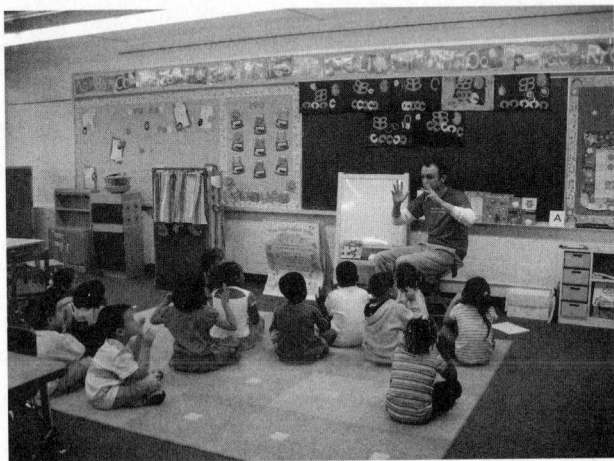

美国一所幼儿园大班男教师在组织集体活动

内容提要

　　本章首先对世界各大洲内部的学前教育发展状况，从机构、目标、途径、师资等几个维度，进行了简要的比较和分析；然后将中国与世界上主要国家的学前教育发展状况，从不同的侧面，加以深入的比较和评价。

第一节　各洲学前教育的比较

　　美洲、欧洲、亚洲、非洲、大洋洲在学前教育发展上，既有相同点，也有不同点；对五大洲的学前教育进行比较，对总结学前教育发展的基本经验、探索学前教育发展的普遍规律非常重要。

一、美洲国家学前教育的比较

　　美洲由北美和拉丁美洲两部分组成，由于受历史文化的差异、社会环境的不同、经济发展水平的差距等因素的影响，在学前教育的发展上也出现了极大的差异，相比而言，北美国家的学前教育要比拉丁美洲国家的学前教育发展速度更快、质量更高。

（一）学前教育的机构

美洲学前教育的对象在 0—6 岁儿童之间，不同的国家略有区别，如美国和巴西都是 0—6 岁的儿童，加拿大和阿根廷是 0—5 岁的儿童，智利是 4—6 岁的儿童。

学前教育机构的种类，在北美和拉丁美洲有较大的区别，北美远远多于拉美地区，如加拿大有四种（日托中心、幼儿园、家庭日托、虚拟学校），美国多达八种，除了儿童保育中心、学前教育中心、幼儿园、幼儿学校、家庭日托以外，还有入学预备班、早期补偿教育中心、儿童玩具图书馆等，而巴西只有三种（托儿所、幼儿园、玩具园），阿根廷和智利只有两种，除了幼儿园之外，分别还有母育学校和学前教育中心。

有的国家根据现代社会生活节奏加快、业余生活日趋丰富的特点，及时创办灵活多变的学前教育机构，为家长服务，为儿童服务。例如，巴西建立了玩具园，随时向家长开放，让孩子在园内与小朋友、玩具为伍，尽情地游戏玩耍，或安静地休息。

有的国家则利用现代科学技术的发展，利用远程通信技术为儿童服务。例如，加拿大创办了虚拟学校，让儿童通过电脑、软件，在因特网上进行学习。

多种多样的学前教育机构，扩大了学前教育的对象，使越来越多的儿童能享受到学前教育。例如，1989 年，加拿大 5 岁儿童的入园率，已从 1981 年的 30% 提高到 95%；同年，巴西 0—6 岁儿童的入园率，也从 1984 年的 8.3% 上升到 17.4%。此外，不同国家学前教育的普及率是不同的。比如，美国 5 岁儿童的入园率，在 1980 年为 84.7%；而该年份阿根廷同龄儿童的入园率只有 59.5%。

在学前教育的发展中，私立学前教育机构起了重要的作用。例如，1989 年，美国私立幼教机构中的入学儿童占入学儿童总数的 37%；1990 年，加拿大私立幼教机构中的入学儿童占入学儿童总数的 4%，秘鲁占 22%；1991 年，墨西哥私立幼教机构中的入学儿童占入学儿童总数的 9%，委内瑞拉占 16%，阿根廷占 29%，巴西占 34%，智利占 49%，哥伦比亚占 52%。[①]

（二）学前教育的目标

美洲各国学前教育的目的旨在促进儿童全面和谐的发展，为进入小学、步入社会作好准备。例如，加拿大提出要帮助儿童在身体、社会性、情感、认知上得到和谐发展；阿根廷提出要帮助儿童成功地进入小学学习，战胜在小学里可能遇到的困难，为未来的生活作好准备。

各国在阐述学前教育目标的时候虽然都是围绕着儿童身体、认知、社会性、情感等方面进行的，但在目标的数量上大不相同，从四个到十个不等。例如，巴西、智利分别提出了学前教育的四个目标，阿根廷提出了六个目标，美国提出了十个目标。此外，在目标的表达上也不尽相同。比如，巴西提出要维护儿童的身心健康，扩大儿童的知识面，丰富儿童的体验，激发儿童的兴趣；阿根廷提出要发展儿童的体力，培养儿童的学习技能，提高儿童

---

① 国家教育委员会教育管理信息中心，《教育参考资料》第23—24期（总第 267—268 期），1994 年 12 月 31 日。

的智力水平,培养儿童的自律能力,促进儿童的心理、智力、情感、自制力的发展,加速儿童社会化,为入小学作好准备;美国提出要培养儿童社会交往的能力、自我服务的能力,提高儿童的自尊水平、学习能力,培养儿童思考的技能、学习准备的技能,增强儿童语言和文学的能力,发展儿童的独立性,促进儿童的均衡发展等。

在理解学前教育目标时,美国和加拿大还强调要重视儿童的多元文化教育,培养儿童积极的文化意识,使儿童能成为一个世界人。

(三)学前教育的途径

美洲学者认为,学前教育的基本途径是学前教育机构的一日活动。阿根廷国家文化教育部,早在 20 世纪 70 年代初期,就对一日活动的具体安排作出了严格的规定,以保证学前教育目标的实现。美国学前教育虽有很大的灵活性,但在安排一日活动时,都必须做到动静交替,室内外交替,促进儿童个性的发展。

各国都强调通过多种多样的活动,促进儿童的成长。例如,智利提出以儿童为中心,选择、组织最佳教育活动;在加拿大,开展了数学活动、泥水活动、唱游活动、美术活动、阅读活动、电脑活动等六种活动;在阿根廷,开展了餐点活动、休息活动、音乐活动、手工活动、娱乐活动、体育活动、种植活动等七种活动;在巴西,开展了生活活动、游戏活动、自然活动、劳动活动、文艺活动、自由活动、创造活动、体育活动等八种活动。

一些国家十分重视通过学前教育机构的环境建设,对儿童产生潜移默化的影响。例如,加拿大一方面注意创设学前教育机构的物质环境,为儿童提供丰富的游戏材料和体育运动设施;另一方面还注意优化学前教育机构的精神环境,致力于为儿童构建良好的师幼关系和同伴关系。美国强调利用环境,适当开辟各种学习区,如家庭区、积木区、图书/语言区、木工区、艺术区、操作区、体育区等,促进儿童的学习和成长。智利提出通过适当的环境,对儿童进行单元教学。

有些国家则还强调要通过课程,有目的、有计划地对儿童进行教育。例如,阿根廷提出要根据本地区、本园家长、本班儿童的具体情况,设计相应的课程,并付诸实践,如为贫困地区儿童提供营养保证、疾病预防课程,为经济发达地区儿童开设促进社会化的课程。智利也提出要以儿童身心发展的特征为基础,制定系统的教育计划。

(四)学前教育的师资

学前教育师资的培养机构在北美以高等院校中的研究生院和大学为主,职业培训中心为辅。不论是美国还是加拿大,教师的学历基本上都在本科以上,且有大量的硕士研究生和博士研究生学历的教师。而在拉丁美洲,学前教育师资的培训机构则以专科学校、职业学校为主,大学本科为辅。比如,阿根廷的学前教育由师范学校和职业学校培养;智利的学前教师由专科院校和大学培养。

学前教师的培训课程主要有基础课和专业课。基础课涉及自然科学和社会科学各领域的知识。例如,美国开设的课程有自然、科学、生物、人文、社会、艺术等;加拿大开设的课程有英语、哲学、人文科学、艺术、数学、理科、电脑等;阿根廷开设的课程与普通中学相似。专业课涉及儿童生理学、儿童心理学和儿童教育学等方面的理论。比如,智利开设了生理学、心理学、人类学、营养学等课程;阿根廷开设了心理学、教育学、教育史、教学法、观察技能等课程;加拿大开设了心理学、儿童发展、体育卫生保健、课程设计、教育管理等课程;美国开设了学前儿童发展、学前儿童健康与安全营养、学前儿童教育、学前儿童课程、学前儿童的观察记录和评价等课程。此外,美国和加拿大还根据学前教育的特殊性、学前教育对象的差异性,开设了家庭教育、特殊教育等课程;阿根廷还根据学生性别的不同,提供相应的课程,为女生开设家政课,为男生开设手工课等。

美洲各国十分重视培训工作中的理论联系实际,安排了大量的教育实践活动,例如,美国学生除了在课堂上学习以外,还要参加课外见习和实习活动、研究工作;加拿大学生在低年级时参加教育见习活动,高年级时进行教育实习。

各国不仅关注教师的职前教育,而且也重视教师的职后培训。例如,墨西哥通过国立大学的函授教育或社区教师职业培训计划,来提高教师的学历水平和专业素养。

(五) 学前儿童的家庭教育与社区教育

各国均重视学前教育机构的教育与家庭教育相联系,通过各种形式对家庭教育进行指导,以充分发挥家庭在儿童成长中的作用。例如,美国采用了与家长一起制定计划、开展双亲日活动、召开家长会议、举办家庭教育讲座、组织家长讨论、向家长开放园所、设立家园联系栏等形式;加拿大采用了"安科计划"(电视研讨会)、家长会、便条和通告等形式。

此外,一些国家的学前教育机构还注意挖掘社区资源的潜力,为学前儿童的教育服务。例如,美国教师经常带领儿童到博物馆、动物园、电脑房、展览馆去参观学习;加拿大教师除了常常组织儿童参观图书馆、博物馆,到电脑房、公共娱乐场所去游玩以外,还注意利用每年的"儿童周",带领儿童在公园、购物中心、银行、社区中心的儿童学习区去活动;墨西哥教师还注意利用在城市青年公园一角建立的"少儿交通城",对儿童进行交通安全方面的教育。

二、欧洲国家学前教育的比较

欧洲国家的学前教育从总体上讲比较发达,在表现出诸多共性的同时,也存在着一些差异性。在西欧的英国、法国、德国等国家,由于社会经济文化发达,为学前教育的发展提供了良好的物质基础和社会环境,儿童入托入园率较高,师资队伍素质较好,重视幼小衔接;在北欧,芬兰、瑞典、丹麦、挪威等国家,由于地理位置毗邻,自然资源类似,文化背景相似,经济发展和社会秩序比较稳定,学前教育的内容及发展水平均有类似特点,如都注意利用冰雪资源对儿童进行教育,且重视特殊儿童的教育;在东欧,俄罗斯、波兰、捷克、匈牙利、保加利亚等国家,由于社会政治动荡,经济体制变化,学前教育的发展既面临着新的机遇,也面临着一些以往甚少遭遇过的困难。

(一) 学前教育的机构

学前教育是为0—6、7岁儿童服务的,由于各国儿童入学年龄的不同,所以,学前教育对象的范围也不同。例如,英国是为 5 岁以下儿童服务的,德国、意大利、奥地利、俄罗斯是为 6 岁以下儿童服务的,丹麦、挪威是为 7 岁以下儿童服务的,而保加利亚、马耳他却是为 3—6 岁儿童服务的。

学前教育机构种类繁多,从 2 种到 11 种不等。比如,意大利有 2 种(托儿所和幼儿园),西班牙有 3 种(幼儿中心、日托中心、学前教育中心),荷兰、奥地利、俄罗斯、挪威有 4 种(依次是幼儿学校、托儿所、游戏小组、日托;日托、保育中心、幼儿园或幼儿学校、学前班或学前小组;托儿所、幼儿园、托儿所—幼儿园联合体、家庭托儿所;日间教养中心、短期教养中心、家庭幼儿园、微型幼儿园),法国有 5 种(幼儿园、幼儿班、托儿所、保育室、流动车),德国、芬兰、丹麦有 6 种(分别是幼儿园、日间托儿所、婴儿中心、游戏小组、父母儿童小组、儿童家庭保育;日托中心(家庭日托)、游戏小组、学前班、流动幼儿园、特殊教育中心、网上学校;托儿所、幼儿园、学前班、日托中心、综合年龄小组、青年娱乐中心),瑞典有 9 种(日托中心、家庭日托、部分时间托管中心、幼儿园、开放学前教育活动中心、儿童护理中心、公园游戏场所、玩具图书馆、视听辅助机构),英国有 11 种(幼儿学校、日托中心、联合托儿中心、家庭保育、学前游戏小组、父母婴儿小组、社区中心婴儿室、4 岁幼儿班、学前班、亲子小组、儿童保育中心)。

多种多样的学前教育机构适应了儿童的需要,方便了家长的工作,提高了儿童的入托入园率。1970 年,法国 5 岁儿童入园率为 100%,1980 年 4 岁儿童入园率也达到 100%,1989 年 3 岁儿童入园率为 97%,2 岁儿童入托率为 33.7%;1990 年,阿尔巴尼亚 5 岁儿童入园率为 80%;1994 年,意大利儿童入园率为 95%。

私立机构对学前教育的普及也作出了一定的贡献,1990 年,英国受教儿童中有 6% 在此获益,而同期在联邦德国、荷兰受教儿童中的这一比例分别高达 67% 和 69%;1991 年,意大利受教儿童中也有 29% 在各类私立机构;1992 年,法国的这一比例为 12%。

在普及学前教育的同时,欧洲各国还注意降低教师与儿童的比率,把教师与婴儿的比率控制在 1:5 以下,把教师与幼儿的比率控制在 1:13 以下,以提高学前教育的质量。例如,英国师婴比为 1:3—1:5,师幼比为 1:10—1:13;芬兰师婴比为 1:4,师幼比为 1:7;瑞典师婴比为 1:4—1:5,师幼比为 1:7;丹麦师婴比为 1:4—1:6,师幼比为 1:7—1:10;德国师幼比为 1:12;意大利师幼比为 1:10。

(二) 学前教育的目标

欧洲各国在提出对儿童进行全面发展的教育目标的同时,还重视对儿童进行多元文化意识的培养和民族艺术的熏陶。不论是在西欧,还是北欧,或是东欧,均不例外。

在西欧的英国,学前教育的目标是使儿童在身体、智力、语言、情感、社会、精神、道德和文化等各方面得到发展,其中特别强调要丰富儿童的历史和地理知识,培养儿童的社会、文化技能,帮助儿童了解人类与社会的关系、科学与技术的关系,以及信息技术对世界发展的作用,培养儿童的个性与能力,为儿童将来走向社会打好基础。法国学前教育的目标是促进儿童体力、社会性、智力、艺术能力的和谐发展,为儿童未来的社会生活作好准备,其中特别强调要培养儿童的乐感、绘画能力和手工制作能力，发展儿童对美的欣赏能力和表达能力，增强儿童适应环境的能力，使儿童懂得民主、科学，学会遵纪守法，发展健康的人格，以增进人类的幸福。比利时除了提出要对儿童进行宗教教育、社会教育、自然教育、语言教育、认知教育以外，还提出要对儿童进行文化教育，培养儿童的艺术表现能力。

在北欧的芬兰，学前教育的目标是以儿童的家庭文化传统为基础，促进儿童在身体、社会性、情感、艺术、智力、道德、宗教上的发展，培养儿童热爱和平、关心环境的精神。瑞典提出不仅要使儿童能了解、热爱自己的文化，而且还能尊重、接受外国的文化，培养儿童的民主精神和责任感，使他们将来成为对社会有用的人。挪威除了提出要提高儿童的智力、社会交往能力以外，还提出要培养儿童的艺术能力。

在俄罗斯，学前教育的目标是促进儿童身心健康成长，发展儿童智力，向儿童传递人类文化遗产，为儿童提供学习民族艺术品的机会，发展儿童的美感。阿尔巴尼亚提出要使儿童在身体、智力、道德、艺术等方面全面发展，作好儿童的入学准备工作。

此外，南欧的马耳他也提出要培养儿童的艺术美感，发展儿童的能力，促进儿童的早日社会化。

（三）学前教育的活动

欧洲国家普遍强调要根据儿童的年龄特点和个性特征，通过开展各种教育活动，来实现学前教育的目标。各国开展的教育活动虽然有所不同，但都注意为儿童创造条件，开展游戏活动和自由活动。

在西欧的英国，开展的教育活动主要有游戏活动、区域自选活动、探索活动、创造活动、美术活动、语言活动、音乐活动、专题活动；德国开展的教育活动有游戏活动、主题活动、区域自选活动、社会活动、锻炼活动等；瑞士开展的教育活动有游戏活动、自由活动、手工劳动、小组活动、个人活动等；比利时开展的教育活动有游戏活动、自由活动、小组活动等；西班牙开展的教育活动有游戏活动、自由活动、自然活动、观察活动、交往活动、语言活动、艺术活动等。

在北欧的芬兰，开展的教育活动主要有游戏活动、兴趣活动、教学活动、手工活动、艺术活动、阅读活动、情景活动、庆祝活动、旅行活动等；瑞典开展的教育活动有兴趣活动、游戏活动、生活活动、劳动活动、制作活动、发现活动、探索活动、观赏活动、品尝活动、互动活动、主题活动等；丹麦开展的教育活动有游戏活动、文学艺术活动、日常生活活动、郊游体验活动等；挪威开展的教育活动有室内外自由活动、社会活动、智力活动等。

在东欧的保加利亚开展的活动是游戏活动、学习活动、体育活动、艺术活动等；阿尔巴尼亚强调以游戏为主导活动。

俄罗斯开展的教育活动主要是游戏活动、自由活动、教学活动、特殊活动、交往活动等。

在南欧的马耳他，开展的教育活动主要是游戏活动、自由活动、交往活动、语言活动、舞蹈活动、艺术活动等。

（四）学前教育的师资

欧洲国家学前教育师资的培养任务主要由高等院校承担,如技术学院、大学、培训学院、高等师范专科学校、幼儿教育学院等,但不同的国家,培训时间的长短有所不同,从2年到4年不等。比如,法国的学前教师要接受2年的教育,瑞典要接受2年以上的教育,匈牙利、丹麦要接受3年的教育,德国要接受3年以上的教育,英国要接受4年的教育。

学前教师培训的课程主要是在低年级开设公共基础课,在高年级开设学前教育专业课。例如,法国设立的课程有哲学、历史、法律、心理学、教育学、教育科学、课程教学法等;德国设立的课程有体育、德语、社会学、宗教教育、卫生保健、心理学、教育学、教学理论与方法、儿童文学、美术、手工、音乐、律动、游戏等;奥地利开出的课程有宗教、母语、外语、历史、社会知识、地理、经济学、法律、数学、物理、化学、生物、健康教育、音乐及创作、吉他器乐、律动、艺术、手工、体育、教育学、幼儿教育教学论、幼儿教育实践、特殊儿童教育、多媒体操作等;西班牙开出的课程有西班牙语、外语、社会科学、数学、创造性艺术、学前教育基本理论、学前教育史、学前教育方法、心理学、发展心理学、教育心理学等;丹麦设立的课程有社会学、卫生学、生物学、文学艺术、心理学、教育学等;俄罗斯开设的课程有外语、生理学、儿童文学、儿童语言发展、儿童身体训练、儿童音乐活动、律动、学前教育学、各科教学法等;匈牙利开设的课程有哲学、社会学、经济学、历史、母语、外语、戏剧艺术、音乐教育、视听教育、木偶操作、儿童发展、儿童教育、教育心理学等;阿尔巴尼亚开设的课程有哲学、历史、地理、数学、物理、化学、普通教育学、学校卫生、儿童心理学、教育心理学、教学论、教学原则、教育史、学前教育方法、特殊教育等。

许多国家既重视向学生传递学前教育的理论知识,又重视培养学生的实际运用能力。不论是学前教育较为发达的英国、法国、德国,还是学前教育不够发达的匈牙利、阿尔巴尼亚,都要求学生参加教育实践活动;但不同的国家对教育实践活动的安排略有不同。例如,匈牙利要求学生在二、三年级时,必须参加教育见习、实习活动,丹麦要求学生在校3年期间,每年都要用10周以上的时间去各类学前教育机构参观、访问、调查以及做专题研究。

欧洲各国还重视教师的在职学习和提高,俄罗斯认为职前教育只是教师工作的起点,在职时仍需继续接受教育,提高职业道德水平,加强自身修养;英国采取短期培训、课程学习、学术交流、现场指导、外出参观等多种形式,提高教师的专业水平;法国规定教师每5年要轮训1次。

（五）学前儿童的家庭教育和社会教育

各国都很重视儿童的家庭教育,注意发挥幼儿园在家庭教育指导中的作用。比如,芬兰学者认为家庭在儿童成长的过程中十分重要,幼儿园应和家庭合作,共同促进儿童的发展。俄罗斯幼儿园注重从儿童的发展水平和家庭的实际出发,启发祖辈家长发挥应有的教育作用,如指导家长培养孩子游泳等教育训练方面的技能技巧,帮助孩子做好入学的各种准备工作。

英国的一个社区公园 英国的一个社区公园

不同国家在指导家庭教育的过程中,采用不同的形式,建立了较为完整的双向沟通网络。例如,英国家庭教育的指导形式主要有父母联系卡片、父母屋、布告栏、家庭教育讲座、家长参观、家长委员会、邻里互助小组、专题辅导班、非正式会谈、家长专题讨论会、家长信函等;法国成立了家长委员会,要求教师利用家长接送孩子的时间和家长交流信息,鼓励家长参与园教。德国为了提高家庭教育质量,还在家庭中推行婴儿读书计划,倡导开展父母教育活动,实施家庭助手计划,发放家庭教育津贴,组织家庭互助活动,研究儿童的消费教育和理想教育等问题。

此外,许多国家还注意利用社区资源对儿童进行教育。例如,英国经常组织儿童春游,参观玩具馆、美术馆、科学馆、博物馆等;法国也常常为儿童安排游览动物园、参观博物馆的活动。

(六)学前特殊儿童的教育

欧洲国家在特殊儿童的教育上颇具特色,首先是特殊教育对象的外延比较宽广。不仅包括一般意义上的残疾儿童,而且还涵盖了患病儿童和移民儿童,这在瑞典、丹麦等北欧国家中表现尤为突出。

其次是特殊教育的形式从分离走到综合。就拿残疾儿童的教育来讲,如何使他们更好地接受教育,提高自身的发展水平,欧洲各国一直重视对这一难题的研究。最初的做法是把残疾儿童和正常儿童分开施教(如芬兰为残疾儿童专门设立了特殊教育中心,捷克还根据儿童残疾类型设立不同的机构分别教育),现在则倾向于把残疾儿童和正常儿童放在一起进行教育(如芬兰、瑞典、捷克),缩小班级规模,减少残疾儿童人数(如芬兰提出每班不超过 2 名),降低师幼比率。

再次是各国政府都很重视特殊儿童的教育问题。丹麦提出国家和地方健康福利部门都要支持残疾儿童的教育,鼓励家长充分利用教育机构的资源为孩子服务,要求普通教师和特殊教育工作者一样需掌握特教方法,学会与残疾儿童相互作用,在全社会形成一个大家都来关心残疾儿童的良好风气;捷克提出政府对出生至 7 岁的残疾儿童予以资助;俄罗斯、波兰、阿尔巴尼亚也提出要对残疾儿童进行康复训练,形成教育网络。在移民儿童的教育上，瑞典、丹麦提出要对教师进行双语教育训练，使他们能更好地为外来语言儿童服务，同时为儿童提供学习多种语言的机会。

三、亚洲国家学前教育的比较

亚洲是世界第一大陆，由于经济发展速度较欧洲缓慢，国家独立早于非洲，传统文化根深蒂固，因而较为重视对学前儿童进行本土文化教育和爱国主义教育，以便把儿童培养成为国家需要的人。但因为各国在政治制度、经济发展水平、人口增长、自然资源、价值观念、教育投资等方面的不同，在学前教育上也表现出许多差异。例如，印度对学前教育的投入远远低于国防军事，朝鲜则认为国家要把最好的东西给儿童，规定每年8、9月为支援园所月。相比而言，东亚国家较注重对儿童进行外语教育，如日本儿童除了学习母语以外，还要学习英语或芬兰语等，韩国儿童还要学习英语或汉语等；东南亚国家比较重视对儿童进行多文化教育，如新加坡要求儿童了解华人、马来人、印度人、菲律宾人、加拿大人的不同文化，马来西亚要求儿童认识马来族、华人、印度族的不同民俗；西亚国家更重视对儿童进行读写算基本知识和技能的培养，如以色列提出要发展儿童读写算的能力，科威特、阿曼、阿拉伯也门共和国也提出要对儿童进行读写算的教育，培养儿童的学习习惯；南亚国家较为重视儿童健康教育，如印度认为要提供儿童营养，培养儿童健康习惯。

（一）学前教育的机构

在亚洲，许多国家学前教育的对象是6岁以下的儿童，如泰国、印度、以色列、土耳其、巴林、阿拉伯也门共和国、塞浦路斯；有些国家是5岁以下的儿童，如韩国、朝鲜、新加坡。有的国家学前教育年限较长，如日本是0—7岁；有的国家则较短，如科威特、阿拉伯联合酋长国是4—6岁，伊朗是5—6岁。

学前教育的机构以托儿所和幼儿园为主，分别招收0—3岁和3—6岁儿童，如日本、朝鲜、中国、以色列、土耳其、阿拉伯也门共和国等。此外，许多国家还根据国情，创办有特色的学前教育机构，如朝鲜的育儿院和保育院招收无家可归的儿童；印度的流动日托中心为建筑工人的子女服务；日本、韩国开办各种外语学堂和兴趣班，满足家长及孩子的不同需求。

各国在儿童入托入园率上存在着较大的差距。例如，我国从1987年到1995年间，入园率每年以2%—12%的速度上升，到1997年全国已有幼儿园18.7万所，在园儿童2666万人，3—5岁儿童入园率为35.6%[①]，学前一年受教率达60%以上；在东亚的日本，1990年3岁儿童入园率为50%，4岁为90%，5岁为95%；朝鲜1995年入托率为80%，入园率为98%；韩国1978年5岁儿童入园率为5.3%，1980年为7.3%，1996年3—5岁儿童入园率为27%。

在普及学前教育的过程中，私立机构也发挥着不同的作用。土耳其1991年在私立机

---

① 《人民日报》，1998年6月4日。

构中接受学前教育的儿童占受教儿童总数的 5％,泰国 1989 年占 27％,菲律宾 1990 年占 58％,日本 1993 年占 75.3％,韩国 1996 年占 79％,叙利亚 1991 年占 86％,而尼泊尔在 1984 年、孟加拉国与阿富汗在 1988 年、印度尼西亚在 1989 年、印度在 1990 年、马来西亚在 1991 年均为 100％。[①]

(二)学前教育的目标

从亚洲学前教育的目标总体来看,是丰富儿童的知识经验,训练儿童的技能技巧,培养儿童的能力品质,促进儿童的全面发展,为儿童将来进入小学、成为合格公民作好准备。

在知识技能的教育上:阿曼认为要有读、写、算的内容,注意培养儿童的生活习惯、卫生习惯和学习习惯;科威特认为要向儿童传递自然常识、阿拉伯语、古兰经、德育方面的知识,培养儿童音乐、诗歌、图画、手工技能;以色列认为要丰富儿童的社会知识和世界知识;阿拉伯也门共和国提出要丰富儿童音乐、语言、科学、宗教、美术等方面的知识;朝鲜提出要重视儿童的集体生活训练,加强儿童的语言、数学和道德教育,特别是音乐教育等。

在能力品质的教育上:印度提出要培养儿童的独立性和正确的行为方式;以色列提出应培养儿童的社会交往能力、智力和创造能力;塞浦路斯认为应培养儿童的自尊心、自我意识、独立性和自控力等。

在全面发展的教育上:泰国提出要使儿童在身体、认知、社会、情绪等方面得到发展;土耳其提出应使儿童在身体、心理、情感、语言等方面得到发展;伊朗提出要发展儿童的身体、情感、社会性、心理能力;科威特提出要发展儿童的身体、智力、社会性、情绪、道德、审美观;阿曼认为要促进儿童的认知、品行、心理的发展;我国提出实行保育与教育相结合的原则,对幼儿实施体、智、德、美诸方面全面发展的教育,促进其身心和谐发展。[②]

在入学准备的教育上:新加坡、马来西亚提出要为儿童进入小学作好准备;阿拉伯也门共和国、阿拉伯联合酋长国则认为要帮助儿童适应学校生活。

在公民素质的教育上:日本提出要培养儿童社会所期望的品质;韩国要求把儿童培养成为新一代的韩国公民;泰国提出要使儿童为自己国家的文化感到自豪;以色列、伊朗、巴林等也都提出要帮助儿童了解自己国家的传统文化。

(三)学前教育的途径

一日活动是亚洲国家普遍用于对学前儿童进行教育的基本途径,不论是东亚的日本、朝鲜、中国,还是东南亚的泰国,或是西亚的土耳其、阿拉伯联合酋长国均如此。

各国除了重视通过游戏向学前儿童施教以外,还注意创造条件,组织多种多样的活动,如在东亚的日本有大小组活动、观察活动、谈话活动,韩国有娱乐活动、参观活动,朝鲜有音乐活动、舞蹈活动,新加坡有园艺活动、绿化活动、日常生活、艺术活动,泰国有大小组活动、表达情感活动、学习文化活动、认识环境活动、娱乐活动、区域活动、创造活动;南亚

① 国家教育委员会管理信息中心,《教育参考资料》第 23—24 期(总第 267—268 期),1994 年 12 月 31 日。
② 中华人民共和国国家教育委员会令(第 25 号),《幼儿园工作规程》,1996 年 6 月 1 日。

的印度有娱乐活动、创造活动；西亚的阿拉伯联合酋长国有音乐活动、绘画活动、参观活动、学习活动，阿曼有参观活动、郊游活动、演示活动，塞浦路斯有体育活动、种植活动、音乐活动、语言活动。

许多国家还注意为儿童创造轻松愉快、丰富多彩的环境，促进儿童的成长，如韩国、巴林给儿童提供愉快的学习环境，塞浦路斯给儿童创设家庭式环境，朝鲜给儿童提供游戏场、体育场、动物厅、音乐厅、植物厅、舞蹈厅等。此外，有些国家还注意儿童的年龄特征，以主题的形式，实行综合教育，如朝鲜、印度、土耳其等；有些国家还考虑儿童的个体差异，开展自由活动、个人活动，如日本、泰国、科威特、阿曼、巴林、塞浦路斯、阿拉伯联合酋长国等。

（四）学前教育的师资

亚洲国家学前教育师资的培训机构差异较大，有的国家是以大专院校为主，如日本、韩国、朝鲜，有的国家则是以中等学校为主，如印度、巴林。众多国家都在竭力提高教师的学历，如中国、泰国、阿曼拥有本专科学历的教师越来越多；延长教师的培训时间，如土耳其、塞浦路斯都从 2 年发展到 4 年。

学前教师的培训课程有不同的类别，既有培养教师基本素质的文化课程（如朝鲜的革命史、哲学、经济学、文学、写作、数学、外语等）、艺体课程（如中国的音乐、器乐、美术、舞蹈、体育等）和专业课程（如印度的儿童发展和教育活动、学前教育计划的制定、健康和营养、儿童发展、与父母和社区人士的合作、班级活动计划的设计）等必修课，也有发展教师个性的选修课（如韩国规定基础课占 35%，应用课占 45%，选修课占 20%，开设的选修课有家庭和社会、特殊教育；塞浦路斯成立了特别兴趣俱乐部，学生求学期间可根据自己的爱好，参加文学、哲学、科学、艺术、娱乐等方面的研讨活动）。

各国不仅重视职前培训中的实践活动，而且注意加强教师在职教育的实用性。例如，日本有园内培训、园际间研修交流、公开保育活动、假期培训班、研究集会；有的国家缩短在职轮训的周期，延长培训时间，如韩国由 5 年缩短为 3 年，培训时间从半年延长至 1 年。

（五）学前儿童的家庭教育和社区教育

亚洲国家十分重视学前儿童的家庭教育。例如，日本开展家庭教育研究，广泛建立家庭文库，倡导推行父亲运动，开通儿童电话咨询热线，兴办儿童玩具医院等；强调提高家长的教育能力和合作能力，比如，泰国要求家长主动向教师介绍孩子的情况，为幼儿园提供材料，支持、参与园教。

亚洲国家还重视通过多种形式对家庭教育进行指导。例如，日本指导家长的形式有保育参观、家庭教育讲座、家长委员会、妈妈会议等；中国有来园接待、家长会、家庭访问、家庭教育专题讲座、家庭教育专题讨论会、幼儿园半日开放活动、亲子同乐活动、班级家庭教育黑板报与墙报、幼儿园家庭教育学报等；[①]新加坡指导家长的形式有教师—家长会

---

① 李生兰执笔，《建国五十年来上海市幼儿家庭教育指导形式的发展轨迹与前景》，《学前教育研究》，1999 年第 6 期。

比较学前教育

议、教育信息角、讨论辨析会、亲子活动、接送交流等；以色列有家长会、黑板报、讨论会、参观活动等。

亚洲国家还注意通过社区给家庭以指导。例如，印度实施了以家庭为基础的方案、儿童帮助儿童的方案、视听方案、学校准备方案等。

亚洲国家还重视利用社区资源为幼儿教育服务。例如，韩国通过组织幼儿参观汉城国立民俗博物馆，激发儿童的爱国之情。

亚洲国家还注意形成全社会关心幼教的风气。比如，在新加坡，建立了玩具图书馆、流动故事站，并在图书馆、社区中心、政府机构、法院等一系列公共场所，开辟儿童活动的天地；在朝鲜，国家不仅规划建设生产儿童用品的大型工厂，而且还规定各个道郡要设立儿童糕点厂、儿童服装厂、儿童玩具厂，确立每年的8、9月为支援园所月，国家、地方组织及居民要参加园所的义务劳动；在泰国，形成了从中央政府到地方社区发展部和乡村儿童发展委员会保育、教育儿童的网络，教育部门、健康部门、社区发展部、政府各机构、妇女组织、国家儿童少年发展委员会、商业部门、大众媒介、交通和其他设施、宗教组织，都从不同的角度为儿童服务。

此外，韩国、伊朗、阿曼等国家还重视对学前残疾儿童进行早期诊断和康复训练。

四、非洲国家学前教育的比较

非洲是世界第二大陆，有55个国家和地区。20世纪60年代以后许多国家纷纷独立，进入80年代以来，各国都比较重视学前教育事业的发展，在入托入园率等方面取得了一定的成就。但由于经济基础薄弱，一些国家和地区政治局势动荡，使各项社会事业的发展仍存在着许多困难和问题，妨碍了学前教育规模的扩大和质量的提高，同世界其他地区相比，适龄儿童的入园（所）率尚处于较低的水平。

（一）学前教育的机构

各国都有为儿童设置的一些学前教育机构。但不同的国家，学前教育对象的年龄、年限有所不同。比如，在利比里亚，有儿童从4岁开始享受3年的学前教育的计划；而在博茨瓦纳，也有儿童在5岁前接受1年学前教育的要求。

各国学前教育机构的形式多种多样，种类不同，种数不等。比如，南非有保育中心、游戏小组、小学预备学校、母亲日托等4种形式，而博茨瓦纳则有学前教育小组、日托中心、儿童互助小组等3种形式。

由于政府（中央政府和地方政府）和社会各界（如妇女组织、父母协调委员会、慈善团体、社区、商业机构、红十字协会、私人个体、志愿组织等）积极创办学前教育机构，促进了学前教育事业的发展。1990年，在埃及，学前教育机构有1075所，教师有8015人，入园所儿童有198742人，其中在私立学前教育机构中的儿童占87%。[1] 1991年，在埃塞俄比

---

[1] 国家教委教育管理信息中心，《教育参考资料》，第23—24期（总第267—268期），1994年12月31日。

亚,学前教育机构有 632 所,教师有 1531 人,入园所儿童有 58444 人。[①] 在学前教育机构中,由于投入不足,师幼比率普遍较高,学前教育机构数量短缺,合格的学前教育师资不敷需求。例如,加纳的师幼比率为 1∶21,埃及为 1∶25,埃塞俄比亚为 1∶38,肯尼亚为 1∶39。如何降低师幼比率,是非洲各国在提高学前教育质量时需要应对的一个严重问题。

此外,许多国家学前教育机构的物质环境也较差:设施简陋陈旧,没有专门的学前教育建筑物,许多园舍是由其他用途的建筑改建而成的,危房所占的比率甚高;缺乏必要的卫生设备、活动场地和游戏材料等。如何根据现有的经济发展水平,增加教育经费,因地制宜、因陋就简地为儿童创造更好的物质条件,是困扰非洲学前教育发展的又一个难题。

(二)学前教育的目标

非洲各国学前教育界基本上都认为:学前教育是为儿童从家庭过渡到小学作准备的,是小学教育的基础,应贯彻保教结合的原则;在对儿童进行保教的过程中,应侧重于对其传授读写算的基本知识和技能,为其未来的发展奠定基础。

各国在对儿童进行全面发展教育的时候,侧重点是不同的。例如,尼日利亚提出了学前教育的五大目标,斯威士兰提出了学前教育的六大目标,肯尼亚提出了学前教育的七大目标。

各国虽然提出了许多学前教育的目标,但却不够全面,忽视了儿童的美育,几乎没有一个国家在目标中考虑到要培养儿童的审美知识与技能、兴趣与爱好、智力与能力。要提高儿童的整体素质,对儿童进行全面发展的教育,加强儿童审美情趣和能力的培养,也是非洲各国所要解决的一个紧迫问题。

(三)学前教育的途径

非洲各国重视通过幼儿园的一日活动对儿童进行教育,在一日活动中融进了游戏、盥洗、餐点、午睡等环节。许多国家还把游戏放在最重要的地位上,加大其在一日活动中的比重。比如,斯威士兰,在上午半日活动的 4—5 个小时里,游戏活动的时间约占 1/2。

游戏活动的材料是游戏的物质基础,一些国家十分注意为儿童提供丰富的材料,让儿童自由操作,独立探索。例如,在肯尼亚,学前教育工作者为儿童提供了结构材料、操作材料、文字图画材料、视听材料等各种不同的材料。

但总的来说,非洲各国一日活动的内容较为贫乏,游戏种类较为单调。

有的国家已开始注意发挥园外教育资源的潜力,开辟儿童活动的空间。比如,尼日利亚教师把幼儿带到园外,让幼儿在大自然中接受教育,观看动物、植物的生长过程,发现社会生活的一些变化,以丰富儿童的知识,拓宽儿童的视野。

学前教育的途径虽然已从封闭走向开放,但如何更好地与家庭、社区紧密结合,综合发挥教育资源的优势,也是摆在非洲各国面前的一个尚需解决的问题。

(四)学前教育的师资

在非洲,学前教育师资的培训机构主要有三种:一是早期教育中心,如肯尼亚的国家

① 国家教委教育管理信息中心,《教育参考资料》,第 23—24 期(总第 267—268 期),1994 年 12 月 31 日。

早期教育中心和地方早期教育中心;二是教师培训学院,如尼日利亚的教师培训学院、南非的教师培训学院;三是幼儿园教育培训中心,如苏丹的幼儿园教育培训中心。

学前教育师资的培训内容主要有两方面:一是提高文化知识水平,学习教育基本理论;开设的课程可分为三类:第一类是文化课,如数学、语言文学、社会学习等;第二类是艺体课,如音乐、舞蹈、健康、营养等;第三类是教育课,如儿童发展、保育和教育、教育学、教学方法等。二是参加教育实践活动,到幼儿园见习、实习。

学前教育师资的培训形式以在职教育为主。大多数教师职前没有受过专业培训,只能通过在职教育进行补缺补差。有的国家还对教师在职进修的条件作了限制。比如,博茨瓦纳要求受训者正在从教,年龄在 20 岁以上,至少受过 7 年的普通教育。

学前教育师资的培训时间以短期培训为主。为了迅速增加教师的数量,使他们能尽快上岗就业,有些国家缩短了培训时间。例如,博茨瓦纳把 2 年的培训时间改为 6 个月,肯尼亚职前、职后教育的时间从几天到 9 个月不等,加纳在职教育时间为 1—6 个月。有的国家已发现了短期培训的许多不足,开始延长培训的时间。比如,苏丹把在职培训的时间从 6 个月延长到 1 年,尼日利亚把在职培训时间加长到 2—3 年。

教师在职短训的形式有脱产的,如博茨瓦纳;也有业余时间学习的,如肯尼亚。

通过多渠道多形式的培训,非洲各国学前教育师资队伍的合格率有所上升,师资质量也有一定程度的提高。例如,在斯威士兰,无初级证书的教师从 1986 年的 37％下降到 1989 年的 11％,不合格的教师助理从 1986 年的 42％下降到 1989 年的 25％,受过 1 年以上培训的教师人数从 1986 年的 39％上升到 1989 年的 44％.教师队伍开始稳定,有 3 年教龄的教师占到一半以上,3 年以上教龄的教师也占到 27％。

发展职前教育,提高在职教育质量,延长培训时间,拓宽培训内容,建设一支数量足够、质量合格的学前教育师资队伍,是摆在非洲各国面前的又一个棘手问题。

五、大洋洲国家学前教育的比较

(一)学前教育的机构

澳大利亚和新西兰学前教育对象的年龄范围有所不同,澳大利亚主要是 5 岁以下的儿童,他们在进入小学以前,至少能接受学前 1—3 年的教育;新西兰主要是 6 岁以下的儿童,他们可以受到 2—3 年的学前教育。

两国学前教育机构的形式虽然存在着差异,如澳大利亚有儿童中心或日托中心、学前教育中心或幼儿园、家庭日托、游戏小组、综合服务中心、人类服务中心等 6 种,新西兰有儿童保育中心、幼儿园、语言所、游戏中心、家庭日托、函授学校、社区游戏小组、太平洋岛屿游戏小组等 8 种,但都是以半日制为主,全日制和临时托管为辅。

两国都认为要严格限制班级规模和师幼比率,儿童年龄越小,班级规模也应越小,师幼比率也相应越低。例如,在新西兰的儿童保育中心里,2 岁以下儿童组的师幼比为 1∶4;2 岁以上儿童组的师幼比率为 1∶10。在澳大利亚的家庭日托里,5 岁以下儿童组的师幼比为 1：5 以下；在学前教育中心，5 岁儿童组的师幼比约为 1：8。

（二）学前教育的目标

两国学前教育的目的比较近似，澳大利亚提出要促进儿童在体力、社会性、情感和认知等方面的发展，新西兰提出要使儿童在社会性、情感、智力、体力等方面得到发展。

两国在学前教育的目标上都强调要促进儿童身心的健康发展，提高儿童的社会交往能力。不同的是新西兰更重视培养儿童良好的行为习惯，激发儿童的探索欲望，提高儿童的整体发展水平；澳大利亚更关注培养儿童积极的自我意识，增强儿童的自信心，提高儿童解决问题的能力、表达能力、想象能力和创造能力。

两国都注意对儿童进行国家历史、文化意识教育。例如，新西兰十分注重向儿童传递毛利人语言和文化；澳大利亚现在也很重视向儿童介绍土著人习俗和艺术，以增加他们对当地土著居民文化的了解和认同，接受多元文化的初步熏陶。

（三）学前教育的途径

两国都把学前教育机构的一日活动当作实现教育目标的主要途径，视游戏为儿童的基本活动，注意创造条件，让儿童开展各种游戏活动，如玩沙、玩水。此外，新西兰还重视儿童的体育活动、创造活动、语言活动和智能活动等；而澳大利亚则比较重视儿童的艺术活动、烹调活动、电脑活动、操作活动等。

（四）学前教育的师资

两国学前教师都由高等院校来培养，澳大利亚的培养机构主要是大学的教育学院，而新西兰的培养机构主要是大学的教育学院和师范学院。

两国师资培养的时间都在延长，新西兰已将学生在校学习的年限由以往的 1—2 年延长为现在的 3 年；澳大利亚则将学生在校学习的年限从过去的 3 年增至目前的 4 年。

此外，两国还重视对教师进行在职教育，不断提高教师的教育水平。

第二节　中外学前教育的比较

对中国与世界主要国家学前教育发展情况作一比较，既可以使我们对国外学前教育的利弊得失有较为深刻的了解，也能使我们清晰地看到我国学前教育取得的成绩和长处以及存在的不足，有助于我们学习借鉴别国先进的理论和经验，避免他人曾经陷入过的误区，"洋为中用"，为深化我国学前教育的改革服务。

一、中国与美国学前教育的比较

（一）一日生活安排的比较

中美两国的学前教育机构都能为儿童制订较为科学的生活制度，合理地安排儿童一日生活中各项活动的顺序和时间，使儿童能有规律地生活和活动；注重培养儿童文明的行为习惯和独立的生活能力，增进健康，发展智力，培养时间观念。

两国虽然都主张学前教育机构应该实行保育与教育相结合的原则,但在具体安排保育和教育活动的时间上,却存在着一定的差距:美国儿童在园总时间为 9 小时(8:30—17:30),保育活动所占的时间(约 5 小时,其中午睡 1.5 小时)略多于教育活动(约为 4 小时,主要是室内外游戏活动,大、小组和个人活动)。

我国儿童在园时间一般为 8 小时(8:00—16:00),保育活动的时间(约 5 小时,包括2.5 小时的午睡)明显多于教育活动(约 2 小时,主要是教学活动、游戏活动),是其 1 倍以上。可见,我国幼儿园把大量时间花在儿童的保育上,尤其是午睡占用的时间较多。

此外,两国都注意使儿童在一日生活中动静交替,各种活动有张有弛。

(二)教育活动组织的比较

1. 活动目的性的比较

美国学前教育工作者强调通过活动来促进儿童在体力、认知、情感、语言、社会性等方面的和谐发展;我国强调通过活动使儿童在体育、智育、德育、美育几方面都得到全面发展,两国对儿童教育活动目的的提法虽然不完全相同,但其内涵却是相似的,即都重视儿童身心的健康成长。

2. 活动计划性的比较

长期以来,我国始终强调儿童教育活动的计划性,要求教师确立长远目标、中期目标和近期目标,制定教育教学计划,不仅设计学年、学期计划及月、周教育方案,而且还要构建一日活动方案,撰写每节课教案,或主题教育方案,有效地提高了学前教育的质量。

美国学前教育界过去忽视确定具体目标,制定详细方案,以为这只会阻碍儿童创造力的发展和个性的形成,因而教育活动的随意性较大。近年来,一些学前教育研究者通过儿童发展的比较研究,提出教育活动不能完全依赖于儿童的自发学习来进行,为了实现整体的教育目的,达到既定的教育目标,也应当制定缜密的教育计划,做到班班有计划,每日有计划,特别是新教师更应如此,以保证教育的成功,促进儿童的发展。

3. 活动多样性的比较

中美两国的学前教育都能为儿童提供多种多样的活动,我国幼儿园的活动主要有上课、体育活动、游戏、观察、劳动、娱乐和日常生活等;美国幼儿园的活动主要是游戏、操作、种植、观察、饲养、参观、娱乐和日常生活等。

但两国对各种活动的重视程度以及在活动之间的协调配合上表现出了明显的差异。美国比较重视游戏,特别是创造性游戏;注意诱发儿童的学习兴趣,使之处于最佳学习状态;强调儿童自身的活动,要求儿童手脑并用;注意加强各种教育活动之间的内在联系,以综合教育为主。我国则比较重视教学活动;注重教师口头讲授和儿童实际操作相结合;既强调学科本身的内部联系,也强调学科之间的外部联系,分科教育和综合教育并举。在开展游戏活动中注重规则游戏。

4. 活动主从性的比较

多年来,美国一直恪守"班组越大,学习效果愈小"的信条,偏重于儿童的自由活动、个别学习。由于班级人数少,师幼比率较低(约为 1∶8),所以,教师能够较全面、深入地了解每个儿童的个性,满足儿童个体发展的兴趣、需要,培养儿童的独立性、责任感,发展儿童的个性品质。

我国幼儿园班级人数较多,师幼比率较高(约为 1∶15);偏重于教师主导的集体活动,有利于培养儿童遵守规则的习惯和集体荣誉感、与别人协同活动的能力、对同伴的互助友爱精神,有助于矫治儿童孤独、任性、胆怯等不良性格。

当今中美学前教育界都在探讨"如何使集体活动与小组活动、个人活动处于一种合理的平衡状态,以促进儿童更好地发展"这一疑难问题。对这一问题的深入讨论和研究,将有助于教育活动组织的进一步科学化、合理化。

(三) 教师与儿童相互交往的比较

在与儿童相互交往的过程中,中美两国学前教育界都倡导教师热爱儿童,关心儿童,尊重儿童,建立民主平等的师幼关系,并使之成为儿童在园度过愉快美好一天的精神支柱。

美国一所幼儿园大班教师在帮助幼儿攀登

"一天之计在于晨。"两国学前教育工作者都注意从儿童入园的那一时刻做起,以热情、友好、亲切的态度接待儿童,相互问好,使儿童感受到教师期待他,欢迎他,喜欢他,体会到生活在幼儿园的温馨和快乐。

两国教师虽然都能较好地强化、大力赞赏儿童的优点,表扬儿童的进步,让儿童体验到成功的愉悦,使儿童乐于与教师交往,喜欢在教师面前表现自己,但两国教师存在明显的差异:我国教师对批评的使用较多,且习惯于把指责对象直接指向儿童。由于幼儿园的禁令较多,比如就餐时不许讲话、说笑等,而儿童因其身心发展水平低、控制能力差等原因,很容易打破规则;教师往往无意识地站在儿童的另一面,扮演指挥者和监督者的角色,批评、惩罚儿童,让其品尝失败的苦果。美国教师则很少使用消极的强化,且倾向于指责错误本身,而不是儿童。同时,幼儿园的强制性规则也较少,这样便降低了儿童直接受批评的概率。教师喜欢站在儿童的立场，从儿童的角度看问题，和儿童一起游戏，减少儿童挫折感，提高其自信心。

（四）家庭教育及指导的比较

1. 家庭教育的比较

中美儿童家长在确立教育目标时，有不同的依据。美国家长以孩子为中心，力图使孩子发现自己存在的价值和自己的力量，重视为孩子提供有利的条件，让孩子主动地、自然地、创造性地学习和发展。我国家长以社会为中心，试图使孩子发现社会的需要和期望，强调孩子的可塑性和模仿性，重视让孩子在成人的指导下去适应环境。

美国的一个社区公园

中美儿童家长在选择教育内容时，侧重点也不同。美国家长偏重于教育孩子要自信，不自卑；鼓励孩子从事多项活动，培养孩子的灵活性和自由自在地表达自己思想与情感的能力。我国家长倾向于教育孩子要谦虚，不骄傲；要求孩子专心做好每件事，培养孩子的耐心和恒心，学会控制自己的情感。其实，这些教育内容对学前儿童来讲都非常重要，它是每个人成功生活所必需的品质，产生这种差异是由于东西方文化不同的缘故，西方文化强调人性的不可压抑性和个性张扬的合理性，而东方文化则强调伦理规范和"克己复礼"。

中美儿童家长对教育过程与结果的看法也不同。相比而言，美国家长更重视孩子参与的意识和活动的过程，给孩子提供多种选择的机会，鼓励孩子自由创造，培养孩子的独创精神。我国家长更重视活动的结果和技能的掌握，要求孩子学一样像一样，做一样是一样。

2. 家庭教育指导的比较

中美教师都认为，家长关心、支持、参与幼儿园的活动，能给儿童带来长远的有益的影响，因而都能通过多种形式对家庭教育进行指导，并注意家园之间的双向信息交流和反馈，促进家园之间的合作。但在具体的指导形式上却有所不同，美国学前教育机构经常采用的形式有 8 种，包括：与家长一起制定计划、开展双亲（特别是父亲）日活动、召开家长会议、举办家庭教育讲座、组织家长讨论会、向家长发放报告单、向家长开放园所活动、设立家园联系栏等；我国学前教育机构采用的形式不下 10 种，主要有：亲子同乐活动、家长会、家长学校讲座、家庭教育经验交流会、家园联系本、半日或一日开放活动、家园之窗、接送交流、家园小报、家访等。美国强调家长的主动参与，我国近些年来也开始引导家长从被动参与转为主动参与。

（五）教育评价的比较

美国学前教育机构注意在每日活动结束时作出评价：评价者主要是教师；评价的对象，既有儿童，也有活动；评价的方法主要是纵向比较，比如今天和昨天相比；评价的标准比较具体，主要有：今天的活动进行得如何？有没有发生什么事故？儿童出现了什么特殊兴趣，是否已安排了相应的活动？儿童今天学会了什么？儿童今天生活得如何？明天安排哪些活动？如何安排才能使儿童得到更好地发展？明天如何帮助每个儿童取得更大的进步？通过这些评价活动，教师能及时了解情况，总结经验，发现不足，加以弥补、修正，设计出有利于儿童最佳发展的方案。

我国学前教育机构虽然也每日对儿童进行评价，但更偏重于每周结束时的评价；评价者以教师为主，儿童为辅；评价的对象主要是儿童；评价的方法主要是横向比较，现在也开始采用纵向比较；评价的标准主要是围绕着儿童是否遵守纪律、爱动脑筋等方面。

（六）园长能力结构的比较

美国要求园长具备 5 种能力：(1)履行职责的能力：如能贯彻执行政府颁布的一系列法规政策，有效地管理教育经费和房屋设备，成功地指导教职员工的工作等。(2)评价自己的能力：如要有自信心，了解自己的优缺点，有幽默感，能调动教职员工的积极性，友好地与别人相处等。(3)运用时间的能力：要求园长繁忙的程度与其工作成绩成正比，如每天有不受别人干扰的时间，能有效地缩短打电话、接电话的时间，教师知道何时能与他沟通等。(4)评估教师的能力：如能客观地从班级环境的布置、清洁卫生状况、班级气氛、班级管理中，对教师进行考查等。(5)解决问题的能力：能发现问题，广泛地征求教师的意见，在众多方法中找出最佳方案等。

我国要求园长具有 4 种能力：(1)能根据党和国家的有关方针、政策和法规、规章，结合本园实际，制订本园发展规划和工作计划并组织实施。(2)有管理和指导保教工作的能力。能组织管理幼儿园卫生保健工作；指导教师制订适合幼儿发展水平的教育计划；正确评析保育教育工作；组织开展有效的教研工作，帮助保教人员提高业务水平，改革保教工作。(3)有一定的组织协调能力。能调动教职工的积极性，善于依靠和动员家长、社区等各方面的力量参与和支持幼儿园建设。(4)有一定的撰写文稿和口语表达能力。能拟定工作计划，撰写工作经验和研究报告，并指导教师撰写文稿。①

---

① 国家教委，《全国幼儿园园长任职资格、职责和岗位要求（试行）》，1996 年。

（七）幼儿园评审标准的比较

2006 年，美国幼儿教育研究会开始运用新的《幼儿教育机构标准和认证指标》[①]，对优质幼儿园进行评定。它由"儿童"（包括关系、课程、教学、儿童进步评估、健康）、"教学人员"（包括教师）、"伙伴关系"（包括家庭、社区关系）、"行政"（包括物质环境、领导和管理）四大领域 10 条标准构成；共有 50 项二级指标，415 项三级指标。

最近几年，我国浙江省、江苏省、北京市、天津市、上海市等幼儿教育发达省（市），都相继制定了示范幼儿园的评审标准。[②] 例如，上海市 2001 年颁发了《示范幼儿园（托儿所）的评审要求》，提出了"依法办园"、"管理思路和策略"、"保教工作"、"教改和科研"、"队伍建设"、"开放办学"、"办园所条件"这 7 条标准；每条标准包括 4—8 项二级指标，共计 37 项指标。

由上可知，中美两国幼儿园的评价体系都比较完整，都重视对保育和教育工作、教师、物质环境、管理进行评价。相比而言，美国更重视对儿童的进步、家庭和社区的伙伴关系进行评价，而我国则更重视对依法办园、教改和科研进行评价；美国的评价指标比我国更为具体细致，易于操作。

可见，两国都要求园长具备贯彻国家法规、利用园内外各种人力、物力资源的能力，把本园办好；不同的是，美国更强调园长自我反省和自我评价能力的增强，要求园长善于利用时间，提高工作效率；我国则更强调园长口语表达和书面表达能力的提高，增强科研能力。

二、中国与瑞典学前教育的比较

（一）学前教育机构的比较

两国学前教育机构都有着多种多样的形式，瑞典主要有 5 种：日托中心、家庭日托、部分时间托管中心、幼儿园、开放学前教育活动中心。此外，还有儿童护理中心、公园游戏场所、玩具图书馆、视听辅助机构等学前教育形式。

我国学前教育的机构主要有 3 种：(1)托儿所。招收 0—3 岁儿童，全年开放，每天 8—24 小时，儿童按年龄分班，师幼比为 1：10。(2)幼儿园。招收 3—5、6 岁儿童，每周开放 5 天，有每天 8 小时的全日制或 24 小时的寄宿制的不同类型，儿童按年龄分班，每班 2 名教养员、0.5—1 个保育员，师幼比在小班约为 1：10；中班约为 1：12；大班约为 1：14。(3)学前班。附设在小学，招收 5—6 岁儿童，进行为期 1 年的入学前教育，师幼比为 1：40 左右。此外，还有儿童福利院、SOS 国际儿童村、少年宫、玩具图书大篷车、玩具图书流动站等非正规社会学前教育机构。

多种多样的学前教育机构，保证了两国学前儿童接受教育的权利，并使学前教育逐步得到普及和提高。

（二）学前教育目标的比较

两国学前教育的目的都是使儿童得到完整的发展，瑞典强调让儿童在体力、认知、社

---

① http://www.naeyc.org，2006 年 3 月 19 日。

② http://www.genton.cn，2007 年 1 月 17 日。

会性、情感等方面得到和谐发展，使儿童将来能成为一个对社会有用的人；中国强调让儿童在体育、智育、德育、美育几方面得到全面发展，为其入小学作好准备。

瑞典学前教育工作的具体目标有五条。

我国学前教育的目标是：(1)促进儿童身体的正常发育和机能的协调发展，增强幼儿的体质，培养幼儿良好的生活习惯、卫生习惯和参加体育活动的兴趣。(2)发展幼儿的智力，培养幼儿正确运用感官和语言交往的基本能力，增进幼儿对环境的认识，培养幼儿有益的兴趣，求知的欲望，初步的动手能力。(3)萌发幼儿爱家乡、爱祖国、爱集体、爱劳动、爱科学的情感，培养幼儿诚实、自信、好问、友爱、勇敢、爱护公物、克服困难，讲礼貌、守纪律等良好的品德、行为和习惯，培养儿童活泼开朗的性格。(4)培养幼儿初步的感受美、表现美的能力。[①]

两国学前教育的目标虽然都涉及了儿童的保育和教育这两大方面，但相对来讲，我国显得比瑞典更为重视儿童的保育工作；在教育工作上，我国似乎更加重视儿童的审美教育，而瑞典则更为重视儿童的多文化教育。

（三）学前教育途径的比较

瑞典十分注意为儿童提供一个安全的、充满刺激的环境，以主题的形式，让儿童通过日常生活、游戏活动、劳动制作、发现观察、与环境的相互作用而获得成长；我国注重在儿童一日活动之中，以分科教育、主题教育等形式，让儿童通过各种各样的活动而得到发展。近几年来，两国都十分重视利用社区的教育资源为儿童服务，瑞典经常组织儿童外出观赏动物和植物、滑雪、溜冰、游泳等；我国也有计划地带领儿童外出参观、写生、郊游、远足等，例如，上海地区的一些幼儿园经常组织儿童到上海动物园、植物园、野生动物园、佘山森林公园游玩，丰富儿童的感性知识。

（四）特殊儿童教育的比较

瑞典学前教育中"特殊儿童"这个概念的外延要比我国宽泛，不仅包括残缺儿童，而且还包括患病儿童和移民儿童；我国主要是指残缺儿童。

残缺儿童主要是指身体残疾、智力落后、听觉损害、视觉残疾、言语障碍、医疗障碍和有社会问题、心理问题的儿童。尽管两国都认为要给残缺儿童教育的优先权，但在如何对残疾儿童进行教育的具体问题上，两国的差异较大。瑞典通过科学研究表明，对残缺儿童进行单独教育弊大于利，所以主张把残缺儿童和正常儿童放在一起进行教育，为了提高特殊教育的质量，瑞典重视对普通教师进行特殊训练，注意降低教师与儿童的比率。

我国最近几年也重视对残缺儿童的教育工作进行研究，开展了学前普通儿童和特殊儿童一体化教育的实验研究，提出让特殊儿童回归主流、随班就读的主张，但在学前教育实践中仍倾向于把残疾儿童和正常儿童分开来进行教育训练，特殊教育的师资主要是通过专门的教育机构来培养的。

---

① 中华人民共和国国家教育委员会令(第25号)，《幼儿园工作规程》，1996年6月1日。

（五）学前教育科研的比较

两国都很重视对学前教育进行科学研究工作，瑞典在全国范围内广泛开展了学前教育的科学研究工作，着重对儿童分组方法、特殊儿童的教育策略、父母参与学前教育的方式、幼儿园一日活动的组织形式等课题进行了深入细致的研究；并建立了电脑网络系统，储存、传播国家发展学前教育的纲领性文件和学前教育科研成果，以推动学前教育的进一步发展。

我国近十几年来着重于对幼小衔接、学前教育课程模式、幼儿园与家庭及社区的合作等课题进行了定性和定量的实验研究[①]；形成了全国学前教育情报交流网络，并与国外学前教育信息机构实行互联，充分发挥教育情报对学前教育决策、学前教育科研、学前教育改革的咨询作用。

三、中国与日本学前教育的比较

（一）学前教育机构的比较

日本学前教育机构主要有日托中心和幼儿园两种形式，我国学前教育机构主要有托儿所、幼儿园、学前班三种形式。

中日两国都是《儿童权利公约》的缔约国，为了保证儿童的受教育权利，提高学前教育的普及率，两国政府都颁布了一系列的法规和政策。日本于 1994 年颁布了《关于今后为了支援育子而进行施策的基本方向》、《推进目前紧急保育对策的基本思路》，又于 1995 年制定了《儿童育成计划制定指针》等纲领性文件，形成全社会、全方位支援学前教育事业发展的新格局。我国于 1992 年颁布了《九十年代中国儿童发展规划纲要》、1996 年正式颁布了《幼儿园工作规程》，1997 年又颁布了《全国幼儿教育事业"九五"发展目标实施意见》，使学前教育开始走向依法治教、以法兴教的健康道路。

（二）学前教育目标的比较

中日两国都提出学前教育的目的是发展儿童的身心，促进儿童个性生动活泼地成长，但日本比我国更早重视培养儿童良好的个性。1985 年在日本东京召开的"日、美、欧学前教育与保育会议"，强调要将学前教育的重心从智育转向个性的培养，这次大会对日本学前教育产生了深远的影响。我国则于 1996 年在上海召开了"海峡两岸婴幼儿人格建构研讨会"，标志着我国学前教育工作者已把儿童良好个性的塑造看作是学前教育的一个重要目标。

比较而言，就儿童身心两方面的发展来讲，我国更注重儿童身体的成长，日本更注重

---

① 朱慕菊主编，《幼儿园与小学衔接的研究》系列丛书（联合国儿童基金会国家教育委员会合作项目），中国少年儿童出版社 1995 年版。
唐淑主编，《幼儿园课程研究论文集萃（一）（二）（三）（四）》（全国教育科学"九五"规划重点科研项目），南京师范大学出版社 1997—1999 年版。
李洪曾主编，《上海市幼儿家庭教育研究论文集》（全国教育科学"八五"规划重点科研项目），上海教育科学研究院家庭教育研究与指导中心，1998 年。

儿童心理的发展；就儿童体、智、德、美几方面的发展来说，我国更重视儿童的美育，日本更重视儿童的德育；就儿童能力的发展来说，两国虽都注意提高儿童的思维能力、语言表达能力和对环境的认识能力，但我国更关注儿童动手能力和艺术表现能力的培养，而日本则更关注儿童合作能力和创造能力的培养。

（三）学前教育内容的比较

两国学前教育的内容都受到学前教育法规的制约。在日本，文部省于1990年对1964年颁布的《幼儿园教育要领》进行了重大的修订，把原来的"健康"、"社会"、"自然"、"语言"、"音乐"和"绘画与手工"6个方面的内容，改为现在的"健康"、"人际关系"、"环境"、"语言"和"表现"5个方面。在中国，教育部于1981年就制定了《幼儿园教育纲要（试行草案）》，把学前教育的内容划分为"生活卫生习惯"、"体育活动"、"思想品德"、"语言"、"常识"、"计算"、"音乐"、"美术"八个方面。由此可知，中日两国都比较重视对儿童进行健康、语言、音乐和美术等方面的教育，所不同的是，我国更重视儿童的思想品德教育、计算教育，而日本则更重视儿童的人际关系教育和环境教育。

（四）学前教育策略的比较

日本强调要根据儿童的年龄特征和个性差异，通过环境来进行教育；以儿童的自主活动为中心，对儿童进行教育；通过游戏活动对儿童进行综合指导；把长期计划和短期安排有机地结合起来；寓教育于儿童的一日活动之中。中国强调要遵循儿童身心发展的规律，因人施教；以教师指导、安排的有目的、有计划的儿童教育活动为中心，以游戏为基本活动，通过组织体育活动、上课、观察、劳动、娱乐和日常生活等多种活动来对儿童进行教育；在儿童的一日活动中，注意动静交替、一贯性和灵活性相结合、集体活动与个别活动相结合。

最近几年，两国都很重视挖掘家庭、社区教育资源的潜力，为儿童的发展服务。例如，日本开办了家庭文库、儿童热线电话、儿童玩具医院等，中国兴办了家庭教育热线、儿童玩具馆、流动游戏大篷车等。[①]

（五）学前教育师资的比较

两国都很重视对学前教师进行职前教育和在职提高。日本幼儿教师的学历以大学为主，幼儿教师在大学或初级学院接受训练，学习的课程主要有：儿童健康、儿童心理学、教育原理、早期教育和保育、早期教育内容——健康、人际关系、环境、语言、表现（音乐、律动、绘画、手工等）、儿童福利等。此外，未来的教师还要参加幼儿教育实践活动。教师持有的证书，分为定期证书（终身有效，全国通用）和临时证书（只有教师短缺时发放，仅在一定的地区生效，有效期为3年）两种。幼儿教师在职进修有园内培训及"公开保育"活动、园际间研修交流、假期培训班等多种形式。

我国幼儿教师的学历现在则以中专、大专为主，本科为辅，幼儿教师在中等师范学校和高等师范院校接受培训，学习的课程主要有：幼儿卫生学、幼儿心理学、幼儿教育学、幼

① 北京师范大学中国社区学前教育研究课题组，《正在兴起的中国社区学前教育》，北京师范大学出版社1993年版。

儿语言教学法、幼儿科学教学法、幼儿数学教学法、幼儿音乐教学法、幼儿体育教学法、幼儿美术教学法等，即所谓的"三学六法"。另外，还要参加幼儿教育见习和实习活动。幼儿教师通过自学、函授、"三结合"等形式接受在职教育，以脱产和不脱产的方式进行岗位轮训，以不断提高自己的学历水平和专业素质。

幼儿教师队伍中男女性别比例合理调配才能有利于儿童身心的和谐发展。我国的这一认识始于 20 世纪 20 年代的张宗麟先生，早于日本多年，但在实践上则落后于日本。长期以来，我国幼教师资队伍基本上是女性一统天下的局面，男教师处在微不足道的程度，且主要集中在沿海经济发达的大城市；而日本早在 1990 年就已有 6138 名男教师，占教师总体的 6.3％，其中男园长占园长总数的 48.6％，此外还有 10.5％的副园长为男性。

四、中国与非洲国家学前教育的比较

（一）学前教育对象的比较

我国儿童自 3 岁起或在此年龄前就开始接受学前教育，在园所时间为 3 年以上；非洲各国的儿童一般在 6 岁前受到一定程度的学前教育，博茨瓦纳要求对 5 岁以下儿童施行 1 年的教育；利比里亚的计划是儿童从 4 岁开始接受 3 年的教育。

（二）学前教育环境的比较

从物质环境上来看，我国要明显好于非洲各国。我国学前教育机构的建筑物一般都具有外表美观、内部实用的特点，儿童有专门的活动室、午睡室，有的机构还有餐厅、舞蹈房、电脑房等，游戏场地开阔、活动设施齐全、活动材料充足，且基本注意到儿童身心发展的水平与要求；非洲各国学前教育机构的设施设备则普遍较差，建筑物大多是改建而成，儿童没有充足的盥洗设备、游戏场地和活动材料。

埃及幼儿园教师在上海市虹口区一所幼儿园学习打鼓

从社会环境上来看，我国也要好于非洲各国。我国学前教育机构注意为儿童创建绿化、美化、儿童化的环境，目前正规化的幼儿园师幼比一般已降至 1∶15 左右；非洲各国学前教育机构在环境的布置和设计上难显儿童特色,师幼比率也较高,大多在 1：25 以上。

(三) 学前教育目标的比较

非洲各国学前教育目标都是关于儿童体力、认知、情感和社会性方面的,没有提及儿童美育方面的内容,显得不够全面;我国学前教育的目标则甚为完整,明确提出要对儿童进行审美教育。

(四) 学前教育途径的比较

非洲各国注意通过一日活动对儿童进行教育;比较重视儿童的游戏活动,如斯威士兰幼儿游戏活动的时间占了在园时间的一半;此外,还重视社区教育资源的开发,如尼日利亚让幼儿到大自然中去接受教育。相比而言,我国不仅重视园所内外各种活动的开展,而且也重视家庭和社区这些园外教育资源的开发和利用。

(五) 学前教育师资的比较

关于培训机构,非洲国家主要有早期教育中心、教师培训学院、幼儿园教育培训中心等;我国有大学本科、专科及中等幼儿师范学校或普通师范学校的幼儿班等。

关于培训内容,双方都包括学习教育理论知识和参加教育实践活动两个方面。

关于培训形式,非洲国家以在职培训为主;我国学前教师职前必须经过正规中等师范学校以上的专业培训,在职期间仍需要继续提高。

关于培训时间,非洲国家以短期训练为主,长期训练为辅;我国则是长期培训为主,短期训练为辅。

关于教师的合格率,非洲国家教师的合格率现在虽比以往有所提高,但仍较低;我国教师的合格率则较高,尽管对教师任职资格的要求越来越严。

五、中国与澳大利亚学前教育的比较

(一) 儿童良好性格培养的比较

1. 认识价值的比较

中澳学前教育工作者都认为,性格是一个人的各种本质的、稳固的心理特征的综合,它表现出对人、对事物及对自己的态度;童年期是儿童性格形成的关键时期,可塑性极大,教师应给儿童有目的、有计划的教育影响,促进儿童良好性格的形成。

两国学前教育工作者对儿童良好性格培养的价值认识虽然没有原则性区别,但在具体的提法上还是有所不同的。我国教师把儿童良好性格的培养看作是儿童德育的重要内容之一,认为它对儿童体、智、德、美等方面的发展有推动作用,有助于儿童的全面发展。澳大利亚教师则把儿童良好性格的塑造视为儿童情感、社会性发展的必要成分,认为它对儿童体力、认知、语言、审美的发展具有推动作用,有利于儿童的和谐发展。

2. 选择内容的比较

中澳学前教育工作者基本上都认为性格特征应该是态度、意志、情绪、理智等方面特征的有机统一体,但对这几方面特征的轻重主次的认识及在具体内容上的选择却截然不同。相比之下,我国教师对这些性格特征的重视程度从强到弱可排序为:意志方面→态度方面→理智方面→情绪方面;而澳大利亚教师对这些性格特征的重视程度由强到弱的排列顺序则为:情绪方面→理智方面→态度方面→意志方面。

具体来说,我国教师更加重视对儿童进行遵守纪律、诚实正直、文明礼貌等方面的教育。在遵守纪律的教育上,教师注意对儿童进行常规训练,培养儿童遵守纪律的观念,使儿童明白遵守纪律的重要性与破坏规则的危害性。在诚实正直的教育上,教师要求儿童以实事求是的态度对待人和事,说真话,不说假话,勇于承认错误,不把责任推给别人。在文明礼貌的教育上,教师着重培养儿童待人热情有礼貌,正确使用礼貌用语;别人讲话时注意倾听,不乱插嘴;爱清洁,讲卫生,不随地吐痰和乱扔果皮;不到处乱涂乱画等。

澳大利亚教师则更加注重对儿童进行活泼愉快、主动创造、团结友爱、勇敢顽强等方面的教育。在活泼愉快的教育上,教师着力培养儿童轻松愉快、活泼开朗的心境;丰富儿童的积极情感体验,减少儿童的消极情感冲动。在主动创造的教育上,教师注意激发儿童探索的愿望,鼓励儿童质疑解难,强化儿童的创新行为。在团结友爱的教育上,教师竭力使儿童认识自己,了解同伴,懂得自己与同伴之间的关系,理解每个人都有平等的权利、义务和职责;培养合作、分享、谦让、互助等友好行为,建立良好的同伴关系。在勇敢顽强的教育上,教师注重培养儿童的勇气和胆量,鼓励儿童积极参加各项活动,克服外界困难和内心恐惧。

3. 选用途径的比较

中澳学前教育工作者都注意寓儿童的性格培养于幼儿园的一日活动之中,充分发挥各个活动环节的教育作用,但对一日活动的组织实施及对各个环节的安排则有所不同。

澳大利亚教师更为重视通过日常生活(接待、餐点、午睡、盥洗)、游戏活动(小组与个人游戏、室内与室外活动)来培养儿童的良好性格。在儿童的一日活动中,教师全面细致地观察儿童,了解他们的意愿与要求,捕捉他们心理的瞬间变化,创造各种条件,因势利导,有针对性地进行指导和帮助,让他们更好地与同伴、成人相互作用,认识人与人之间、人与物之间及人与社会之间的关系,习得一定的行为规范和道德准则,从而为良好性格的形成打下基础。

我国教师则比较重视通过教育教学活动、专门的德育活动来培养儿童的良好性格。在儿童的一日活动中,由于师幼比例较高,教师难以对儿童进行深入细致地观察、因地制宜地为儿童特别是个体之间创造更多的活动和交往的机会;缺乏有针对性地根据儿童的兴趣爱好和个别差异,开展小组活动和个别活动的条件,以充分调动儿童的积极性、主动性和创造性,结果在一定程度上影响了儿童良好性格的发展。

此外,澳大利亚教师比我国教师更注意幼儿园教育与家庭教育、社会教育的结合,十分注重发挥家长的教育作用,充分挖掘社区教育资源的潜力,和家长、社会人士密切合作("走出去"——参观、访问,"请进来"——讲解、介绍),协调一致地培养儿童的性格。像我国一些儿童身上出现的"在家像只狼,在外像只羊"之类的两面性格,在澳大利亚儿童身上较为罕见。

4. 使用方法的比较

两国学前教育工作者都注意从儿童性格培养的要求及儿童性格形成的实际情况出发,选择具体的教育手段和方法,但由于两国学前教育工作者的价值观差异以及对儿童年龄特征、个性差异在其性格形成中的作用的理解不同,因而在操作方法上出现了较明显的区别。

(1) 评价议论

两国教师都广泛使用评价议论这一教育策略,认为根据一定的道德标准,对儿童的性格特征进行褒贬评价,具有激励儿童的上进心,克服不良品行的作用。相对而言,我国教师更多地使用消极评价,而澳大利亚教师则更多地使用积极评价。

在我国,一些教师甚为关注儿童性格的弱点,试图通过对症下药予以诊治,因而对儿童表现出来的不良性格特征,经常用当众劝诫、批评、警告、惩罚等方式来予以纠正。这种集体性的否定评价,不仅不能促使儿童消除性格发展中的问题,反而会严重地损害儿童的自尊心和自信心。

在澳大利亚,教师特别关注儿童性格的优点,对儿童表现出来的良好性格特征,经常用个别爱抚、点头、微笑、赞许、表扬、鼓励等方式予以正面强化,使儿童在精神上获得满足和快感,乐于听从和接受教师的指导。这种个别性的肯定评价,提高了儿童的自我意识,增强了儿童的自信心,对儿童良好性格的形成起到了催化作用。

(2) 榜样示范

两国教师都认为儿童思维具体形象、好模仿,但由于儿童年龄小,知识经验贫乏,辨别是非能力差,故他们的模仿带有随意性、盲目性。所以教师只有为儿童精心选择好的榜样,才能使榜样对儿童性格的形成起到启动、调动、控制、矫正的作用。

比较而言,我国教师更喜欢为儿童树立具有权威性和典型特点的榜样,以革命领袖、英雄模范人物、科学家等来教育儿童,用文学作品、电视、电影中的正面人物形象来影响儿童;而澳大利亚教师则更喜欢为儿童树立具有情感性和现实性的榜样,以教师、父母、同伴、社区工作人员等来感染儿童、来影响儿童。

(3) 说理练习

我国教师认为,儿童的道德认识水平制约着其良好性格的形成,因此时常凭借语言形式(儿歌、谜语、故事等),生动形象地向儿童讲解、说明道德观念的含义、行为准则的内容,使儿童知道什么是对的,什么是不对的,应该怎样做,不应该怎样做,从而提高儿童的道德认识,促进其良好性格的形成。

澳大利亚教师却认为,儿童道德行为易反复、与言语相脱节的特点会妨碍其良好性格的形成,因而更加重视创设环境,安排各种活动,以此训练儿童的行为,使儿童的道德认识转化为道德行为,形成动力定型,加速其良好性格的形成。

（二）儿童艺术教育的比较

1. 艺术教育目标和内容的比较

中澳两国在儿童艺术教育目标的确立、内容的选择上，都经历了漫长而曲折的道路，差异由大到小，逐渐趋同；认识也逐步加深、全面。

在澳大利亚，由过去侧重于儿童审美能力的培养发展到今天同时注意知识的传递和技能的训练。20世纪70年代中期，澳大利亚十分注意激发儿童对艺术的兴趣，培养儿童对周围生活、大自然、文学艺术中美的感受力、表现力和创造力。比如，鼓励儿童用自然声唱歌，做自己喜欢的音乐游戏，自由绘画、绣花、制作，毫无拘束地表演和创造。80年代中期，学前教育工作者开始感到，儿童审美能力的培养是通过具体的艺术活动来实现的，儿童只有掌握了一定的艺术表现的知识和技能，才能从具体的艺术活动中，去感受美、表现美、创造美，审美能力的培养和艺术表现知识的传递、技能的训练是紧密相联的，而不是互相排斥的。澳大利亚艺术教育协会制定了"国家视觉艺术教育的政策"，提出审美能力的培养和艺术表现知识和技能的传授是学前艺术教育中两个同等重要的目标，不可偏废。

在我国，已由过去偏重儿童艺术表现知识的传递和技能的训练，转变为现在同时注意审美能力的培养。20世纪80年代以前，我国注重的是向儿童传授音乐、舞蹈、美术的基本知识和技能，忽视培养儿童对艺术美的感受力和表现力。例如，教给儿童画几何图形的方法，要求儿童学会利用几何图形画物体（如用2个三角形和1个长方形画出一棵松树）。进入80年代中后期、特别是90年代以来，儿童审美能力的培养被提到重要的议事日程上来了。学前教育工作者普遍认识到，艺术知识的传递、艺术技能的训练和审美能力的培养应该成为学前艺术教育的共同目标，片面强调其中的任何一方都是不恰当的。在艺术教育中，要注意调动儿童的情感和生活积累，使他们能主动、愉悦地体验艺术的美，并鼓励儿童把自己的内心体验表现出来，发展他们对美的感受力、表现力和创造力。

2. 艺术教育方法和策略的比较

我国教师在儿童进行艺术活动之前，往往要进行范唱（歌）、范跳（舞）、范画、范做（纸工、泥工），为儿童提供大量的模仿范例；在儿童艺术活动的过程中，给予儿童的指导和干预较多，儿童自己去领悟、表现的机会较少，儿童的作品缺少应有的童稚，概念化的痕迹较浓；在评价儿童艺术活动的时候，虽也重视活动的过程，但更看重活动的结果；评价儿童作品的标准是以认知因素为基础的，主要是看儿童是否掌握了有关的知识和技能。例如，"画面是否干净、清晰"、"线条画得是否直"、"涂色是否均匀"等。近十余年来，儿童艺术教育的模式已从"示范—模仿"为主转变到"引导—发现"为主，艺术教育的方法也从"技能训练"为主改变为"情景陶冶"为主，鼓励儿童大胆创新，接纳儿童的一切作品，增强儿童对艺术活动的兴趣，发展儿童的想象力和创造力。

澳大利亚教师在儿童从事艺术活动之前，只提供各种活动所需要的材料，而不给儿童提供任何模仿的范例，使儿童自己去操作、探索，发展自我表现能力和创新能力；在儿童艺术活动的过程中，让儿童根据自己的兴趣爱好去选择材料，不催促儿童尽快完成任务，不要求儿童把自己的作品创作得完美无瑕，儿童受到的干涉较少；在评价儿童艺术活动的时候，把注意力放在活动的过程而不是结果上；评价儿童作品的标准是以情感因素为基础的，主要看儿童是否获得了极大的乐趣，例如，"你已经工作这么长时间了，真了不起，你愿意说说自己的画吗？""我看得出来，你很喜欢绣花"等。

3. 艺术教育途径和资源的比较

进入 90 年代以来，两国儿童艺术教育工作者都认识到生活中处处充满着美的因素，要善于发现和利用，既要注意开发园内的教育资源，让儿童在一日活动中尽情创作，也要充分发挥儿童影视节目、儿童文学作品的作用，让儿童自由表演，此外还要挖掘园外的教育资源，组织儿童外出参观、郊游，欣赏大自然的美景，发现社会生活中的真、善、美，培养儿童的审美直觉、审美感知和审美情趣。

相比而言，在园内外教育资源的运用上，我国更注重园内资源的运用，强调通过音乐、美术活动来实施美育，而澳大利亚则更注重园外资源的运用，强调通过参观博物馆、艺术馆、美术馆、科学宫和游乐场来实施美育；在园外教育资源的运用上，我国更注意社会资源的利用，如组织儿童观看著名的建筑物，画大楼，而澳大利亚则更注意自然资源的利用，如组织儿童观看森林，画大树。

4. 艺术教育环境和氛围的比较

两国都重视为儿童创设优美的环境，室内外环境布置整洁、美观，让儿童在环境中潜移默化地受到美的熏陶。相比而论，澳大利亚看重的是环境美中的儿童性，教师和儿童一起绿化、美化环境，利用每个儿童的作品装扮环境，使儿童对美的感受和自己的活动联系在一起；儿童艺术活动的氛围较为轻松、愉快，儿童没有什么压力。我国则注重环境美中的艺术性，教师利用自己的作品和儿童的优秀作品来装扮环境，培养儿童的欣赏能力和表现能力；儿童艺术活动的氛围较为正规、严肃，儿童感到紧张、有压力。

（三）儿童游戏活动的比较

1. 游戏活动时间的比较

澳大利亚幼儿园主要有全日制与半日制两种，全日制儿童每日在园 7 个小时左右，半日制儿童每日在园 3—4 个小时，室内外游戏活动时间基本相同，全日制各在 2 个小时以上，半日制各在 1 个小时以上，游戏活动时间约占总体的 4/7（全日制）、1/2—2/3（半日制），角色游戏、小组游戏和个人游戏时间较长。

我国幼儿园以全日制为主，幼儿每日在园时间 8—9 个小时，各种游戏活动累积起来的时间为 2 个小时左右，约占总时间的 1/4，角色游戏、户外游戏活动，特别是小组游戏和个人游戏时间不是很长。

可见，澳大利亚儿童在园的大部分时间是在游戏活动中度过的，且每次游戏的时间较长，这样儿童有足够的时间去准备游戏材料，寻找游戏伙伴，获得充分的体验，游戏真正成为儿童生活中的主要活动和促进儿童发展的重要手段。我国幼儿园由于有多种教育教学活动，再加上近些年来开办的各种"兴趣班"、"特长班"，又占用了不少时间，致使游戏活动的时间显得较少,未能让儿童尽兴,不利于儿童的发展。

2. 游戏活动空间的比较

澳大利亚幼儿园每班人数约为 15 人,室内人均占地面积不少于 8 平方米,分为各个不同的活动区,儿童有固定的地方做游戏、摆玩具;室外场地人均占地面积在 12 平方米以上。室内大都铺有地毯,室外以草坪为主,安全系数大,有利于游戏活动的开展。

我国幼儿园每班人数约 35 人,室内人均占地面积约 3 平方米,分为各种不同的用房,如活动室、卫生间、午睡室等;室外场地人均占地在 4 平方米左右,分班活动场地和共用活动场地各 2 平方米。室内以地板为主,室外以塑胶地、水泥地为主,幼儿游戏场地的安全性比过去有所提高,但仍不及澳大利亚。

3. 游戏活动材料的比较

澳大利亚幼儿园的游戏材料极为丰富,分类置放;未成型玩具多于成型玩具;收集的游戏材料及教师、儿童自己动手制作的玩具明显多于购买的玩具;游戏材料经常更换、重新组合;活动器械包括大型体育运动器材以木制品居多;防护措施相当齐全。例如,沙池不用时,用油毡布盖好;玩具储藏室及玩具架随时对儿童开放,儿童可以自由取舍。此外,教师还充分利用园内土坡、大树等自然条件,作为游戏材料的基础或依托。

我国幼儿园的游戏材料也品种繁多,分类摆放;成型玩具多于未成型玩具;购置的玩具多于收集的游戏材料及自制的玩具;室外游戏器械多为金属类制品;防护措施不够健全;玩具架在规定的时间内对儿童开放。

4. 游戏活动经验的比较

澳大利亚教师注意通过综合教育,以主题活动的形式,开展科学小实验和观察活动,带领儿童外出参观、郊游,邀请家长及社区有关人士来园介绍不同职业的工作特点等方式,丰富儿童对周围生活的印象,使他们了解成人的活动及人与人之间的关系。

我国教师注意通过分科教育、综合教育,以教育教学活动的形式,开展听讲故事、观看图片、表演游戏、模拟练习等活动,鼓励家长带领孩子外出游览等方式,帮助儿童了解现实生活,扩展儿童的知识经验。

5. 游戏活动观察的比较

澳大利亚教师重视在自然状态下对儿童的游戏行为进行观察,经常有选择地观察某个儿童,或重点观察儿童的某些方面,并以多种形式加以记录。这不仅能使教师深刻了解每个儿童游戏发展的水平,判断是要丰富儿童的经验,还是要延长游戏的时间、扩展游戏的空间,或是增加游戏的材料,而且还能使教师为设计未来的游戏环境提供依据。

我国教师也很重视对儿童的游戏活动进行观察,但坚持做观察笔记、评价儿童游戏发展水平的教师不是很多。教师常把主要精力放在协调各种游戏活动和儿童的行为上,对儿童游戏的意图和需要了解得不够全面。

6. 游戏活动指导的比较

澳大利亚教师认为儿童是游戏的主体,儿童有权力也有能力自己决定游戏的主题、内容和情节,自己分配角色,他们总是鼓励儿童独立思考或大家一起商量提出游戏的主题,并根据自己对角色的理解开展游戏。教师只是适当地增补游戏材料,适时地参与游戏活动,使儿童在游戏过程中情绪愉快、稳定,认知、情感和社会性能得到发展。

我国教师认为儿童年龄小,知识经验贫乏,必须加强对游戏的组织、管理和指导,教师有时要给儿童提出游戏的主题,帮助他们考虑游戏的情节、分配游戏的角色;在游戏过程中,当儿童出现纠纷时,教师要给予调解,当儿童遇到自己不能解决的问题时,教师要给予援助,成为儿童游戏的协作者、指导者和建议者。

(四) 教师与儿童相互作用的比较

1. 尊重儿童特点的比较

澳大利亚教师不仅认识到儿童的年龄特征,而且还非常重视儿童的个性差异(如不同的气质、性格、知识能力、家庭文化背景等),因而为年龄、个性各异的儿童设计不同的教育计划,创设不同的活动环境,寓教育于游戏活动之中;随着儿童年龄的增长,班的升高,教师与儿童的动作交往逐渐减少,言语交往日趋增多,既为儿童组织全班集体活动,又给儿童安排各种小组活动和个人活动,促进了儿童个体多样化的发展。

我国教师也重视儿童的年龄特征和个性差异,但在制定教育计划的时候,往往关注的是为不同年龄的儿童设计学年、学期、月、周教育计划,而为不同个性的儿童设计个别教育方案则重视不够;教学活动多于游戏活动;集体活动、小组活动较多,个人活动、自由活动较少,儿童生动活泼的天性受到了限制。

2. 发展儿童独立性的比较

澳大利亚教师注意捕捉一切时机来发展儿童的独立性,以帮助儿童建立独立的人格。他们要求儿童自己的每一件事情都要自己做,如自己摆餐巾、倒饮料,自己做好午睡准备,自己穿脱衣服,自己收拾整理游戏材料等。

我国教师也重视教会儿童自己的事情自己做,在儿童自己做的过程中,教师还提供帮助,如帮助儿童收拾床铺、整理衣服,这对他们动作技能和独立性的发展有不利的影响。

3. 培养儿童合作性的比较

澳大利亚教师十分重视培养儿童的合作意识和能力,并适时强化儿童的合作行为。例如,教师把儿童的一日生活拍摄下来,装订在自制的影集里,在晨间活动时,和儿童进行问答式谈话:教师指着米奇的照片问另一位儿童:"托尼,你看到了什么?"托尼回答"我看到了米奇在对我微笑呢!"教师又指着托尼和小朋友在一起的照片问道:"托尼,你看到了什么?"托尼答道:"我看到了巴顿、丽娅正在和我一起造帆船呢!"接着,教师又对表现巴顿和丽娅活动的照片进行提问……这种活动的开展,增进了儿童彼此之间的了解和友谊,抑制了儿童的攻击行为和破坏行为。

我国教师在培养儿童合作性的同时,也经常在有意或无意之中制造竞争氛围,强化儿童争强好胜的心理和挑战行为。教师常用的语言有"看谁做得最好"、"看谁跳得最好"、"看谁睡得最好"等等,处于压力中的儿童,难免身心紧张,陷于失败。

4. 增强儿童兴趣的比较

为了保护、发展儿童的兴趣,澳大利亚教师为儿童精心设置了类别繁多的活动区,在室内辟有图书区、积木区等,在室外设有玩沙区等,让儿童根据自己的喜好,自由选择活动的区域与形式,与同伴一起发明创造,或单独进行探索尝试。

我国幼儿园虽然也办有多种形式的兴趣班或兴趣小组,如绘画班、歌舞班、器乐班、识字班、英语口语班等,但儿童参加哪种活动,不是完全由他们自己决定的,较多的受制于教师的特长、家长的期望及幼儿园的条件等因素。

5. 引导儿童行为的比较

澳大利亚教师经常使用肯定的语句,从正面引导儿童,很少采用否定性的词语来矫正儿童的言行。例如,当教师发现某些儿童正用铁锹把沙子从一个地方运往另一个地方时,她不是告诫儿童:"不要把沙子掉在地板上。"而是提示儿童:"请把沙子放进桶里来运送。"这就使儿童在沙子和桶之间(而不是沙子和地板之间)建立了暂时神经联系,从而改变原有的旧行为。因为儿童注意的中心是句子首尾的两个名词,而不是其他。此外,教师还意识到儿童的自我控制能力较差,难免会出现这样或那样的缺点和错误。据此,教师不是直接批评、惩罚儿童,而是对其进行说理解释,指出行为造成的不良后果,重在矫治过失行为本身。例如,当教师发觉某儿童把别人搭建的"动物园"推倒了以后,她没有马上指责这个儿童,而是用失望、悲伤的语调说:"刚才这里有个漂亮的动物园,供我们大家欣赏,可是现在这个动物园不见了,我们不能再欣赏到它了,真可惜。怎么办呢?"接着,教师启发儿童动脑筋、想办法,一起重建这个动物园。

相比而言,我国教师却更为关注过失事件的制造者,而不是过失行为本身;较多采用批评、惩罚的方式来对待这些儿童;否定词语如"不要大声讲话"、"不要把玩具丢在地上"等使用的频率较高;在对儿童进行正面引导和教育的同时,也从反面对儿童进行限制和干涉。

(五) 师资培养的比较

1. 培养机构的比较

我国学前教育师资的培养主要由中等幼儿师范学校中专班、大专班承担。学生初中毕业后,在中专班、大专班学习 3—5 年,掌握基本的学前教育专业知识和技能,然后分配到幼儿园、学前班等学前教育机构任教。近几年来,也有不少高师学前教育专业的毕业生出现在学前教育机构的岗位上。

澳大利亚的学前教育师资主要由大学教育学院学前教育专业培养。学生高中毕业后在大学学习三年,然后受聘于托儿所、幼儿园、学前班等学前教育机构,独立从事学前教育工作。

中澳两国学前教育师资的培养机构不尽相同,我国的机构在类别上显得更丰富、更灵活;而澳大利亚的机构则显得较为单一,但层次较高。就我国师范培养体系的最新改革动态而言,原先的三级师范教育体系正向着两级、乃至一级师范教育的办学层次演变,渐趋同世界发达国家培养学前教育师资的层次接轨。

2. 课程设置的比较

（1）必修课

这是对学生进行专业知识传授和技能培训的主要途径。我国幼儿师范学校为学生开设的必修课程约 19 门，由于学校招收的是初中毕业生，这需要提高其文化水平和政治修养，因而文化类课程占有一定的比重。这样，我国幼师的教育类和艺体类课程比澳大利亚就要少得多，只有 11 门。这些课程是：电教基础、教师口语、幼儿卫生保健教程、幼儿心理学、幼儿教育概论、幼儿园教育活动的设计与指导以及音乐、美术、舞蹈、体育、劳动技术等。[①]

澳大利亚为学生开设的必修课程种类繁多，门类齐全，总数达 30 门之多。由于澳大利亚的学前教育师资培训机构层次较高，招收的是高中毕业生，设置的文化类课程相对较少，教育类和艺体课程相对较多，如家庭学前教育、土著和边远地区儿童教育、儿童综合教育、儿童音乐教育等。

从必修课的设置中可以看出，两国都比较重视学生对儿童身心发展规律和教学策略的学习。不同的是：澳大利亚更加重视儿童的特点，注意从国情出发，教给学生关于儿童家庭教育、认知教育、社会教育、游戏活动等方面的知识与技能，并使学生注意儿童之间的年龄差异和发展差异。相比而言，我国某些省市的幼师课程设置对现代社会儿童发展的特点和需要重视不够。例如，未能根据今天的儿童绝大多数都是独生子女的客观现实，设置独生子女课程；也没有针对当地经济、社会概况和幼教发展的特点，设置如澳大利亚的"土著和边远地区儿童教育"之类的课程，来反映不同地区的实际需要。

（2）选修课

这是课程的重要组成部分，它能够丰富学生的知识，培养学生的兴趣，发展学生的特长。澳大利亚为学生开设了 51 门选修课，如儿童律动、儿童舞蹈等，使学生能根据自己的兴趣和需要，扬长避短，充分自由地加以选择。

我国幼儿师范学校的课程设置多年来几乎没有选修课的一席之地，因而未能充分调动学生学习的积极性和主动性，学生的兴趣爱好缺少得以发挥的机会，多方面技能和能力的发展受到了限制。但是，进入 20 世纪 90 年代以后，国家教委组织了"全国幼师教育方案"课题组，研制了《三年制中等幼儿师范学校教学方案（试行）》，提出了课程的整体应由必修课、选修课、教育实践和课外活动四部分组成，规定选修课课时要占总课时的 15％左右。至此，我国幼师的课程建设走上了更为科学和合理的道路。

3. 教学形式的比较

在澳大利亚，教学主要有课堂教学、讲座和研讨活动等形式。教师进行课堂教学时，往往运用多种现代化教学手段和设备，如电视、录像、投影、幻灯、录音等。教师讲授时间

---

① 国家教委颁布，《三年制中等幼儿师范学校教学方案（试行）》，1995 年 1 月 27 日。

较短、次数较少,学生小组讨论时间较长、次数较多,每门课程每周都有一次讨论,讲授时间与讨论时间通常为 1∶2。各门课程安排的时间大致相同,学分相等。教学气氛轻松、自然、活泼。此外,学生还要进行协议学习,他们自由选择时间、地点、课题和教师,在课外完成一系列的学习任务。由于正规的课堂教学不可能使教师在有限的时间里解决学生所遇到的各种问题,限制了学生个体的探索和能力的发展,因而这种学生运用自己的技能进行自我定向学习活动的教学形式,深受师生们的欢迎。

我国的教学形式则以课堂教学为主,较少组织学生展开讨论,现代化教学手段的运用也不够。教师讲学生听的现象还较为普遍,学生思考问题、发表见解的机会不多。教学形式仍显呆板、单调,没有充分发挥教学过程中各种环节和形式的作用,不利于学生生动活泼地学习与发展,必须加以变革。

4. 教育实践的比较

这是职前教育的一个重要环节,它指的是每个学生在专业领域中的教育见习、实习活动,它为学生获得一定的专业经验提供了良好的机会,是学生又一个学习过程。中澳两国都能根据学前教育实践性较强的特点,注意使理论知识的教学与学生的专业实践相结合,合理分配课外见习、实习的时间,但比较而言,我国学生教育实践活动的时间较少,实践的机构单一。

在澳大利亚,学生在三年的学习时间里,要分别到儿童保育中心、幼儿园、学前班和小学低年级进行教育见习和实习,时间约为 19 周,安排在每个学期里;教育实习由实习学校的教师和大学教师共同指导。多样化的教育实践活动的开展,给学生提供了观察儿童、教师、班级、幼儿园和学校的大量机会,使学生获得了与个别儿童、小组儿童、全班儿童相互作用的技能,掌握了教学的基本技能和技巧,形成和发展了自我评价的能力。

在我国,学生在教育实践活动中,要参观幼儿园,实际观察幼儿身心发展状况,参加教育见习、教育实习、教育调查以及为幼儿园服务等实践活动,时间共计 10 周,约为总课时的 10%,贯穿于三年教学活动的始终,第一年 1 周,第二年 2 周,第三年 7 周[①],这有利于学生建立合理的知识结构,巩固专业技能,培养实际能力,掌握科学的教育教学方法。

此外,我国还为学生安排了课外活动,时间约为总课时的 10%,使学生通过兴趣小组、社团、社会调查等多种形式,开展学科、科技、艺体等方面的课外活动,训练技能,培养能力,发展个性。

(六)教师能力结构的比较

1. 观察能力的比较

相对来讲,澳大利亚教师的观察能力较强。他们不仅善于把有目的的、有计划的观察与随机观察相结合,普遍观察与重点观察相结合,全面观察与某方面观察相结合,以细致地了解一切儿童和儿童的一切,而且还善于利用多种形式对观察到的情况比较公正、客观地

---

① 国家教委发布,《三年制中等幼儿师范学校教学方案(试行)》,1995 年 1 月 27 日。

加以记录,并针对儿童的心理需要和活动特点,制订计划,创设环境,以调动儿童的主动性、积极性,从而收到了良好的教育效果。而我国的一些教师却不太重视对儿童的观察,有些教师不知道看什么,难以从表面上平平凡凡、日日相似的幼儿园生活中,捕捉到有意义的重要线索;有的教师轻视做观察记录,仅凭印象、记忆来推断儿童的发展。实践证明,教师不具备观察能力,或忽视对儿童的观察,就会使教育教学活动陷入盲目的境地,我国教师应在观察儿童上多下功夫。

2. 表达能力的比较

两国幼儿园教师都具有较强的口语表达能力。但在非语言表达能力方面(如用手势、体态、面部表情等,表达自己的思想、信念和情感的能力),澳大利亚教师则具有明显的特点,他们能更多地运用非语言表达形式向儿童传递信息,激发儿童的学习兴趣,与儿童交流情感。比如,巧妙地利用微笑、眼神、目光、沉默等,表达自己对某一事物的赞成或反对、肯定或否定,从而增强了教育的感染力。我国教师应注意培养和提高自己的非语言表达能力,充分发挥多种语言形式在儿童教育活动中的作用,以提高教育教学效果。

3. 组织能力的比较

中澳教师在这一方面也表现出某些差异。

(1)从师幼比例上看,我国远远高于澳大利业。我国幼儿园师幼比例一般都在 1∶15 以上,而澳大利亚幼儿园则在 1∶7.5 左右。事实上,班级规模越大,师幼比例越低,集体活动就越难开展,因而我国教师具有较强的组织活动的能力。

(2)从教育对象的角度上讲,澳大利亚教师的组织能力则显示出较大的优势,他们每天(或每周)要接待两个年龄组的儿童,例如,每周上午(或每周前半周的两天半)是 3 岁组的儿童,下午(或后两天半)却又是 4 岁组的儿童。教育对象是变化的,对教师组织能力的要求就相对要高些。我国教师的教育对象在一定时间段中是比较稳定的。

(3)从教育形式上看,澳大利亚教师更善于组织儿童的谈话、讨论和盥洗等活动,而我国教师则长于组织教育教学等活动。

(4)从组织儿童小组活动和个别活动上看,澳大利亚教师一般能根据儿童的兴趣爱好、知识经验、言语动作、思维想象等方面的差异及活动内容的变化,灵活地对儿童进行分组,使儿童的组合始终处于一种动态的过程之中,并从儿童个性、年龄差异和活动特点的不同实际出发,指导小组活动和个人活动;教师时而在烹调区教儿童如何制作"汉堡包"、在积木区和儿童一起搭"教堂",时而又在种植区教某个儿童如何栽花种草、在科学区和儿童一同吹肥皂泡等。近些年来,我国教师也逐渐认识到分组活动和个别活动的价值,进行了各种尝试和探索,但在实践中,仍有一些教师凭主观臆测对儿童进行分组,或为分组而分组,搞形式主义;小组一旦组合,就很少变化;缺乏引导小组活动和个别活动的能力,时常出现两种错误倾向:放任自流与包办代替,使分组活动和个别活动未能达到预期的目标。

4. 教育能力的比较

在确定教育内容的能力方面,澳大利亚教师倾向于将认知、情感和社会性作为教育的主要内容,重视发展儿童的智力和创造力,培养儿童的成功感和合作精神;相比而言,我国教师在对儿童进行教育时,通常偏重于智育和美育,重视传授知识、训练技能等方面。

在选择教育策略的能力方面,澳大利亚教师更多地运用表扬奖励方法,而很少运用批评惩罚的方法;充分利用园内外各种教育途径和资源,采取"走出去,请进来"的方针,为儿童提供较多的动手操作的机会。比较而论,我国教师在使用正面教育方法的同时,也较多地运用了批评惩罚的方法;在利用园内教育途径的同时,也注意发掘园外教育资源的潜力,给儿童提供较多的动口、动脑的机会。

5. 创造能力的比较

澳大利亚教师的创造能力主要表现在优化幼儿园的环境上:适时调整活动区、更换活动区的材料,重新组合各种活动器材和设备,使各种游戏活动单元始终处于动态的变化过程之中,使幼儿园的环境对儿童有一种新鲜感,能吸引更多的儿童探索环境,发展儿童的想象力和创造力。我国教师的创造能力主要表现在开展教育教学的活动上:针对同一内容,能设计出不同的教案;针对同一科目,能创设出不同的方案;针对同一主题,能安排出不同的系列活动,大大改变了过去工作中模仿成分较多的现象。

6. 评价能力的比较

澳大利亚教师在幼儿园的日常工作中,能持之以恒地观察儿童的言行、情感、态度,客观地记录教育实践的过程,通过标准测验来考查儿童的发展水平,全面评估儿童的兴趣爱好、知识技能、智力能力,分析儿童发展的成因,修改原有的教育方案、教育方法,以制订出促进儿童更好地发展的活动计划。我国幼儿园教师一般在学期初、学期中、学期末对儿童进行评估,给儿童各方面的发展水平定等级、写评语,平时对儿童的观察、记录不多,即使评估儿童的发展水平,采用的也大多是常模测验,在分析影响儿童发展水平的因素时,有时也只从某一方面去考虑。

阅读参考书目

1. 北京师范大学中国社区学前教育研究课题组,《正在兴起的中国社区学前教育》,北京师范大学出版社 1993 年版。

2. 朱慕菊主编,《幼儿园与小学衔接的研究》,中国少年儿童出版社 1995 年版。

3. 唐淑主编,《国外幼儿园课程》[幼儿园课程研究论文集萃(四)],南京师范大学出版社 1999 年版。

4. 李生兰著,《学前儿童家庭教育》,华东师范大学出版社 2006 年版。

5. 李生兰著,《儿童的乐园:走进 21 世纪的美国学前教育》,南京师范大学出版社 2011 年版。

6. 李生兰等著,《学前教育法规政策的理解与运用》,南京师范大学出版社 2012 年版。

7. Gary A. Wood, Judith Bernherd & Lawrence Proohner, International Handbook of Early Childhood Education, Garland Publishing, New York and London, 1992.

8. Edward Melhuish and Konstantinos Petrogiannis，Early Childhood Care and Education：International Perspectives，Routledge，2006.

网上浏览

利用计算机,打开以下网址,查阅有关国际学前教育比较方面的信息。

1. http：//www. education. unesco. org
2. http：//www. learn. org
3. http：//www. compe. edu. cn
4. http：//www. online. edu. cn
5. http：//www. 6161. org
6. http：//childchina. yeah. net
7. http：//www. unief. org
8. http：//www. unesco. org

复习思考题

1. 你是如何看待美洲国家学前教育的特点的?
2. 你认为欧洲国家学前教育主要有哪些特点?
3. 你认为亚洲国家学前教育有什么异同点?
4. 非洲国家学前教育的共同特点是什么?
5. 大洋洲国家学前教育有什么特点?
6. 你是如何看待中美学前教育之间的差异的?
7. 你认为中国和瑞典学前教育的主要差异在哪里?
8. 导致中国和日本学前教育异同的主要原因是什么?
9. 中国学前教育与非洲相比有什么优势?
10. 中国和澳大利亚学前教育的主要差异是什么?

练习题

下面这段文字选自 Lawrence Prochner 所写的 Themes in Late 20th—Century Child Care and Early Education：A Cross-National Analysis 部分内容,试将其译成汉语,并谈谈自己的看法。

Programs with an explicit educative agenda are more uniformly called kindergartens, nursery schools, or preschools. In contrast with child care, which is almost never compulsory, a very few countries have implemented a system of universal and compulsory preschool. However, in nations ranging from Hong Kong to France,

Malta, and Canada, enrollment in some kind of preschool—public or private—for at least one year is almost universal while not compulsory. The starting age for preschool is generally age 4 or 5 but can be as young as age 3, as in France and Hong Kong.

In many developing nations, there is a more distinct separation of child care and child education. Early childhood services are more likely to be aimed at improving the general welfare of the child and mother, while preschools or kindergartens are aimed at giving children an academic headstart. For this and other reasons, private preschools often focus on the learning of subjects in a formal manner.

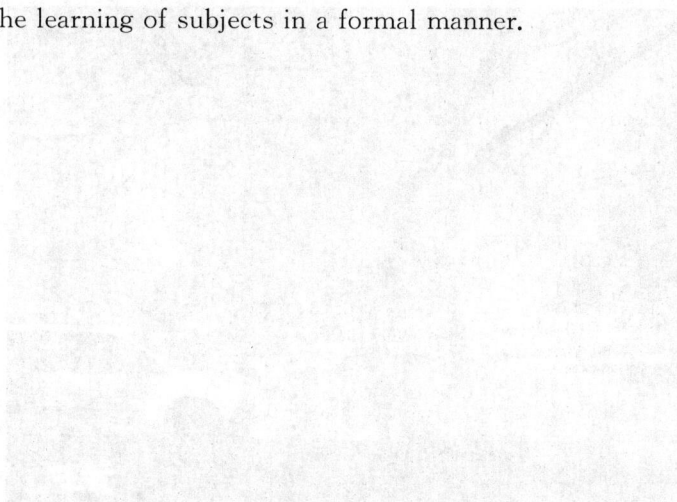

第八章 世界学前教育的衍变

美国一所幼儿园中班幼儿在社区捡落叶

内容提要

　　20世纪是学前教育迅速发展的世纪,探讨儿童观变化的百年历程,理清学前教育观更新的历史轨迹,揭示儿童观、教育观随着时代进步而发展变化的规律,总结学前教育改革的经验,对促进学前教育的发展将不无裨益。本章分别对20世纪初期、中期和后期的儿童观和学前教育观作了详细的阐述和论证。

第一节 20世纪初期的学前教育观

　　19世纪末20世纪初,世界主要工业国家的公共教育制度基本建成。为了使世俗化的教育体系、内容和方法能更好地促进儿童身心的健康发展,以适应进入20世纪的社会发展要求,当时的一些著名教育家如美国的霍尔(1844—1924)、杜威(1859—1952),瑞典的爱伦·凯(1849—1926)以及意大利的蒙台梭利(1870—1952),比利时的德可乐利(1871—1932)等,都著书立说,从各自所持的价值观和方法论出发,阐述了儿童发展观。如杜威的《儿童与课程》(1902年)严厉地批判了传统教育在儿童教育上的种种弊病;蒙台梭利于1907年创办了"儿童之家",躬身实践,致力于儿童教育的改革。他们关于教育的理论和实践对后人产生了重大影响，是世界现代学前教育的宝贵财富。

一、儿童的发展是有价值的

教育家们认为儿童是有价值的群体，儿童的发展十分重要，值得重视。例如，霍尔认为，"没有什么东西像发展中的儿童身心那样值得爱，值得尊崇，值得服务"；蒙台梭利则进一步指出，"儿童是成人之父，而且是现代人的教师"。另外，教育家们还提出，儿童的发展对其未来的生活有着不可忽视的影响，具有举足轻重的作用，它是人生发展的最重要时期，成人应为儿童创造条件，使童年充满欢乐。

二、儿童的发展具有阶段性

教育家们指出儿童是不断发展的，儿童在发展的过程中，还表现出了阶段性，但不同的教育家对儿童的成长历程划分出了不同的年龄阶段，并指出了不同的特点。例如，霍尔认为儿童个体的发展复演了种族的生活史，儿童发展的过程分为婴儿期（0—4岁）、幼儿期（4—8岁）、青少年期（8—12岁）、青春期（12—25岁）4个阶段；各个不同的阶段代表了种族的不同的历史阶段。杜威指出儿童发展的过程呈现出三个阶段：游戏期（4—8岁）、自发的注意期（8—12岁）、反射的注意期（12岁以后）；儿童的发展是永无止境的，且有个别差异。蒙台梭利提出儿童的心理具有吸收力，就像海绵吸水一样，能持续地从环境中吸收感觉信息，儿童这种具有吸收力的心理发展经历了两个不同的阶段：一是无意识地吸收心理阶段（0—3岁），儿童通过看、听、闻、尝、摸、碰物体，吸收、存储了对各种物体的反应；二是有意识地吸收心理阶段（3—6岁），儿童开始对环境中的刺激信息进行选择和存取。德可乐利认为儿童是一个正在生长着的整体，在每一个年龄期都有变化，同一年龄的儿童也存在着个别差异。

三、环境是制约儿童发展的因素之一

影响儿童发展的因素有哪些？儿童的发展是由什么决定的？是遗传还是环境、教育或是几种因素相互作用的结果？教育家们对这个问题提出了各种不同的看法。霍尔认为，儿童的发展是由遗传决定的，"一两的遗传胜过一吨的教育"；儿童心理的发展和生理的发展是平行的，儿童的心理活动随生理的变化而变化。爱伦·凯指出，儿童一生下来就有种族的遗传素质，以后又受到环境的影响，但是，环境不能决定儿童的发展方向和水平，因为"人们没有权力可以为这个新生命制定法则，正像他们没有能力为天上的星辰指定运行轨道一样"。杜威认为，儿童有独特的生理和心理结构，儿童的兴趣、习惯、能力等是建立在原始本能的基础上的，儿童心理活动的实质乃是儿童本能的发展，如果没有促使儿童本身发展的潜在可能性，那么儿童就不可能获得发展。蒙台梭利提出儿童的发展主要是内部的自然发展，但经过环境刺激，儿童会显示出独特的个性。

四、活动是儿童发展的重要途径

教育家们认为活动对儿童的发展至关重要,但对活动的种类、内容、形式、创设等,则提出了各自不同的主张。比如,霍尔指出教育者要鼓励儿童到环境中去活动,倡导开展各种自发的活动,特别要重视儿童的自由游戏活动,以促进儿童自身的迅速发展,锻炼躯体和头脑,顺利走完复演的过程。爱伦·凯认为要让儿童在现实生活中成长,"应该让儿童时时刻刻和人生的真实经验相接触;玫瑰花要让他玩,刺也不要摘去",不要使儿童处在"不要动"、"动不得"的告诫之中。杜威更明确地提出,儿童在活动中学习,儿童"从做中学","从活动中学","从经验中学",儿童的学习是主动的;儿童在活动中发展,儿童通过与环境的相互作用而获得各种经验。蒙台梭利指出教师不仅要为儿童准备环境,还必须适时地为儿童提供各种活动以及活动材料:(1)生活活动,如日常生活锻炼、园艺活动;(2)感官练习活动,如触觉练习、视觉练习、听觉练习、嗅觉和味觉练习;(3)读、写、算的学习活动,让儿童获得更好的发展。德可乐利认为,儿童通过生活而学习,儿童的学习以活动为主,教育者应为儿童提供生活活动、社会活动、认识活动、游戏活动,以促进儿童心理的发展。

五、适宜的学前教育促进儿童的发展

在教育家们看来,儿童出生以后,就要在各种活动中,对他们进行了解、研究,并根据儿童的个性特点,施行教育。比如,霍尔提出一切有效的教育都应以儿童的发展为基础,而要了解儿童发展的特点,就必须对儿童进行研究。他身体力行,发起了美国儿童研究运动,被人们誉为"心理学上的达尔文"、"儿童研究之父"。爱伦·凯指出"幼儿心理之研究,开始于幼儿诞生时,继续在其游戏中,在其工作中,在其休息中,而进行每日的比较研究,需要一个人的专门注意"。德可乐利还利用电影手段,对儿童的活动进行观察,摄制了《儿童心理发展的阶段》、《0—6岁儿童的模仿行为》,促进了儿童教育实验研究的发展。

针对儿童早期教育的重点应放在哪里这一问题,爱伦·凯还指出,"必须着眼于加强个性",注重儿童个性的发展和教育,为此,就要重视榜样示范和习惯培养,因为"榜样是习惯的基础,而习惯是人格的基础"。面对儿童早期教育的策略这一难题,教育家们一般都认为,儿童不同于成人,尊重儿童是最重要的教育原则,如杜威就提出,儿童的主要任务是生长,为了使儿童能较好地生长,教育者要尊重儿童发展的过程,尊重儿童生长的需要,一切教育措施的选择都要围绕儿童来进行,"以儿童为中心",根据儿童的兴趣、爱好和需要来安排各种各样的活动,实施开放教育。蒙台梭利也指出,教师要站在儿童的角度来看问题,由于每个儿童都有自己独特的个性,所以,对儿童进行教育的方式,应注意个体化,根据儿童敏感期发生和延续的具体时间,进行个别化的教育。

六、国家法规保证本国儿童的受教育权

自爱伦·凯在1899年出版《儿童的世纪》一书,作出"20世纪将是儿童的世纪"这一

预言以后,世界各国都开始重视儿童的地位,注意保护儿童的权利,并在国家的纲领性文件和法律中有所体现,这对形成新的儿童观、发展观和教育观起到了积极的推动作用,并促进了学前教育的发展。例如,英国于 1918 年颁布了《费舍法案》,国会规定地方教育当局要为 2—5 岁的儿童设立保育学校,教育内容应以活动和艺术课为主,"以儿童为中心",使儿童的身心健康成长。德国在 1922 年颁布了《儿童福利法》,成立了儿童保护局,指导儿童的福利事业,鼓励举办公立、私立等各种形式的幼教机构。日本于 1900 年颁布了《小学校令施行规则》,规定幼儿园可附设于小学,1911 年文部省又对此文件作了修改,指出幼儿园的保育内容虽为游戏、唱歌、谈话和手工技巧,但幼儿园在教育的具体内容、作息时间的安排上,可自由支配;1926 年日本第一个独立的幼教法规《幼稚园令》出台,提出幼稚园是学校体系的第一个环节,并对幼稚园的目标、师资条件、幼儿入园年龄等问题作出了明确的规定。

此外,1924 年国际联盟通过了《日内瓦儿童权利宣言》,这是第一个主张儿童权利的国际文件,对 1959 年、1989 年联合国分别颁布的《儿童权利宣言》和《儿童权利公约》起到了奠基性的作用。

第二节　20 世纪中期的学前教育观

20 世纪中期,世界逐渐进入了一个新技术革命的时代,特别是 50 年代以后,迅速发展的科学技术所催生的"知识爆炸",既对儿童的发展提出了新的要求,同时也为儿童的发展创造了良好的条件,并使人们对儿童的看法和做法开始建立在科学的实验研究的基础上。在这一时期,涌现出了许多杰出的儿童心理学家和儿童教育专家,主要有瑞士的 J·皮亚杰(1896—1980),美国的 B·F·斯金纳(1904—1990)、J·S·布鲁纳(1915—　)和 B·S·布卢姆(1913—1999)、L·柯尔伯格、A·班杜拉(1925—　),苏联的列·符·赞可夫(1901—1977)和瓦·阿·苏霍姆林斯基(1918—1970)等,他们关于儿童发展与教育的论证和研究,使得儿童观和教育观日益变得科学而合理。

一、全面深入地研究儿童的发展

教育家们认为,要教育儿童,首先要了解儿童,研究儿童的发展。苏霍姆林斯基指出,要对各个年龄阶段的、不同类型的儿童的心理及各种不同情境中儿童的心理特点进行全面的观察、深刻的分析,否则,"就像在黑夜里走路一样"。

心理学家们重视设立专门的机构、运用科学的方法、综合各种人力资源的优势来研究儿童心理发展的历程、特点及其差异。新行为主义者斯金纳 1948 年在哈佛大学从事行为及其控制的实验研究,阐发了"操作性条件反射"和"积极强化"的理论,设计了教学机器,认为儿童具有可塑性,儿童为了获得新的行为,就必须从事这种新的行为,而行为的有效结果,反过来又会强化这一行为,通过对环境操作和对某些行为的"积极强化",任何行为都能够随意地创造、设计、塑造和改变；儿童之间存在着差异，他们对教师的反应不同、对信息的反馈也不同，所以，应当让儿童自己决定发展的步调。

日内瓦学派的代表人物皮亚杰强调运用临床法来研究儿童，1956年建立了"发生认识论国际研究中心"，和各国心理学家、语言学家、逻辑学家一起研究儿童认识的发生发展问题，认为不同年龄阶段的儿童具有不同的特点，"必须承认有一个心理发展过程的存在，一切智力的养料并不是所有年龄阶段的儿童都能够吸收的，我们应该考虑到每个年龄阶段的特殊兴趣和需要"；由于环境、教育、文化以及主体的动机等各种因素的影响，每个儿童发展阶段的秩序虽然不变，但却不是同步的，可能提前或推迟。

苏联教育科学院注重研究儿童成长的过程，1957—1977年间，赞可夫和他所领导的"教育与发展"实验室的同事，采用实验心理学的方法和心理分析方法，对教育与儿童发展之间的关系进行了长期的实验研究，认为教育的结构是"因"，儿童的发展是"果"，要以最好的教育效果来达到儿童最理想的发展水平；儿童之间有差异，要使全班儿童包括"后进生"都能得到发展，就要给他们各种机会，让他们充分地去表现。

二、重视儿童的智力开发和道德教育

儿童发展的内容已从20世纪初期的以身体养护为主，发展至中期，尤其是60年代以后的以开发智力、培养道德为主。

（一）儿童智力的早期开发

皮亚杰认为儿童的智力是一种认知结构，儿童认知的发展经历了四个阶段：（1）感知运动阶段（出生—2岁），儿童通过感知觉和动作活动进行思维，这是智慧的萌芽期、是"人类生命最有创造力的时期"，它"决定着心理演进的整个过程"；（2）前运算阶段（2—7岁），儿童的思维具有具体形象性、不可逆性、刻板性等特点，他们凭借表象进行思维，自我中心，注意力难以转移；（3）具体运算阶段（7—11岁），儿童出现了逻辑思维，能进行简单的可逆运算；（4）形式运算阶段（11—15岁），儿童出现了抽象的逻辑思维，能把形式和内容分开。教育不仅要使儿童掌握知识，更重要的是要促进儿童智力的发展，提高儿童的思维能力，"造就能够创新，而不是简单地重复前人已做过的事的人"。

60年代初期，布鲁纳提出要让儿童尽早开始学习基础学科，以免浪费儿童的宝贵时光，因为"任何学科都能够用在智育上是诚实的方式，有效地教给任何发展阶段的任何儿童"，教育的主要任务既要帮助儿童掌握学科的基本知识，更要发展儿童的智力，"不论我们教什么学科"，都要使儿童"理解该学科的基本结构"，以利于儿童进行学习的迁移。60年代中期，布卢姆通过对儿童进行的长期追踪研究，提出了学前期是儿童智力发展的关键期这一重要论断，勾画出儿童智力发展的一条曲线图：假定儿童17岁时智力发展的水平为100%的话，那么，他大约有50%的智力发展是在4岁前完成的，还有30%是在4—8岁之间完成的，其余的20%是在8—17岁时完成的；并指出环境对儿童智力的发展有很大的影响，不能剥夺儿童早期的智力刺激。此外，苏霍姆林斯基、赞可夫也很重视儿童的智力发展问题,苏霍姆林斯基认为儿童的知识要建立在广阔的"智力背景"上,"智育的主要目标,即发展智力",赞可夫指出要发展儿童的智力,就要培养儿童的"观察力、思维能力和实际操作能力"。

这些论断受到世界上许多国家的重视,美、苏、日、德、法等国家在改革学前教育的内容时,都相继提出了要加强儿童智能的早期开发与教育的主张,强调要发展儿童的智力,挖掘儿童内在的潜力。例如,1968 年法国在亚眠召开的全国教育大会上就指出,"学前教育的主要目的,不再是为了获得知识,甚至不是学会学习,而是学会应变",强调要培养儿童独立掌握知识的能力,为未来的学习奠定基础。

(二) 儿童道德的早期培养

儿童道德的成长也是其发展的一个重要方面。心理学家从不同的侧面研究了儿童道德品质的形成和发展,其中影响较大的有柯尔伯格和班杜拉等人。

50 年代,柯尔伯格在皮亚杰研究的基础上,运用"两难"道德故事从道德评价和道德判断角度,进行了长期的追踪研究和横向的跨文化研究,提出了儿童道德认知发展阶段的理论,认为这包含三种水平的六个阶段:(1)前习俗水平(7 岁前),包括服从与惩罚的道德定向阶段,天真的利己主义的道德定向阶段;处于此水平的儿童还没有形成真正的道德标准,对好或坏的评价很敏感。(2)习俗水平,包括好孩子的道德定向阶段、维护权威和秩序的道德定向阶段。(3)后习俗水平,包括社会契约性的道德定向阶段、良心和原则的道德定向阶段。柯尔伯格指出儿童道德发展的前一阶段是后一阶段的基础,又融合到后一阶段中,为后一阶段所取代,两阶段之间有质的差异,儿童道德发展的速率并不相同。这一观点为后来理论研究工作者所称道,同时也为实际工作者所重视。

60 年代,班杜拉关于儿童道德发展的社会学习理论在西方兴起。他认为影响儿童道德行为发展的因素主要有环境、社会文化关系、客观条件、榜样和强化等;儿童道德的发展是个体社会化的一个组成部分,道德行为是通过社会学习获得的,并会发生变化;由于儿童的行为通常是观察别人的行为、照样仿制的结果,所以,应让儿童通过观察、模仿来学习,要奖励儿童的适当行为,使之逐渐巩固和发展。美国第一套儿童电视节目"芝麻街"就是根据这一理论制作出来的,深受儿童的喜爱,今天已在世界上的许多国家播放。

三、强调儿童的主观能动性

儿童是如何发展的? 这一时期的看法与初期大不相同,心理学家、教育家们普遍认为儿童的主观能动性对其发展至关重要。在皮亚杰看来,儿童是有独立的生命实体、独特的身心结构、不同的需要和兴趣的人,儿童"具有主动性",儿童的主动性在内部动力和能动性与生物因素、社会因素的多层次的相互作用中得到增强;儿童的发展是主体与客体相互作用的过程,是儿童主动建构的结果,而不是消极地、被动地顺应;儿童接受自己所需要的东西,拒绝自己所不需要的东西;所以,"所教的东西,要能引起儿童的兴趣,符合他的需要,才能有效地促使他的发展"。

布鲁纳提出的发现法,是其高度评价儿童发展的主动性的真实写照。他指出发现法是儿童学习的重要方法,"发现不限于寻求人类尚未知晓的事物,确切地说,它包括用自己的头脑亲自获得知识的一切方法";儿童的认识过程是其对进入感觉的事物进行储存、转换、选择和应用的过程,是主动地学习环境、适应环境和改造环境的过程,儿童不是知识的被动接受者,而是知识的"发现者",每个"儿童都有他自己观察世界和解释世界的独特方式",因此,要给儿童提供探索的机会,激发他们学习的兴趣,调动思维的积极性,萌发发现的兴奋感和自信心,以促进儿童的发展。

此外,赞可夫还提出要促进儿童的发展,就要充分调动儿童的积极性和求知欲,发展儿童的独立思考能力,使死的知识在儿童头脑中能形成活动的体系;苏霍姆林斯基提出要重视儿童的自我教育,培养儿童的自学需要、自学能力,发挥儿童内在的精神力量,不熄灭儿童"成为一个好人"的愿望的火花,使儿童能有"充分表现自己"的机会,通过自己自觉的努力,"抬起头来走路",发展自己的个性,形成良好的思想品德和行为习惯。

为了促进儿童积极、主动地发展,世界各国都极力倡导发挥游戏、玩具、图书、电视和现代化教育手段在儿童成长中的作用。例如,英国于1967年创办了儿童玩具图书馆,儿童可在馆内读书、玩玩具,图书和玩具也可以借出;1972年成立了全英玩具图书馆协会;1978年召开了世界第一届玩具图书馆会议。

四、儿童有平等的受教育机会

每个儿童都应有发展的机会,人人均等,大家共享;儿童的发展应是所有的学前儿童都能得到发展。1946年12月,世界上第一个为全球儿童谋幸福的国际组织——联合国儿童基金会成立,旨在对"二战"期间受难的儿童提供经济上的援助;1950年,该组织把服务对象和目标扩展到发展中国家的全体儿童及其生存和发展;1953年该组织成为一个永久性的机构,接受各国政府和个人的自愿捐款,为拯救发展中国家儿童的生命、保护其健康,提供咨询服务和物质支援。

60年代开始,许多国家制定了发展公共学前教育的规划,特别重视对贫困地区和边远地区儿童的早期教育,以保证每个儿童都能有良好的成长机会。例如,美国于1965年实施了"开端教育计划",联邦政府拨款9600万美元,开设2500所保育学校、幼儿园等教育机构,为贫困儿童提供补偿教育;1966年,全美教育协会和美国学校行政者联合组织"教育政策委员会",提出针对"所有5岁儿童和贫困而且没有文化教育条件的4岁儿童"的扩大公共教育的提案。在美国的影响下,印度也将学前教育的重点转移到农村,在第3—5个五年计划中,提出要满足农村6岁以下儿童的教育需要。英国在1961年掀起了一场"游戏小组运动",倡议要"还给孩子游戏场地",以弥补学前儿童教育机构的不足,1962年成立了"游戏小组协会";1963年《普洛登报告》明确指出,要大力发展幼儿教育,在教育不发达地区设立教育优先区域,要保证3岁以上的儿童,随时都能够入托入园。日本于1962年制定了《幼儿教育七年计划》,1972年又开始实施《十年幼儿教育振兴计划》,使更多的儿童能通过接受学前教育而获得发展的机会。

为了保证儿童的健康成长,一些国家还通过立法来排除不利因素对儿童发展的干扰,明确指出国家和地方的公共团体以及儿童的保护人承担着保障儿童身心健康发展的责任,一切与儿童有关的法令都必须以保障儿童福利为前提。

五、国际宣言保障各国儿童的受教育权

1948 年《世界人权宣言》颁布,随着人权意识的张扬和许多关心儿童问题的人士的不懈努力,国际社会保护儿童地位与权利的呼声日益高涨。1959 年 11 月 20 日联合国大会通过了《儿童权利宣言》,第一次公开肯定了儿童与成人同样享有社会地位和权利保障:(1)儿童有被尊重、热爱和理解的权利;(2)儿童有得到足够营养和医疗保护的权利;(3)儿童有充分的娱乐和游戏的权利;(4)儿童有姓名和国籍的权利;(5)特殊儿童有受到特殊保护的权利;(6)在受灾期间,儿童有最先得到救济的权利;(7)儿童有成为一个有用的社会成员和发展个人能力的权利;(8)儿童有被培养成为充满仁爱精神的人的权利;(9)所有儿童都享有这些权利,而不受种族、肤色、性别、宗教、国籍和社会出身的限制;(10)所有儿童,无一例外,均同等享受这些权利。这十大权利是儿童顺利发展的"护身符"。

1960 年,联合国教科文组织提出了"终身教育"的理论,提出要从小保障儿童接受教育的权利,并使之制度化。1961 年,国际教育局与联合国教科文组织在瑞士召开了国际公共教育大会,讨论儿童的发展与教育问题。1971 年,欧洲委员会在意大利召开了国际学前教育大会,探讨学前教育对儿童发展的价值。1974 年,在委内瑞拉首都加拉加斯召开了世界学前教育大会,强调教师、父母及其他社会成员在儿童发展中的重要作用。1977 年,第 20 届欧洲各国教育部长常务会议指出:3—8 岁是儿童发展的关键期,是儿童了解世界文化的积极阶段,也是儿童学习社会规范的主要时期,并能为其将来的发展奠定基础,所以,要重视儿童这些方面的发展。1979 年被定为"国际儿童年",这是 1976 年第 31 届联合国大会作出的决定,目的在于鼓励所有的国家检查本国执行增进儿童福利的计划和法令情况;建立为儿童辩护的机构,促使人们认识到增进儿童福利的活动方案应成为经济发展、社会发展计划中的一个不可或缺的组成部分。

第三节　20 世纪后期的学前教育观

20 世纪 80 年代,社会逐渐进入信息化的时代;90 年代以后,信息化的浪潮开始席卷全球,以民族、国家为基本单位的信息基础结构已发展成为全球性的信息基础结构,并迅速波及所有的国家和地区。信息化的社会使人们对儿童发展的概念、儿童发展的权利、学前教育的机构、学前教育的目标、学前教育的师资、学前教育的合力、学前教育的国际研讨等问题的认识也发生了根本性的变化,形成了更为科学、民主的儿童观和教育观。

一、扩大加深对儿童发展的理解

在儿童发展这个概念中,儿童指的是多大的儿童? 儿童发展与教育改革有何关系? 这一时期,人们对这些问题的认识有所拓宽和加深。

1980 年设于瑞士的世界经济论坛和国际管理学院,受联合国委托,出版了评估各国竞争力的年度报告,指出应从国内经济力量、政府水平、基础设施、科技、国际化水平、金融、管理、人的素质这 8 个指标来评价一国的整体竞争力,而教育则起着基础性的作用,综合国力的竞争实际上乃是教育的竞争。所以,各国都试图通过教育改革来抢占国际竞争的制高点,作为基础教育最初环节的学前教育的改革便格外引人注目。同年英国教育与科学部公布了"微电子技术教育计划",次年又补发了该计划的具体内容,首相撒切尔夫人为宣传此计划的小册子,还专门写了序言,指出要使人人掌握微电子技术和信息技术这些最基本的能力,就要从儿童抓起,越早越好。

1981 年联合国教科文组织在法国巴黎召开了国际学前教育协商会议,对学前教育的对象进行了专题讨论,认为"出生直至进小学的儿童(小学入学年龄因国家不同而有 5—7 岁之别)"都应在学前教育机构中接受教育,学前儿童的概念开始从幼儿提前到新生婴儿,并对世界各国的儿童观产生了深远的影响。1990 年修订的西班牙教育法指出,学前教育是为 0—6 岁儿童服务的,它是教育制度的第一个阶段,是促进儿童生理、心理、文化上成长的教育场所。1992 年巴西教育部在日内瓦召开的"第 43 届国际教育大会"上重申,"学前教育应成为 0—6 岁儿童的权利,儿童应受到托儿所和幼儿园的特殊照顾和教育"。许多有识之士认为日本之所以能在教育上取得令人羡慕的成绩,主要是因为儿童在出生 6 个月的时候,就能进入学前教育机构,接受正规的教育训练。

1989 年联合国教科文组织提出"基础教育是实现教育机会平等的重要前提","是每个人必需的'生活护照'",而学前教育则是基础教育的一个必不可少的组成部分。美国《2061 计划》明确提出,科学教育要从学前儿童抓起。1995 年世界银行在对俄罗斯教育现状的评价报告中,尖锐地批评了其对学前教育投资太少的现象,认为这是不能容忍的,因为"整个教育都要依靠学前教育打基础"。1998 年联合国儿童基金会的一项报告说,在发展中国家约 1.3 亿的儿童没有机会接受基础教育,这会导致儿童终生过着极端贫困的生活。联合国秘书长安南认为,"这是对人的权利的践踏,也是人力资源与生产力的丧失,世界不能再容忍这种情况。在 21 世纪的前夕,没有什么事情比教育更紧迫,没有什么任务比教育更重要"。

由此可见,0—6、7 岁儿童的发展与教育已受到世界各国政府和教育界的广泛重视,成为教育改革的重要内容。

二、多种多样的学前教育机构

为了保证学前教育的普遍发展,世界各国不论是发达国家还是发展中国家,都运用适当的策略,积极创造条件,兴办各种各样的学前教育机构。在美国,开办的机构主要有托儿所、儿童保育中心、幼儿园、学前班、蒙台梭利学校、早期补偿教育中心等；在英国，举办的机构主要有幼儿学校、幼儿班、日托中心、游戏小组、幼儿保育学校等；在瑞典，托幼机构主要有日托中心、托管中心、学前教育中心、家庭日托、儿童护理中心、公园游戏场所、玩具图书馆等；在澳大利亚，托幼机构主要有学前教育中心、儿童保育中心、家庭日托、游戏小组等；在南非，学前教育机构主要有保育中心、游戏小组、小学预备学校、母亲日托等。

为了增设学前教育机构，改善园所条件，扩大学前教育对象，使每个儿童都能获得成长发展机会，许多国家都广开门路，采用不同的方式，加快对学前教育投资的步伐。美国历届联邦政府都很注意增加儿童发展事业的经费，使得越来越多的州政府认识到学前教育的重要性，加入到投资支持公立学前教育的行列中来。例如，在 1979 年只有 7 个州政府拨资援教，而到了 1989 年则上升为 32 个州政府；1989 年白宫与国会还先后通过了日托法案，进一步增加对学前教育的经费投入；1990 年布什总统在国情咨文中提出，要把每个儿童都受到学前教育、做好入学准备作为 2000 年国家必须实现的六大目标之一，因此，在其执政期间，将联邦政府资助学前教育的费用增加了 83％；克林顿总统上任以后，继续扩大对学前教育的投资，国会还通过决议要增加学前教育经费，在 1994 年前使所有的 4 岁儿童都能享有学前教育的机会。英国政府和民间组织则想方设法筹集教育经费，资助贫困家庭的儿童接受学前教育。1995 年 7 月，教育和就业大臣 G·谢泼德公布了价值 7.3 亿英镑的"儿童凭证计划"，发给每位 4 岁儿童家长价值 1100 英镑的凭证，以支付其孩子的学前教育费用，这一计划使全国每个 4 岁儿童都能在一定程度上受到高质量的学前教育；同年 12 月，一些慈善团体还发出了"学前儿童的呼声"，以筹措 100 万英镑，帮助贫穷家庭支付 4 岁以下儿童的教育费用。日本也不断提高对学前教育经费投入的比例，1990 年比 1985 年增长了 27％，1993 年又比 1990 年增长了 8％。韩国决定把学前教育的经费从 1997 年占公共教育经费的 0.9％增加到 2005 年的 5％。此外，巴西政府则推出了对学前儿童实行义务教育的举措，1988 年颁布的宪法明确提出，学前教育是城市劳动人民的一项社会权利，应"免费为 6 岁以下的儿童提供托儿所和幼儿园"。

由于各国的普遍重视和不断追加教育投资，近一二十年中，学前教育在世界范围内得到了迅速的发展，适龄儿童的入托入园率有了大幅度的提高。例如，加拿大，1981 年 5 岁儿童的入园率为 30％，1989 年上升至 95％；荷兰，1987 年 0—4 岁儿童的入园率是 75％；巴西，1989 年 0—6 岁儿童的受教率为 17.4％；斯威士兰，1986 年学前儿童的受教率为 8.5％，到 1989 年则提高到 10.1％；法国，1989 年 2 岁儿童的入托率为 33.7％，3 岁儿童的入园率为 97％；日本，1990 年 3 岁儿童入园率为 50％，4 岁为 90％，5 岁为 95％；阿尔巴尼亚，1990 年 5 岁儿童入园率是 80％；意大利，1994 年儿童入园率为 95％；韩国，1996 年学前儿童的入园率已从 1980 年的 7.3％提高至 27％，其中 3 岁儿童的入园率为 8.7％，4 岁为 26.8％，5 岁为 42.2％。

三、全面和谐的学前教育目标

儿童发展的目标，在 20 世纪初期主要是以儿童的身体养护为主，中期则是以儿童的智力开发为主,而到了后期,转向以儿童的非智力因素的培养、个性的健全发展为主。

1985 年 6 月在日本召开的"日、美、欧幼儿教育、保育会议",大声疾呼学前教育要想真正促进儿童的成长,就必须扭转过去那种偏重儿童智能培养的错误倾向,把儿童个性的全面发展摆到重要的议事日程上来。1989 年联合国颁发的《儿童权利公约》明确指出,"每个儿童均有权享受足以促进其生理、心理、精神、道德和社会发展的生活水平",要求缔约国应"最充分地发展儿童的个性、才智和身心能力"。联合国教科文组织也指出,"21 世纪最成功的劳动者,将是最全面发展的人,是对新思想和新的机遇最开放的人"。世界各国为了迎接 21 世纪的挑战,纷纷调整培养目标,把实现儿童的整体发展作为学前教育的基本目标,以提高受教育者的综合素质。1990 年日本公布了几经修改的《幼儿园教育要领》,强调幼儿个性的和谐发展,把 1964 年的"健康"、"社会"、"自然"、"语言"、"音乐"和"绘画与手工"六个方面的内容改为"健康"、"人际关系"、"环境"、"语言"和"表现"五个方面,以"培养健康、安全、幸福的生活所需要的基本生活习惯和态度,打好幼儿身心健康成长的基础"。1991 年澳大利亚颁布的《学前教育指南》提出,学前教育旨在使儿童的体力、认知、社会性、情感、语言、审美等方面得到充分的发展。在 1995 年英国学校课程和评估中,当局明确规定,学前教育的目标不仅要丰富儿童读、写、算的知识,增强儿童对周围环境的认识能力、发展儿童的创造性,而且还要促进儿童的个体和社会性的发展。同年美国心理学家丹尼尔·卡尔曼在《情绪商数》一书中,阐述了儿童发展的终极水平是由 IQ(智商)和 EQ(情商)共同决定的,IQ 只能起到 20％的作用,而 EQ 则起着 80％的作用;1996 年全美学前教育协会在总结《发展的适当的学前教育》的 10 年经验后,指出学前教育的目标应使儿童成为一个完整的人,在身体、社会性、情感和认知等几个方面都获得成长,并使这几个方面相互促进,以提高儿童的整体发展水平。

因此,全面地促进儿童的成长,已成为各国学前教育界制定教育目标时所关注的焦点问题。

四、优质高效的学前教育师资

儿童的成长与发展是在教师有目的、有计划的引导和帮助下进行的,学前教育发展的关键不是资金和设备,而是教师和儿童。世界上经济比较发达的国家都把培养师资的工作看作是学前教育发展与提高的基石。1981 年 6 月在葡萄牙里斯本召开了欧洲 23 个国家的教育部长会议,集中讨论 3—8 岁儿童的发展与教育问题,部长们普遍认为要搞好学前教育,促进儿童的发展,就必须加强师资培训工作,提高教师自身的业务水平。

为了培养高质量的学前教育师资,提高教师的职业素养,许多国家都采取了一系列行之有效的措施。

首先是延长职前学习的年限。土耳其把学前师资的培养时间从 80 年代的 2 年发展为 90 年代的 4 年;西班牙、匈牙利、朝鲜、澳大利亚把学前师资的培养时间从 2 年延长至 3 年或 4 年;奥地利把教师培养时间从 4 年改为 5 年。

其次是优化职前学习课程的结构。既做到基础课和专业课相互补充，又注意理论和实践相互结合。例如，西班牙学生第 1 年要学习西班牙语、外语、社会科学、数学、文学艺术等公共基础课，第 2、3 年除了学习幼教理论、幼教史、幼教方法、心理学、发展心理学、教育心理学等专业课以外，还要在幼教机构实习 4 个月；匈牙利、澳大利亚的学生还必须撰写毕业论文；朝鲜的学生还要创编一台文艺节目。

再次是重视教师的在职培训。一些国家注意通过多种形式来培训学前教师。例如，日本教师的在职进修形式有园内培训及公开保育活动、园际间研修交流、幼儿教育研究会举办的短期培训班、全日本保育研究集会等。另外一些国家注意加强对师资培训工作的管理。比如，朝鲜学前教师的在职教育是由国家和地方共同负责的，各道、市、区都设立了"教师课程讲习所"，教师每 3 年就有 3—6 个月脱产轮训的机会，学习国家教育科学院和中央教育所制定的教材和科研成果；教师若要晋升或维持级别，就必须参加国家或道组织的考试，合格者才能如愿。

多渠道多形式的培训，使各国学前教师的合格率有所上升，师资队伍的质量得到提高。例如，在斯威士兰，无初级证书（最低要求）的教师从 1986 年的 37％下降到 1989 年的 11％；受过 1 年以上培训的教师则从 1986 年的 39％上升到 1989 年的 44％。

最后是注意教师的性别构成。丹麦、瑞典、澳大利亚、马来西亚、日本等国家都十分重视男性在学前教育中的作用，支持、鼓励男性从事学前教育工作，使男性学前教师能占有一席之地，以促进儿童人格的健全发展。据统计，日本学前男性教师自 1990 年以来始终保持在 6.3％的高比率上。

此外，许多国家十分重视提高学前教师的地位，改善其物质待遇，满足其生活与心理需要，保持教师队伍的稳定。例如，为了防止教师队伍的流失，1993 年韩国政府为学前教师增加薪水；1998 年英国政府在时隔 80 年后，重新划分社会阶层，使教师职业在 17 个阶层中跃居榜首。

五、家园同步的教育合力

托儿所、幼儿园固然是儿童成长的重要场所，但家庭也不可忽视。实际上，儿童的发展是儿童与教师、父母等多种因素相互作用的结果，要促进儿童的最佳发展，就必须把幼儿园、家庭等各种教育因素统一起来，以产生综合影响，发挥教育的合力作用。

1984 年美国学前教育协会在颁布的《高质量学前教育机构的评价标准》中，对密切家园关系、进行家园合作提出了许多具体的要求。1986 年日本教育审议会指出，幼稚园、家庭和社区三位一体对学前儿童进行教育是非常重要的，呼吁幼稚园要扭转只靠自己就能完成教育任务的错误认识，克服封闭性，与家庭保持紧密的联系；家庭要改变把教育孩子的责任完全推卸给幼稚园的不当想法。1989 年联合国发布的《儿童权利公约》强调，家庭应成为儿童成长和幸福的自然环境，父母双方要共同担负起儿童养育和发展的责任。

1990 年日本在《幼儿园教育要领》中明确提出，"幼儿的生活以家庭为主逐渐扩大到社区社会。因此,要注意幼稚园同家庭的联系。幼稚园的生活要同家庭、社区生活保持密切的联系,以利于幼儿的成长"。同年又颁发了《为了与家庭的合作》,以推进家园的协作共育。1991年第三个幼稚园振兴计划(1991—2000年)指出,"现时期家庭教育具有特别重要的意义,幼稚园要进一步发展与家庭的联系与合作"。1992年美国学前教育协会在《学前教育工作者职业道德规范》中提出,教师对儿童的家庭负有各种道德责任:发展同家庭相互信任的关系;了解、支持家庭教养子女的工作;尊重每个家庭独特的文化传统、风俗习惯;尊重家庭养育儿童的价值观和所作出的决定;向家长介绍儿童的进步,帮助家长认识到学前教育对儿童成长发展的作用;帮助家长提高理解孩子、教育孩子的能力;为家长提供与学前教育机构相互作用的机会,使家长能支持教育工作。1993年巴西政府制定的《全国全面关心儿童和青少年计划》强调:家庭和社区要直接参与满足儿童和青少年的基本要求,促进儿童的发展是家庭、社会和国家的共同责任。

1994年联合国提出的"国际家庭年",倡导每一个家庭都应"在社会基础上建设最小的民主单位",家庭民主化既是社会民主化的基础,也是学前儿童社会化的重要内容,这一思想逐渐被学前教育界所接受,且运用在家园合作共育上。1996年美国学前教育协会在《发展的适当的学前教育指南》中重申,学前教育机构要同家庭建立互惠的关系。教师和家长要彼此尊重,相互合作,共同分担责任,协商、解决教育上的各种问题;教师要和家长形成伙伴关系,有计划地、经常与家长保持联系,进行双向沟通;教师要了解家长教育孩子的目的和内容,尊重家长的价值观和教育观;教师要与家长一起分享儿童的成就,把儿童的进步看作是日积月累的过程,帮助家庭最大限度地促进儿童的发展;教师要获取关于儿童和家庭的全面而详细的信息;教师要通过各种形式与家庭保持联系;教师、父母和其他社会人士应一起分享儿童成长的信息。英国学前教育联合会要求学前教育机构与家长建立各种交流、联系网络,如安排专门的时间和家长进行非正式谈话,讨论孩子的进步,每月发放一封家长信,每学期举行一次家长开放日,定期召开专题讨论会;鼓励家长尽可能多地参与教育活动和教育管理。1997年国际组织伯纳德·范·利尔基金会在总结20多年来资助不发达国家儿童成长的经验时提出,家长是否参与学前教育以及参与的程度如何,是决定儿童发展的一个至关重要的因素。1998年世界银行报告在总结儿童死亡的教训时指出,父母具有疾病防范常识和教育基本知识,是维护孩子生存发展的前提条件,提高家长保育、教育子女的能力显得尤为重要。

家园协作共育成为这个时期学前教育的重要特点,为儿童的健康成长与全面发展创设了和谐的环境。

六、国际公约保证世界儿童的受教育权

20世纪80年代以后,儿童不再被看作是家庭和社会的附属成员,而被认为是权利主体,有巨大的潜能,有自己的见解,所有这些理应得到成人的尊重。儿童发展的优先权,在此期间开始成为国际社会的法律准则。1989年11月20日第44届联合国大会一致通过

了《儿童权利公约》，首次把国际社会保障儿童权利的主张和信念变成了各国政府的承诺，它要求"接受公约的国家在法律上要对其有关儿童的行动负责"，保护儿童免遭忽视、虐待和剥削，肯定儿童拥有基本人权，包括生命、发展和充分参与社会、文化、教育生活以及他们个人成长与福利所必需的其他活动的权利。联合国儿童权利委员会副主席汉姆伯格先生指出，各国在履行《公约》时，必须遵循四个基本原则：(1)儿童最佳利益的原则。不论什么事情，凡是涉及儿童，都应以儿童的利益为重；(2)尊重儿童尊严的原则。在维护儿童生存发展权利的同时，还要重视提高儿童生活与发展的质量；(3)尊重儿童的观点与意见的原则。凡是有关儿童本人的事情，都要认真听取儿童的意见；(4)无歧视的原则。不论儿童来自哪一种社会文化，也不论儿童的家庭背景、出身、性别、发展如何，都必须得到平等的对待，而不应有任何歧视的现象。据此，荷兰政府通过保障儿童的参与权来树立正确的儿童发展观，实现对儿童权利、地位的真正尊重。匈牙利政府则强调要大力发展贫困、落后地区的学前教育，以确保处境不利儿童和残疾儿童也能享有接受教育的权利，获得发展的机会。巴西教育部长 M·英海尔提出，"教育是国家最优先考虑的事"，"儿童不仅是关注的焦点，而且是优先中的优先"，国家制定了"全国全面关心儿童和青少年计划"，以满足儿童的各种需要，促进儿童健康快乐地成长。

1990 年 9 月 30 日，联合国在纽约召开了世界儿童问题首脑会议，这是有史以来规模最大的一次国家和政府首脑的盛会，会议通过了《儿童生存、保护和发展世界宣言》和《执行九十年代儿童生存、保护和发展世界宣言行动计划》；承诺在 2000 年前努力结束当前存在的儿童死亡及儿童营养不良状况，为全世界所有儿童身心的正常发展提供基本保障，使儿童拥有更加美好的未来；提出一切为了儿童的新道德观，要求遵循"儿童至上"的原则，保证社会资源首先用于儿童，使儿童成为人类所有成就的第一个受益者以及人类所有失败的最后遭殃者；确认在儿童问题上的进步是一个国家发展的重要标志。1991 年李鹏总理代表中国政府签署了上述两个文件；同年，全国人大常务委员会通过了《中华人民共和国未成年人保护法》，1992 年国务院颁发了《90 年代中国儿童发展规划纲要》，确立了儿童发展的主要目标和相应措施，以确保新一代儿童的身心能够健康地成长。

现在从历史中走来，未来由现在开始缔造。回顾 20 世纪百年儿童观、教育观的历史进程，不难看出，随着人类社会的进步、科技文化的发展，儿童的地位与权益、特点、能力以及教育的价值与作用、目标、途径等日益受到世人的尊重与重视，人们对儿童的能力和教育的特点的认识逐渐深入，儿童观、教育观越来越趋于科学化和民主化。今天的儿童是21 世纪的主要建设者，儿童的生存、保护和发展是人类未来发展的先决条件，儿童的健康成长关系到国家的前途和命运。所以，只有不断更新儿童观、完善教育观，才能有效地促进儿童全面和谐的发展，培养出新世纪的合格人才。

七、学前教育的国际研讨交流

进入 20 世纪 80 年代以后，世界各国都很重视对儿童发展的诸多问题进行跨国研究，合作交流,共商促进儿童发展的大计。1981 年联合国教科文组织在法国巴黎召开了学前教育大会,要求每个国家为保证儿童接受合理的保健和教育的问题献计献策。1984 年第 25 届国际教育成就评价协会召开,成立了国际学前教育课程研究委员会,提出了多国合作研究学前教育的计划,有 21 个国家参与了影响儿童成长因素的协作研究。1985 年,在日本召开了日、美、欧学前教育和保育会议,各国学者一同讨论了儿童发展中所面临的问题,预测了学前教育的发展趋势。1989 年召开的联合国大会指出,国际间的谅解宽容和相互协调,有利于儿童的生存、保护和发展;国际间的经济合作,有助于儿童生活和教育条件的改善;国际间信息和资料的交流,有益于儿童社会性、精神、道德和身心的健康发展。同年召开的"面向 21 世纪的教育"国际研讨会,提出要从全人类、全球的视野出发,把儿童培养成面向世界的国际人。

1990 年在巴基斯坦、马里、瑞典、埃及、墨西哥和加拿大等六国的倡议下,在美国纽约召开了世界儿童问题首脑会议,反映了国际社会对儿童问题的进一步重视,为儿童营造了有利于生存和发展的更大空间。1992 年在日内瓦召开的第 43 届国际教育大会上,许多国家就儿童的发展与教育问题进行了磋商和交流。1993 年在广东江门召开的"幼儿的教育与发展"国际研讨会,来自各国的专家学者介绍了学前教育的实验研究和促进儿童发展的举措,并就儿童发展的某些领域展开了进一步的合作研究。1996 年、1997 年还分别在泰国曼谷、中国北京召开了亚太地区幼儿教育国际研讨会,研究儿童成长发展的特点和普遍规律。

为了加强学前教育的国际交流和合作,联合国儿童基金会对发展中国家给予了大量的援助。从 1980 年开始,我国政府与之建立了多种合作关系,如和发达国家互换留学生和访问学者,进行跨国比较研究,以提高学前教育的整体水平。

阅读参考书目

1. 中央教育科学研究所教育情报研究室编,《当代外国教育发展趋势》,教育科学出版社 1986 年版。

2. 王桂等编,《当代外国教育——教育改革的浪潮与趋势》,人民教育出版社 1995 年版。

3. 李玢著,《世界教育改革走向》(迈向 21 世纪丛书),中国社会科学出版社 1997 年版。

4. 包秋主编,《世界教育发展趋势与中国教育改革》,人民教育出版社 1998 年版。

5. 陈建翔、王松涛著,《新教育:为学习服务》,教育科学出版社 2002 年版。

6. 王啸著,《全球化与中国教育》,四川人民出版社 2002 年版。

7. 朱慕菊主编,《走进新课程——与课程实施者对话》,北京师范大学出版社 2002 年版。

8. 钟启泉、高文、赵中建主编,《多维视角下的教育理论与思潮》,教育科学出版社

2004 年版。

9. 魏志春著,《公共事业管理》,上海教育出版社 2004 年版。

10. 李生兰著,《学前教育学》,华东师范大学出版社 2006 年版。

11. 李生兰著,《学前教育法规政策的理解与运用》,南京师范大学出版社 2012 年版。

12. 王晓辉、赵中建等译,《为了 21 世纪的教育——问题与展望》,教育科学出版社 2002 年版。

13. 〔法〕G·米拉雷特著,刘幸宇译,毓昕校,《世界各国学龄前教育动向》,吉林人民出版社 1983 年版。

14. 〔美〕克劳蒂亚著,《父亲之爱》,远方出版社 1998 年版。

15. 〔加〕大卫·杰弗里·史密斯著,郭洋生译,《全球化与后现代教育学》,教育科学出版社 2000 年版。

16. 〔美〕罗兰罗伯森著,梁光严译,《全球化——社会理论和全球文化》,上海人民出版社 2000 年版。

17. 〔美〕阿伦·C·奥恩斯坦、琳达·S·贝阿尔-霍伦斯坦、爱德华·F·帕荣克著,余强主译,《当代课程问题》,浙江教育出版社 2004 年版。

18. Betty Po-King Chan, Early Childhood Toward the 21ˢᵗ Century：A Worldwide Perspective, Yew Chung Education Publishing Company, 1990.

网上浏览

利用计算机,打开下列网址,搜索有关世界学前教育发展方面的信息。

1. http：//www. babycenter. com

2. http：//www. unesco. org

3. http：//www. 21learn. org

4. http：//www. asiansources. com/combish. co

5. http：//www. dragonsource. com www. qikan. com

6. http：//www. cwii. org. cn

7. http：//www. worldbank. org

8. http：//www. un. org

9. http：//www. unicef. org

10. http：//www. oecd. org

复习思考题

1. 20 世纪初期学前教育观的主要特点是什么?

2. 20 世纪中期学前教育观主要有哪些特点?

3. 20 世纪后期学前教育观的基本特征是什么？

4. 你是如何看待世界学前教育发展衍变的？

练习题

下列短文摘自 Lawrence Prochner 所写的论文 Themes In Late 20th— Century Child Care and Early Education：A Cross-National Analysis，试将其译成汉语，并谈谈你的看法。

For a variety of reasons-historical, political, ideological, and idiosyncratic-the terminology used to describe social and educational programs for young children is diverse. In western nations, the generic term "early childhood education" is generally used to describe services for both the care and education of children from birth to age 8. A number of factors contributed to the creation of a single system of what has been termed "educare": the expansion of child care to include infants; the overlapping history of kindergartens, day nurseries, and nursery schools; the professionalization of nursery education; and the rise of the idea of infant competence. Nevertheless, in practice, child care in many instances is primarily custodial.

Internationally, child care in a group setting may be offered in a creche, day nursery, nursery, nursery school, school, kindergarten, day care, or child care center. Some of these terms are grounded in the history of the service. For example, since the 19th century, public kindergartens in Finland served a child care function and have assumed the name day care only in the last two decades. Others, however, describe a philosophy, for example, of the dual focus on care and education, as in the educare system in New Zealand, preschools in China, nursery centers in Great Britain, and creche-kindergartens in the Soviet Union. There are also unique services developed to meet a specific need, for example harvest creches in Russia and Taiwan, market creches in Liberia, and mobile creches for children of construction workers in India.

第九章　比较学前教育的研究

美国一所幼儿园户外活动环境

内容提要

本章首先阐述了我国比较学前教育研究的信息传播渠道、阶段以及多种学术交流活动；然后对比较学前教育研究的国际组织与国际会议作了介绍，并论述了比较学前教育研究正在表现出的特点。

第一节　我国的比较学前教育研究

一、比较学前教育研究的信息传播

（一）信息的传播人员

我国比较学前教育研究的队伍逐渐壮大，且趋于年轻化。主要人员有教育理论工作者及部分教育行政干部和实际工作者。理论工作者一般是高等院校学前教育学院（或学前教育学系、学前教育专业等）的教师和国际与比较教育研究所的研究人员，如华东师范大学学前教育与特殊教育学院学前教育学系以及国际与比较教育研究所、北京师范大学教育系学前教育专业以及国际与比较教育研究所、东北师范大学教育科学学院以及国际与比较教育研究所等；行政干部多为国家或省级教育委员会的学前教育行政官员和研究人员;实际工作者一般是学前教育机构的负责人。

(二) 信息的传播渠道

我国比较学前教育研究的传播渠道日趋多样化。

一是传统的大众传播渠道——书籍、报刊,其中刊物又有两类:(1)教育理论刊物,如《全球教育展望》、《比较教育研究》、《外国教育研究》、《外国中小学教育》等,不定期地刊登比较学前教育研究的成果。(2)学前教育刊物,如《学前教育研究》、《幼儿教育》、《学前教育》、《早期教育》、《幼教博览》、《山东教育(幼教版)》、《启蒙》、《为了孩子》、《儿童健康》、《父母必读》等,都设有专栏,定期反映比较教育研究的最新进展。这种渠道传播的信息容量较大、内容翔实,时有一些有深度的研究成果。

二是当代的科技传播渠道——广播、电视、音像声像制品。科技的发展,电视的普及,使这种传播途径对比较学前教育的研究有重大的作用。它传播的信息具体形象,易于把握。例如,让学前教育工作者边观看外国幼儿园一日活动的录像带,边分析与我国幼儿园一日活动的异同点,就显得比较容易把握。

三是现代的高科技传播渠道——互联网。随着计算机的普及,信息社会的来临,比较学前教育也走进了网络世界,缩短了不同国家在地理、社会和经济等方面的距离。例如,北京师范大学国际与比较教育研究所 1999 年 1 月 1 日,开通了国际互联网站点——"比较教育在中国",对"立足中国,放眼世界"、及时反映国内外比较教育专业各个层次的综合信息、介绍国际比较教育界的研究机构与科研成果、学术动态以及改革发展趋势、了解世界比较教育概况都有着重人的意义。上海学前教育网也于同年 4 月 21 日加入因特网,设有展现国内外学前教育最新动态的"新闻摘要"栏目和反映国外学前教育新理念、新思维、新方法的"环球新风"栏目,对实现"一流城市一流教育"、使学前教育走向世界具有积极的影响。我国的一些学前教育杂志,如《为了孩子》、《父母必读》、《学前教育文荟》等也设有自己的网址。此外,一些著名幼儿园也上了互联网,为世界了解中国的学前教育、关注中国的学前教育,创造了更便捷的条件。

(三) 信息的传播阶段

改革开放以来,我国比较学前教育研究的信息传播大致可分为三个阶段:

第一阶段是 20 世纪 80 年代,主要是翻译、介绍国外学前教育方面的信息:在国别上集中于苏联和欧美发达国家,在内容上侧重于学前教育概况和儿童智育。这一时期的译作有:《学前儿童智力教育问题》(刘心昌译,王曙春校,[苏]Н·Н·波季亚科夫,《心理学探新》,1988 年第 1 期)、《儿童期的心理卫生》(卢琬君译,[美]L·P·索普,《外国心理学》,1985 年第 4 期)、《儿童认识能力的观念变化》(张勇伟、李炎译,[美]格尔曼、布朗,《现代外国哲学社会科学》,1988 年第 6 期)、《幼儿早期教育的现代模式》(曹秋平译,[美]伯纳德·斯波戴克,《外国教育资料》,1989 年第 1 期)、《早期教育中的性别歧视及其对策》(李生兰编译,[美]G·S·莫里逊,《早期教育》,1989 年第 8、9 期)、《教师评估幼儿的形式与技能》(李生兰编译,[美]B·斯波戴克,《外国教育参考资料》,1989 年第 3 期)、《婴幼儿和学龄前儿童的适应障碍》(郭连舫译,戴君君校,[英]托尔伯特·阿诺德,《现代外国哲学社会科学文摘》,1988 年第 9 期)、《把培养儿童的创造能力作为学前教育的目标》(李其龙译述,[西德]迪克·施韦尔特,《学前教育》〔外国教育丛书〕,人民教育出版社,1980年版)等;介绍性的文章有:《简述苏联学前教育的知识体系理论》(邓鲁萍,《外国教育资料》,1987 年第 1 期)、《苏联学前教育理论的演变与发展》(曹筱宁,《学前教育研究》,1987年第 4 期)、《苏联学前教学论的进展》(邓鲁萍,《外国教育》,1988 年第 5 期)、《美国的学前教育》(曹筱宁,《教育研究》,1985 年第 6 期)、《美国幼儿教育中存在的两种主要错误》(李生兰,《幼儿教育》,1989 年第 8、9 期)、《美国矫正幼儿不良行为的新方法》(李生兰,《学前教育》,1989 年第 9 期)、《美国、加拿大的早期儿童教育》(高思,《学前教育研究》,1989 年第 2 期)等。

第二阶段从 90 年代初期至中期,主要是介绍、评价国外学前教育发展的状况,在国别上有所扩大,除了对美国、英国学前教育发展某些领域进行较为深入的研究之外,还对北欧及东欧国家、澳大利亚、日本、泰国等国家的学前教育有所评介;在内容上有所拓宽,不仅涉及学前儿童的社会教育、审美教育、健康教育,而且还扩展到学前教育的途径和手段如游戏,以及学前教育的核心成分如课程。这一时期的作品有:《美国的幼儿社会教育》(李生兰,《外国教育资料》,1990 年第 3 期)、《美国幼儿园影响幼儿社会化的教育因素》(李生兰,《比较教育研究》,1993 年第 2 期)、《美国早期教育课程的理论与实践》(李生兰,《外国教育研究》,1992 年第 4 期)、《最重要的是儿童——漫谈英国幼儿教师的儿童教育观》(吴晓燕,《早期教育》,1993 年第 3 期)、《英国儿童学习乐器的动因分类研究》(李生兰,《中外教育》,1993 年第 1 期)、《英国幼儿教育的策略》(李生兰,《启蒙》,1994 年第 12 期)、《英国学前游戏小组协会》(王纬虹,《学前教育》,1993 年第 12期)、《德国波鸿马克大街幼儿园见闻》(艾勇强,《学前教育》,1992 年第 3 期)、《瑞典儿童的早期教育》(李生兰,《中外教育》,1993 年第 4 期)、《八十年代丹麦学前教育的发展与改革》(李生兰)、《东欧国家的儿童早期特殊教育》(王纬虹,《幼儿教育》,1994 年第10 期)、《澳大利亚的学前教育课程》(李生兰,《比较教育研究》,1993 年第 1 期)、《孩子是主人——参观日本幼儿园杂记》(李雅君,《幼儿教育》,1994 年第 5 期)、《日本幼儿园的体育活动及设施》(余碧君,《幼教园地》,1994 年第 1—2 期)、《日本重视培养幼儿自我教育的能力》(白石,《幼儿教育》,1990 年第 5 期)、《日本幼儿园的游戏评价》(余碧君,《幼儿教育》,1993 年第 10 期)、《颇具特色的泰国幼儿教育》(曹能秀,《学前教育研究》,1994 年第 2 期)。

第三阶段从 90 年代中期至今,除了更加广泛地介绍五大洲的学前教育发展与改革动态以外,还对国内外学前教育发展的某些方面进行了深入的比较和全面的研究,归纳相同点,总结基本经验,探析产生不同点的原因,提出改进举措。这一时期的作品有:《美国幼儿园自我概念评介》(兰盛礼,《幼教园地》,1997 年第 9—11 期)、《美国教师与幼儿的谈话活动及评析》(李生兰,《幼教园地》,1996 年第 6 期)、《美国幼教师资培训的特点》(袁爱玲，《幼儿教育》，1997 年第 12 期)、《改革中的法国幼儿教育》(李生兰，《幼儿教育》，1996 年第 2 期)、《德国的学前教育》(李生兰，《幼教园地》，1995 年第 11 期)、《意大利学前教育概况》(窦庆禄，《比较教育研究》，1996 年第 2 期)、《挪威幼儿教育的发展研究》(李定开、黄丽红，《比较教育研究》，1998 年第 1 期)、《巴西学前教育的发展》(史国珍、黄志成，《外国教育资料》，1996 年第 6 期)、《新西兰的学前教育》(李生兰，《幼儿教育》，1997 年第 7—8 期)、《日本幼儿园教育课程的特点》(余碧君，《幼儿教育》，1997 年第 3 期)、《日本〈天使计划〉等幼教文件及启示》(刘馨，《学前教育》，1997 年第 11 期)、《发展中的马来西亚幼儿教育》(李生兰，《幼儿教育》，1996 年第 3 期)、《新兴的韩国幼儿教育》(李生兰，《幼儿教育》，1998 年第 7—8 期)、《以色列儿童的早期发展与父母的参与》(郑淑杰，《内蒙古师大学报》[哲社版]，1998 年第 4 期)、《朝鲜幼儿园教师的培养与提高》(焦敏，《幼儿教育》，1997 年第 1 期)、《非洲幼儿教育述评》(李生兰，《外国教育资料》，1996 年第 6 期)、《中国和日本幼儿教育的比较》(李生兰，《幼教园地》，1998 年第 5 期)、《中澳幼儿家庭教育的比较》(李生兰，《上海教育科研》，1995 年第 3 期)、《少子化时代幼儿家长教育观念的研究——中、日、韩跨文化比较》(杨丽珠、李灵、田中敏明，《学前教育研究》，1999 年第 5 期)、《国外关于游戏功能研究的新进展》(王小英，《学前教育研究》，1998 年第 1 期)、《论世界幼儿教育的基本经验》(霍力岩，《比较教育研究》，1998 年第 6 期)、《面向新世纪的世界幼儿教育》(李季湄，《学前教育研究》，1999 年第 5 期)等。

二、比较学前教育研究的学术活动

(一) 举办研讨学前教育的国际会议

20 世纪 80 年代末以来，我国政府、国家教育委员会和高等院校承办、联办了多次国际性学前教育学术会议，就学前教育的一系列问题与国外同行进行了广泛的交流。例如，1989 年 7 月，在香港召开了"21 世纪幼儿教育与发展"国际学术研讨会。1993 年 5 月，在广东江门举行了"幼儿教育与发展——对九十年代的挑战"国际会议，来自美国、英国、瑞士、澳大利亚、新西兰等国家的学前教育专家对师资、课程、游戏、家园合作等问题进行了交流。1995 年 9 月，在北京召开了亚太地区幼儿教育研讨会，70 多名海内外(如澳大利亚、日本、香港地区等)学者就学前教育课程与游戏、学前儿童的社会性发展与德育、幼儿艺术教育、社区教育、家庭教育、特殊教育等问题进行了研讨。同年，由南京师范大学与陕西师范大学联合举办了学前儿童一体化教育国际研讨会，中、美、英等国家与香港地区的代表参加了交流。1998 年，北京师范大学教育系与澳大利亚昆士兰技术大学学前教育系在北京联合举办了第二届"亚太地区幼儿教育研讨会"，中外学者围绕"21 世纪的幼儿教育"，就幼儿教育课程、幼儿游戏、幼儿社会性发展与教育、幼儿语言发展与教育、幼儿艺术教育、幼教师资培训、贫困及偏远地区的幼儿教育、幼儿家庭教育与社区教育等问题进行了交流。

此外，1995年在北京举行的第四次世界妇女大会，有来自约190个国家和地区的1.5万名代表出席了会议，会议的主题是"以行动谋求平等、发展与和平"，副主题是"健康、教育和就业"，会议还通过了《北京宣言》和《行动纲领》，倡导要向女童和妇女提供基本教育、终生教育、识字和培训及初级保健，促进以人为中心的可持续发展，提高学前儿童保育、教育质量。

（二）邀请、接待国外专家同行讲学、考察

为了加强与国外学前教育研究者和工作者的交流与合作，世界学前教育组织（OMEP）中国委员会、一些高等院校和科研机构还积极邀请国外专家学者来华讲学、做客座教授或兼职教授。例如，1986年10月日本保育学会副会长到北京和上海讲学、访问；1988年10月日本幼年教育协议会会长在福建福州讲学；同年11月美国柏特森教授在浙江湖州讲学。美国伊利诺斯大学B·斯波代克教授，在80—90年代期间，不仅为中国培养了许多学前教育研究生，而且还多次来华在北京、上海、广州、香港等地讲学，考察研究中国的学前教育问题。澳大利亚昆士兰技术大学学前教育系教授G·阿希比在90年代也曾多次应邀来华在北京、广东、湖北做学术专题报告。

与此同时，我国学前教育界还热情接待国外同行的参观、考察。例如，1995年，日本短期大学学前教师来到上海幼儿师范高等专科学校，观摩教育活动，参观琴房、体操房等；1998年，日本高校学前教育工作者来到华东师范大学学前教育与特殊教育学院学前教育学系，观摩学前教育专业课的教学改革活动，观看学生的艺术表演活动。

（三）走出国门研修、考察和交流

80年代中期，在联合国儿童基金会的资助下，或通过世界银行贷款，我国较发达地区的高等师范院校（如南京师范大学、北京师范大学、华东师范大学、东北师范大学、华中师范大学、上海幼儿师范高等专科学校等）学前教育专业的部分教师，以及中等师范学校（如北京幼儿师范学校、湖北幼儿师范学校）幼儿教育专业课的一些教师，到美国、英国、日本等国家进修、深造。

90年代初期，我国的一些高等师范院校（如福建师范大学、云南师范大学、内蒙古师范大学、安徽师范大学）的学前教育专业，也受到了联合国儿童基金会的资助，选派优秀教师赴澳大利亚等国家研修学前教育，组织教育行政干部到泰国考察学前教育。

90年代中期至今，在国家教育部的委派下，或在私人财团的资助下，高等院校教师和科研机构研究人员跨出国门的机会日益增多，校际交流、到异国做访问学者或进行合作研究也更加频繁。处于经济发展水平较高地区的学前教育实践工作者，也有了"冲出亚洲，走向世界"的机会，如上海、浙江、江苏、广东等省市的幼儿园教师到日本、新加坡、英国、美国、加拿大等国家进行参观和考察。

此外，我国学前教育工作者还到国外参加国际学术会议，同与会代表共同探讨学前教育的重大问题。例如，1985年7月参加了日本保育学会第38届大会；1988年7月出席日

本私立幼稚园联合会举办的"迎接 21 世纪幼儿教育国际会议"。自 1988 年 9 月我国正式加入世界学前教育组织（OMEP）[①]，成立 OMEP 中国委员会以后，跨出国门参加国际研讨活动更加频繁。1993 年 8 月在日本大阪参加亚太地区促进学前教育和保育发展国际研讨会；1994 年到美国乔治亚州参加"全美幼儿教育年会"，研讨怎样培养最能适应环境的人、怎样把别国的幼儿教育理论运用到自己国家、儿童阅读教学、电视对儿童的影响、先行教育方案、家庭教育与社会教育、残疾儿童教育、如何对待不同文化背景的儿童等一系列问题；1996 年 8 月出席在泰国曼谷举办的亚太地区幼儿教育国际研讨会等。

（四）深入研究重点课题

我国学前教育的研究受到了世界的关注，联合国儿童基金会在 90 年代对我国学前教育研究中的一些重要的科研项目、研究课题如"中国民俗育儿研究"、"正在兴起的中国社区学前教育"、"幼儿园与小学衔接的研究"等，给予了资助。联合国儿童基金会还与我国政府合作，召开学前教育经验交流会。例如，1998 年 5 月，教育部、联合国儿童发展基金会早期儿童发展项目经验交流会在河北省承德市召开。会议肯定了河北省充分利用本地资源，就地取材，制作教玩具，发展农村幼教事业的先进经验和有效做法；指出在经济欠发达地区，只要各级部门重视，因地制宜，就能促进幼儿全面和谐的成长。

我国一些研究机构还与国外同行合作，共同研讨学前教育中的一些有待认识或解决的问题。例如，江苏南京儿童心理卫生研究中心与美国夏威夷大学开展了合作研究，对南京地区独生子女在各个成长阶段的行为问题进行了纵向调查和细致分析，发现：独生子女随着年龄的增长，行为问题在逐渐减少；许多父母对独生子女有溺爱的倾向；独生子女中的男孩子在幼年期更容易被家长娇生惯养；从学前期到青春期，独生男童的行为改善程度高于女童等。

我国学前教育研究工作者在国内还积极申报国家科研项目，据统计，在全国教育科学"九五"课题中，关于比较教育方面的国家重点课题有 2 项；在国家教委 27 项重点课题中，有 1 项为比较学前教育；在青年基金课题中，有 2 项为比较教育。

第二节　比较学前教育研究的国际活动

一、比较学前教育研究的国际组织

（一）联合国教育、科学及文化组织（United Nations Educational, Scientific and Cultural Organization）

简称 UNESCO，成立于 1946 年，总部设在法国巴黎，学前教育的发展及师资培训和咨询服务、经验交流是其众多研究领域之一。几十年来，该组织对国际社会尤其是发展中国家的教育一直发挥着重要的作用，它通过颁布文件、召开会议、提供情报、开展活动，使

---

① 孙岩主编，《我们的足迹——中国学前教育研究会 20 周年资料汇集》，中国学前教育研究会，1999 年，第 435 页。

世界各国政府和公众逐步认识到学前教育的价值和使命,促进了国家之间的相互接触和多边合作,推动了世界学前教育的改革和发展。例如,该组织于 1966 年颁发了《关于教师地位的建议》;为了进一步提高教师的地位,又于 1994 年在日内瓦"国际教育大会"上举行了第一届国际教师节活动;1996 年把第 45 届"国际教育大会"的主题定为"面临社会和教育迅速变革之挑战的教师的作用"。

1981 年,该组织在法国巴黎召开了国际学前教育协商会议,专门讨论学前教育的概念,提出学前教育是"能够激起从出生直至进小学的儿童(小学入学年龄因国家不同而有5—7 岁之不同)的学习愿望,给他们学习体验,且有助于他们整体发展的活动总和"。1994 年该组织在西班牙萨拉曼卡召开了"世界特殊需要教育大会:入学和质量",92 个国家近 400 人出席会议,通过了《萨拉曼卡宣言:关于特殊需要教育的原则、方针和实践》和《特殊需要教育行动纲领》,强调每个儿童都有受教育的权利、独特的兴趣和学习需要,教育要适应儿童的需要,要重视幼儿的早期甄别、评估和激励,促进幼儿身体、智力和社会性的发展,为幼儿做好入学准备。

1999 年,该组织还公布了"丑陋的数字":全世界为根除文盲缺乏的资金为 60 亿美元,相当于欧洲和美国每年用于香水消费的一半,相当于世界军费的 0.77%;1.4 亿儿童不能接受基础教育;世界 4—14 岁的童工达 2.5 亿人。发起了名为"要求受教育权利支票"的运动,以一张价值 60 亿美元的象征性支票,"授权世界银行和国际货币基金组织使用",以使所有的人都能接受教育。

此外,该组织还把每年的 4 月 23 日定为"世界书香日暨版权日",以从小培养儿童热爱图书,视"书籍作为人类进步的阶梯"。

(二) 世界学前教育组织(World Organization for Early Childhood Education)

简称 OMEP,1948 年成立,总部设在挪威奥斯陆,旨在研究学前教育诸方面的问题,交流学前教育研究的各种成果,通过多种途径,促进儿童在家庭、托幼机构和社会中快乐地生活和健康地成长。该组织自成立以来,诚邀世界各国加盟,举办多种区域性、国际性会议,以加强学前教育工作者之间的了解、交流和合作。例如,1989 年 4 月,OMEP 日本委员会在大阪举办题为"亚洲学前教育相互了解与今后发展"的研讨会,来自中国、韩国、新加坡、马来西亚、泰国、菲律宾、尼泊尔、印度、斯里兰卡等国家的 200 多名学前教育工作者,就儿童权利、学前教育课程、师资培训、家庭教育等方面的问题进行了研讨。1989 年 7月,在英国伦敦召开 OMEP 第 19 届世界大会,40 多个国家和地区的 500 多位代表,就幼儿的道德教育、心理健康、语言教育、学习策略、家庭教育、玩具开发等议题进行了交流。1992 年 8 月,在美国亚利桑那大学举行第 20 届 OMEP 世界大会,38 个国家的 500 多位代表参加了会议,分发展与学习、家庭及社区与社会服务、健康与营养及环境、语言与读者、文化间与国际间行动五个专题进行讨论。1995 年 8 月,在日本横滨召开第 21 届OMEP 世界大会,来自美国、加拿大、法国、瑞士、西班牙、澳大利亚、新西兰、尼泊尔、印度尼西亚、中国、韩国、南非、智利等几十个国家的专家和学者,针对在现代环境中如何培育幼儿的问题展开了热烈的讨论。1996 年 8 月,在泰国召开亚太地区 OMEP 会议;1998 年 8 月,在丹麦召开第 22 届 OMEP 世界大会暨 OMEP 成立 50 周年大会。

(三) 联合国儿童基金会(United Nations Children's Fund)

简称 UNICEF,1946 年临时设立,1953 年正式成立,总部设在美国纽约,旨在帮助发展中国家解决儿童疾病、营养、医疗、保健和教育等方面的问题。该会自成立以后,给非洲、亚洲国家带来了福音,提供大量的经费和设备资助学前教育的发展,提高儿童入托入园率,改善办所办园条件,提高教师的职业素养。例如,1987 年 10 月,该会在朝鲜平壤召开幼儿教育现场会,推广普及学前教育的经验;80 年代中期后,该基金会开始援助我国学前教育工作者出国深造、访问讲学、科学研究等。

(四) 国际教育成就评价协会(International Association for the Evaluation of Educational Achievement)

简称 IEA,1967 年成立,现设在荷兰海牙,自 20 世纪 80 年代开始,重视对学前教育的成就进行评价,以促进跨国教育研究的发展。例如,1984 年,美国在第 25 届国际教育成就评价协会年会上提出,"影响儿童从 4 岁到入小学这一阶段的主要因素是什么"的课题以后,21 个国家合作探讨,利用 9 年的时间寻找出为儿童作好入学准备的有效途径。此外,该会还承担教育评价方面的培训工作。

此外,还有国际蒙台梭利教学法学会(Association Montessori International):1929 年成立于荷兰阿姆斯特丹,旨在传播蒙台梭利教育思想,促进各种儿童的发展;国际童年教育联合会(Association for Childhood Education International):1931 年成立于美国马里兰州,旨在促进儿童在学前教育机构、家庭以及社会中所应享有的权利、幸福和教育;世界教育研究会(World Association for Education Research):1953 年成立于比利时,旨在通过组织国际会议,情报交流,促进世界教育研究;国际家长合作学前学校(Parent Cooperative Preschools International):1960 年成立于美国印第安纳州,旨在促进提高家长与学前教育机构合作的能力,促进学前教育的发展;世界比较教育学会联合会(World Council of Comparative Education Societies):1970 年在加拿大渥太华成立,旨在促进全世界比较教育的研究和国际教育的发展等。

各种组织还经常合作开展活动、举办会议。例如,联合国教科文组织、儿童基金会、开发计划署和世界银行联合,于 1990 年在泰国宗迪恩召开"世界全民教育大会",150 多个国家和地区的 1500 多名专家、官员出席了会议;通过了《世界全民教育宣言:满足基本学习需要》和《满足基本学习需要的行动纲领——实施〈世界全民教育宣言〉的指导方针》这两个划时代的文件;提出要在 2000 年前,扩大幼儿的看护和发展活动,为贫困儿童、处境不利儿童和残疾儿童谋福利,重视家庭和社区的参与,使国际社会接受全民教育的思想。

再如,联合国教科文组织、儿童基金会、人口基金会等联合,于 1993 年在印度新德里召开"九个人口大国全民教育首脑会议",孟加拉国、印度、巴基斯坦、印度尼西亚、中国、埃及、尼日利亚、巴西和墨西哥的政府首脑或教育部长及代表 200 多人参加了会议;通过了

《德里宣言》和《行动纲领》，提出要优先考虑幼儿教育，提供高质量的幼儿保育和发展计划，注重发挥家庭和社会的作用。

二、比较学前教育研究的国际会议

国际会议的召开，有利于在世界范围内，就儿童观和教育观等一系列核心问题，形成共识，并为学前教育工作者的交流提供了广阔的天地，为研究领域相似、相近的学前教育研究者创造了进一步合作的机会。

20 世纪 70—80 年代，一些重要的国际学前教育会议，从举办者来看，以学术团体为主，具有民间性；从内容上来看，主要涉及儿童受教育权的保护、幼教机构的性质、幼儿教育的目标等方面。例如，1974 年，世界幼儿教育机构在委内瑞拉加拉加斯召开大会，提出幼儿教育机构是由幼儿、教师、父母等人组成的统一于社会的儿童教育中心。1976 年，联合国第 31 届大会作出了 1979 年为国际儿童年的决定，要求各国充分认识保障儿童福利的意义，检查儿童福利计划及法令的贯彻执行情况，成立保护儿童权益的机构。1978 年，在泰国曼谷召开的"学前教育新态度"区域性专家会议，提出每个儿童都有权利从胎儿至正式入学以前接受照管和教育，要把对本国所有学前儿童进行照管和教育的问题，当作社会计划的一个重要组成部分。1985 年，在日本东京召开日、美、欧幼儿教育和保育会议，分析了世界幼儿教育发展的趋势及现存的问题，主张要纠正片面强调智力开发、忽视儿童个性全面发展的错误倾向；国际幼儿教育协会副会长 H·布尔格在会上指出：发展幼儿的智能只是学前教育的一个方面，绝不能以牺牲儿童的社会性和情感的发展为代价来强调智力开发；这一观点对各国逐渐将儿童的整体发展作为幼儿教育的基本目标，产生了积极的影响。1989 年联合国在第 44 届大会上通过了《儿童权利公约》，标志着国际社会对儿童权利的承认和尊重。

进入 90 年代后，一些重要的国际学前教育会议，从举办者来讲，以政府部门为主，更具有权威性；从内容上来讲，主要是关于儿童的健康、环保教育、多文化教育、教育质量提高等方面。例如，1990 年世界儿童问题首脑会议在纽约联合国总部召开，159 个国家的元首或政府首脑出席，这是有史以来最大的一次全球性首脑会议；会议通过了《儿童的生存、保护和发展世界宣言》和《90 年代贯彻儿童的生存、保护和发展世界宣言的行动计划》，强调儿童至上的原则和"一切为了儿童"的新道德观，提出要在 2000 年前消除儿童死亡和营养不良问题，为全世界儿童的生存和正常发展提供必要的保护。1992 年在巴西里约热内卢召开的联合国环境与发展大会，100 多个国家 200 多名政府代表出席会议，通过了《里约环境与发展宣言》和《21 世纪议程——促进教育、公众意识和培训》，提出了"可持续发展"的新战略和新观念，拉开了各国对学前儿童进行环保教育的序幕。1994 年国际人口发展大会在埃及开罗举行，183 个国家参加了会议，通过《国际人口发展大会行动纲领——人口、发展和教育》，提出要正视整个人类所面临的人口、保健、教育和发展的挑战，确保所有儿童接受高质量的教育。1994 年第 44 届国际教育大会在日内瓦举行，有 700

多人参加,通过了《第 44 届国际教育大会宣言》和《为和平、人权和民主的教育综合行动纲领草案》,提出要给儿童教育的优先权,帮助儿童学会理解和尊重别人的文化,以适应多元化社会的需要,成为多文化世界的合格公民。1995 年社会发展问题世界首脑会议在丹麦哥本哈根举行,180 多个国家派代表出席会议,通过了《哥本哈根社会发展问题宣言》和《社会发展问题世界首脑会议行动纲领》,强调通过新的学习技术、广播和电视,推广并改革正规和非正规的学前教育,以改善贫穷幼儿成长的不利条件。1998 年 3 月在英国伦敦举行第二届世界儿童电视高峰会议,1000 多名成人代表、20 多名儿童代表出席,提出儿童电视的主人是儿童,儿童电视宪章应该由世界儿童来制定,一些成人代表当场签署了"儿童宪章"。1998 年 7 月第 10 届世界比较教育大会在南非开普顿召开,由南非比较与历史学会承办,主题是"教育·平等与变革",其中有"幼儿语言与识字"议题。1999 年学前儿童保育教育世界论坛在美国夏威夷举行首次活动,来自 35 个国家的 500 多名学前教育工作者出席了会议。

三、比较学前教育研究的未来走向

面对世界经济一体化、科学技术迅速发展、信息社会到来的挑战,学前教育加强国际交流和合作的必要性,比过去任何时候都显得重要。未来的比较学前教育研究将呈现出以下几个特点:

(一) 比较学前教育研究合作的全面性

学前教育的发展与社会经济的发展息息相关,随着世界经济一体化的到来,比较学前教育的研究也必将跨越国家洲际的边界,相互协作,联成一体。这种协作不仅在邻近国家之间开展,而且还应在工业化国家之间、发展中国家之间、发达国家与发展中国家之间进行,以共享人类的各种财富;不仅有智力上、行动上的,而且还有技术上、财政上的,以最大限度地发挥资源的作用;不仅依靠发达国家提供的资源,而且还要凭借发展中国家的资源,使教育的发展根基于各个国家供给的资源;不仅对发达国家有利,而且也对发展中国家有益,使处在不同发展水平上的每个国家都从中受益;不仅要考虑世界文化的多元性,同时也要考虑本土性,以发展国家文化、弘扬民族精神;不仅有制度、模式的移植引进,而且还有思想观念的碰撞交流,以激发创造精神。

(二) 比较学前教育研究形式的多样性

科学技术的日新月异,将使世界各国比较学前教育研究的形式变得更加丰富多彩。同一地区及同一大陆不同地区的不同国家、洲际间的不同国家,既可通过情报、书刊、师生交流,来扩大教育交流范围,丰富教育内容,改进教育方法;也可通过提供教育设备器械、音像制品、专家教师,来提高教师素质,加强国际了解,提高教育质量等。

(三) 比较学前教育研究内容的丰富性

信息社会的来临、因特网的开通,将使比较学前教育的研究能在较短的时间内,对各个方面的信息进行广泛的猎取,展开深入的研究。既能对本国学前儿童的教育问题进行研究,也能对移民儿童的教育问题、远在异国他乡的儿童的教育问题展开研究;既能对各国学前教育机构的教育进行研究,也能对家庭和社区教育进行研究;既能对世界学前教育的发展普及问题进行研究,也能对学前教育的质量提高问题进行研究;既能对学前儿童的特性进行研究,也能对教师素质进行探讨。

(四)比较学前教育研究资源的全球性

现代信息技术在迅速改变人们生活方式、学习方式和教育方式的同时,也将拓宽比较学前教育研究的信息资源,而为全人类所共享。它在克服地域和国家之间的交流障碍方面,取得了历史性的突破,使对地球上任何一个国家的教育资源的了解,都被置于每一个研究者的指尖,为每一个研究者、每一个研究机构、每一个国家从网上获取各种信息资源、参与全球教育资源的共享、合作和研究提供了可能。与此同时,每个研究者也可把自己的研究成果通过网络传向全世界。

今天的儿童是明日世界的公民,人类文明的生存、稳定和发展依赖于儿童,儿童将塑造世界的未来,在国家行动和国际合作中应优先考虑儿童,高度重视学前教育是时代的召唤和社会发展的需要。

阅读参考书目

1. 顾明远主编,《比较教育》(教育大辞典第 12 卷),上海教育出版社 1992 年版。

2. 吴凤岗主编,《中国民俗育儿研究》,中国大百科全书出版社 1993 年版。

3. 赵中建选编,联合国教科文组织教育丛书,《全球教育发展的研究热点——90 年代来自联合国教科文组织的报告》,教育科学出版社 1999 年版。

4. 李生兰著,《幼儿园家长开放日活动的研究》,华东师范大学出版社 2008 年版。

5. 联合国教科文组织教育丛书,联合国教科文组织国际教育发展委员会编著,华东师范大学比较教育研究所译,《学会生存——教育世界的今天和明天》,教育科学出版社 1996 年版。

6. 联合国教科文组织教育丛书,S·拉塞克等著,马胜利等译,周南照等校,《从现在到 2000 年教育内容发展的全球展望》,教育科学出版社 1996 年版。

7. 联合国教科文组织教育丛书,赵中建编,《教育的使命——面向二十一世纪的教育宣言和行动纲领》,教育科学出版社 1996 年版。

8. 联合国教科文组织总部中文科译,《教育——财富蕴藏其中》,由雅克·德洛尔任主席的国际 21 世纪教育委员会向联合国教科文组织提交的报告,教育科学出版社 1996 年版。

9. 赵中建主译,联合国教科文组织教育丛书,《全球教育发展的历史轨迹——国际教育大会 60 年建议书》,教育科学出版社 1999 年版。

10. 王晓辉、赵中建等译,联合国教科文组织教育丛书,《为了 21 世纪的教育——问题与展望》,教育科学出版社 2002 年版。

利用计算机,打开下列网址,搜索有关比较学前教育研究的信息。

1. http：//www. childchina. yeah. net
2. http：//www. online. edu. cn
3. http：//www. ed. uiuc. edu/projects/pecera/
4. http：//www. education. unesco. org/conferences. html
5. http：//www. naturjpn. com
6. http：//www. indiana. edu
7. http：//www. dragonsource. com
8. http：//www. wcces. net
9. http：//www. wto. org
10. http：//www. worldbank. org
11. http：//www. un. org
12. http：//www. unicef. org
13. http：//www. unesco. org
14. http：//www. undp. org

复习思考题

1. 你是如何看待我国的比较学前教育研究的?
2. 学前教育的国际组织与机构主要有哪些?
3. 联合国教科文组织在国际学前教育发展中起到了什么样的作用?
4. 未来的比较学前教育研究可能有哪些特点?

练 习 题

　　下面这段文字选自 Patricia P. Olmsted and Helena Hoas 所写的 Preschool Teacher Training in Finland, Hong Kong, Italy and Thailand — Accounts From the IEA Preprimary Project 论文的一部分,试将其译成汉语,并写出自己的看法。

　　IEA is the acronym of the International Association for the Evaluation of Educational Achievement. A non-government, non-profit organization of research institutions in 45 countries, IEA is known for its 25 years of comparative international studies in science, math, reading and other academic areas. The Preprimary Project is a first for IEA — a new downward extension of the organization's areas of concern to preschool-age children.

　　The Project has three phases and is designed to assess the following：1) the use of early childhood care and education arrangements, including both formal and informal settings; 2) the quality of children's experiences in these settings; and 3) the growing role these various care and education programs play in the development of young children. The age range of the children for the international study is 3 1/2 to 4 1/2 years, which in most countries is the child's last full year before entry into a regular school environment. The 14 participating countries are Belgium, Federal Republic of Germany, Finland, Hong Kong, Hungary, Italy, Kenya, Nigeria, the People's Republic of China, the Philippines, Portugal, Spain, Thailand and the United States. The High / Scope Foundation of Ypsilanti, Michigan, is serving as the coordinating center for both the international project and the United States project.

In all countries, the three phases of the project are: 1) family interviews, 2) observations of child care and education settings, and 3) a follow-up study to gauge effects of preschool children's care or educational experiences. Presently, the focus is on the first phase of the study, the family survey. This employs a 50-minute parent/ guardian interview jointly developed by the participating countries. For participation in the first phase, each country's researchers are locating a representative sample of families with children 3 1/2 to 4 1/2 years of age.

第十章　我国幼教工作者对国外儿童图画故事书的评价研究

美国一个社区图书馆工作人员在给幼儿讲故事

内容提要

　　本章首先呈现了我国幼教工作者对《饥饿的毛毛虫》的评价研究,其次说明了我国幼教工作者对《猜猜我有多爱你》的评价研究,最后引介了我国幼教工作者对《小威向前冲》的评价研究。

第一节　我国幼教工作者对《饥饿的毛毛虫》的评价研究

一、问题的提出

　　联合国教科文组织早在 1972 年就向全世界发出了"走向阅读社会"的号召,1995 年又宣告 4 月 23 日是"世界读书日"。我国政府在 2010 年颁发的《关于当前发展学前教育的若干意见》中指出:要"加强对幼儿园玩教具、幼儿图书的配备与指导,为儿童创设丰富多彩的教育环境";在 2011 年发布的《中国儿童发展纲要(2011—2020 年)》中指出:儿童发展的一个"主要目标"是"培养儿童阅读习惯,增加阅读时间和阅读量。90％以上的儿童每年至少阅读一本图书",保证儿童发展的一项有效"策略措施"是"为儿童阅读图书创造条件。……为不同年龄儿童提供适合其年龄特点的图书,……广泛开展图书阅读活动,鼓励和引导儿童主动读书";在 2010 年颁布的《国家中长期教育改革和发展规划纲要(2010—2020 年)》中又指出:要"加强国际交流与合作。坚持以开放促改革、促发展。开展多层次、宽领域的教育交流与合作,提高我国教育国际化水平。借鉴国际上先进的教育理念和教育经验,促进我国教育改革发展,提升我国教育的国际地位、影响力和竞争力。适应国家经济社会对外开放的要求,培养大批具有国际视野、通晓国际规则、能够参与国际事务和国际竞争的国际化人才"。

　　图画故事书是通过一系列有(或无)文字的图画,为儿童讲述故事或传递信息的一种书。《饥饿的毛毛虫》(The Very Hungry Caterpillar)这本图画故事书是美国作者艾瑞克·卡尔(Eric Carle)专门为儿童创作的,1969 年出版之后,被译成 47 种语言,全球销量已超过 3000 万册。研究者 2005 年、2008—2009 年在美国访学期间,曾发现几乎每一所幼儿园都拥有这本图书。2008 年该书被译成汉语,在我国出版发行。但研究者在国内许多幼儿园里,都没有看到过这本图书。为了了解我国幼教工作者对这本图画故事书的喜好倾向和价值判断,以便能为今后"探索多种方式利用国外优质教育资源",优化幼儿园的课程与教材,提高儿童的阅读能力提供科学的依据,研究者开展了这项研究。

《饥饿的毛毛虫》封面

二、研究的过程

(一)制作评价资料

　　把《饥饿的毛毛虫》这本图画故事书[①],翻拍成 13 张照片,编成 PPT1—13;把这本书的文字内容制成 PPT14。

(二)设计评价表格

　　针对这本图画故事书的内容,编制评价表格,共有 6 个封闭式的单项选择题,每题有

---

① [美]艾瑞克·卡尔著,郑明进译,《饥饿的毛毛虫》,明天出版社 2008 年版。

5个备选答案(从 A 到 E,强度渐弱);把评价表格制成 PPT15。

(三) 选择研究对象

随机向 G 省、H 省、J 省、S1 省(市)、S2 省、Z 省的幼教工作者发放评价表[①];依次向他们播放 PPT1—15;要求他们在看完这些 PPT 以后,完成评价表上的各个问题;分别对这些省(市)的幼教工作者进行集体访谈,交流各自的观感。

(四) 统计评价表格

共发放评价表72 份(各省 12 份),回收61 份,回收率为85%;去除未完全作答的评价表,有效评价表56 份(其中教师 16 份、园长 25 份、教研员和科研员及师训员 15 份),有效回收率为78%[②];上机处理有效表格,得出各项研究结果(见图 10-1)。

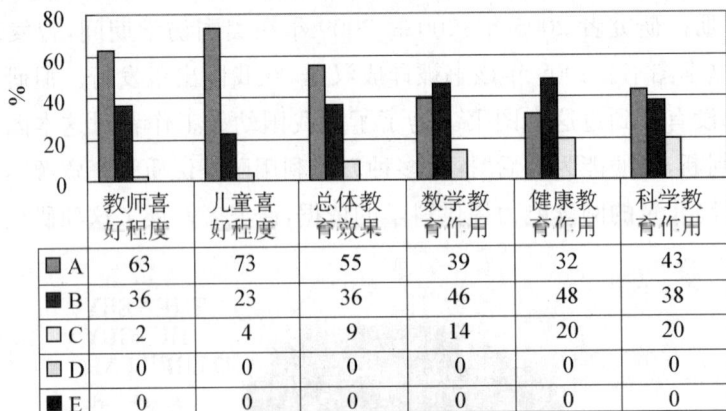

	教师喜好程度	儿童喜好程度	总体教育效果	数学教育作用	健康教育作用	科学教育作用
□ A	63	73	55	39	32	43
■ B	36	23	36	46	48	38
□ C	2	4	9	14	20	20
□ D	0	0	0	0	0	0
■ E	0	0	0	0	0	0

图 10-1 对《饥饿的毛毛虫》的评价结果

三、研究的结果与分析

(一) 教师对这本图画故事书的喜好程度

从图 10-1 可知:我国99%的幼教工作者是喜欢这本图画故事书的,其中"很喜欢"的占 63%,"较喜欢"的占 36%,"一般"的占 2%,"较不喜欢"和"很不喜欢"的均占 0%。

访谈得知:我国幼教工作者之所以喜欢这本书,主要是因为:"书的设计独特"、"制作新颖";"图画书的颜色很鲜艳"、"很美丽"、"十分养眼";"图画很精美"、"亮丽";"故事很有趣"、"很有意思"、"很吸引人","很有创意"、"给人耳目一新的感觉";"毛毛虫很可爱"、"很好看";"蝴蝶很漂亮"、"惹人喜爱"。

由此可见,我国幼教工作者主要是从图书的外表和设计、色彩和形式、内容和情节这几个方面来说明自己的喜好的,这本充满了诗情画意、匠心独具的图画书令人过目难忘,叫人赞不绝口。教师对优秀童书的喜好是没有国界的。2007 年,"美国教育协会"(NEA)

---

① 研究者遵循科研规范,将这些省(市)的真实名称全部隐去,分别用符号代替。

② 维尔斯曼认为,调查一类专业人群,最低回答率被认为是 70%。参阅[美]威廉·维尔斯曼著,袁振国主译,窦卫霖校,《教育研究方法导论》,教育科学出版社 1997 年版,第 222 页。

所做的一项调查也表明，这本图画故事书受到广大教师的青睐，被推荐列入100本最佳童书之中①。

（二）儿童对这本图画故事书的喜好程度

从图10-1可知：我国96％的幼教工作者推测儿童也会喜欢这本图画故事书的，其中认为儿童会"很喜欢"的占73％、"较喜欢"的占23％、"一般"的占4％、"较不喜欢"和"很不喜欢"的均占0％。

访谈得知：我国幼教工作者之所以认为儿童也会喜欢这本书，主要是因为："绚丽的色彩容易引起小朋友的注意"；"新颖的图画能吸引小朋友"；"故事很有童趣"；"一些画页按阶梯状排列，小朋友很容易翻动书页"；"每个水果上都有一个小圆洞，太神奇了，小朋友肯定会喜欢的"、"会把自己的小手指头伸到小洞洞里去抠一抠的"、"会用手去挖的"；"毛毛虫从洞里面钻出来，小朋友看了会感到新奇的"、"会开心的"；"许多食品也都是小朋友喜欢吃的"、"好吃的食物会引起小朋友的兴趣的"；"毛毛虫胖乎乎的，很可爱的"、"红红的脑袋"、"碧绿的身体"、"小朋友都会喜欢看的"、"毛毛虫后来变成了一只漂亮的大蝴蝶，小朋友肯定会喜欢的"。

由此可见，我国幼教工作者非常了解儿童的心理特点，不仅意识到艳丽的色彩、新异的绘画能引发儿童的好奇心、注意力，而且还认识到别具一格的虫洞、多种多样的食物能激发儿童的探索欲望、创造行为。这本老少皆"爱"的经典童书也受到英国人的推崇。早在2003年，英国广播公司所进行的一项阅读民意调查就表明，该书被公众投票评为英国人最喜爱的书籍；在英国人看来，这本书是一个深受喜欢的经典形象，精彩故事吸引着一代代的儿童，延绵不断②。

（三）这本图画故事书对儿童的教育效果

从图10-1可知：我国91％的幼教工作者认为这本图画故事书会对儿童产生极好的教育效果，其中认为会产生"很好"的教育效果的占55％、"较好"的教育效果的占36％、"一般"的教育效果的占9％、"较差"和"很差"的教育效果的均占0％。

访谈得知：我国幼教工作者之所以认同这本书对儿童具有良好的教育效果，主要是因为："它是一本可以看也可以玩的好书"；"图文并茂"，"简单易懂"；"能教给幼儿许多东西"，例如，"能帮助幼儿认识颜色"、"数字"、"食物"、"昆虫"；"寓教于乐"，"采用了生动有趣的方式来描述自然现象：小毛毛虫怎样变成了一只大蝴蝶"。

由此可见，我国幼教工作者能从教育的内容和形式上，来全面认识这本书对儿童成长发展的表层价值，这是令人欣喜的；但还没有能从教育的核心和实质上，来深刻理解这本书对儿童生命教育的潜在价值，这是令人遗憾的。这本构思巧妙的图画书能把儿童带到童话般的世界里，儿童通过跟随毛毛虫自由自在地去旅行，就能在不知不觉中感受到自然

① http://www.nea.org，2012年1月6日。
② http://comic.people.com.cn，2012年1月7日。

的神奇和美妙、生命的美丽和珍贵。生命,实际上就是一段旅程,幼教工作者可以透过蝴蝶的生命周期(如从小小的蛋到又小又饿的毛毛虫,再到又肥又大的毛毛虫,再到茧,最后再到漂亮的蝴蝶),来唱响对儿童进行生命启蒙教育的赞歌。

(四)这本图画故事书对儿童数学教育的作用

从图 10 - 1 可知:我国 86％的幼教工作者认为这本图画故事书对儿童数学教育的作用是巨大的,其中认为作用"很大"的占 39％、"较大"的占 46％、"一般"的占 14％、"较小"和"很小"的均占 0％。

访谈得知:我国幼教工作者之所以认可这本书对儿童数学教育具有极大的作用,主要是因为:"它讲到了星期的概念"和"数字","巧妙地包含了一周七天,1—7 的数字",例如,"有星期日、星期一、星期二、星期三、星期四、星期五、星期六、星期日"、"从一到五",还有"两个多星期";它还"提到了一一对应的关系",例如,"星期一吃了一个、星期二吃了二个、星期三吃了三个、星期四吃了四个、星期五吃了五个";此外它还"说到了许多量词",例如,在星期六吃的许多东西中,就有"一颗"、"一条"、"一个"、"一块"、"一根"、"一片"、"一间"、"一只"等等。

由此可见,我国幼教工作者能比较全面地认知这本书对儿童数学教育的具体作用:既能帮助儿童认识 10 以内的数字、各种各样的量词,使儿童能理解"1"和"许多"及其相互关系,又能帮助儿童掌握星期的概念、时间的顺序,使儿童能知道一周有 7 天,哪天在哪一天的后面。数学概念虽然是儿童比较难以理解和掌握的,但这本书通过把抽象的概念具体化、形象化、趣味化,就会使儿童的数学学习变得生动活泼、事半功倍、轻而易举。

(五)这本图画故事书对儿童健康教育的作用

从图 10 - 1 可知:我国 80％的幼教工作者认为这本图画故事书对儿童健康教育的作用是强大的,其中认为"很大"的占 32％、"较大"的占 48％、"一般"的占 20％、"较小"和"很小"的均占 0％。

访谈得知:我国幼教工作者之所以认可这本书对儿童健康教育的巨大作用,首先是因为它列出了毛毛虫一周的食谱:"毛毛虫每天都在吃水果","每天吃的水果都是不一样的";其次是因为它画出了毛毛虫的成长变化:"毛毛虫慢慢长大了"、"越长越大";再次是因为它写出了毛毛虫肚子痛的原因:"毛毛虫吃得太多了,肚子就痛了",这样就会使幼儿明白"吃东西要适量"、"要有节制"、"不能吃个不停"、"不能暴饮暴食"的道理,否则"就会像毛毛虫一样肚子痛的";最后是因为它还开出了治愈肚子痛的药方:"要少吃一点"、"要吃点蔬菜"、"要吃一片树叶子,这样就会觉得舒服多了"。

由此可见,我国幼教工作者已发现了蕴藏在这本书中的对儿童进行健康教育的多种因子,既有助于儿童理解生长发育与进食水果之间的密切的因果关系,又有助于儿童形成多吃水果蔬菜、少吃肉类甜食的健康的饮食习惯。在许多省(市)幼儿园的"家长园地"上,研究者都看到各班教师张贴出来的"肥胖儿童名单"。例如,在 S1 省(市)X 幼儿园大(2)班的"家园天桥"里,教师就写出了 9 位儿童的名字(其中超重 5 人,轻肥 4 人)。这竟然占到全班儿童总数(共有 32 名)的 28%。实际上在面对挑食和贪吃零食的"小胖墩"时,教师就可以"拿毛毛虫来说事",以有效地帮助儿童矫正不良的饮食习惯,促进儿童的健康成长。2011 年卫生部曾就《中国妇幼卫生事业发展报告(2011)》举行了发布会①,指出我国儿童肥胖问题比较突出,在北京、上海、广州等大城市都出现了"小胖墩儿"的现象,号召要通过广泛开展健康教育,对儿童进行营养指导,改变儿童不良的生活习惯,促使儿童合理膳食、增强运动,以减少儿童肥胖的发生。

(六) 这本图画故事书对儿童科学教育的作用

从图 10 - 1 可知:我国 80% 的幼教工作者认为这本图画故事书对儿童科学教育的作用是极大的,其中认为作用"很大"的占 43%、"较大"的占 38%、"一般"的占 20%、"较小"和"很小"的均占 0%。

访谈得知:我国幼教工作者之所以认同这本书对儿童科学教育的巨大作用,主要是因为:它"画了苹果、梨子、李子、草莓、橘子","有助于幼儿认识不同种类的水果";还"画出了巧克力蛋糕、冰淇淋、黄瓜、乳酪、火腿、棒棒糖、樱桃派、香肠、杯子蛋糕、西瓜","能帮助幼儿了解不同的食物"、"食品";此外它还"写了由蛋到虫、再由茧到蝶的进化过程","能丰富幼儿关于昆虫的知识"、"动物的知识"。然而,也有几位幼教工作者提出了质疑,"'蝴蝶'不是从'蛹'里出来的吗?""怎么会是从'茧'里出来的呢?""是不是被作者写错了呀?"

由此可见,我国幼教工作者已认识到了这本书对儿童进行科学教育的鲜明价值,例如,能扩展儿童关于食物和动物的知识;与此同时,还彰显了我国幼教工作者勇于质疑的精神、挑战权威的胆识,这是难能可贵的。其实,早有读者对该书中"从茧到蝶"的说法提出过疑问,作者也给予了回应:作者曾请教过昆虫学家,大多数蝴蝶的确都是由"蛹"变来的,但有一种罕见的帕纳塞斯绢蝶,则是由"茧"而来的。此外,作者还自嘲道:我有一个不科学的解释就是我的蝴蝶是独一无二的,我的毛毛虫是举世无双的,因为毛毛虫实际上是不吃冰淇淋等食物的。

四、研究的结论与讨论

(一) 结论

《饥饿的毛毛虫》这本图画故事书得到了我国幼教工作者的高度评价,其中:教师对这本书的"喜好程度"高于其他五个方面,位居第一;排在第二位的是"儿童"对这本书的"喜好程度";排在第三位的是这本书对儿童的"总体教育效果"是颇佳的;排在第四位的是这本书对儿童的"数学教育作用"是很大的;排在第五位的是这本书对儿童的"健康教育作用"和"科学教育作用"是较大的。

(二) 讨论

1. 优秀图画故事书的选购与阅读

《饥饿的毛毛虫》这条从美国爬出来的奇妙无比的"毛毛虫",一路畅通无阻地从一个

---

① http://www.moh.gov.cn,2011 年 11 月 21 日。

国家爬到了另一个国家,已经"吞噬"了世界上无数个儿童的心,而今它已爬到了我国。但访谈发现,我国幼儿园大都没有购置这本世界公认的优秀童书。图画故事书是儿童人生的第一本书,如果我们能把这种受到教师和儿童喜爱的且教育价值极高的读物选购来,摆放在幼儿园图书馆或班级图书区的书架上,那么儿童就有机会打开图书,在知识的书本上爬行,在阅读中体验快乐,在"悦读"中获得成长;"破茧成蝶",在成长的花丛中飞舞;动脑动手,创作自己的毛毛虫书。这样,我国儿童就不会输在起跑线上,就不会落后于外国的同龄儿童,从而为培养国际化的人才打下良好的基础。

2. 教师专业成长的自主权与维护

在访谈会上,许多教师抱怨,他们虽然喜欢这本图画故事书,但是他们却没有权力购买它,因为只有园长才能决定幼儿园和班级图书的选购事宜;一些教师反映,他们不可能在课堂上把这个故事讲给儿童听,因为在指定的"教材"和"教参"里都没有要求讲这个故事,他们不能自说自话,增加这个故事,同时他们也没有时间去讲这个故事,因为规定的教学内容已占满了每天的日程;几个教师表示,他们会向家长推荐这本书,请家长购买后,读给孩子听,以弥补心中的一些缺憾;还有几个青年教师说道,这本书让他们爱不释手,他们会自己去买,在家里讲给孩子听,"肥水不流他人田"。如果这种现象继续下去,不及时地加以纠正,那么势必会泯灭教师专业成长的积极性和自主性,导致幼儿园教育滞后于家庭教育的"怪象"出现。

3. 园长课程领导力的培养与增强

在访谈会中,许多园长反映,虽然国家对幼儿园课程的监控并不算多,主要只是从宏观上来加以调控和引导的,但地方各级部门对幼儿园课程的微观监管和控制却显得过多过严,他们通过频繁的评估、督导、评奖、比赛等一系列的工作,来给幼儿园的课程套上重重枷锁,致使园本课程名存实亡,没有生存和生长的空间,园长只需要按部就班地执行上级的各种指令就行了。比如,要求你去征订什么样的"教材"和"教参",你就必须去征订,而不需要具有对本园课程加以设计、开发和运用的领导能力(如根据教师和儿童的兴趣爱好,及时把这本精品童书添置来,作为教学的辅助资料)。《基础教育课程改革纲要(试行)》指出:课程改革的目标之一就是要"改变课程管理过于集中的状况,实行国家、地方、学校三级课程管理,增强课程对地方、学校及学生的适应性"。因此,如何处理好"国家课程、地方课程和园本课程"之间的一致性和互补性的关系,在有效实施国家课程和地方课程的基础上,支持和鼓励幼儿园合理开发园本课程,使这"三套马车"能密切配合、齐心协力促进儿童健康快乐的成长,就成为摆在我们幼教工作者面前必须迅速予以解决的一大难题。

4. 幼教培训活动的质量与提升

近两年来,随着我国政府对幼教重视程度的日益提高,对幼教经费的不断增加,全国各地的幼教培训活动蒸蒸日上,如雨后春笋般的发展起来。在国家级培训中,既有按区域划分的江北培训、江南培训,也有按对象区分的园长培训、教师培训。一方面,这种划片分区的培训,在考虑到地方适宜性的同时,也暴露出了一些不足之处。例如,培训内容没能做到与时俱进,及时引介国内外先进的教育理念和教育实践。在交谈时,研究者发现:来自江北的幼教工作者基本上都没听说过、更没看过这本图画故事书,而来自江南的幼教工作者则有几位听说过、看过这本图画故事书。另一方面,这种依据不同对象的培训,在考虑到工作针对性的同时,也表现出了一些不当之处。例如,培训对象之间不能进行多种沟通,相互理解,形成共识。在交谈中,研究者发现:听说过、看过这本图画故事书的教师要略多于园长。因此,在今后的幼教培训活动中,我们要注重增强实效性,适时打破区域之间、对象之间的界限,实现无边界的多向互动和广泛交流,以真正提高幼教工作者的教育水平和专业能力,促进园长和教师的共同发展。

第二节 我国幼教工作者对《猜猜我有多爱你》的评价研究

一、问题的提出

联合国教科文组织早在 1972 年就向全世界发出了"走向阅读社会"的号召,1995 年又宣告 4 月 23 日是"世界读书日"。我国政府 2010 年在颁布的《国家中长期教育改革和发展规划纲要(2010—2020 年)》中指出:要"加强国际交流与合作。坚持以开放促改革、促发展。开展多层次、宽领域的教育交流与合作,提高我国教育国际化水平。借鉴国际上先进的教育理念和教育经验,促进我国教育改革发展,提升我国教育的国际地位、影响力和竞争力。适应国家经济社会对外开放的要求,培养大批具有国际视野、通晓国际规则、能够参与国际事务和国际竞争的国际化人才"。在颁发的《关于当前发展学前教育的若干意见》中指出:要"加强对幼儿园玩教具、幼儿图书的配备与指导,为儿童创设丰富多彩的教育环境"。在 2011 年发布的《中国儿童发展纲要(2011—2020 年)》中指出:儿童发展的一个"主要目标"是"培养儿童阅读习惯,增加阅读时间和阅读量。90％以上的儿童每年至少阅读一本图书",而保证儿童发展的一项有效"策略措施"就是要"为儿童阅读图书创造条件。……为不同年龄儿童提供适合其年龄特点的图书,……广泛开展图书阅读活动,鼓励和引导儿童主动读书"。

图画故事书是通过一系列有(或无)文字的图画为儿童讲述故事、传递信息的一种图书。《猜猜我有多爱你》(Guess How Much I Love You)是爱尔兰作家山姆·麦克布雷尼(Sam McBratney)与英国画家安妮塔·婕朗(Anita Jeram)共同为儿童创作的一本图画故事书,1994 年、1995 年相继在英国、美国出版,现已风靡世界,被译成 37 种语言,全球销量高达 1500 万册以上;2005 年被译成汉语,在我国出版发行。但研究者在国内许多幼儿园调研时,却没有看到过这本书。为了了解我国幼教工作者对这本书的兴趣爱好和价值取向,以便能为今后"探索多种方式利用国外优质教育资源"、提高儿童的阅读能力、加强儿童的情感教育提供依据,研究者开展了这项研究。

《猜猜我有多爱你》封面

二、研究的过程

（一）制作评价资料

把《猜猜我有多爱你》这本图画故事书翻拍成 7 张照片[①]，编成 PPT1—7；把这本书的文字内容制成 PPT8。

（二）设计评价表格

针对这本图画故事书的内容，编制评价表格，共有 6 个封闭式的单项选择题，每题有 5 个备选答案（从 A 到 E，强度渐弱）；把评价表格制成 PPT9。

（三）选择研究对象

随机向 G 省、H 省、J 省、S1 省（市）、S2 省、Z 省的幼教工作者发放评价表[②]；依次向他们播放 PPT1—9；要求他们在看完这些 PPT 以后，完成评价表上的各个问题；分别对这些省（市）的幼教工作者进行集体访谈，交流分享观感。

（四）统计评价表格

共发放评价表 72 份，回收 61 份，回收率为 85％；去除未完全作答的评价表，有效评价表 56 份（其中教师 16 份、园长 25 份、教研员与科研员及师训员 15 份），有效回收率为 78％[③]；上机处理有效表格，得出各项研究结果（见图 10－2）。

---

① ［爱尔兰］山姆·麦克布雷尼文，［英国］安妮塔·婕朗图，梅子涵译，《猜猜我有多爱你》，明天出版社 2008 年版。
② 研究者遵循科研规范，将这些省（市）的真实名称全部隐去，分别用符号代替。
③ 维尔斯曼认为，调查一类专业人群，最低回答率被认为是 70％。参阅［美］威廉·维尔斯曼著，袁振国主译，窦卫霖校，《教育研究方法导论》，教育科学出版社 1997 年版，第 222 页。

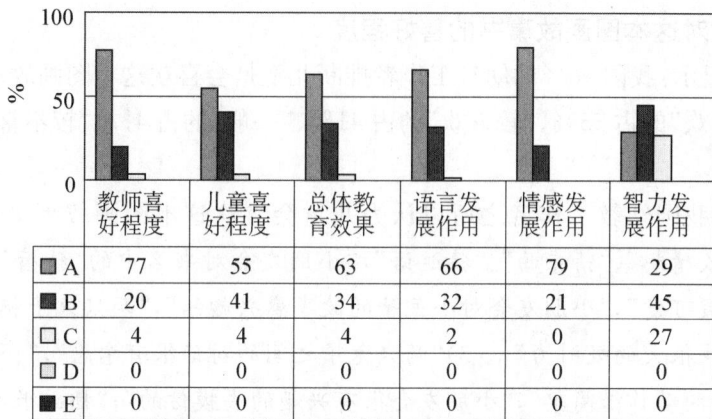

图 10-2 对《猜猜我有多爱你》的评价结果

	教师喜好程度	儿童喜好程度	总体教育效果	语言发展作用	情感发展作用	智力发展作用
A	77	55	63	66	79	29
B	20	41	34	32	21	45
C	4	4	4	2	0	27
D	0	0	0	0	0	0
E	0	0	0	0	0	0

三、研究的结果与分析

（一）教师对这本图画故事书的喜好程度

图 10-2 显示：我国 97％的幼教工作者表示自己是喜欢这本图画故事书的，其中"很喜欢"的占 77％、"较喜欢"的占 20％、"一般"的占 4％、"较不喜欢"和"很不喜欢"的均占 0％。

访谈发现，我国幼教工作者之所以喜欢这本图画故事书，主要是因为"这本书实在太优秀了"，"读完了以后，非常地感动"，"很是惊喜"，"都想流泪了"：(1)"书的名称很吸引人"，"让人感到惊喜"，"'猜猜我有多爱你'这句话太普通了，但却让人感到非常的温暖"。(2)"书的内容很有意思"，"很有趣"，"很浪漫"，也"很感人"，"很温馨"。(3)"书中表达爱的方式很独特"，"很绝妙"，"让人眼前为之一亮"，例如，"我爱你一直到月亮那里，再从月亮上回到这里来"；"书里表现爱的形式很丰富"，"很精彩"，"让人感到无比的震撼"，"把自己对别人的爱充分地展现出来了"，"真没想到爱还可以用这么多的方式来加以表白"。(4)"书的语言简单"、"朴实"，"这个睡前的谈话活动，使人感到无比的温暖"。(5)"书的图案很精美"，"颜色好看"、"平和"、"养眼"。

由此可知，我国幼教工作者喜欢这本图画故事书的原因不仅在于它的图案、颜色、语言等外部特征，而且还在于它的名称、内容、形式等内部特征。精彩绝伦的图案、好看养眼的颜色、激情四射的语言、新颖独特的书名、深切感人的内容、丰富多彩的形式都使我国幼教工作者心生爱意，充满了喜和乐。"爱"是个美丽动人的字眼，特能吸引人的眼球，因为我们每个人都需要爱，都渴望去爱和被爱；爱无时无刻不萦绕在我们的周围，充溢着我们的生活，需要我们去体验，去表达，去回报；"爱"虽然难以计量，但是"母爱"却远远大于"爱母"，这就是生命的传承与爱的奉献。这些幼教工作者皆为女性，特重情感，极易动情，何况他们大都已为人母，"生儿方知父母爱"，"养儿方知父母恩"。所以，他们能和这本书产生强烈的情感共鸣，坚信母爱的博大和无私。事实上，教师对经典图画故事书的喜爱是没有国界的。早在 2007 年，美国教育协会所做的一项研究就表明，这本书深受广大教师的喜爱,被推荐为 100 本最佳童书之一①。

(二) 儿童对这本图画故事书的喜好程度

图 10-2 显示:我国 96％的幼教工作者推断儿童是会喜欢这本图画故事书的,其中认为儿童会"很喜欢"的占 55％、"较喜欢"的占 41％、"一般"的占 4％、"较不喜欢"和"很不喜欢"的均占 0％。

访谈发现,我国幼教工作者之所以认为儿童会喜欢这本图画故事书,主要是因为:(1)"小朋友喜欢猜想"、"猜东西"、"猜谜语","小朋友会对书名中的'猜猜'很感兴趣的"。(2)"小兔子活泼可爱","小朋友会对小兔子的故事感兴趣的","两只兔子相互较劲的故事会对小朋友产生很大的吸引力"。(3)"两只兔子之间的对话很有意思","小朋友会感到快乐的";"小兔子的动作很简单","小朋友会很有兴趣的去模仿的";"插画很可爱","小朋友会喜欢看的";"这个睡前游戏","小朋友会喜欢玩的"。

由此可知,我国幼教工作者是比较了解儿童的心理特征的,他们深知:(1)儿童喜欢猜测、假想、"打破砂锅问到底",而故事的名称及开头的"猜猜我有多爱你"这句话,则"正中下怀",能够激发儿童翻开图书的兴趣。(2)儿童喜爱小动物,喜欢听故事,而故事中的"主人翁"小兔子则是儿童非常熟悉的、容易认同的一种小动物,这个"拟人化"的小兔子可以起到"同伴"效应的作用,使儿童能和书中的小兔子同喜同乐,进而引发儿童阅读图书的行为。(3)儿童容易兴奋、喜欢模仿、爱好分享,而故事中的小兔子通过不断升级的话语和动作、持之以恒地向大兔子"示爱"、"秀爱",则使故事妙趣横生、童趣盎然,能够强化儿童继续阅读的愿望。(4)儿童喜欢攀比、较劲、好胜心强,而故事中的小兔子坚持不懈地与大兔子"比爱"、"拼爱"、"PK 爱"的灵气和勇气以及"屡战屡败"、"屡败屡战"、"不达目的决不罢休"的锐气和霸气,则给故事"火上浇油",并使"战火越烧越旺",这样就能强化儿童把读书进行到底的行为。难怪这本世界性的经典图画故事书早在 1996 年就被美国图书馆协会(American Library Association)评为 24 本优秀童书之一②,同年还被美国书商协会(American Booksellers Association)授予年度最佳童书奖③。

(三) 这本图画故事书对儿童的教育效果

图 10-2 显示:我国 97％的幼教工作者认为这本图画故事书对儿童具有极好的教育效果,其中认为效果"很好"的占 63％、"较好"的占 34％、"一般"的占 4％、"较差"和"很差"的均占 0％。

访谈发现,我国幼教工作者之所以认为这本图画故事书会对儿童产生很好的教育效果,主要是因为:(1)"语言生动、形象","童言童语","语句简单","一问一答的对话",这些都是"小朋友能够理解的"。(2)"动作简易"、"生活化"、"夸张"、"有趣",例如,"小兔子做出各种动作来形容自己对妈妈的爱",这些都是"小朋友能够学会的"。(3)"小朋友会很容

① http://www.nea.org,2012 年 1 月 6 日。

② http://www.ala.org,2012 年 1 月 7 日。

③ http://www.bookweb.org,2012 年 1 月 8 日。

易记住小兔子表达爱的言语和动作","记得那些对话"、"妙语"、"动作"、"比方"。(4)"这个故事会对小朋友产生潜移默化的影响","知道自己不应该只被大人爱,还要去爱大人"。

由此可知,我国幼教工作者已认识到了这本图画故事书对儿童发展的重要的教育价值:(1)有助于儿童学会从记忆爱到理解爱。这本书借助情深似海的两只兔子,把抽象的爱具体化了,并淋漓尽致地表现出来,这就弥补了中国文化"喜欢把爱藏在心里,而不善于表达"的缺憾。如果儿童读过此书,那就能烙下小兔子的光鲜形象,记住小兔子的美丽话语,播下"情爱"的甜蜜种子,从而逐步学会了解爱,理解爱,表达爱,实践爱。(2)有助于儿童学会从爱父母到爱他人。这本书通过小兔子挖空心思来表达对大兔子的绵绵爱意,就为儿童提供了极好的模仿范例,使儿童能全面而又深刻地描述自己对父母的深情厚意。爱父母是人的初级的自然情感,这是爱他人、爱祖国等高级的社会情感发展的基础。苏联教育家苏霍姆林斯基就非常重视母爱教育,他把"要爱你的妈妈"作为学校的校训,在他看来,儿童只有在小时候学会了爱妈妈,将来长大了才可能去爱别人、爱家庭、爱祖国。(3)有助于儿童学会从接受爱到回报爱。这本书通过小兔子能想到的和能做到的所有方法来展示对大兔子的爱、大兔子对小兔子的爱的回应,表现出了爱的遥相呼应、博大深远、无边无际,这就有助于儿童意识到别人对自己的爱往往会多于自己对别人的爱,对别人要心存感激,知恩图报,使"人敬我一尺,我敬人一丈"的中华民族传统美德能够代代相传。

（四）这本图画故事书对儿童语言发展的作用

图 10-2 显示:我国 98％的幼教工作者认为这本图画故事书对儿童语言发展的作用是强大的,其中认为作用"很大"的占 66％、"较大"的占 32％、"一般"的占 2％,"较小"和"很小"的均占 0％。

访谈发现,我国幼教工作者之所以认可这本图画故事书对儿童语言发展的极大作用,主要是因为:(1)"它就像是一种亲密的谈话活动,小朋友会感到很轻松的"、"很开心的"。(2)"故事的语言很优美","小朋友会喜欢听"、"喜欢看"、"喜欢说的"。(3)"故事的词汇很丰富",例如,既有"这么多"、"多高"、"很远"、"一直到";又有"手臂"的"伸展"与"举起","脚"的"倒立"与"跳上跳下",这些都是"小朋友能够学会的"。(4)"书中的句子比较简单"、"有趣",例如,既有"我爱你"、"有这么多"、"我有多爱你";也有"我的手举得有多高,我就有多爱你"、"我跳得有多高,我就有多爱你"、"我爱你一直到我的脚趾头"、"我爱你一直到月亮那里",这些都是"小朋友很容易记住的"。(5)"书中的句子可以自问自答",也可以"一问一答";"小朋友可以模仿小兔子说话",也可以"听听大人模仿大兔子说话","得到大兔子积极的回应"。

由此可知,我国幼教工作者已清晰地认识到书中"潜伏"着的促进儿童语言发展的多种因子:(1)轻松愉快的气氛是儿童语言发展的心理条件,这能帮助儿童消除压力,使儿童敢于去说、大胆去说。(2)生动形象的图书是儿童语言发展的物质条件,这能保证儿童触摸精品,使儿童有机会去说、愿意去说。(3)不断扩大的词汇是儿童语言发展的基本条件,这能推进儿童厚积薄发,使儿童易于去说、准确去说。(4)多种多样的句型是儿童语言发展的必要条件,这能增强儿童表现能力,使儿童善于去说、喜欢去说。童年期是儿童语言迅速发展的关键时期,幼教工作者通过引导儿童去阅读国外经典图画故事书,就能使儿童更多地感受语言的魅力,更好地理解词义、掌握句型,更快地提高口语表达能力。

(五)这本图画故事书对儿童情感发展的作用

图 10-2 显示:我国 100% 的幼教工作者认为这本图画故事书对儿童情感发展的作用是巨大的,其中认为作用"很大"的占 79%、"较大"的占 21%、"一般"的、"较小"的及"很小"的均占 0%。

访谈发现,我国幼教工作者之所以认同这本图画故事书对儿童情感发展的强大作用,主要是因为:(1)"小兔子用自己的语言"、"身体的部位"("手臂","脚","脚趾头")、"许多动作"("伸展"、"举起";"倒立"、"蹦蹦跳跳")、"物体"("树干"、"小路"、"小河"、"灌木丛"、"夜空"、"月亮"),"来表示自己对妈妈的爱","直到累倒在大兔子的怀抱中睡着了",这些都能使小朋友受到"爱的熏陶"、"爱的感染"。(2)"小兔子拼命地显摆自己有多爱大兔子,大兔子也拼命地显示自己有多爱小兔子",这些都能使小朋友感到"爱的存在"、"爱的温暖"。(3)"小兔子和大兔子关于爱的对话,能使小兔子相信大兔子是很爱自己的",并"希望自己的爱能超过大兔子",这些都能使小朋友尝到"爱的甜蜜"、"爱的芳香","不能只接受别人的爱,还要学会用爱去报答别人"。

由此可见,我国幼教工作者已认识到儿童情感发展的特点及该书对儿童情感发展的影响:(1)儿童情感的变化性。儿童的情感容易激动、变化、外露而不稳定,经常会受到外界情境的支配和周围人的情绪的影响。故事中小兔子情绪的跌宕起伏,都会对儿童的情绪产生直接的影响,制约着儿童情感发展的轨迹。(2)儿童情感的暗示性。儿童的情感容易受到暗示,会"移情别恋",儿童喜欢故事中的小兔子,就会把发生在小兔子身上的事情迁移到自己的身上来,把小兔子对大兔子的爱意转化到自己对父母的爱恋上去。(3)儿童情感的感染性。儿童的情感容易受到感染,他们喜欢模仿自己的"梦中情人",书中可爱的小兔子的形象为儿童提供了"心仪"的榜样,激励儿童像小兔子一样,在享受大人之爱的同时,也能向大人回应自己的爱。爱是人世间最伟大、最深沉的一种情感,大兔子和小兔子之间爱意绵绵的故事其实就是我们生活中亲子之爱、师生之爱的真实写照。爱是千姿百态的,爱有无限的可能,爱实在不是一件容易衡量的东西,不论你用斗量还是用尺量;其实计算爱的结果并不重要,重要的是这个过程,在此过程中,我们能看到彼此的爱心,体验到相爱的幸福。爱是一门学问,需要我们用一生的时间来学习,来表达,来奉献;我们要吹响向"爱"进军的号角,把"爱"进行到底,使儿童每天都能沐浴着"爱"的阳光,快乐地生活,健康地成长。

(六)这本图画故事书对儿童智力发展的作用

图 10-2 显示:我国 74% 的幼教工作者认为这本图画故事书对儿童智力发展的作用是颇大的,其中认为作用"很大"的占 29%、"较大"的占 45%、"一般"的占 27%,"较小"和"很小"的均占 0%。

访谈发现,我国幼教工作者之所以认同这本图画故事书对儿童智力发展的促进作用,主要是因为：(1)"故事的语言形象"、"充满童趣"，这是"小朋友很感兴趣的"。(2)"小兔子很聪明"、"爱动脑筋"、"想出了许多好主意"，这是"能引人入胜的"。(3)"小兔子的身体动作很多"，例如，用"伸开手臂"、"举起手臂"、"倒立"、"跳跃"等来表示自己"对大兔子的爱心"，这些都是"小朋友很容易就学会的"。(4)"书中的妙言妙语很多"，例如，小兔子用"一直到小河那么远"、"一直到月亮那里"等来形容自己"对大兔子的爱"，这些都是"小朋友很快就能记住的"。

　　由此可知，我国幼教工作者已认识到这本图画故事书对儿童智力发展的积极作用，但还不够全面。心理学研究表明，儿童的各种心理过程都带有具体形象和不随意的特点，抽象概括的和随意的思维只是刚刚开始发展。儿童的智力发展包括观察力、注意力、记忆力、思维力、想象力的发展。(1)儿童的感知觉逐渐完善，对生动、形象的事物和现象容易认识，对较复杂的空间、时间的认识较差；观察的随意性水平较低。书中"小兔子与大兔子不停的示爱活动"，能够提高儿童观察事物的目的性、持续性和概括性。(2)儿童的注意很不稳定，对感兴趣的事物注意力较易集中，但时间不长。书中"小兔子与大兔子有趣的秀爱活动"，能够增强儿童组织和控制注意的能力。(3)儿童的记忆带有很不随意的和直观形象的特点。随着语言的发展，儿童随意识记的能力逐步得到发展，除了机械识记以外，他们已有意义识记的能力，对理解的材料要比不理解的材料识记的效果要好得多。书中"小兔子与大兔子温馨的对话活动"，能够发展儿童的理解能力和识记能力。(4)儿童的想象仍以再造想象为主，创造性想象正在发展；想象的主题容易变化，常常带有夸大性。书中"小兔子与大兔子夸张的体态活动"，能够提升儿童的想象内容和创造水平。(5)儿童的思维是在直接感知和具体行动中进行的，以后逐渐向具体形象思维过渡，并成为儿童思维的主要形式，因此，他们更多地依赖于生动的、鲜明的形象去认识和理解事物。儿童抽象逻辑思维开始发展，能运用词和已获得的知识经验进行分析、综合，形成对外界事物比较抽象的概念。书中"小兔子与大兔子直观的比爱活动"，能够发展儿童的比较能力和判断能力。

四、研究的结论与建议

(一) 结论

　　《猜猜我有多爱你》这本图画故事书受到了我国幼教工作者的大力追捧，其中：他们认为该书对儿童"情感"发展的作用最大，高于其他五个方面，位居榜首；排在第二位的是他们认为该书对儿童"语言"发展的极大作用；排在第三位的是他们非常"喜欢"这本书，认为该书对儿童的"总体教育效果"很好；排在第四位的是他们推断"儿童"也会非常"喜欢"这本书；排在第五位的是他们相信该书对儿童的"智力"发展也具有推进作用。

(二) 建议

1. 要把国外经典图画故事书引入幼儿园

　　图画故事书是儿童"人生的第一本书"，是儿童学习的重要形式，对儿童的发展具有独特的教育价值。世界学前教育组织(OMEP)早在 1997 年就把国际会议的主题定为"儿童与书",指出早期阅读能够丰富儿童的口头语言和书面语言,提高儿童的读写技能,发展儿童的想象能力和思维能力,促进儿童的社会化。《猜猜我有多爱你》这本世界经典图画故事书不仅受到美国教师的喜爱,而且也受到了我国幼教工作者的青睐,但研究者调查发现,目前国内还没有哪一所幼儿园把它引进图书室和教室。我们应该把这本广受师生欢迎的图书及时引入幼儿园,陈列在园部的图书室里、班级的图书区里,并安排足够的时间,引导儿童去阅读、分享和交流,促进师生的共同成长。一方面,教师要鼓励儿童对书中的精彩片断加以模仿和表演,通过互换角色,轮流扮演大兔子和小兔子,来让儿童充分地体验爱的温暖,以萌发儿童的爱心。另一方面,教师还要指导儿童对书中的某些情节进行改编和创编,启发儿童展开想象的翅膀,自由的飞翔,通过动脑、动口、动手,来开发儿童的智能。

2. 要把国外优秀图画故事书推介给家长

图画故事书是儿童成长的缩影,里面蕴含着喜怒哀乐、酸甜苦辣,不但滋润着儿童的心灵,而且也让他们学到如何有智慧地待人处世[1]。研究者调研时,只在 S1 省(市)X 幼儿园走廊的墙壁上,看到了"好书推荐"的宣传栏,呈现了 10 本图书的简介,其中一本就是《猜猜我有多爱你》。儿童阅读图画故事书通常是以与成人共读的形式来进行的,所以,幼儿园不仅要把精品图书推介给家长,使儿童能有机会走近这些图书,闻到图书的芳香,而且还要指导家长掌握读书的策略,鼓励家长利用各种时机与孩子一起阅读,陪伴孩子的成长。由于书中没有讲明大兔子和小兔子的性别及辈份,所以,教师要提醒家长灵活使用:如果是爸爸(或妈妈)给儿子(或女儿)讲故事,就可以把书中的大兔子说成是爸爸(或妈妈)、把小兔子说成是儿子(或女儿);如果是爷爷(或奶奶、外公、外婆)给孙子(或孙女)讲故事,就可以把书中的大兔子说成是爷爷(或奶奶、外公、外婆)、把小兔子说成是孙子(或孙女),这样不仅能激发孩子的阅读兴趣,拓展孩子的阅读范围,培养孩子的阅读习惯,而且还能吹响家庭的"爱心集结号",密切亲子之间的关系,提高亲子共读的质量。

3. 要把智能发展知识传递给幼教工作者

本研究表明,我国幼教工作者未能全面而又深刻地认识到《猜猜我有多爱你》这本图画故事书对儿童智力发展的各种作用。造成这一结果的原因可能是:近些年来,我国幼教界已从一个极端走向了另一个极端,特别重视儿童情商的培育,而忽略了儿童智商的发展;相信智力因素在一个人的成功中只能起到 20% 的作用,在其余的因素中,情商最为重要;智商决定一个人是否被录取,而情商则决定一个人是否被提升[2]。这一价值观和教育观对我国各级各类的幼教培训活动也产生了许多负面的影响。最近几年在全国各地举办

---

① 张贵勇,《相伴童年的最美记忆——儿童文学理论家彭懿谈图画书阅读》,《中国教育报》,2012 年 1 月 12 日。
② 李生兰著,《学前儿童家庭教育》,华东师范大学出版社 2006 年版,第 62 页。

的国培、省培和市培的活动中,培训内容大都是关于教育学类的知识和技能,而有关心理学类的基本理论和基础知识却较为鲜见。这种现象应该迅速加以扭转。在今后的各种培训活动中,我们应该加强心理学知识的传播和渗透,把智力、智力发展等核心概念和重要理论巧妙地植入培训内容中,以提高幼教工作者的心理学素养。

第三节　我国幼教工作者对《小威向前冲》的评价研究

一、问题的提出

国务院在 2010 年颁布的《国家中长期教育改革和发展规划纲要(2010—2020 年)》中指出:要"借鉴国际上先进的教育理念和教育经验,促进我国教育改革发展,提升我国教育的国际地位、影响力和竞争力";在 2011 年颁发的《中国儿童发展纲要(2011—2020 年)》中指出:儿童发展的一个"主要目标"是"培养儿童阅读习惯,增加阅读时间和阅读量。90%以上的儿童每年至少阅读一本图书",实现这个目标的一项有效"策略措施"是"为儿童阅读图书创造条件。……为不同年龄儿童提供适合其年龄特点的图书,……广泛开展图书阅读活动,鼓励和引导儿童主动读书"。

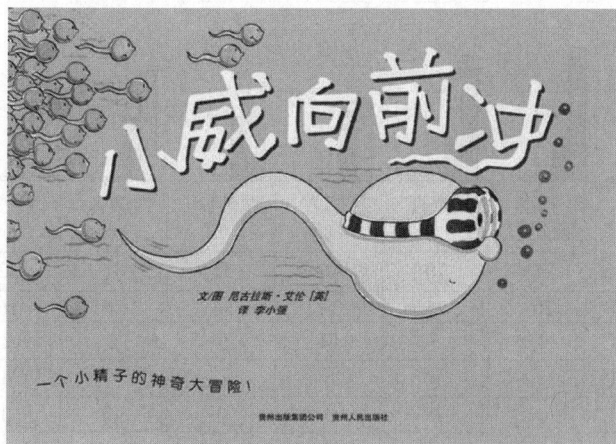

《小威向前冲:一个小精子的神奇大冒险》封面

图画故事书是通过图画和文字,为儿童讲述故事的一种图书。《小威向前冲:一个小精子的神奇大冒险》(Where Willy Went：The Big Story of a Little Sperm)这本世界经典图画故事书是英国作家尼古拉斯·艾伦(Nicholas Allan)为儿童创作的,2005 年在美国出版,英国《每日邮报》称之为"同类作品中的佼佼者";2008 年被译成汉语,在我国出版发行,但在国内许多幼儿园里,研究者并没有看到过此书。为了了解我国幼教工作者对这本图画故事书的喜好程度和价值取向,以便能为日后如何运用国外优质的教育资源、完善我国幼儿园的课程建设、增强儿童的阅读能力提供依据,研究者开展了这项研究。

二、研究的过程

（一）制作评价资料

把《小威向前冲》这本图画故事书[①]，翻拍成 24 张照片，编制 PPT1—24；把这本书的文字内容制成 PPT25。

（二）设计评价表格

针对这本图画故事书的内容，编制评价表格，共有 6 个封闭式的单项选择题，每题有 5 个备选答案；把评价表格制成 PPT26。

（三）选择研究对象

随机向 G 省、H 省、J 省、S1 省（市）、S2 省、Z 省的幼教工作者发放评价表[②]；依次向他们播放 PPT1 - 26；提示他们在看完这些 PPT 以后，完成评价表上的各个问题；分别对这些省（市）的幼教工作者进行集体访谈，交流各自的观感。

（四）统计评价表格

共发放评价表 72 份（各省 12 份），回收 61 份，回收率为 85％；去除未完全作答的评价表，有效评价表 56 份（其中教师 16 份、园长 25 份、教研员和科研员及师训员 15 份），有效回收率为 78％[③]；上机处理有效表格，得出各项研究结果（见图 10 - 3）。

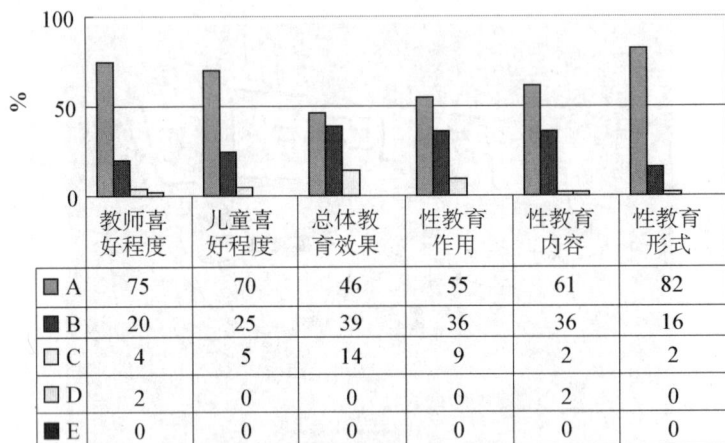

	教师喜好程度	儿童喜好程度	总体教育效果	性教育作用	性教育内容	性教育形式
A	75	70	46	55	61	82
B	20	25	39	36	36	16
C	4	5	14	9	2	2
D	2	0	0	0	2	0
E	0	0	0	0	0	0

图 10 - 3　对《小威向前冲》的评价结果

三、研究的结果与分析

（一）教师对这本图画故事书的喜好程度

图 10 - 3 表明：我国 95％的幼教工作者是非常喜欢这本图画故事书的，其中"很喜欢"

---

① ［英］尼古拉斯·艾伦文图，李小强译，《小威向前冲》，贵州人民出版社 2008 年版。

② 研究者遵循科研规范，将这些省（市）的真实名称全部隐去，分别用符号代替。

③ 维尔斯曼认为，调查一类专业人群，最低回答率被认为是 70％。参阅［美］威廉·维尔斯曼著，袁振国主译，窦卫霖校，《教育研究方法导论》，教育科学出版社 1997 年版，第 222 页。

的占 75%,"较喜欢"的占 20%,"一般"的占 4%,"较不喜欢"的占 2%,"很不喜欢"的占 0%。

访谈得知:我国幼教工作者之所以喜欢这本图画故事书,主要是因为:(1)它是一本"很不错的书"、"很好的书"、"很好的启蒙书"、"很棒的性教育书";"内容好","故事情节好","有教育意义";"印刷精美","语言简单","图画好看";"连这样的事情都能为小孩子写出来、画出来,实在了不起"。(2)它是一本"很美妙的书"、"很幽默的书"、"很有意思的书";"故事温馨"、"有趣,引人发笑,把精子人物化了";"图画可爱"、"幽默,不尴尬","给人以惊喜";"用这么可爱的方式去告诉孩子生命的起源"。

由此可见,我国幼教工作者对这本图画故事书的独特性和趣味性给予了高度的评价,他们认为不论是信息传递的内容还是呈现的方式都十分奇特、神秘、美妙、风趣。"兴趣是最好的老师"。有趣的内容是教师期待阅读的"兴奋剂",而有趣的方式则是教师持续阅读的"强化剂",一旦两者实行了"强强联合",就能发挥出"黏合剂"的凝固作用,提高教师的"悦读"品质。

(二) 儿童对这本图画故事书的喜好程度

图 10-3 表明:我国 95%的幼教工作者认为儿童也会非常喜欢这本图画故事书的,其中认为儿童会"很喜欢"的占 70%、"较喜欢"的占 25%、"一般"的占 5%、"较不喜欢"和"很不喜欢"的均占 0%。

访谈得知:我国幼教工作者之所以推断儿童也会喜欢这本图画故事书,主要是因为:(1)"小朋友喜欢小蝌蚪",而"小精子看上去像个小蝌蚪";"小朋友会对小精子感兴趣的,他们从来没有看到过这么好玩的小精子"。(2)"小朋友会喜欢小威的","会喜欢小威的造型"、"形象"、"会喜欢小威戴着蛙镜、游泳、冲刺的样子";"会对小威的'数学不好',但却是个'游泳高手'产生兴趣的"。(3)"小朋友会对小精子居住的地方感兴趣的";"会喜欢小威的蛙镜"、"号码牌的";"会喜欢布朗先生、布朗太太的身体地图的";"会对这些'寻宝图'感兴趣的","会像'走迷宫图'那样在书上走好几遍的"。

由此可见,我国幼教工作者是十分了解儿童的心理特征的,在他们看来:新奇拟人的造型画(如小威、小精子),容易唤起儿童的好奇和注意;丰富多样的装饰物(如蛙镜、号码牌),容易引起儿童的想象和思考;直观形象的路线图(如布朗先生和太太的身体地图),容易激起儿童的观察和探索。

(三) 这本图画故事书对儿童的总体教育效果

图 10-3 表明:我国 85%的幼教工作者认为这本图画故事书会对儿童产生良好的教育效果,其中认为教育效果会"很好"的占 46%、"较好"的占 39%、"一般"的占 14%、"较差"和"很差"的均占 0%。

访谈得知:我国幼教工作者之所以认同这本图画故事书对儿童具有良好的教育效果,主要是因为:(1)它能拓宽儿童的生命知识。"这个故事虽然不长,但是内容很充实,小朋友很容易接受";"这本书的文字不多,通俗易懂,可以用来教育小朋友","使小朋友知道自己以前是个小精子"、"自己是怎样从一个小精子变成一个小宝宝的",进而能使他们"认识到生命孕育的整个过程"。(2)它能增强儿童的自我意识。"这个故事能使小朋友知道小威、小娜的数学不是很好,但是游泳却很棒","这就能帮助小朋友认识到自己和他们一样","既有优点,也有弱点","有缺点的小朋友也很棒"。(3)它能提高儿童的审美能力。"这本书的许多图画都很优美,小朋友看了,就会受到美的熏陶"、"感染","增强审美的知识和技能"。

由此可见,我国幼教工作者已认识到这本图画故事书对儿童的生命教育、自我教育、审美教育的积极作用,但还没有意识到它对儿童的情感教育、意志教育的促进作用。(1)它还有利于培育儿童的亲子之情。书里讲到的布朗先生和布朗太太"亲密"地在一起、游泳大赛开始了、后来就有了小宝宝等内容,有助于儿童认识到正是有了爸爸和妈妈的相亲相爱,才有了自己,体会到爸爸和妈妈的甜蜜爱情,并萌发对爸爸和妈妈的爱恋之情。(2)它还有助于锻炼儿童的顽强意志。书中说到的小威是"三亿个小精子"中的一个,为了拿到"游泳冠军",他每天都非常刻苦地练习,比赛时使出了浑身的解数,奋力向前游,终于赢得了"美丽的卵子"这个奖品等内容,能促使幼儿以小威为榜样,向小威学习,努力拼搏,坚持到底,争取胜利。

(四) 这本图画故事书对儿童性教育的作用

图10-3表明:我国91%的幼教工作者认为这本图画故事书对儿童性教育的作用是鲜明的,其中认为作用"很大"的占55%、"较大"的占36%、"一般"的占9%、"较小"和"很小"的均占0%。

访谈得知:我国幼教工作者之所以认同这本图画故事书对儿童的性教育具有极大的作用,主要是因为:(1)该书"通过精美的图画"、"简单的语言","形象地说明了小孩子是从哪里来的",这是"小朋友能够接受的"。(2)"故事的设计很巧妙","通过小威","非常风趣地讲了一个精子如何遇到卵子、形成胎儿、生出小宝宝的故事",这是"小朋友很容易明白的"。(3)"有了图画故事书,小朋友就可以自己反复地看",既能"满足小朋友的好奇心",又能"提高小朋友的理解能力",此外还能"避免教师直接回答小朋友各种性问题时的尴尬"。

由此可见,我国幼教工作者基本上已认识到这本图画故事书对儿童性教育的作用。事实上,儿童在探寻生命奥秘的这一特殊的旅程中,因为有了小威,而变得趣味盎然;因为有了小威,还披上了一层神秘的面纱;因为有了小威,还拥有了一丝浪漫的情怀。这样"寓教于乐"的性教育,不仅能帮助儿童了解性别知识、认识生殖器官、知道生育过程,而且还能帮助儿童理解人性、发展人格、探索生命。生命的本性是追求快乐与幸福,生命教育的核心是快乐与幸福教育,而该书则能起到这样的功效,使儿童感受到生活中有快乐、生命里有幸福,从而学会珍视生命、热爱生命。

(五) 这本图画故事书对儿童性教育的内容

图10-3表明:我国97%的幼教工作者认为这本图画故事书对儿童性教育的内容是十分恰当的,其中认为"很恰当"的占61%、"较恰当"的占36%、"一般"的占2%、"较不恰

当"的占 2%、"很不恰当"的占 0%。

访谈得知：我国幼教工作者之所以认为这本图画故事书对儿童进行性教育的内容是恰当的，主要是因为它是一本"很实用的"、"很经典的科普书"，"内容充实"、"简单"、"贴切"、"适宜"：(1)"故事形象地讲述了生命的起源"、"生命的发生、发育和发展的过程"，"有趣而正确地说出了孩子是从哪里来的"，"把生育这个很难讲的事情讲得唯美又准确"，"能使小朋友感受到生命的奇妙和美丽"。(2)"故事用简洁的画面"，"画出了阴茎"和"子宫"及其"位置"、"精子"和"卵子"，"小朋友现在不一定能看懂，但会留下深刻的印象"；"故事用童话般的语言"，"比较贴切地讲解了精子与卵子的结合"、"胎儿孕育的过程"，"幼儿能听懂的"。(3)"故事讲了小威数学不好，但是个游泳高手"，还讲了"小娜也是个游泳高手，但数学成绩实在很糟糕"，这样就"太强调父母遗传的作用了"。

由此可见，我国幼教工作者认为这本图画故事书科学而又艺术地呈现了儿童性教育的具体内容。(1)生育概念的引介具有科学性和艺术性。该书大胆地科学地直呼"精子"和"卵子"的真实名称，而没有羞羞答答地把不准确的名词概念灌输给儿童，这样儿童日后就不必花费更多的时间去矫正错误的东西；该书还正确地指出了"精子"是住在"先生"的身体里的，而"卵子"是住在"太太"的身体里的，这就有助于儿童意识到"男性"拥有"精子"，"女性"拥有"卵子"。(2)生育过程的描绘具有科学性和艺术性。该书讲到小威这个小精子最先冲到了终点，"一头扎到了卵子里"，如此惟妙惟肖地描述"射精"过程，就能帮助教师轻而易举地向儿童解释这些难以启齿的问题，并能使儿童认识到父母共同创造了小孩；该书还讲到"一个神奇的生命开始了"，"布朗太太的肚子开始变大"，最后"小宝宝出生了"，如此精彩神奇地描写精子与卵子的结合、胎儿孕育的过程，就能帮助教师深入浅出地向儿童解释这些生涩难懂的问题，并能使儿童认识到小孩子是在母体内形成和生长的。(3)遗传作用的渗入具有科学性和艺术性。什么是遗传？遗传有什么作用？哪位科普学家不得费半天口舌来加以解释？！而这本书倒好，只凭借两幅画面来分别说明小威和小娜在数学及游泳上的表现，就把这个复杂的问题予以解决了，并能激发儿童把自己和父母加以比较分析，"对号入座"。

我国幼教工作者不仅看出了"潜伏"在该书中的"遗传"、"遗传基因"、"基因选择"的信息，而且还对书中过分地夸大了遗传的作用提出了质疑。"我手写我心"，该书实际上映射出了国外幼教工作者不同于我们的儿童观和教育观。"龙生龙，凤生凤，老鼠的儿子会打洞"这种"遗传决定论"的思想在西方国家很是盛行，在他们看来："遗传"对儿童身心发展的影响要大于"家庭环境"和"学校环境"；导致儿童"智力"不同的"最大因素还是遗传，假定一切因素合起来占 100 分的话，遗传要占到 75％甚至 80％"[1]；"不但一般的智力和特殊的才能有遗传的基础，其他心理品性例如性情也是同样的"[2]。

---

[1] 潘光旦编译，《优生原理》，天津人民出版社 1981 年版，第 3 页。

[2] 潘光旦编译，《优生原理》，天津人民出版社 1981 年版，第 105 页。

（六）这本图画故事书对儿童性教育的形式

从图 10-3 可知：我国 98％的幼教工作者认为这本图画故事书对儿童性教育的形式是非常有趣的，其中认为"很有趣"的占 82％、"较有趣"的占 16％、"一般"的占 2％、"较无趣"的和"很无趣"的均占 0％。

访谈得知：我国幼教工作者之所以认为这本图画故事书对儿童性教育的形式是有趣的，主要是因为：(1)书名风趣。"'小威向前冲'的书名很风趣"，"封面上的副标题——'一个小精子的神奇大冒险'很有趣"，这些都"能使小朋友产生好奇心，想翻开图书往下读"，并"通过和小精子一起去旅行，来感受人性的美妙"。(2)插图幽默。书中所配的各张"图画"，都很"简洁"、"精彩"、"美妙"、"神奇"，不论是"布朗先生和布朗太太的身体轮廓图"、"身体路线图"，还是"精子图"、"卵子图"、"受精卵成长变化图"均栩栩如生，形象逼真地展示了"人体的奥秘"，使原本"抽象高深"的学问变得"具体浅显"，从而能使儿童"受到良好的性启蒙教育"。(3)语言活泼。故事把"射精"说成了"游泳比赛"，把"卵子"说成了"冠军的奖品"，用如此"可爱"、"甜美"、"轻松"、"愉快"的方式回答了"孩子是从哪里来的"这个十分严肃而又艰难的问题。

由此可见，我国幼教工作者是从图画和文字这两个方面来肯定该书对儿童性教育的有趣形式的。20 世纪 90 年代中期以来，我国幼教界逐步走出了"谈性色变"的误区，在重视儿童性教育的内容的基础上，开始探讨儿童性教育的有效形式。有的学者提出要通过创编儿歌、童诗来对儿童进行性教育。例如，"我是从哪里来的？父母互爱成结晶，妈妈腹中我成形，呱呱歌唱来人间，双亲教我懂人生"；"为什么男孩有个'小鸡鸡'，女孩没有？男孩有个'小鸡鸡'，女孩有个'小屁屁'，世上生物分'男女'，科学道理要学习"[1]。可见，这样的表述过于含蓄，未能清楚地解说生育的真相。还有的学者提出要借鉴美国的谈话法、讨论法来对儿童进行性教育[2]。例如，"当儿童问：小孩子是从哪里来的？教师则答：小孩子是从母体的一个叫做子宫的地方出来的。他们在那里生长、发育，直到被生出来为止"；"当儿童问：小孩子是怎样进去的？教师则答：在母亲的子宫内有一个极小的卵子，在父亲的阴茎内有一个极小的精子，当精子和卵子来到一起时，小孩子就开始生长了"；"当儿童问：父亲是怎么样把精子放进母亲的身体里的？教师则答：父亲和母亲很近地躺在一起，父亲把阴茎放进母亲的阴道里，精子就从阴茎里流出来了"[3]。可见，这样的表述又过于直白，赤裸裸地说出了事实的真相。"不怕不识货，就怕货比货"。如果我们把中美英对儿童性教育的这三种形式加以比较的话，就可以判断出孰优孰劣。显然，英国的图画故事书这种形式要略胜一筹，它能站在儿童的角度和平面，运用儿童的思维和语言，把难以表达的事情写得如此的有趣，不仅能让教师发出会心的微笑，而且还能让儿童体验到生命的神

---

① 徐岫茹、王文雄文，林正雪绘画，《哇！这就是我》，《父母必读》，1996 第 1 期插页。

② 李生兰文，《美国学前儿童的性教育及启示》，《幼教园地》，1995 年第 1—2 期第 22 页。

③ Janet Brown McCracken. Reducing Stress in Young Children's Live［M］. Washington DC：The National Association for the Education of Young Children，1986，p. 15.

奇。"他山之石可以攻玉",今天我们可以借用这本书,来提高儿童性教育的质量。

四、研究的结论与建议

(一)结论

《小威向前冲》这本图画故事书得到了我国幼教工作者的高度评价,其中:教师对书里"性教育的形式"的赞扬,高于其他五个方面,位居第一;排在第二位的是教师对书中"性教育的内容"的称赞;排在第三位的是"教师"和"儿童"对本书的"喜好程度";排在第四位的是教师对本书"性教育的作用"的认可;排在第五位的是教师对本书"总体教育效果"的肯定。

(二)建议

1. 儿童图书阅读活动的推进

图画故事书不仅能滋润儿童的心灵,而且还能帮助儿童学会为人处世;童年有图画故事书相伴,对儿童来说是一件天大的幸事。2000 年以来,国外经典的图画故事书相继被引入中国,翻译出版,最近几年已达到了高峰,但图画故事书的阅读却还没有深入人心[1]。2012 年发布的《中国阅读:全民阅读蓝皮书(第二卷)》,建议将全民阅读列为国家文化发展战略,以建设全民阅读工程,打造书香中国[2]。我们幼教工作者要成为儿童阅读推广活动的"点灯人",既要在幼儿园和班级开展图书漂流活动,鼓励幼儿与教师共读,指导幼儿与同伴互读,倡导大家一起分享阅读的快乐;也要向家长推荐国外优秀的图画故事书,使儿童能在家庭书香的芬芳中茁壮成长;此外,还要在阅读活动中,注意拓宽儿童图画故事书的种类,均衡儿童的精神膳食营养,帮助儿童处理好"速读"与"慢读"的关系,使儿童能自由自在地沉浸在"悦读"之中;最后还要帮助儿童选择适当的图画故事书,掌握科学有效的阅读方法,以促进儿童阅读活动"点灯时代"的前行,使所有的儿童都能用心灯自己照亮自己,使书成为他们心中的太阳。

2. 儿童生殖健康教育的实施

《中国儿童发展纲要(2011—2020 年)》指出:保证儿童健康的一个主要目标是要"提高适龄儿童性与生殖健康知识普及率",为此要采取的一项"策略措施"是"加强儿童生殖健康服务。将性与生殖健康教育纳入义务教育课程体系,增加性与生殖健康服务机构数量,加强能力建设,提供适合适龄儿童的服务,满足其咨询与治疗需求"。幼儿园教育是义务教育的基础,因此,我们幼教工作者应对儿童进行启蒙的生殖健康教育:要帮助儿童树立正确的性态度,形成科学的性观念,使儿童能认识到人体的每一部分都有相应的用途,生殖器官是人体中十分重要的一个器官,应该加以保护和爱惜;要因龄而异,因材施教,不仅要采用集体活动、教学活动(如班级图画故事书教学活动)等正规的教育形式,来巩固儿童对生殖现象的认识,而且还要通过小组活动、个别活动(如班级区角图画故事书阅读活

---

[1] 张贵勇文,《相伴童年的最美记忆——儿童文学理论家彭懿谈图画书阅读》,《中国教育报》,2012 年 1 月 12 日。
[2] 韩晓东文,《中国阅读:全民阅读蓝皮书(第二卷)发布》,《中国教育报》,2012 年 2 月 1 日。

动)等非正规的教育形式,来加深儿童对生殖过程的理解;要帮助儿童了解生命存在和生命健康的意义,体验关爱生命和珍视生命的乐趣,提高生命意识和生命质量,为终身的健康成长奠定坚实的基础。

3. 幼教教学研究质量的提升

各级机构在围绕国外图画故事书组织教学研究的活动时,不要急功近利,搞花架子,请各类"名师"来"表演",然后由学员来"复制"、"拷贝"到自己的幼儿园里去,使"名师"的一个"优秀"教案成了"放之四海而皆准的真理",吃遍天下,而要重视教学研究活动的地方性、园本化,使每个教师都能从本地、本园、本班儿童的实际情况出发,开展教学活动,成为教学的"达人"。例如,在观摩了某个"名师"的公开课以后,教师首先要进行反思:这个题材是否适合自己的班级? 本班儿童是否会感兴趣? 他们是否具备了相关的知识经验? 当得到肯定的答案以后,教师再设计自己的教学方案,并要有所创新。此外,各种机构在围绕国外图画故事书评价教学研究的成果时,不能开后门,讲情面,而要掀开"人情"的盖头,把质量放在第一位;要稀释"竞赛"和"比武"的浓度,减轻个人的分量,提升教研组的地位;要关注教研活动的"生态"效应,使每个教师都能从这个"学习共同体"中获得成长。

4. 幼教师资培训活动的引导

各种机构在组织不同级别(如国家级、省级、市级)、不同类别(如园长、教师)的幼教培训活动时,一方面要注意内容的不断更新,要与时俱进,及时把握国内外儿童教育发展的动态,适时把最新的国外优秀图画故事书介绍给学员。另一方面还要注意形式的多样创新。要重视参与式培训,不应只要求学员静坐、旁听、记笔记、拍照、录像,而应多鼓励学员针对图画故事中的某个有趣的话题,提出自己的教学设想,"闪亮"登一次场,总结自己的教学感悟,这样每个学员就能通过民主平等的交流气氛、身临其境的切磋活动来增强自己的教育智能。

阅读参考书目

1. 李生兰著,《儿童的乐园:走进 21 世纪的美国学前教育》,南京师范大学出版社2011 年版。

2. [美]艾瑞克·卡尔著,郑明进译,《饥饿的毛毛虫》,明天出版社 2008 年版。

3. [爱尔兰]山姆·麦克布雷尼文,[英]安妮塔·婕朗图,梅子涵译,《猜猜我有多爱你》,明天出版社 2008 年版。

4. [英]尼古拉斯·艾伦文图,李小强译,《小威向前冲》,贵州人民出版社 2008 年版。

网上浏览

利用计算机,打下下列网址,搜索有关国外儿童图画故事书的信息。

1. http//kids. nypl. org

2. http//childrensbooksguide. com

3. http//www. nea. org

4. http//www. telegraph. co. uk

复习思考题

1. 你是如何看待《饥饿的毛毛虫》这本儿童图画故事书的？

2. 你是如何看待《猜猜我有多爱你》这本儿童图画故事书的？

3. 你是如何看待《小威向前冲》这本儿童图画故事书的？

练习题

将下列对话译成汉语，并写出自己的看法。

Child：Where do babies come from?

Adult：Babies come from a place inside the mother called the uterus. That's where they grow until they're ready to be born.

Child：How does the baby get out?

Adult：There's an opening between the mother's legs called the vagina. When the baby's ready, the opening stretches enough to let the baby come out.

Child：How does the baby get in there?

Adult：The mother has a tiny ovum inside her uterus. The father has a tiny sperm. When the sperm and the ovum come together，the baby starts growing.

Child：How does the daddy get the sperm in the mommy?

Adult：The father and mother lie very close together and put the father's penis inside the mother's vagina. The sperm come out through the father's penis.

Child：Why can't a man have a baby?

Adult：They aren't meant to. A man's body doesn't have a uterus where babies grow. The man's part is to help make the baby and to help care for it after it's born.

附录1 "比较学前教育"教学（考试）大纲

一、课程性质与目的

（一）课程性质

"比较学前教育"是通过对世界主要国家学前教育现状进行比较研究，来揭示学前教育发展的普遍规律和特殊规律，预测学前教育发展趋势的一门学科。

（二）课程设置目的

"教育要面向世界，面向现代化，面向未来"。"比较学前教育"课程的开设是我国学前教育与国际接轨的必然要求。

"比较学前教育"是学前教育专业本科教学计划中的一门必选课，旨在开阔学生的眼界，丰富学生的知识，使学生在广泛了解外国学前教育先进经验、失败教训的基础上，能去其糟粕，取其精华，"洋为中用"，以进一步深化我国学前教育的改革。

二、教学内容与要求

第一章　导论

（一）本章教学目的与要求

1. 了解：比较学前教育的研究内容与研究价值

2. 理解：比较学前教育的研究对象及基本特征

3. 运用：比较学前教育的研究方法和研究媒体

（二）教学内容与考核要求

第一节　比较学前教育的研究对象与基本特征（领会）

1. 比较学前教育的研究对象

2. 比较学前教育的基本特征

第二节　比较学前教育的研究内容与研究价值（识记）

1. 比较学前教育的研究内容

2. 比较学前教育的研究价值

第三节　比较学前教育的研究方法与研究媒体（运用）

1. 比较学前教育的研究方法

2. 比较学前教育的研究媒体

（三）教与学的建议

1. 本章教学重点与难点

（1）教学重点：比较学前教育的研究对象及基本特征。

（2）教学难点：比较学前教育的研究方法、研究媒体。

2. 本章教与学的建议

（1）启发学生回忆以前所学课程的研究对象、研究内容及研究方法，引导学生得出"比较学前教育"这门学科的研究对象、研究内容及方法等方面的结论。

（2）着重帮助学生在理解"比较"的基础上，掌握"比较学前教育"的基本内涵。

第二章　美洲的学前教育

（一）本章教学目的与要求

1. 了解：美洲国家学前教育发展的基本情况

2. 理解：加拿大学前教育的内容和途径

3. 掌握：美国学前教育的途径和课程

4. 运用：美国学前教育改革的措施

（二）教学内容及考核要求

第一节　美国的学前教育（运用）

1. 学前教育的机构与形式

2. 学前教育的目的与目标

3. 学前教育的任务与内容

4. 学前教育的途径与方法

5. 学前儿童自我概念课程

6. 学前教育的师资与培训

7. 学前儿童的家庭教育与社会教育

8. 学前教育的管理与评价

9. 学前教育的改革及举措

第二节　加拿大的学前教育（领会）

1. 学前教育的机构与形式

2. 学前教育的内容与途径

3. 学前教育的师资与培训

4. 学前儿童的家庭教育与社区教育

第三节　拉丁美洲国家的学前教育（识记）

1. 巴西的学前教育

2. 阿根廷的学前教育

3. 智利的学前教育

4. 墨西哥的学前教育

5. 委内瑞拉的学前教育

（三）教与学的建议

1. 本章教学重点与难点

（1）教学重点：美国、加拿大学前教育改革的基本规律。

（2）教学难点：拉丁美洲学前教育发展的现状及特点。

2. 本章教与学的建议

（1）可从介绍美洲的风土人情、价值观、儿童观入手，以激发学生的学习兴趣。

（2）在介绍美国幼儿园一日活动的安排时，先把时间写出来，让学生填写活动项目，然后教师再进行讲解。

第三章　欧洲的学前教育

（一）本章教学目的与要求

1. 了解：欧洲国家学前发展的概况

2. 理解：瑞典、丹麦学前教育的管理

3. 掌握：法国、德国幼小衔接的措施

4. 运用：英国学前教育的策略

（二）教学内容及考核要求

第一节　俄罗斯的学前教育（识记）

1. 学前教育的机构与管理

2. 学前教育的目标与实施

3. 学前儿童家庭教育的指导

4. 学前师资培养的课程

第二节　英国的学前教育（运用）

1. 学前教育的机构与管理

2. 学前教育的目标

3. 学前教育的策略

4. 学前教育的师资

5. 学前儿童的家庭教育与社会教育

第三节　法国的学前教育（运用）

1. 学前教育的机构与发展

2. 学前教育的目标与活动

3. 学前教育的师资与家庭、社区

4. 学前教育与小学的衔接

5. 学前教育的未来

第四节　德国的学前教育（运用）

1. 学前教育的机构

（三）教与学的建议

1. 本章教学重点与难点

（1）教学重点：欧洲共同体国家学前教育发展的基本经验。

（2）教学难点：俄罗斯学前教育的变革及启示。

2. 本章教与学的建议

（1）让学生观看一些反映欧洲国家学前教育发展状况的录像带、图片和照片，增加学生的感性认识。

（2）在讲述丹麦、瑞典等国家的学前教育特征时，重点使学生理解混合年龄编班对儿童发展的作用，把特殊儿童和正常儿童放在一起进行教育的优越性。

（3）在讲解德国学前教育的发展时，应与俄罗斯学前教育进行比较，使学生明白国家政体的变化对学前教育有重大的影响。

第四章 亚洲的学前教育

（一）本章教学目的与要求

1. 了解：亚洲国家学前教育发展的概况

2. 理解：朝鲜、印度学前教育的途径与方案

3. 掌握：新加坡、马来西亚、泰国学前教育的内容、途径和策略

4. 运用：日本、韩国学前教育的途径与策略

（二）教学内容及考核要求

第一节 日本的学前教育（运用）

1. 学前教育的机构与形式

2. 学前教育的目标与内容

3. 学前教育的途径与策略

4. 学前教育的师资与培训

5. 学前儿童的家庭教育及指导

第二节 新加坡的学前教育（运用）

1. 学前教育的价值与目标

2. 学前教育的内容与策略

3. 学前儿童的家庭教育

4. 学前儿童的社区教育

第三节 马来西亚的学前教育（运用）

1. 学前教育的机构与发展

2. 学前教育的内容与方法

3. 学前教育的师资与管理

第四节 泰国的学前教育（运用）

1. 学前教育的任务与途径

2. 学前教育的教师与家长

3. 学前儿童的社区教育

第五节 韩国的学前教育（运用）

1. 学前教育的法规和儿童观

2. 学前教育的机构与发展

3. 学前教育的任务与途径

4. 学前教育的师资与培养

第六节 朝鲜的学前教育（领会）

1. 学前教育的机构

2. 学前教育的内容与途径

3. 学前教育的师资与培训

第七节 印度的学前教育（领会）

1. 学前教育的机构

2. 学前教育的方案

3. 学前教育的目标

4. 学前教师的培训

5. 学前教育的问题

第八节 以色列国的学前教育（识记）

1. 学前教育的机构

2. 学前教育的目标

3. 学前儿童家庭教育的指导

第九节 土耳其的学前教育（识记）

1. 学前教育的机构与目标

2. 学前教育的途径

3. 学前教育的师资

第十节 亚洲其他国家和地区的学前教育（识记）

1. 科威特的学前教育

2. 伊朗的学前教育

3. 阿曼的学前教育

4. 巴林的学前教育

5. 塞浦路斯的学前教育

6. 阿拉伯也门共和国的学前教育

7. 阿拉伯联合酋长国的学前教育

8. 中国港澳台地区的学前教育

（三）教与学的建议

1. 本章教学重点与难点

（1）教学重点：日本学前教育发展的主要经验。

（2）教学难点：新加坡、马来西亚、泰国、韩国学前教育发展的特点。

2. 本章教与学的建议

（1）组织学生讨论中国学前教育发展与改革的现状及宏伟蓝图。

（2）介绍日本学前教育时，重点放在理解新的《幼儿园教育要领》上。

（3）在讲解"亚洲四小龙"的学前教育时，务必使学生认识到经济的发展为学前教育的发展提供了必要的物质前提。

第五章　非洲的学前教育

（一）本章教学目的与要求

1. 了解：非洲国家学前教育发展的困境

2. 理解：南非学前教育的途径与方法

（二）教学内容及考核要求

第一节　南非的学前教育（领会）

1. 学前教育的机构与形式

2. 学前教育的内容与途径

3. 学前教育的方法与师资

第二节　肯尼亚的学前教育（识记）

第三节　尼日利亚的学前教育（识记）

第四节　加纳的学前教育（识记）

第五节　苏丹的学前教育（识记）

第六节　斯威士兰的学前教育（识记）

第八节　博茨瓦纳的学前教育（识记）

（三）教与学的建议

1. 本章教学重点与难点

（1）教学重点：非洲学前教育发展特点。

（2）教学难点：南非、肯尼亚、尼日利亚等国家学前教育的发展。

2. 本章教与学的建议

（1）可先讲授非洲政治、经济、文化、教育等方面的发展情况，然后再介绍其学前教育的发展现状。

（2）使学生意识到非洲学前教育的发展比其他各洲较为落后，它正面临着许多难以解决的问题。

第六章　大洋洲的学前教育

（一）本章教学的目的与要求

1. 掌握：新西兰学前教育的途径

2. 运用：澳大利亚学前教育的途径与课程

（二）教学内容及考核要求

第一节　澳大利亚的学前教育（运用）

1. 学前教育的机构与形式

2. 学前教育的目标与内容

3. 学前教育的途径与策略

4. 学前教育的模式

5. 学前教育的课程与设计

6. 学前儿童的家庭教育与指导

7. 学前教育师资的培养与特点

8. 学前教育质量的提高

第二节　新西兰的学前教育（运用）

1. 学前教育的机构

2. 学前教育的目的

3. 学前教育的课程

4. 学前教育的途径与师资

（三）教与学的建议

1. 本章教学重点与难点

（1）教学重点：澳大利亚学前教育的改革及启示。

（2）教学难点：新西兰学前教育的改革及特点。

2. 本章教与学的建议

（1）在介绍澳大利亚学前教育目标、内容时，可与我国的《幼儿园工作规程》、《幼儿园教育指导纲要》对照着讲解。

（2）在讲解澳大利亚学前儿童艺术教育时，重点使学生掌握它的发展趋势是培养儿童的知识、技能和发展儿童的能力、兴趣相结合。

第七章　国际学前教育的比较

（一）本章教学目的与要求

1. 掌握：各洲学前教育发展的规律

2. 运用：美洲、欧洲、大洋洲学前教育发展的策略

（二）教学内容及考核要求

第一节　各洲学前教育的比较（运用）

1. 美洲国家学前教育的比较

2. 欧洲国家学前教育的比较

3. 亚洲国家学前教育的比较

4. 非洲国家学前教育的比较

5. 大洋洲国家学前教育的比较

第二节　中外学前教育的比较(运用)

1. 中国与美国学前教育的比较

2. 中国与瑞典学前教育的比较

3. 中国与日本学前教育的比较

4. 中国与非洲国家学前教育的比较

5. 中国与澳大利亚学前教育的比较

(三) 教与学的建议

1. 本章教学重点与难点

(1) 教学重点:中外学前教育发展的异同点

(2) 教学难点:各洲学前教育发展的比较

2. 本章教与学的建议

(1) 可组织学生学习《儿童权利宣言》、《儿童权利公约》、《中国儿童发展纲要(2001—2010年)》、《关于幼儿教育改革与发展的指导意见》,帮助学生理解其精神实质。

(2) 可以"男性在学前教育中的作用"为题,展开讨论,使学生能从理论和实践两方面提高认识。

第八章　世界学前教育的衍变

(一) 本章教学目的及要求

掌握:20世纪各个时期的学前教育观

(二) 教学内容及考核要求

第一节　20世纪初期的学前教育观(领会)

1. 儿童的发展是有价值的

2. 儿童的发展具有阶段性

3. 环境是制约儿童发展的因素之一

4. 活动是儿童发展的重要途径

5. 适宜的学前教育促进儿童的发展

6. 国家法规保证本国儿童的受教育权

第二节　20世纪中期的学前教育观(领会)

1. 全面深入地研究儿童的发展

2. 重视儿童的智力开发和道德教育

3. 强调儿童的主观能动性

4. 儿童有平等的受教育机会

5. 国际宣言保障各国儿童的受教育权

第三节　20世纪后期的学前教育观(运用)

1. 扩大加深对儿童发展的理解

2. 多种多样的学前教育机构

3. 全面和谐的学前教育目标

4. 优质高效的学前教育师资

5. 家园同步的教育合力

6. 国际公约保证世界儿童的受教育权

7. 学前教育的国际研讨交流

（三）教与学的建议

1. 本章教学重点与难点

（1）教学重点：20 世纪后期的学前教育观

（2）教学难点：20 世纪初期的学前教育观

2. 本章教与学的建议

引导学生回忆过去所学课程"中国幼儿教育史"、"外国幼儿教育史"的主要内容，组织学员进行讨论，教师总结归纳。

第九章　比较学前教育的研究

（一）本章教学目的与要求

了解：比较学前教育的研究动态

（二）教学内容与考核要求

第一节　我国的比较学前教育研究（识记）

1. 比较学前教育研究的信息传播

2. 比较学前教育研究的学术活动

第二节　比较学前教育研究的国际活动（识记）

1. 比较学前教育研究的国际组织

2. 比较学前教育研究的国际会议

3. 比较学前教育研究的未来走向

（三）教与学的建议

1. 本章教学重点与难点

（1）教学重点：我国比较学前教育的研究

（2）教学难点：比较学前教育的国际活动

2. 本章教与学的建议

（1）要求学生在课外翻阅《学前教育研究》、《幼儿教育》、《学前教育》、《早期教育》、《山东教育》（幼教版）、《启蒙》、《为了孩子》、《父母必读》等刊物，查找有关比较学前教育方面的资料，做好读书笔记。

（2）课堂上围绕有关外国比较学前教育文章的内容、作者单位等方面的问题进行讨论，分析其特点。

第十章　我国幼教工作者对国外儿童图画故事书的评价研究

（一）本章教学目的与要求

理解：我国幼教工作者对国外儿童图画故事书的评价

（二）教学内容与考核要求

第一节　我国幼教工作者对《饥饿的毛毛虫》的评价研究（领会）

一、问题的提出

二、研究的过程

三、研究的结果与分析

四、研究的结论与讨论

第二节　我国幼教工作者对《猜猜我有多爱你》的评价研究（领会）

一、问题的提出

二、研究的过程

三、研究的结果与分析

四、研究的结论与建议

第三节　我国幼教工作者对《小威向前冲》的评价研究（领会）

一、问题的提出

二、研究的过程

三、研究的结果与分析

四、研究的结论与建议

（三）教与学的建议

1. 本章教学重点与难点

（1）教学重点：我国幼教工作者对《猜猜我有多爱你》的评价

（2）教学难点：我国幼教工作者对《小威向前冲》的评价

2. 本章教与学的建议

（1）要求学生在课外阅读图画故事书《饥饿的毛毛虫》、《猜猜我有多爱你》、《小威向前冲》，并写下读后感。

（2）课堂上围绕国内外儿童图画故事书展开讨论，分析其异同点以及对儿童的教育作用。

三、教材

1. 使用教材

《比较学前教育》（第2版），李生兰著，华东师范大学出版社2013年版。

2. 参考书目

（1）李生兰著，《儿童的乐园：走进21世纪的美国学前教育》，南京师范大学出版社2011年版。

（2）李生兰等著，《学前教育法规政策的理解与运用》，南京师范大学出版社2012年版。

四、有关说明与实施要求

1. 关于考试

（1）考核方法：考查，书面，闭卷或开卷

（2）考核时间：120 分钟

（3）命题要求

A. 试卷中各章节知识内容的分数比例约为：第一章占 5％、第二章占 15％、第三章占 10％、第四章占 10％、第五章占 5％、第六章占 10％、第七章占 25％、第八章占 15％、第九章占 5％。

B. 考核要求的四个能力层次"识记、领会、简单运用、综合运用"的分数比例分别为 20％、25％、30％、25％。

C. 试题的难易程度分别为"易、较易、较难、难"四个等级，分数比例分别为 20％、30％、30％、20％。

D. 试题的题量：每份试卷的题量（以小题计）为 45—50 题。

E. 试题题型与题型举例：

题型要求：四种以上（含四种），是非题（或判断题）不要出。

a. 选择题

例如：为了加大学前教育改革的力度，而颁布了《学前教育课程指引》的是（　　）。

（1）香港　（2）台湾　（3）泰国　（4）马来西亚

b. 填空题

例如：南非学前教育的机构主要有_____、_____、_____、_____。

c. 名词解释

例如：比较学前教育

d. 简答题

例如：简述日本学前教育的主要内容。

e. 比较题

例如：试比较中国与瑞典学前教育发展的特点。

f. 评析题

例如：简评澳大利亚幼儿园一日活动的结构。

g. 论述题

例如：美国学前儿童艺术教育的策略及给你的启示。

2. 教学课时安排

章第	一	二	三	四	五	六	七	八	九	十	合计
教学时数	2	8	4	4	2	4	8	4	2	2	40
自学时数	4	12	8	8	4	8	14	8	4	2	72

附录2 "比较学前教育"各章"复习思考题"参考答案

第一章 导论 复习思考题的参考答案

1. 是对同一或不同时空范围内两种或两种以上的学前教育领域的理论和实践进行研究,比较其异同点,分析其产生的原因,探索其演变规律和发展趋势,从而更好地促进学前教育的改革和发展。

2. 可比性,环球性,跨时间性,跨学科性。

3. 区域研究,问题研究。

4. 参观法,现场法,访问法,文献法,统计法,比较法,分析法,移植法。

5. 印刷媒体,人际媒体,科技媒体。

第二章 美洲的学前教育 复习思考题的参考答案

1. 儿童保育中心,学前教育中心,幼儿园,幼儿学校,家庭日托。

2. 不同的学前教育机构在目标上有所不同,侧重点不一样。基本目标涉及儿童的社会交往,自我服务,自尊,学习,思考,学习准备,语言和营养等。

3. 主要包括身体、认知、情感、社会性、审美等方面。

4. 注意教师主导与幼儿主体地位相融合,动静交替,户外活动与户内活动相结合,集体活动与小组活动、个人自由活动相结合,午睡时间较短,自由度较大。

5. 从内到外由儿童自身、家庭及其成员、幼儿园及其朋友、社区及其帮手四个部分组成;每个部分包括身份、角色及其关系、周围环境、运动,安全,健康,食物,交往等八个方面。

6. 家庭活动区,玩沙/玩水活动区,积木活动区,图书/语言活动区,木工活动区,艺术活动区,科学/数学活动区,操作活动区,体力活动区。

7. 为儿童游戏创造条件,观察儿童游戏,参与儿童的游戏。

8. 硬件:接受职前教育和在职培训;软件:理解学前教育事业,尊重儿童个性特点。

9. 与家长一起制订计划,开展双亲日活动,召开家长会,举办家教讲座,组织家长讨论会,向家长发放报告单,向家长开放园所活动,设立家园联系栏。

10. 带领儿童参观博物馆,展览馆,动物园,电脑房,并让儿童动手制作。

11. 包括对园长,对教师,对儿童三个方面的评价。

12. 要更新儿童观、发展观、学习观和教育观,使每个儿童都能获得积极的发展。

A. 正确认识发展的适当的学前教育:a 理解儿童的发展与学习,b 了解每个儿童的优点、兴趣和需要,c 认识到儿童所处的社会文化背景。

B. 全面理解儿童的发展和学习:a 儿童的发展包括身体的、社会的、情感的和认知等方面,b 儿童的发展是有一定的顺序的,c 不同的儿童发展的速度不同,d 早期经验对个体儿童的发展既有积极的作用也有延误的影响,e 儿童发展的过程是可预见的,f 儿童的发展和学习受到复杂的社会文化的影响,g 儿童是主动的学习者,h 儿童的发展和学习是生物成熟和环境(物质环境和精神环境)相互作用的结果,i 游戏是儿童社会性、情感和认知发展的一个重要工具,并反映儿童的发展程度,j 儿童能不断获取新的技能,k 儿童具有不同的认知方式,l 保证儿童在心理安全的社区中进行学习。

C. 实施发展的适当的学前教育:创建关心儿童的环境,促进儿童的发展和学习,构建适当的课程,评估儿童的学习和发展,同儿童家庭建立合作互惠的关系。

13. 运用远程信息技术,开设系统课程,通过学习网的形式,让学前儿童随时随地进行学习。

14. 安科计划即电视研讨会,迪克森提出,是一种较早出现的家庭教育指导形式,能够帮助家长深刻理解孩子的特点。

15. A 一是在高等院校接受本科以上学历层次的培训,二是在社区学院或职业学校学习进修;学习的课程主要有基础课、专业课、教育实践课。B 学前教育工作者往往具有两个资格证书,一是幼儿教师资格证书,二是红十字儿童护理资格证书。

16. 新型的学前教育机构,每天晚上开放,玩具园环境安全宁静,玩具丰富多彩,儿童可游戏,也可睡觉。家长根据孩子在园时间的长短交费,满足了家长业余生活的需要。

17. 学前教育发展的速度不同,在学前教育的途径、师资队伍建设等方面,各国也表现出不同特点。

第三章　欧洲的学前教育　复习思考题的参考答案

1. A 有助于了解学前教育对象的特点,理解学前教育的规律,掌握学前教育的原则和方法。B 两国的框架不同,章名不同,但总体来讲,内容基本相同。

2. 为了提高入园率,国家公布了幼儿凭证计划,对 4 岁儿童发放教育券,家长把此券交给学校,国家根据此券的数额进行拨款。

3. 多家玩具馆,备有高质量的玩具,家长可带孩子去玩,也可把玩具借回家去玩,充分发挥了玩具的教育功能。

4. A 为每个儿童提供发展的机会,B 为儿童提供全面发展的机会,C 对儿童进行综合教育,D 游戏是儿童最基本的活动,E 通过音乐活动提升儿童的创造性,F 丰富儿童的感性经验,G 充分运用多媒体教育手段,H 定期举办大型专题活动。

5. 主要有四种:A 体育活动,B 艺术活动,C 交往活动,D 科技活动。

6. 主要有四种:A 理解儿童的学习阶段,B 对教师进行相同的培训,C 倡导男教师加盟学前教育,D 监督管理统一起来。

7. 是对传统教育的挑战。由儿童发展专家创办,通过特别设计的体育活动,培养幼儿的运动兴趣,促进幼儿的生长发育。

8. A 推行婴儿读书计划,B 开展父母教育活动,C 实施家庭助手计划,D 补贴家庭教育金额,E 组织家庭互助活动,F 研究儿童消费问题,G 探讨儿童理想教育。

9. 为有特别需要的儿童服务,及早诊断及早治疗。儿童保教专家、中心的教师和家长共同制订儿童康复训练计划。逐渐为综合教育机构所取代。

10. 以游戏活动为主,此外还有教学活动、艺术活动、旅行活动等。

11. A 制定教育信息战略,提高教师运用信息技术的能力,B 开发网上语言学校,提供海外儿童学习母语的机会,C 合理使用电脑,防止儿童发展上出现偏差和失误。

12. 不收费,父母带着孩子,想什么时候来就什么时候来,由教师安排活动,增加儿童间、父母间的了解。

13. 有三种:A 残疾儿童:正常儿童和残疾儿童放在一起施教,措施一是对普通教师进行特殊教育训练,措施二是缩小班级规模。B 患病儿童:可在家或医院里接受相应的教育。C 移民儿童:一是对教师进行双语培训,二是为儿童提供多种语言教育机会。

14. 一是政府投资,通过法律建立和完善国家投资系统,二是父母资助。

15. 由 20 世纪 80 年代中期前的按年龄分班发展为 80 年代中期以后的混龄编班。

16. 有两种:A 残疾儿童:一是健康福利部门关心家长,二是教育机构鼓励家长,三是教师帮助儿童,四是全社会帮助儿童。B 移民儿童:一是为儿童安排讲同种语言的教师,二是为儿童培训教师。

17. 充分发挥学前教育机构及家庭与社会在儿童成长中的作用,成立了几个专门机构对学前教育进行管理:儿童福利委员会,儿童文化委员会,儿童日常生活委员会,文官委员会。

18. 西欧学前教育比较发达。发展速度较快,质量较高。注意普及与提高。

19. 北欧学前教育发展居于中等。都重视特殊儿童(残疾、患病、移民)的教育,强调残疾特殊儿童与普通儿童的融合,混合年龄编班。

20. 东欧学前教育的发展相对薄弱。

第四章　亚洲的学前教育　复习思考题的参考答案

1. 五个领域:健康、人际关系、环境、语言、表现。

2. A 短期安排和长远计划结合,B 考虑儿童年龄特征和个体差异,C 围绕儿童的周围生活进行教育,D 以儿童的自主活动和游戏活动为中心,E 集体活动、小组活动、个人活动相互补充,F 促进儿童全面和谐的发展。

3. A 保教工作者接受职前教育和在职培训:本科毕业获得教师一级证书,短期大学毕业获得教师二级证书;保育员多为大专以上学历。B教师的工资高于普通公务员。

4. A开展家庭教育研究,B广泛建立家庭文库,C推行父亲运动,D开通儿童电话咨询热线,E兴办儿童玩具医院。

5. 家庭教育指导的形式有:A保育参观,B家庭教育讲座,C家长委员会,D妈妈会议。

6. A玩具图书馆,B流动故事站,C举办展览,D出版双语季刊。

7. 在全国建立统一的课程标准,确立教育的内容、手段、途径和方法。

8. A强调利用社区的人力、物力、财力资源,构建儿童保教网络;B倡导教育部门、健康部门、妇女组织等部门从不同的侧面为儿童服务;C重视从预防、治疗、恢复、提高等方面来为全体儿童服务。

9. 每个儿童都是决定民族未来的公民,成人要保证儿童身心的健康成长。

10. 重视教师的职前教育和在职培训,提高教师的经济待遇。

11. A内容:根据国家教育纲要,对儿童进行集体生活训练、音乐教育、语数教育、道德教育等。B途径:一日活动,环境熏陶,主题教育。

12. 职前教育和在职培训结合,理论知识和实际技能结合。重视音乐歌舞的创编。

13. 以家庭为基础的方案,儿童帮助儿童的方案,视听教育方案,学校准备方案。

14. 召开家长会,创办黑板报,开放图书馆,组织讨论,参与活动。

15. 很多:我,四季,节日,灾难,动物等。

16. 因各自的文化传统、经济文化发展水平的不同而有所区别。

第五章 非洲的学前教育 复习思考题的参考答案

1. 一日活动,主题活动,园外资源。

2. 多种多样,提供各种材料,如结构材料、拼摆材料、文字图画材料、视听材料,让儿童自由操作。

3. 学校幼儿园,私人幼儿园,社会福利幼儿园,联合幼儿园。

4. A相同点:都注意儿童的健康教育、社会教育;B不同点:尼日利亚重视创造教育,斯威士兰重视情感和本土文化教育。

5. 盛行于农村,由年长儿童教育社区中的年幼儿童。教师教小学生,小学生教学前儿童。

第六章 大洋洲的学前教育 复习思考题的参考答案

1. 学前教育中心,儿童保育中心,家庭日托,游戏小组。

2. 动静交替,室内外活动交替,大组与小组、个人活动交替。

3. 积木区,图书区,家庭区,操作区,绘画区,音乐区,科学区,种植区,玩水区,木工区,体育区。

4. 开展烹饪活动、服装表演活动、演奏乐器活动、歌舞戏剧表演活动。

5. 鼓励儿童利用各种感官进行活动,提供不同水平的活动,提供各种材料,树立行为榜样。

6. 有三种:A 学科中心模式,B 儿童中心模式,C 相互作用模式。

7. 有两类:A 公开课程,B 隐藏课程。

8. 有四种:A 发展儿童认知能力的课程方案,B 陶冶儿童情感的课程方案,C 训练儿童行为的课程方案,D 提高儿童能力的课程方案。

9. 发送会谈通知,召开家长会,呈现求助板,张贴邀请函,接送时交流,参加园外活动。

10. 必修和选修相结合,学习各种教育理论知识;课堂教学、讲座、研讨活动相结合,形式多样、生动活泼;重视教育实践,每年都有下园时间;职前教育和在职培训相结合。

11. 加强教师和儿童的相互作用,建立合理的学前教育课程,重视教师和家长的相互作用,提高教师的素质,缩小班级规模,创设良好的物质环境,保证儿童的健康和安全,保证儿童摄入均衡的营养,实行民主管理,强化学前教育评价。

12. 幼儿园,儿童保育中心,家庭日托,游戏中心,函授学校,语言所。

13. A 学前教育课程的源泉:人类的适当性,国家的适当性,文化的适当性,发展的适当性,个体的适当性,教育的适当性;B 学前教育课程的原则:重视儿童的学习和成长,促进儿童和谐发展,利用家庭和社区资源,加强儿童与环境相互作用。

14. 各种游戏,体育活动,语言活动,智能活动,创造活动。

第七章　国际学前教育的比较　复习思考题的参考答案

1. 美洲由北美和拉丁美洲两部分组成,由于历史文化的差异、社会环境的不同、经济发展水平的差距等因素的影响,在学前教育的发展上也出现了极大的差异。相比而言,北美国家的学前教育要比拉丁美洲国家的学前教育发展速度更快、质量更高。

比较项目	北美	拉丁美洲
教育机构	形式较多	形式较少
教育目标	重视多元文化教育	——
教育师资	大学本科以上为主	专科、职校为主
教育途径	一日活动	
家庭、社区教育	重视	

2. 欧洲国家的学前教育从总体上来讲比较发达,在表现出诸多共性的同时,也存在着一些差异性。A 在西欧,英国、法国、德国等国家,由于社会经济文化发达,为学前教育的发展提供了良好的物质基础和社会环境,儿童入托入园率较高,师资队伍素质较好,重视幼小衔接。B 在北欧,芬兰、瑞典、丹麦、挪威等国家,由于地理位置毗邻,自然资源类似,文化背景相似,经济发展和社会秩序比较稳定,学前教育的发展水平及内容均有类似

特点,如都注意利用冰雪资源对儿童进行教育,且重视特殊儿童的教育。C 在东欧,俄罗斯、波兰、捷克、匈牙利、保加利亚等国家,由于社会政治动荡,经济体制变化,既为学前教育的发展带来了新的机会,也面临着一些以往甚少遭遇过的困难。

3. 亚洲是世界第一大陆,由于经济发展速度较欧洲缓慢,国家独立早于非洲,传统文化根深蒂固,因而较为重视对学前儿童进行本土文化教育和爱国主义教育,以便把儿童培养成为国家需要的人。但因为各国在政治制度、经济发展水平、人口增长、自然资源、价值观念、教育投资等方面的不同,在学前教育上也表现出许多差异,例如,印度对学前教育的投入远远低于国防军事,朝鲜则认为国家要把最好的东西给儿童,规定每年8、9月为支援园所月。相比而言,东亚国家较注重对儿童进行外语教育,如日本儿童除了学习母语以外,还要学习英语或芬兰语等,韩国儿童还要学习英语或汉语等;东南亚国家比较重视对儿童进行多文化教育,如新加坡要求儿童了解华人、马来人、印度人、菲律宾人、加拿大人的不同文化,马来西亚要求儿童认识马来族、华族、印度族的不同民俗;西亚国家更重视的是对儿童进行读写算基本知识和技能的培养,如以色列提出要发展儿童读写算的能力,科威特、阿曼、阿拉伯也门共和国提出要对儿童进行读写算的教育,培养儿童的学习习惯;南亚国家较为重视儿童健康教育,如印度认为要提供儿童营养,培养儿童健康习惯。

4. 非洲是世界第二大陆,全洲有 55 个国家和地区。20 世纪 60 年代以后纷纷独立,进入 80 年代以来,各国都比较重视学前教育事业的发展,在入托入园率等方面取得了一定的成就。但由于经济基础薄弱,一些国家和地区政治局势动荡,使各项社会事业的发展仍存在着许多困难和问题,妨碍了学前教育规模的扩大和质量的提高,同世界其他地区相比,适龄儿童的入园(所)率尚处于较低的水平。

5. 学前教育机构的形式虽然存在着差异,但都是以半日制为主;学前教育的目标相似,都是为促进儿童和谐发展;学前教育的途径相近,都以半日、一日活动为主要途径;学前教育师资都是由高校来培养,都重视在职提高。

6. A 一日生活安排的比较:都注意保教结合,但我国保育时间更多。B 教育活动组织的比较:目的性相近,皆为全面发展;计划性,我国更强;多样性不同,活动类型有异;主从性不同,我国班级规模更大。C 教师与幼儿相互作用的比较:我国消极评价运用的较多。D 园长能力结构的比较:都强调遵纪守法,利用各种资源,但我国更重视口头和书面表达能力,美国更重视自我评价能力,利用时间能力。

7.

项目	中国	瑞典
教育机构	形式较少	形式较多
教育目标	更重保育 更重审美教育	更重教育 更重多元文化教育
教育途径	一日活动 分科教育及主题教育	环境渗透 主题教育
特殊教育	残疾儿童为主	残疾、患病、移民儿童

8. 中日两国都是《儿童权利公约》的缔约国,为了保证儿童的受教育权利,提高学前教育的普及率,两国政府都颁布了一系列的法规和政策。通过颁发幼儿教育纲要,不断改革幼教内容和途径,重视利用家庭和社区资源,重视教师的职前培训和在职提高。

9.

项目	中国	非洲
对象	更广,3 岁前	狭窄,6 岁前
环境	较好	较差
目标	全面	不重视美育
师资	职前教育为主	在职培训为主
	长期训练为主	短期培训为主
	合格率较高	合格率较低

10. 如师资培育的比较

项目	中国	澳大利亚
培养机构	幼师、教育学院、大学	大学
课程设置	必修课为主	必修与选修相结合
教学形式	课堂讲授为主	课堂教学、讲座、研讨
教育实践	集中在毕业前,时间较少	分散在每年,时间较多

第八章　世界学前教育的衍变　复习思考题的参考答案

1. 儿童发展是有价值的,儿童的发展是有阶段性的,环境是制约儿童发展的因素之一,活动是儿童发展的重要途径,适宜的学前教育促进儿童的发展。

2. 全面深入地研究儿童的发展,重视儿童的智力开发和品德教育,强调儿童的主观能动性,儿童有平等的受教育机会,国际宣言保障各国儿童的受教育权。

3. 扩大加深对儿童发展的理解,多种多样的学前教育机构,全面和谐的学前教育目标,优质高效的学前教育师资,家园同步的教育合力,国际公约保障世界儿童的受教育权,学前教育的国际研讨交流。

4. 20 世纪是学前教育迅速发展的世纪,探讨儿童观变化的百年历程,理清学前教育观更新的历史轨迹,揭示儿童观、教育观是随着时代进步、科技革命而发展变化的规律,总结学前教育改革的经验,对促进学前教育的发展将不无神益。

第九章　比较学前教育的研究　复习思考题的参考答案

1. A 从信息的传播人员来看:队伍逐渐扩大,趋于年轻化。B 从信息的传播渠道来看:传统的大众传播,当代的科技传播,现代的高科技传播。C 从信息的传播阶段来看:有三个。

2. 一是联合国教育、科学及文化组织(United Nations Educational, Scientific and Cultural Organization)简称 UNESCO,成立于 1946 年,总部设在法国巴黎。二是世界学前教育组织(World Organization for Early Childhood Education)简称 OMEP,1948 年成立,总部设在挪威奥斯陆。三是联合国儿童基金会(United Nations Children's Fund)简称 UNICEF,1946 年临时设立,1953 年正式成立,总部在美国纽约。四是国际教育成就评价协会(International Association for the Evaluation of Educational Achievement)简称 IEA,1967 年成立,现设在荷兰海牙。

3. 几十年来,该组织对国际社会尤其是发展中国家的教育一直发挥着重要的作用,它通过颁布文件、召开会议、提供情报、开展活动,使世界各国政府和公众逐步认识到学前教育的价值和使命,促进了国家之间的相互接触和多边合作,推动了世界学前教育的改革和发展。

4. 可能有五个特点:A 交流的频繁性,B 合作的全面性,C 形式的多样性,D 内容的丰富性,E 资源的全球性。

第十章　我国幼教工作者对国外儿童图画故事书的评价研究　复习思考题的参考答案

1. 你对《饥饿的毛毛虫》这本图画故事书的喜欢程度,你推测儿童对这本书的喜欢程度,你认为这本书对儿童的总体教育效果如何,你认为这本书对儿童数学教育的作用如何、对儿童健康教育的作用如何、对儿童科学教育的作用如何。

2. 你对《猜猜我有多爱你》这本图画故事书的喜欢程度,你推测儿童对这本书的喜欢程度,你认为这本书对儿童的总体教育效果如何,你认为这本书对儿童语言发展的作用如何、对儿童情感发展的作用如何、对儿童智力发展的作用如何。

3. 你对《小威向前冲》这本图画故事书的喜欢程度,你推测儿童对这本书的喜欢程度,你认为这本书对儿童的总体教育效果如何,你认为这本书对儿童性教育的作用如何、对儿童性教育的内容如何、对儿童性教育的形式如何。

附录 3 "比较学前教育"模拟考试试卷及参考答案

试卷 1

考生学号：　　　考生姓名：　　　阅卷教师：　　　考试成绩：

（考试形式：闭卷；考试时间：120 分钟）

一、简答题（每题 8 分，共 40 分）

1. 《儿童权利公约》中的儿童权利观。

2. 比较幼儿教育的研究目的。

3. 比较幼儿教育的研究媒体。

4. 美国幼儿艺术教育的策略。

5. 加拿大的"安科"计划。

二、比较题（每题 10 分，共 20 分）

1. 中美幼儿园教育目标的比较。

2. 中澳幼儿园一日活动的比较。

三、分析题（每题 10 分，共 20 分）

1. 美国幼儿教师教育技能评估体系的特点。

2. 美国幼儿性教育给你的启示。

四、论述题（1 题 20 分）

世界幼儿教育发展趋势。

参考答案 1

一、简答题（每题 8 分，共 40 分）

1.

1989 年联合国大会通过（1 分）；儿童有受教育权、游戏权、娱乐权、出生权、姓名权等各种权利（5 分）；幼儿园、家庭、社会都要尊重儿童的这些权利（2 分）。

2.

增加对外国幼儿教育的认识（2 分）；加深对本国幼儿教育的理解（2 分）；促进幼儿教育的国际化（2 分）；提高幼儿教育的质量（2 分）。

3.

印刷媒体(2分);人际媒体(2分);现实媒体(2分);科技媒体(2分)。

4.

尊重儿童艺术发展水平(2分);提供充足的时机、材料(2分);不提供模仿的范例(2分);重视儿童艺术活动的过程(2分)。

5.

幼儿园指导家庭教育的一种形式(2分);指导者指导家长观看孩子的活动(2分);指导家长通过孩子的言行,分析孩子的心理特点(2分);对家长提出教育建议(2分)。

二、比较题(每题10分,共20分)

1.

(1) 相同点(1分):幼儿全面发展教育(1分);中国——体、智、德、美(2分);美国——体力、认知、情感、社会性、审美(2分)。

(2) 不同点(1分):两国的侧重点不同(1分);例如,在幼儿德育上,中国:重视幼儿纪律规范教育(1分);美国:重视幼儿自信心的培养(1分)。

2.

(1) 相同点(1分):动态活动与静态活动相互结合(1分);脑力活动与体力活动相互结合(1分);教师主导与幼儿主体相互结合(1分);幼儿集体活动、小组活动、个人活动相互结合(2分)。

(2) 不同点(1分):游戏时间比我国多(1分);午睡时间比我国少(1分);幼儿自由度比我国大(1分)。

三、分析题(每题10分,共20分)

1.

考虑到幼儿教育的特点——保教结合(3分);考虑到美国社会的特点——多元文化(2分);考虑幼儿发展的特点——全面发展(3分);反映世界幼教发展趋势——家园合作共育(2分)。

2.

重视幼儿的性教育(2分);开展性教育实验研究(1分);根据幼儿年龄特点施教(3分);考虑幼儿性别特点施教(2分);考虑幼儿个别差异施教(2分)。

四、论述题(1题20分)

更加尊重幼儿的权利(3分);注重幼儿身心的和谐发展(3分);设计多种幼儿教育课程模式(3分);进一步提高幼教师资队伍的质量(3分);重视男性在幼儿成长中的作用(2分);降低教师与幼儿之间的比率(2分);加强幼儿园教育和家庭教育、社区教育之间的合作(4分)。

试卷 2

考生学号：　　　　考生姓名：　　　　阅卷教师：　　　　考试成绩：

（考试形式：闭卷；考试时间：120 分钟）

一、简答题（每题 6 分，共 30 分）

1. 美国幼儿艺术教育的策略。

2. 加拿大幼儿教育中的"安科计划"。

3.《儿童权利公约》的基本精神。

4. 英国幼儿教育中的"幼儿凭证计划"。

5. 美国幼儿的性教育。

二、比较题（每题 10 分，共 20 分）

1. 中美幼儿教师教育技能的比较。

2. 中澳幼儿教育目标的比较。

三、论述题（每题 20 分，共 40 分）

1. 世界幼儿教育的发展趋势。

2. 澳大利亚幼儿园一日活动的安排给你的启示。

四、评析题（1 题 10 分）

日本在 2000 年开始实施的第三个《幼稚园教育纲要》中指出："幼儿的生活是以家庭为基础逐步扩大到地区社会，因此，幼稚园要十分注意与家庭的联系与合作，幼稚园生活要与家庭、地区社会保持连续性。幼稚园要积极利用地区内自然环境、人才、活动及公共设施，使幼儿获得丰富的生活体验。"试联系我国幼教实际，对之加以评析。

参考答案 2

一、简答题（每题 6 分，共 30 分）

1.

尊重儿童艺术发展水平（2 分）；提供足够的时间（1 分）；提供充分的材料（1 分）；不提供模仿的范例（1 分）；重视儿童艺术活动的过程（1 分）。

2.

幼儿园指导家庭教育的一种形式（1 分）；指导者指导家长观看孩子的活动（1 分）；指导家长通过孩子的言行，分析孩子的心理特点（2 分）；对家长提出教育建议（2 分）。

3.

1989 年联合国大会通过（1 分）；儿童有受教育权、游戏权、娱乐权、出生权、姓名权等各种权利（3 分）；幼儿园、家庭、社会都要尊重儿童的这些权利（2 分）。

4.

国家公布"幼儿凭证计划"，以提高幼儿教育的普及率（2 分）；国家向 4 岁幼儿家长发放"教育证券",以实行正规的学前1年免费教育(2分);家长把"教育证券"交给幼教机构,幼教机构再将其上交给国家,国家据此拨款(2分)。

5.

重视幼儿的性教育(1分);根据幼儿年龄特点施教(2分);考虑幼儿性别特点施教(1分);考虑幼儿个别差异施教(2分)。

二、比较题(每题10分,共20分)

1.

(1)相同点:教师保育教育幼儿的技能(2分);教师促进幼儿全面发展的技能(2分);教师与家长合作共育的技能(2分)。

(2)不同点:A中国:教师有更强的教育幼儿班集体的技能(1分);美国:教师有更强的促进幼儿个性发展的技能(1分);B中国:教师有更强的艺术、演示技能(1分);美国:教师有更强的观察、评估技能(1分)。

2.

(1)相同点:都为幼儿确立了全面发展的教育目标,但在提法上有所不同(2分);如:中国:体、智、德、美(2分);澳大利亚:体力、认知、情感、社会性、审美(1分)。

(2)不同点:两国在幼儿各方面成长上的侧重点不同(2分);如:在幼儿德育上,中国:更重视幼儿纪律规范教育(2分);澳大利亚:更重视幼儿自尊心的培养(1分)。

三、论述题(每题20分,共40分)

1.

更加尊重幼儿的权利(3分);注重幼儿身心的和谐发展(3分);设计多种幼儿教育课程模式(3分);进一步提高幼教师资队伍的质量(3分);重视男性在幼儿成长中的作用(2分);提高教师与幼儿之间的比率(2分);加强幼儿园教育和家庭教育、社区教育之间的合作(4分)。

2.

注意动态活动与静态活动相互结合(3分);注意脑力活动与体力活动相互结合(3分);注意教师主导与幼儿主体相互结合(3分);注意幼儿集体活动、小组活动、个人活动相互结合(3分);增加幼儿游戏活动的时间(3分);适当减少幼儿午睡的时间(3分);关注幼儿的自我教育,给幼儿更多的自由(2分)。

四、评析题(1题10分)

日本幼教法规要求教师注意使幼儿园教育与家庭教育、社区教育相配合(2分);日本幼教法规要求教师善于利用家庭、社区的资源为园教服务(2分);我国幼教法规也有类似的要求(2分);我国幼教实践证明,只有三者配合一致,才能达到预期的教育目标(2分);这是世界幼教的发展趋势(2分)。

试卷 3

考生学号:　　　考生姓名:　　　阅卷教师:　　　考试成绩:
（考试形式：闭卷；考试时间：120分钟）

一、概念题（每题 5 分,共 20 分）

1. 日本的儿童玩具医院。

2. 英国的学前游戏小组。

3. 联合国儿童基金会。

4.《儿童权利公约》。

二、简答题（每题 8 分,共 32 分）

1. 日本的家庭文库运动。

2. 新加坡的流动故事站。

3. 印度儿童帮助儿童的方案。

4. 新西兰的函授学校。

三、论述题（每题 10 分,共 30 分）

1. 澳大利亚学前教育的三种模式。

2.《儿童权利宣言》给你的启示。

3. 美国幼儿艺术教育的策略。

四、比较题（1 题 18 分）

1. 比较中外幼儿园一日活动的主要异同点。

参考答案 3

一、概念题（每题 5 分,共 20 分）

1.

根据儿童喜欢玩具的特点创办"玩具医院";旨在减轻儿童的焦虑感,培养儿童的爱心;"医生们"利用星期天到社区开展巡回"医疗"活动;家长陪伴着孩子来给弄坏了的"生病"玩具"就诊"。

2.

主要设立在没有幼儿教育机构的地方;为儿童提供游戏的伙伴、时间和空间;为家长提供相互交流和学习的机会;游戏小组每周活动几次。

3.

联合国儿童基金会的英语名称是 United Nations Children's Fund,简称 UNICEF;1946 年临时设立,1953 年正式成立,总部在美国纽约;旨在帮助发展中国家解决儿童保教等方面的问题;对亚非拉学前教育的发展做出了重要的贡献。

4.

1989 年联合国大会通过;儿童有受教育权、游戏权、娱乐权、出生权、姓名权等各种权利;幼儿园、家庭、社会都要尊重儿童的这些权利。

二、简答题(每题 8 分,共 32 分)

1.

政府鼓励家长在家中创办家庭文库;在家中一角摆放书架,陈列图书;用孩子的名字来命名,以激发孩子读书兴趣;树立家长的阅读榜样,培养孩子的读书习惯;家庭文库发展为家庭文库运动。

2.

是对社区儿童进行学前教育的重要形式;社区志愿者经过培训,在社区的公共场所,和儿童做游戏,给儿童讲故事,向家长传递学前教育知识;每次活动约 2 小时。

3.

儿童之间容易沟通,大孩子有能力帮助小孩子;由于家长要外出工作,所以年长儿童就必须照料年幼的弟妹;社区对年长的儿童进行培训;能促进儿童的社会化。

4.

这是一种学前教育机构;专为偏远地区的儿童设立的;教师经验丰富;为家长提供儿童保教的视听资料;培养家长的教育知识、技能和能力。

三、论述题(每题 10 分,共 30 分)

1.

A 学科中心模式:以学科中心论的思想为基础,认为教育就是把对社会有用的知识传递给儿童,儿童能对环境作出反应。

B 儿童中心模式:以儿童中心的理论为基础,认为教育能促进儿童的自我发展,教师应根据儿童的需要设计方案。

C 相互作用模式:以皮亚杰等人的思想为基础,认为教育目标要和儿童发展的水平相匹配,教师要为儿童提供与物和人相互作用的机会。

2.

要遵守"儿童优先"的原则;要认识到儿童有各种各样的权利;要尊重儿童的各种权利;要平等地对待所有的儿童。

3.

尊重儿童艺术发展水平;提供充足的时机、材料;不提供模仿的范例;重视儿童艺术活动的过程。

四、比较题(1 题 18 分)

1.

现以澳大利亚为例,加以比较。

(1)相同点:动态活动与静态活动相互结合;脑力活动与体力活动相互结合;教师主

导与幼儿主体相互结合;幼儿集体活动、小组活动、个人活动相互结合。

（2）不同点:游戏时间比我国多;午睡时间比我国少;幼儿自由度比我国大。

试卷 4

考生学号： 考生姓名： 阅卷教师： 考试成绩：
（考试形式:闭卷;考试时间:120 分钟）

一、概念题（每题 5 分,共 20 分）

1. 英国幼儿凭证计划。

2. 德国婴儿读书计划。

3. 加拿大的安科计划。

4. 《儿童权利宣言》。

二、简答题（每题 8 分,共 32 分）

1. 日本的儿童电话咨询热线。

2. 新加坡儿童的环保教育。

3. 朝鲜学前教师培训的特点。

4. 新西兰的语言所。

三、论述题（每题 10 分,共 30 分）

1. 美国学前儿童的性教育。

2. 《儿童权利公约》给你的启示。

3. 北欧国家学前教育的主要特点。

四、比较题（1 题 18 分）

1. 比较中西方学前教育的主要差异。

参考答案 4

一、概念题（每题 5 分,共 20 分）

1.

为了提高入园率,国家公布了幼儿凭证计划,实行学前一年免费教育;对 4 岁儿童发放教育券;家长把此券交给学校;国家根据此券的数额进行拨款。

2.

政府免费向婴儿赠送礼包,内有图书和借书证;鼓励家长给孩子讲故事,到图书馆借书;婴儿时代喜欢读书,能增强儿童未来的听说能力和遵纪守法的自觉性。

3.

幼儿园指导家庭教育的一种形式;指导者指导家长观看孩子的活动;指导家长通过孩子的言行,分析孩子的心理特点;对家长提出教育建议。

4.

指出了"儿童优先"的原则;阐述了儿童有各种各样的权利;说明了要尊重儿童的各种

权利;强调了要平等地对待所有的儿童。

二、简答题(每题 8 分,共 32 分)

1.

24 小时为儿童服务;儿童和热线咨询员说心里话;儿童主导谈话过程;为儿童提供交流的伙伴;深受儿童的喜爱和家长的欢迎。

2.

增进儿童对大自然的了解;组织儿童采集自然物,开展美工等各种活动;开展认识花草树木和鸟虫的游戏;组织儿童参与绿化活动;发动儿童收集废旧物品。

3.

职前教育和在职培训相结合;理论知识和实际技能相结合;重视音乐歌舞的创编。

4.

这是一种学前教育机构;最早是由毛利人开办的;进行毛利人的语言和文化的教育;规模较小。

三、论述题(每题 10 分,共 30 分)

1.

重视幼儿的性教育;开展性教育实验研究;根据幼儿年龄特点施教;考虑幼儿性别特点施教;考虑幼儿个别差异施教。

2.

1989 年联合国大会通过《儿童权利公约》;它指出了儿童具有受教育权、游戏权、娱乐权、出生权、姓名权等各种权利;它强调幼儿园、家庭和社会都要尊重儿童的这些权利。

3.

在北欧,芬兰、瑞典、丹麦、挪威等国家,由于地理位置毗邻,自然资源类似,文化背景相似,经济发展和社会秩序比较稳定,学前教育的发展水平及内容均有类似特点,如都注意利用冰雪资源对儿童进行教育,且重视特殊儿童的教育。

四、比较题(1 题 18 分)

1.

现以美国为例,进行比较。

A 一日生活安排的比较:都注意保教结合,但我国保育时间更多。

B 教育活动组织的比较:目的性相近,皆为全面发展;计划性,我国更强;多样性不同,活动类型有异;主从性不同,我国班级规模更大。

C 教师与幼儿相互作用的比较:我国消极评价运用的较多。

D 园长能力结构的比较:都强调遵纪守法,利用各种资源,但我国更重视口头和书面表达能力,美国更重视自我评价能力,利用时间能力。

试卷5

考生学号： 考生姓名： 阅卷教师： 考试成绩：

（考试形式：闭卷；考试时间：120分钟）

一、简答题（每题10分，共40分）

1. 比较学前教育的研究媒体。

2. 简述日本学前儿童的玩具医院。

3. 韩国学前教育的主要特征。

4. 简述新西兰学前教育的课程。

二、论述题（每题20分，共40分）

1. 世界学前教育发展的主要趋势。

2. 澳大利亚多元文化教育给你的启示。

三、比较题（1题20分）

1. 比较分析欧洲国家学前教育发展的基本特征。

参考答案5

一、简答题（每题10分，共40分）

1.

印刷媒体；人际媒体；现实媒体；科技媒体。

2.

根据儿童喜欢玩具的特点创办"玩具医院"；旨在减轻儿童的焦虑感，培养儿童的爱心；"医生们"利用星期天到社区开展巡回"医疗"活动；家长陪伴着孩子来给弄坏了的"生病"玩具"就诊"。

3.

学前教育机构以幼儿园为主，学前教育事业随着儿童观的科学化、法制建设的完善、国家财政投入的增多而不断发展起来；注意对儿童进行英语、汉语等语种的教育；重视学前教育师资的培训和提高。

4.

A学前教育课程的源泉：人类的适当性，国家的适当性，文化的适当性，发展的适当性，个体的适当性，教育的适当性。

B学前教育课程的原则：重视儿童的学习和成长，促进儿童和谐发展，利用家庭和社区资源，加强儿童与环境相互作用。

二、论述题（每题20分，共40分）

1.

更加尊重幼儿的权利；注重幼儿身心的和谐发展；设计多种幼儿教育课程模式；进一步提高幼教师资队伍的质量；重视男性在幼儿成长中的作用；降低教师与幼儿之间的比

率;加强幼儿园教育和家庭教育、社区教育之间的合作。

2.

要丰富多元文化教育的内容:使儿童学会理解各国儿童的独特性,了解本国文化和别国儿童的文化,对本国文化有自豪感,尊重别人的文化传统。

要采用不同的多元文化教育的策略:开展烹饪活动、服装表演活动、演奏乐器活动、歌舞戏剧表演活动。

三、比较题(1题20分)

1.

欧洲国家的学前教育从总体上来讲比较发达,在表现出诸多共性的同时,也存在着一些差异性。

A在西欧,英国、法国、德国等国家,由于社会经济文化发达,为学前教育的发展提供了良好的物质基础和社会环境,儿童入托入园率较高,师资队伍素质较好,重视幼小衔接。

B在北欧,芬兰、瑞典、丹麦、挪威等国家,由于地理位置毗邻,自然资源类似,文化背景相似,经济发展和社会秩序比较稳定,学前教育的发展水平及内容均有类似特点,如都注意利用冰雪资源对儿童进行教育,且重视特殊儿童的教育。

C在东欧,俄罗斯、波兰、捷克、匈牙利、保加利亚等国家,由于社会政治动荡,经济体制变化,既为学前教育的发展带来了新的机会,也面临着一些以往甚少遭遇过的困难。

试卷6

考生学号:____ 考生姓名:____ 阅卷教师:____ 考试成绩:____
(考试形式:闭卷;考试时间:120分钟)

一、简答题(每题10分,共40分)

1. 比较学前教育的研究对象。
2. 英国学前儿童的游戏小组。
3. 德国学前教育的主要特征。
4. 澳大利亚学前教育机构的主要类型。

二、论述题(每题20分,共40分)

1. 世界学前教育发展的主要趋势。
2. 美国学前教育给你的启示。

三、比较题(1题20分)

1. 比较分析亚洲国家学前教育发展的基本特征。

参考答案 6

一、简答题(每题 10 分,共 40 分)

1.

是对同一或不同时空范围内两种或两种以上的学前教育领域的理论和实践进行研究,比较其异同点,分析其产生的原因,探索其演变规律和发展趋势,从而更好地促进学前教育的改革和发展。

2.

主要设立在没有幼儿教育机构的地方;为儿童提供游戏的伙伴、时间和空间;为家长提供相互交流和学习的机会;游戏小组每周活动几次。

3.

学前教育历史源远流长,学前教育取得了巨大的成就;学前教育机构种类繁多,通过各种活动来完成学前教育的任务,通过各种渠道来培养学前儿童的师资;强调对儿童的家庭教育进行资助和指导;重视学前教育与小学教育的衔接。

4.

学前教育中心;儿童保育中心;家庭日托;游戏小组。

二、论述题(每题 20 分,共 40 分)

1.

更加尊重幼儿的权利;注重幼儿身心的和谐发展;设计多种幼儿教育课程模式;进一步提高幼教师资队伍的质量;重视男性在幼儿成长中的作用;降低教师与幼儿之间的比率;加强幼儿园教育和家庭教育、社区教育之间的合作。

2.

以儿童的性教育为例,加以说明。

重视幼儿的性教育;开展性教育实验研究;根据幼儿年龄特点施教;考虑幼儿性别特点施教;考虑幼儿个别差异施教。

三、比较题(1 题 20 分)

1.

亚洲是世界第一大陆,由于经济发展速度较欧洲缓慢,国家独立早于非洲,传统文化根深蒂固,因而较为重视对学前儿童进行本土文化教育和爱国主义教育,以便把儿童培养成为国家需要的人。但因为各国在政治制度、经济发展水平、人口增长、自然资源、价值观念、教育投资等方面的不同,在学前教育上也表现出许多差异。例如,印度对学前教育的投入远远低于国防军事,朝鲜则认为国家要把最好的东西给儿童,规定每年 8、9 月为支援园所月。相比而言,东亚国家较注重对儿童进行外语教育,如日本儿童除了学习母语以外,还要学习英语或芬兰语等,韩国儿童还要学习英语或汉语等。

东南亚国家比较重视对儿童进行多文化教育,如新加坡要求儿童了解华人、马来人、印度人、菲律宾人、加拿大人的不同文化,马来西亚要求儿童认识马来族、华族、印度族的不同民俗。

西亚国家更重视的是对儿童进行读写算基本知识和技能的培养,如以色列提出要发展儿童读写算的能力,科威特、阿曼、阿拉伯也门共和国提出要对儿童进行读写算的教育,培养儿童的学习习惯。

南亚国家较为重视儿童健康教育,如印度认为要提供儿童营养,培养儿童健康习惯。

试卷 7

考生学号:　　　　考生姓名:　　　　阅卷教师:　　　　考试成绩:
(考试形式:闭卷;考试时间:120 分钟)

一、论述题(每题 20 分,共 40 分)

1. 你是如何看待美洲国家学前教育的特点的?

2. 你是如何看待非洲国家学前教育的特点的?

二、比较题(1 题 30 分)

1. 列表比较中国和澳大利亚学前教育的主要差异。

三、分析题(1 题 30 分)

1. 试对导致中国和日本学前教育异同的主要原因进行分析。

参考答案 7

一、论述题(每题 20 分,共 40 分)

1.

美洲由北美和拉丁美洲两部分组成,由于历史文化的差异、社会环境的不同、经济发展水平的差距等因素的影响,在学前教育的发展上也出现了极大的差异,相比而言,北美国家的学前教育要比拉丁美洲国家的学前教育发展速度更快、质量更高。

比较项目	北美	拉丁美洲
教育机构	形式较多	形式较少
教育目标	重视多元文化教育	—
教育师资	大学本科以上为主	专科、职校为主
教育途径	一日活动	
家庭、社区教育	重视	

2.

非洲是世界第二大陆,全洲有 55 个国家和地区。20 世纪 60 年代以后纷纷独立,进入 80 年代以来,各国都比较重视学前教育事业的发展,在入托入园率等方面取得了一定的成就。

但由于经济基础薄弱,一些国家和地区政治局势动荡,使各项社会事业的发展仍存在着许多困难和问题,妨碍了学前教育规模的扩大和质量的提高,同世界其他地区相比,适龄儿童的入园(所)率尚处于较低的水平。

二、比较题(1题30分)

1.

如在幼教师资培养方面的差异如下:

比较项目	中国	澳大利亚
培养机构	幼师、教育学院、大学	大学
课程设置	必修课为主	必修与选修相结合
教学形式	课堂讲授为主	课堂教学、讲座、研讨
教育实践	集中在毕业前,时间较少	分散在每年,时间较多

三、分析题(1题30分)

1.

中日两国都是《儿童权利公约》的缔约国,为了保证儿童的受教育权利,提高学前教育的普及率,两国政府都颁布了一系列的法规和政策。

通过颁发幼儿教育纲要,不断改革幼教内容和途径,重视利用家庭和社区资源,重视教师的职前培训和在职提高。

试卷8

考生学号: 考生姓名: 阅卷教师: 考试成绩:
(考试形式:闭卷;考试时间:120分钟)

一、论述题(每题20分,共40分)

1. 你是如何看待大洋洲国家学前教育的特点的?
2. 你是如何看待亚洲国家学前教育的特点的?

二、比较题(每题30分,共60分)

1. 列表比较中国的学前教育与非洲相比有什么优势?
2. 列表比较中国和瑞典学前教育的主要差异。

参考答案8

一、论述题(每题20分,共40分)

1.

学前教育机构的形式虽然存在着差异,但都是以半日制为主;学前教育的目标相似,都是促进儿童和谐发展;学前教育的途径相近,都以半日、一日活动为主要途径;学前教育师资都是由高校来培养,都重视在职提高。

2.

亚洲是世界第一大陆,由于经济发展速度较欧洲缓慢,国家独立早于非洲,传统文化根深蒂固,因而较为重视对学前儿童进行本土文化教育和爱国主义教育,以便把儿童培养成为国家需要的人。

但因为各国在政治制度、经济发展水平、人口增长、自然资源、价值观念、教育投资等方面的不同,在学前教育上也表现出许多差异。东亚国家较注重对儿童进行外语教育;东南亚国家比较重视对儿童进行多文化教育;西亚国家更重视的是对儿童进行读写算基本知识和技能的培养;南亚国家较为重视儿童健康教育。

二、比较题(每题30分,共60分)

1.

比较项目	中国	非洲
教育对象	更广,3岁前	狭窄,6岁前
教育环境	较好	较差
教育目标	全面	不重视美育
教育师资	职前教育为主	在职培训为主
	长期训练为主	短期培训为主
	合格率较高	合格率较低

2.

比较项目	中国	瑞典
教育机构	形式较少	形式较多
教育目标	更重视保育 更重视审美教育	更重视教育 更重视多元文化教育
教育途径	一日活动 分科教育及主题教育	环境渗透 主题教育
特殊教育	残疾儿童为主	残疾、患病、移民儿童

试卷9

考生学号:_____ 考生姓名:_____ 阅卷教师:_____ 考试成绩:_____

(考试形式:开卷;考试时间:120分钟)

一、评价题(40分)

美国一些幼儿园实行"哪位幼儿先报名了,幼儿园就先招哪位幼儿"的招生政策,试写出你对这一政策的评论。

二、设计题(60分)

请围绕"万圣节",设计一个幼儿园大班主题活动简案。

一、评价题(40分)

美国一些幼儿园实行"哪位幼儿先报名了,幼儿园就先招哪位幼儿"的政策,这实际上是按照"时间秩序"(先来先招)进行招生的一项有效举措;不同于我国许多幼儿园按照"空间位置"(就近入园)进行招生的一种策略;都体现了幼儿教育的一种公平;与我国国务院在2010年颁发的《关于当前发展学前教育的若干意见》的精神实质是一致的;重视提高入园率和办园质量。

二、设计题(60分)

主题活动简案包括以下几个部分:活动名称(要新颖独特);活动目标(要简单明确);活动准备(要全面充分);活动过程(要具体详细);活动延伸(要拓宽加深)。

试卷 10

考生学号:　　　考生姓名:　　　阅卷教师:　　　考试成绩:

(考试形式:开卷;考试时间:120分钟)

一、评价题(40分)

美国一些幼儿园实行"家庭人均收入越高,幼儿所交学费越多"的收费政策,试写出你对这一政策的评论。

二、设计题(60分)

请围绕"圣诞节",设计一个幼儿园大班主题活动简案。

参考答案 10

一、评价题(40分)

美国一些幼儿园实行"家庭人均收入越高,幼儿所交学费越多"的收费政策,反映了"高收入高交费"的观念,体现了"劫富济贫"的思想;不同于我国幼儿园"不论家庭经济条件如何,每位幼儿交费完全相同"的收费政策;有助于贯彻落实我国国务院2010年颁发的《关于当前发展学前教育的若干意见》,规范幼儿园的收费管理,加深对"省级有关部门根据城乡经济社会发展水平、办园成本和群众承受能力,按照非义务教育阶段家庭合理分担教育成本的原则,制定公办幼儿园收费标准"的理解。

二、设计题(60分)

主题活动简案包括以下几个部分:活动名称(要新颖独特);活动目标(要简单明确);活动准备(要全面充分);活动过程(要具体详细);活动延伸(要拓宽加深)。